ASCENSIÓN DEL CUERPO FÍSICO A LA NUEVA TIERRA

ASCENSIÓN DEL CUERPO FÍSICO A LA NUEVA TIERRA

Manual De Instrucciones

Robert E. Pettit, PhD
Profesor Asociado Emeritus

iUniverse, Inc.
Bloomington

Ascensión del Cuerpo Físico a la Nueva Tierra
Manual De Instrucciones

Traducción en español por Carlos Torres
Traducción en español por Nayda E. Portilla

Libros de iUniverse pueden ordenarse a través de librerías o contactando a:

iUniverse
1663 Liberty Drive
Bloomington, IN 47403
www.iuniverse.com
1-800-Authors (1-800-288-4677)

ISBN: 978-1-4620-2184-0 (sc)
ISBN: 978-1-4620-2185-7 (e)

Impreso en los Estados Unidos de America

iUniverse fecha de rev.: 06/06/2011

Contenido

Reconocimientos

A cada Investigador Asociado que haya participado en el programa de Investigación sobre la Energía Sutil por los últimos veinte años, le agradezco su dedicación y las contribuciones que han hecho posible el ensamblaje de la información presentada dentro de este libro. Sus sugerencias de referencias, páginas electrónicas del Internet, y talleres, junto con sus talentos espirituales, han abierto muchas avenidas nuevas de conocimiento. Todo discernimiento ha proporcionado una fundación para el trabajo de la energía sutil y como llevar a cabo sesiones de sanación espiritual a distancia. A través de estos veinte años, más de 850 individuos por todos los Estados Unidos, han ayudado abrir una nueva comprensión sobre una multitud de procedimientos y técnicas que han ayudado a guiar el diseño de muchos experimentos de investigación.

El escribir y resumir el material para este libro ha sido un ejercicio en responsabilidad, dedicación, disciplina, autoconciencia, y la buena disposición de ser abierto a recibir la guía de muchos Asistentes Espirituales. Este libro ha sido diseñado para ayudar aquellos que están en un camino espiritual hacia la Nueva Tierra. Un Agradecimiento Especial a los editores, Betty Pettit, Patricia Pike, Irene Jennings, Harriett Gray e Isa Ra. También, un agradecimiento especial al personal y los asistentes que respondieron a toda llamada de ayuda a través de todo el país: Larry Sorensen, Suzy London MD, Linda Case, Francosis Pellissier, Betty Pettit, Sharon Berry, Don Yows, Jackie Cohen, Janet Rainey, Kim Notz, George Ward, Maurice Portilla DO, Nayda E. Portilla, Steve Fox, Nira Granott Fox, Cheryl Bright, y Carol Handing.

También, gracias a los Investigadores Asociados que se han mantenido fieles a través de los años:

Annette Gore	Tom Lynch	Valerie Lynch
Bridget Sorensen	Delwin Houser	Kelly Lousey
Bradley Smith	Dorothy Combs	Leonard Ripley
Maria Smith	Leroy Wood	Betty Wood
Jennifer Hudspeth	David Hudspeth	Vicki Miles
Shellie Hudspeth	Mindy Hudspeth	Michael George
Sharie Cochran	Martha Moore	Irene Jennings
Martha James	Debbie May	Donald Miles
Cynthia Luttrell	John Luttrell	Geoffrey Luttrell
William Luttrell	Joanna Himes	Loretta Lines
Rosie Kuhn	Alicya Simmons	David Pettit
Rebecca Winks	Cher Barlevi	Patty Kumm
Kathleen St John	Christy Campassi	Kathy Middleton
Brad Eberhart	Marlene Coats	Gregory Coats
Harrison Spiegel	Venetia Poirot	Shelly Hume

Robert Pettit

Jody Janati
Barbara Blevins
Marvin Kubik
Cathleen Howard
Susan Neander

Peter Jurouskis
Carla Stine
Vicki Buffington
Faina Engel
Christine Lurski

Randy Scherer
Judy Modglin
Judith McClung
Jacque Tindel
Kelly Norri

Barbara Johnson
Paul Gresham
Nancy Kriesky
Terry James
Lisa Christian

Amy Middleton
Barbara Baine
Shannen Twaddle
Donna Taylor
David Massey

Arlie Paulson
Jamie Ware
Sundi Bright
Patricia Kubik
Chareen Thomas

Frances Townsend
Deborah Oakes
Jessica Schuman
Katharina Spurling
Robert Parma
Roxy Baxter
Lucy Lutkowski

Bonnie Hansen
Marina Pierce
Jan Pryor
Maurcio Portilla
Gary Batten

Rosemary Lanza
Carol James
Sharon Pettit
Lea Carleton
Michael Middleton

Jason Ellis
Vicki Bolton
Elaine Checkly
Rosemary Lanza
Bruce Thomas

Lisa Glover
Nancy Evans
Mariett Laneer
Stephanie Flanders
Sandra Letson

Steve Thompson
Paula Bordelon
Geddy Hamblen
Frances Hebert
Elynn Light

Jack Frazier
Cyreal Burgett
Daly Smith
Paul Gryglas
Lawrence Hansen

Jennifer Kenning
Annette Murphy
Anne Hartikka
Michele Francesconi
Sharon Amber Louise
Betty Axthelm
Juli Ann Benett

Chris McCombs
Simone Little
Lei Hill
Russell Barrett
Tyson Goodman

Nancy Coats
Kenneth Shaw
Christopher Pettit
Bonnie Thompson
Rick Pinckert

Lorie Spiegel
Donna Reiber
Lea Carleton
Nina Miller
Carolyn Jones

Allese Hauroutunian
Janice Eicher
Tom Stine
Rebecca Thomas
Jason Wagner

Dorothy Gilkes
Sandra Schaff
Pat Janus
Deborah Massey
Toni Tindel

Suzanne Frazier
Kathy Slentz
Greg Slentz
Patty Kumm
Charles Kuchulis

Inbal Farber
Dana Morris
Pamela Boyke
Jesse Nochella
Letitia Jackson
Stephen Bredesen
Neal Anderson

Gracias también a los cientos de individuos adicionales, a través del país y el mundo, que de una forma u otra han contribuido periódicamente al programa de investigación.

Agradezco a la Facultad y al cuerpo docente del Departamento de Patología Orgánica y Microbiológica de la Universidad de Texas A&M, College Station, Texas, por su estímulo y apoyo a través de mis veintisiete años con ellos. Mi agradecimiento también por el apoyo de subsidios de la Agencia de Desarrollo Internacional, la Fundación Rockefeller, El Departamento de Agricultura de los Estados Unidos, La Asociación de Cosecha de Maní, las compañías productoras de pesticidas, y muchos otros simpatizantes de nuestras actividades de investigación. Estos fondos proveen una oportunidad para viajar, llevar a cabo investigaciones, y atender conferencias en cuarentaicuatro estados de los Estados Unidos, y veintisiete paises del mundo.

Se le otorga reconocimienrto del arte de la portada del libro, "The Blue Marble West Photo" (fotografía del oeste de la esfera azul de la Tierra), a la NASA (National Aeronautic and Space Administration) y a Goddard Space Flight Center. La foto electrónica fué tomada a 700 km sobre la Tierra a bordo del satélite Terra en el 2001. Esta fué la imagen con mayor detalle de color real tomada de la Tierra hasta la fecha.

Finalmente, me gustaría agredecer a mi esposa, hijos, nietos, y viznietos, por su apoyo a través de los ochenta años de mi encarnación sobre el planeta Tierra. He estado muy agradecido por la paciencia, el apoyo, y el ánimo prestado por parte de mi madre y de mi padre, mi hermano, y de toda la familia en mi tregua sobre un camino con el que todavía no estoy muy familiarizado, y en el que muchos otros tampoco lo están.

Sección I: Tiempos de Cambio y Perspectivas Históricas

1

Cambios Muy Dinámicos Están Tomando Lugar en La Tierra "Ahora"

Introduccion a los Cambios Tomando Lugar En el Planeta Tierra

De acuerdo al material que he recibido de muchas fuentes distintas, muchos humanos sobre la Tierra están todavía dormidos espiritualmente, inconcientes de todos los cambios que están pasando alrededor de ellos. No solo están inconcientes de estos cambios sobre el planeta, pero muchos tampoco están concientes de los cambios tomando lugar en toda la Galaxia de la Vía Láctea, y más allá. Debido a una necesidad urgente de entender mejor estos cambios, una gran parte de aquellos individuos mencionados en los reconocimientos, me han pedido que investigue sobre el tema de los "Últimos Tiempos" y "El Cambio", y escriba este libro. *Ascensión del Cuerpo Físico a la Nueva Tierra*, ha sido diseñado para ayudarlo a usted y a otros, a entender lo que está tomando lugar. Este libro también trata con las formas en que estos cambios afectarán a todos, y de como uno se puede preparar para un futuro distinto.

Durante el final del 2008 los habitantes de la Tierra se dieron cuenta de que cambios realmente dramáticos estaban tomando lugar en cuestión económica, política, social, religiosa y en los sistemas educativos del mundo, llevándose a cabo en relativo silencio. En cuanto se fueron intensificando estos cambios, los seres humanos fueron testigos de una baja económica significante que resultó en una pérdida de empleo, bienes raíces y los ahorros para el retiro, resultando en tensión y un temor considerable sobre un futuro desconocido. Los costos de gasolina, combustibles de calefacción, comida, ropa, y varios servicios, subieron considerablemente, causando apuros económicos para muchos en todo el mundo. Junto con estos eventos, extremos climáticos significantes causaron dificultades para muchos. Los seres humanos a través de todo el mundo perdieron sus casas y su paz interior como resultado de huracanes, tsunamis, tornados, fuegos forestales, alzas en el nivel del mar, inundaciones, deslices, y terremotos. Muchos de estos acontecimientos continuarán durante la transición entre el período del 2009 y el 2012. Muchas personas que han colocado su fe en la religión o en un planeta estable, sistema financiero, o la habilidad del gobierno para controlar la economía, han comenzado a perder la confianza profunda ante estas ilusiones viejas y arcaicas. La gente se pregunta, ¿que puede hacerse para prevenir la desintegración social?

Desde una perspective espiritual, el sistema financiero global de hoy se puede describir como malévolo. Los sistemas de banca, impuestos, y de colocación de precios, han sido todos diseñados para tomar de las masas y permitir que aquellos en posiciones de poder, controlen la humanidad sobre la Tierra. Estos controladores oscuros, de poder financiero, político, religioso y social, tienen como meta el "Servicio a Si Mismos" en vez del "Servicio a Otros". Cualquier sistema social diseñado para tomar ventaja de otro, no sobrevivirá en la Nueva Tierra. El grupo que ha estado en control de la mayoría de los sistemas sociales en el mundo durante los últimos milenios, ha sido llamado el "Iluminati". Recientemente, estos individuos poderosos han empezado a darse cuenta que su control está llegando a su fín. Obsérvelos detenidamente y tenga en cuenta que ellos no se rendirán sin luchar para preservar su modo de vida.

Muchos seres humanos están esperando que líderes gubernamentales corrijan la situación económica de hoy. Desen cuenta que ellos han escrito un cheque por miles de millones de dólares que no podrá ser cambiado. El Espíritu indica que es *locura* esperar arreglar un problema con la misma clase de acciones que la creó.

No solo están ocurriendo cambios económicos, sino también muchos otros cambios que influencian a toda la vida sobre el planeta Tierra. Por ejemplo, las capas polares se están derritiendo, aves migratorias han dejado de volver a los lugares donde tradicionalmente han hecho sus nidos, fuera de eso, tribus indígenas nativas alrededor del mundo han dejado de procrear. La corriente a chorro, (una de gran altitud, con corrientes de viento de unas cién mph), recientemente tocó tierra por primera vez en la historia escrita. Lugares en Méjico han medido temperaturas por sobre los doscientos grados (Farenheit). ¿Por qué están tomando lugar estos acontecimientos y muchos más? Puede ser de ayuda para todo el mundo que tomemos cuenta de estos eventos, para entender mejor como están afectando nuestras vidas.

En realidad, toda experiencia por la que atraviesa el ser humano sobre la Tierra, es como un sueño, un sueño conciente e ilusorio creado por la consciencia masiva. Cuando usted sueña, no está realmente ahí presente; usted se encuentra donde el sueño lo ha llevado. Los sueños son tan reales o tan falsos dependiendo en lo que usted los convierta. La iluminación espiritual y la búsqueda de nuevas percepciones, tratan en gran parte, del despertar del sueño para buscar la verdad. El despertar del sueño ocurre a través del perdón. Cuando uno perdona sus experiencias, uno ya no se encuentra atado a las ilusiones, porque usted sabe que el sueño ilusorio no es la verdad real. Usted se da cuenta que había estado participando en el sueño ilusorio, creado por la conciencia de la humanidad.

En cuanto uno mira alrededor del planeta Tierra, rápidamente se da uno cuenta de que el tiempo y la energía están cambiando vertiginosamente, a velocidades cuánticas. Se están acelerando a una velocidad jamás vista anteriormente, en toda la historia grabada del Universo. El Tiempo se está desmoronando rápidamente con el pasar de los días. La mayoría de todas las culturas y las tradiciones religiosas de la Tierra, señalan a este momento en la historia, como el del fín del mundo, tal como lo hemos conocido. El calendario Maya, la Biblia, el calendario de la pirámide, las escrituras Védicas, las profesías Hopi, y otros registros, indican la llegada de los Últimos Tiempos. Por Últimos Tiempos, nos referimos al fin de un ciclo y el comienzo de uno nuevo, un ciclo históricamente muy distinto. El sueño de una nueva civilización y de una Nueva Tierra, que muchos han deseado, está "Ahora" tomando forma. El sueño Americano ha alcanzado su pináculo, y está "Ahora" dando paso hacia un sueño nuevo – el Cielo en la Tierra. Para dar el paso hacia una forma nueva de vida, las formas antiguas tendrán que removerse, despejándose de su conciencia. Como parte del proceso de esclarecimiento, la forma en que vive la humanidad está siendo remplazada, dando lugar a un incremento dramático en confusión y caos.

Alerta - "¡Despierte!"La Tierra presente de tercera dimensión dejará de sostener la vida humana relativamente pronto.

Se está convirtiendo en algo bien difícil el comprender como será el futuro. Muchos individuos están preocupándose cada vez más por su futuro. Cosas y eventos que uno anteriormente llamaba experiencias reales y de las cuales uno se aferraba – la forma de vida antigua sobre el planeta Tierra – tendrá, por necesidad, que dejar de ser para abrirle campo a lo nuevo. En muchos casos estos cambios han resultado en imbalances mentales, emocionales y físicos. Por consiguiente, una forma importante para adaptarse a estos cambios es a través de la solicitud de ayuda espiritual; solicitando la comprensión y la orientación necesaria, para aprender como ajustar sus cuerpos y sus actividades diarias, para restablecer y mantener el equilibrio.

No se trata de sufrir en la vida sobre la Tierra, tampoco en dejarla. Ni solo se trata de tener placeres terrenales – unicamente manteniéndose ocupado a todas horas. Estas ideas son simplemente parte de las ilusiones de la Tercera y la Cuarta dimensión. Para transitar y pasar a través de los Portales Cósmicos, entrando a los estados de conciencia de la Cuarta y la Quinta dimensión (via la Ascensión), el primer requisito consiste en adquirir un entendimiento bien claro de *quién es usted realmente*. Este es un ingrediente clave que establece la base para su transición de un planeta de baja frecuencia, a un planeta de alta frecuencia. La transformación del entendimiento de quien realmente es usted, le cambiará completamente la percepción del Universo y de su futuro eterno. Crea en un Creador o no, usted es una creación espiritual, creada por Los Creadores (Dios/Diosa), (TODO-LO-QUE-ES), (YO-SOY-QUE-YO-SOY).

Los Creadores (Elohim), han ganado apoyo a través de todo el

Universo, para restaurar al planeta Tierra a su camino original de amor, y de responsabilidad, hacia el mundo entero. Los comportamientos anteriormente inculcados por los Intrusos (entidades negativas) están destruyendo a la Tierra y toda su diversidad. A estas actividades se les pondrá fin. Estos eventos restauradores fueron profetizados para llevarse a cabo más temprano. Sin embargo, fueron demorados para que un mayor número de seres humanos pudiera participar en la creación de la Nueva Tierra.

Aquellas personas que planean graduarse y Ascender a la Nueva Tierra, tendrán la tendencia de querer convencer a otros para que se unan a esta trayectoria que han elegido. Uno puede compartir sus creencias pero, no es su trabajo el juzgar o tratar de cambiar el camino escogido por otros. La Nueva Tierra será la manifestación del Cielo sobre la Tierra para aquellos que se han preparado espiritualmente, y que creen tener la oportunidad de elegir ese camino.

Un cambio de fase en la Galaxia de la Vía Láctea, el Sistema Solar y el planeta Tierra está tomando lugar. "El Cambio" sobre la Tierra, consiste **en** recibir energías nuevas, que llegan recientemente desde fuera de nuestro Sistema Solar, que están siendo absorbidas por las moléculas que crean la realidad física humana. Estas moléculas están acelerándose cada vez más, lo cual significa que su nivel vibratorio (frecuencia) se está incrementando. Mientras que el proceso de la Ascension continúa, toda forma física de la cual hemos estado tan acostumbrados, estará llevando a cabo un cambio de frecuencia (fase). Simultáneamente, la frecuencia planetaria está cambiando en plano ascendente, al igual que todo objeto natural sobre el planeta. Al tomar lugar este proceso, toda forma biológica cambiará a un estado de conciencia de cuarta dimensión. Este es un proceso de purificación. Lo único que permanecerá al otro lado de "El Cambio", serán aquellas creaciones cuya forma ondulante sea de alta frecuencia y compatible con la de la Nueva Tierra.

Cambios similares han ocurrido sobre la Tierra desde que entró en existencia. El hielo en los polos se ha derretido antes. Los Extraterrestres han estado llegando a la Tierra desde su creación, para asistir en "El Cambio". El clima errático ocurre constantemente, y cambios de polarización han tomado lugar antes. El movimiento de los platos tectónicos de la Tierra es común y corriente. No hay nada nuevo con respecto a estos eventos, pero la conciencia de la humanidad acerca de estos eventos ilusorios, se ha incrementado. Los seres humanos se están dando cuenta que no están solos. Existen otras realidades paralelas y mundos más allá de otros mundos – aquí y "Ahora". Se está creando entusiasmo y muchos se están preguntando, ¿qué es lo que verdaderamente va a llegar, cómo los va afectar, y cómo han de prepararse?

Uno ha tenido miles de millones de años para explorar varios parámetros de las Leyes Universales, creando muchas versiones paralelas de su Alma

Superior. Estas versiones paralelas han sido llamadas vidas paralelas. Cada vida paralela fue creada y diseñada para que su Alma Superior pudiera explorar, y simultaneamente tener la experiencia de muchas realidades sobre planetas distintos. Cada vez que su alma encarna sobre un planeta, entra con un contrato aprobado que será utilizado como guía para la experiencia de esa vida. Esa sequencia de actividades ha llegado al final de un ciclo de setenta y cinco mil años. Así que es hora de tocar el botón de *reanudar* para limpiar viejos programas, creencias falsas y fragmentos de ideas flotando por ahí, que carecen semblanza de algo útil. O sea, limpiar todos los fragmentos que quedaron sobre la pantalla experimental de experimentos previos en varios planetas. Todas las posibilidades y las decisiones que ha tomado e incluído en cada uno de sus contratos existenciales, han sido prácticamente agotadas y es hora de llevar esas vidas a su fin. El drama se acabó. La vieja obra teatral se acabó. La escenografía será desmantelada; se cerrará el espectáculo, y dejará de estar a la vista.

Se están llevando a cabo preparativos para crear una obra teatral nueva. Tendrá una escenografía completamente nueva, y algunos experimentos excitantes. Todas las realidades paralelas que usted ha estado explorando terminarán, y una cantidad completamente nueva de posibilidades y probabilidades surgirán para aquellos optando por graduarse y Ascender a la Nueva Tierra.

Este libro ha sido diseñado para proveerle una explicación de eventos actuales y futuros, y así proveerle herramientas para ayudarlo a prepararse para "El Cambio", la Graduación y la Ascensión a la Nueva Tierra.

El Ego Humano Puede Rechazar la Magnitud de Estos Cambios

Acuérdese que su ego puede oponerse a la magnitud del mensaje que está percibiendo en el mundo que lo rodea, y el que está leyendo en este libro. Por cierto, usted podrá observar al ego tomando medidas drásticas sobre su conciencia, para mantener al cuerpo y el alma unidos. Tenga mucho cuidado, y dese cuenta que esta intención del ego no es lo que mejor le conviene. Es una medida protectora que se asume equivocadamente. Cuando esta medida se manifiesta, puede entrar en juego una sensación de temor. Al ocurrir esto, su respiración será acortada, lo que indica que todos sus sistemas están en alerta. Es decir, hasta que el supuesto peligro percibido sea identificado y manejado. Cuando esta alerta ocurre, tome una respiración profunda, y mándele a su conciencia, a su cuerpo, y a su ego, un mensaje de que todo está bien. Su objetivo será el de evitar una reacción desde una posición de temor. Evite responderle al ego; por el contrario, responda desde su corazón y el Dios/Diosa en su interior. Reaccione desde una posición de fuerza, estabilidad, amor propio y calma, para así remover toda emoción basada en el temor.

Cuidado El Ego Humano Puede Intervenir para que usted no lea este libro por que se sentirá amenazado. ¿Por qué? Porque sus creencias falsas, anteriormente establecidas, pueden ser desafiadas.

Como una ayuda para usted durante este proceso de transformación, el Espíritu pidió que escribiera este libro. Ha sido escrito para aquellos seres humanos, que están listos a "Despertar" y a darse cuenta que ellos son mucho más que un cuerpo físico. Cada ser humano tiene un espíritu y un alma que han escogido, para montarse en un cuerpo físico alrededor de la Tierra. Como el usted real es espíritu y alma, es hora de cuidar de sus aspectos evolutivos más importantes. El proceso de "Despertar", es un esfuerzo espiritual y no uno religioso. El dejar de "Despertar" es una decisión de permanecer atrapado dentro de la tercerca dimensión, en la conciencia de dualidad, donde los desafíos de dolor y sufrimiento predominan. Si usted elige permanecer dentro del estado de conciencia de tercera dimensión, entonces se le requerirá que se transfiera a través de la muerte física a otro planeta de tercera dimensión. Usted puede continuar sus enseñanzas de tercera dimensión en otro planeta de baja frecuencia. No existe un Dios/Diosa o Creador tomando esta decisión; usted tiene libre albedrío para escoger de acuerdo a los contratos que usted ha elegido. Si su contrato presente contiene una opción para cambiar su conciencia a la quinta dimensión a través de la graduación y la Ascensión a la Nueva Tierra, entonces este libro puede ayudarlo a lo largo de ese camino. Si decide mantenerse con patrones de dualidad en tercera dimensión, su contrato fue entonces diseñado para eso. Usted va a proceder a tomar un camino distinto y eso está perfectamente bien. En cuanto revise su contrato y contemple decisión apropiada, acuérdese que la Tierra vieja de tercera dimensión y la Nueva Tierra de quinta dimensión existen aquí en dos realidades paralelas. La Tierra vieja está programada a pasar por una fase de rejuvenecimiento y cesará de sostener la vida humana. La Nueva Tierra de alta frecuencia, y en la quinta dimensión, también estará aquí en otra realidad paralela.

Algunos harán la pregunta: Dr. Pettit, ¿si estos patrones cíclicos y estos eventos verdaderamente están tomando lugar, por qué no hemos escuchado de ellos en las noticias, dentro de los sistemas de educación, en las iglesias, o por parte del gobierno, o de los politicastros? Todos estos grupos han sido diseñados para controlar las masas y limitar el desarrollo espiritual. Limitando su desarrollo espiritual, las masas se mantienen en esclavitud por aquellos en control. Toda institución creada por el hombre tiene un interés personal para mantener las cosas tal como han estado, y así poder sostener a la sociedad en una realidad de tercera dimensión. Si los líderes de estas instituciones renuncian a su poder, esto destruiría sus creencias de tercera dimensión, su seguridad económica equivocada, y su forma conservadora de vida.

Sin embargo, la humanidad ha alcanzado un punto en su ciclo evolutivo donde la forma de vida anterior (conciencia de dualidad), debe dar paso a la nueva evolución de vida en la quinta dimensión, llamada Unidad/Conciencia Crística.

El mundo antiguo de tercera dimensión ya está comenzando a desplomarse rápidamente. Muchos se han dado cuenta que su estatus financiero, el de su trabajo, sus condiciones de vivienda y su estilo de vida se están desvaneciendo, y no queda casi nada de lo cual podamos agarrarnos Las personas se preguntan si quedará algo que les ofrecerá seguridad. El perder una forma de vida familiar y segura, y aventurar hacia lo desconocido, atemoriza. La creencia conservadora ha sido la de aferrarse a esos patrones familiares en la espera de que llenen sus necesidades. Esas creencias y esos patrones de comportamiento, fueron diseñados para la Tierra antigua, de baja frecuencia, y en la tercera dimensión. Si usted tiene planeado permanecer sobre un planeta de tercera dimensión, estos patrones conservadores pueden cumplir con algunas de sus necesidades. Repito: la tercera dimensión del planeta Tierra está requiriendo rejuvenecimiento y dentro de poco no podrá sostener la vida humana. Los seres humanos han estado destruyendo la Tierra por muchas generaciones, y hoy día están acelerando estos patrones destructivos. Sí, la Tierra en tercera dimensión seguirá existiendo, pero en una forma estructural que de pronto usted tendría dificultad en reconocerla. Muchos predijeron que los cambios sobre el Planeta todavía eran una posibilidad. Sin embargo, el Espíritu indica que el proceso de limpieza para la Tierra de tercera dimensión, consistirá en regiones de la Tierra hundiéndose debajo de los océanos. Para poder crear balance, otras regiones se elevarán desde el fondo del océano. Estas regiones que se elevarán, ya habrán tenido sus tierras restablecidas con minerales que darán lugar a la vida.

Debido a que estos eventos fueron anticipados hace muchos años, la Tierra pidió permiso de los Creadores del Universo, para trasladarse al estado de conciencia de la quinta dimensión. Esa solicitud fué concedida, y la Nueva Tierra empezó a cambiar rapidamente y a tomar forma. La Nueva Tierra tendrá una población humana próspera, junto con otras formas de vida, vibrando dentro del registro de frecuencias altas. Si usted prefiere hacer la transición a la Nueva Tierra en la quinta dimensión, usted tiene que prepararse a elevar su conciencia y a graduarse y Ascender.

Si usted tiene una mente cerrada en lo que se refiere al concepto de la Ascensión individual, o masiva, de pronto este libro puede ayudarlo a abrir su mente a esa posibilidad. El objetivo es el de tratar de ofrecerle evidencia de que la humanidad está conectada a patrones cíclicos que se extienden a través de toda la creación. Uno de esos patrones, es una oportunidad para que su alma evolucione espirituálmente. La humanidad está "Ahora" al final de un ciclo. Nuevas oportunidades espirituales, nunca previstas antes, están disponibles.

"Ahora", el concepto de una Nueva Tierra puede que esté fuera del alcance de su comprensión. Usted no se encuentra solo. Al observar a otros, usted se dará cuenta que la mayoría de la población humana, está inconsciente de que el "Fin de una Era" se avecina. Muchos han cerrado sus mentes a la posibilidad de entender estos conceptos y los cambios, porque parecen ser complicados.

Uno puede observar a estos seres de mentalidades cerradas. Van de un lado a otro como robots inconscientes, manifestando sus emociones sin molestarse en descubrir aquello que causa esas emociones. Muchos seres han sido profundamente programados por sus controladores (los Iluminati), y han sido atrapados en el sueño ilusorio llevándose a cabo en la Tierra de tercera dimensión. Algunos han llamado e estos seres sonámbulos zombi. Aparecen estar atrapados en la búsqueda de placeres terrenales. Se aferran a sus posesiones materiales y están enceguecidos por una necesidad desenfrenada de obtener más. Muchos no han querido aventurarse en aguas desconocidas; se sienten seguros con sus creencias sociales y religiosas que les son familiares. A muchos les da miedo cuando tratan de comprender conceptos espirituales complicados. Algunos de estos individuos, están atrapados en la dualidad de patrones de comportamiento egocéntricos. Ellos no irán a la Nueva Tierra.

Para aquellos que están listos para entender, aquellos que están mentalmente abiertos y listos para "Despertar", las oportunidades son ilimitadas. Esto significa re-energetizar sus capacidades espirituales, haciendo una limpieza de esas formas de pensar que lo hatarían a la baja frecuencia de la Tierra en tercera dimensión. El camino espiritual será desprovisto de dogmas políticos, religiosos, económicos, sociales, y de una multitud de sueños y dramas ilusorios. El ser humano ha esperado por siglos, anticipando la llegada de los cambios que llevarán a cabo la creación del Cielo sobre la Tierra o sea, la Nueva Tierra.

Los conceptos de una Nueva Tierra delineados dentro de la *Ascensión del Cuerpo Físico a la Nueva Tierra.*, abrirán un mundo entero y nuevo, lleno de realidades alternas. Para entrar a este mundo nuevo, se requiere reservar tiempo para el desarrollo espiritual. También, aquellos de ustedes que deseen crear el Cielo sobre la Tierra, deberán elegir una linea temporal (camino hacia el futuro), que sea la más apropiada para usted. Tan pronto se haya creado ésta, usted habrá comenzado a crear sus sueños, en otras palabras, habrá empezado a implementar sus deseos de como será el Cielo sobre la Tierra.

Confíe Que Usted Puede Ajustarse a Todos Estos Cambios que están Tomando Lugar

Durante este tiempo de colapso, es muy importante que usted se acuerde de incrementar su habilidad de confiar en sí mismo. Usted será capaz de atravesar por estos cambios dramáticos si se acuerda de confiar quién es usted.

No me refiero a confiar en un guru o Dios/Diosa desconocido para que lo guíe; estoy hablando de la necesidad de confiar en su sistema de guía interno. A través de este libro, estaremos enfatizando la necesidad de confiar en su ser espiritual "Ahora", sabiendo que en todo momento del "Ahora" usted posee todo lo que necesita para sobrevivir y pasar a través estos tiempos de cambio. Siempre tenga en cuenta que usted contará con opciones durante todo momento del "Ahora."

Mientras continúen estos eventos, todos deben esforzarse por evitar el temor, tal como el estrés, la ansiedad, la tensión o la preocupación. Remueva todos los temores del pasado que puedan surgir de nuevo. Usted puede ayudarse a sí mismo y aquellos a su alrededor evitando las consecuencias del temor sobre eventos económicos, sociales y del medio ambiente. Piense positivamente y viva su vida apreciando lo que se le está brindando. Desde esta posición de fuerza, usted puede darle amor a todos los que estén juntos a usted durante este recorrido. Convierta cada momento del "Ahora" en un tiempo feliz y alegre. Un objetivo adicional de este libro, es el de proveerle técnicas y herramientas para ayudarlo a tener una experiencia alegre y exitosa, durante estos tiempos de cambio. Para lograr la meta de remover el temor, aceptándolo y ajustándose a ello, requerirá la eliminación de patrones antiguos de comportamiento e instituir formas nuevas para resolver desafíos diarios.

Evite el miedo y sepa que usted puede aceptar y ajustarse a todo cambio futuro que se lleve a cabo sobre la Tierra – comenzando ahora.

Los sistemas sociales nuevos que irán surgiendo durante y después de los cambios que se avecinan, serán diseñados para el beneficio de todos. Este beneficio está basado en el concepto de amar al prójimo como a sí mismo. El estado de conciencia asociado a este concepto se denomina Unidad/Conciencia Crística. Esta es una característica de la conciencia de la quinta dimensión, versus a la de la Tierra de tercera dimensión (dualidad). Esa conciencia de dualidad que enfatizaba los extremos del bien y del mal nunca fue planeada para ser una forma permanente de vida. Así que, el tiempo ha llegado para hacer los cambios que crearán una forma de vida nueva sobre la Nueva Tierra. La conciencia predominante en la quinta dimensión será diseñada alrededor de los conceptos de la Unidad/Conciencia Crística, donde el amor es la forma predominante de la vida.

Por lo que estamos pasando es un cambio de conciencia donde todos los componentes de la Tierra y sus habitantes están cambiando de frecuencia. Este cambio vibratorio y la aceleración en conciencia continuarán durante los próximos años hasta el 2012 y más allá. Para ser una parte vital de "El Cambio", dese cuenta que no hay necesidad de esperar hasta después del 2012 cuando ya "El Cambio" ha llegado a un punto decisivo en diferentes formas. Es su responsabilidad usar cada momento "Ahora" hasta el final del 2012, para ayudar a crear el nuevo usted y la Nueva Tierra. Esto significa que necesitará dedicarle esfuerzo y un tiempo considerable todos los días durante los años de intervalo, para crear su nueva realidad. Para aquellos que no están enterados de que la hora de graduarse se avecina, la información dentro de este libro es su "Despertador". Para aquellos ya despiertos, sigan con sus preparaciones.

La conciencia de la dualidad nunca fue prevista para ser una forma permanente de vida sobre la Tierra.

Sus creaciones serán guiadas por lo que piense y crea. Siempre ha sido verdad que sus pensamientos crean su realidad. Todo ser humano crea su realidad por lo que piensa, imagina y visualiza, hasta convertirla en parte de su experiencia diaria. Toda enfermedad y todo desafío por el que ha pasado en la Tierra de tercera dimensión, estaban relacionados con un pensamiento o una emoción negativa fuera de control, que usted creó en su mente.

En el pasado, la existencia humana sobre la Tierra ha sido un ciclo constante de reencarnaciones involucrando la muerte y el renacimiento. Este proceso repetitivo ha sido causado por la falta del alma en tener suficiente conciencia de quién es. Como resultado de esta falta de conciencia, los seres humanos aparentemente han sido victimas de enfermedades, tragedias, o adversidades, que resultaron en la muerte física. Muchos consideran esta sequencia como normal. Hace poco se comentaba que era natural el morir. Esa es una creencia falsa. Su cuerpo físico fue diseñado para vivir miles de años – si usted lo cuida. En otros planetas, la muerte física sería considerada como un proceso anormal. Sin embargo, por una serie de percances mentales, genéticos, sociales y emocionales, a través de la historia, la mayoría de los seres humanos mueren y dejan su cuerpo físico en menos de cien años.

Su cuerpo físico fué diseñado para vivir miles de años si usted lo cuida.

Para los que mueran con un desarrollo espiritual limitado, el proceso los llevará al tercer nivel armónico de la cuarta dimensión. En la historia de la Tierra, almas que se han trasladado a este nivel armónico en la cuarta dimensión, por lo general, reencarnaban en la Tierra una y otra vez. Por cierto, en los últimos setenta y icinco mil años la mayoría de las almas que habitan la Tierra en este momento, han repetido este ciclo por miles de encarnaciones. Este patrón de estar encarnando una y otra vez necesita ser elevado a un patrón que esté diseñado para cada uno, con base espiritual, para acelerar la evolución espiritual del alma.

Después de la muerte, ya dentro de la cuarta dimensión, al hacerse conciente de su esencia espiritual como una conciencia eterna, otras oportunidades se presentarán. Con ese conocimiento entre una y otra vida física, se le puede dar a escoger y pedir la capacidad de recrear un cuerpo físico nuevo, menos denso. Ese cuerpo nuevo le permitirá entrar al décimo, onceavo o doceavo nivel armónico en la cuarta dimensión. Acuérdese que la reencarnación (regresando a un planeta de tercera dimensión), se origina desde los niveles armónicos inferiores de la cuarta dimensión. Dentro de los niveles armónicos superiores de la cuarta dimensión (del décimo al doceavo), usted *no* tiene que reencarnar sobre un planeta de tercera dimensión.

A pesar de todo, elija el camino espiritual que elija, la mayor parte de los humanos en la Tierra, experimentarán directamente de una forma u otra estos eventos dramáticos. Todos los aspectos de estos cambios son parte de un ciclo donde una oportunidad se hace presente para formar parte del proceso de la Ascensión. Si usted no quiere reconocer los cambios que están tomando lugar, sacúdase de eso "Ahora" mismo. Usted no tiene forma alguna para frenar los cambios cíclicos que se han implementado por cientos de miles de años, por los Creadores del Universo.

Si usted no quiere reconocer estos cambios que están sucediendo, sacúdase de eso "Ahora" mismo, en estos momentos que hay suficiente tiempo para preparar la graduación y la Ascensión.

Abra sus oídos y sus ojos. Mire a su alrededor. Trate de entender lo que está pasando. Usted no se enterará de todo lo que necesita saber, si sigue sintonizado a los medios de comunicación de la tercera dimensión. Por ejemplo, evite leer y mirar lo que el medio controlado y manipulado presenta en la televisión. Por el contrario, busque en el Internet, estudie este libro y lea otros libros indicados en la sección de referencias.

Después use su capacidad de discernimiento, que le brinda su Dios/Diosa para enterarse de lo que realmente esté tomando lugar. Vaya a su interior durante una meditación para dejarse guiar por la quieta y pequeña voz que se origina desde una base espiritual. Después trabaje duro para lograr un entendimiento de lo que significa el hacer un cambio de conciencia.

Todos sobre la Tierra han estado luchando con sus propias emociones de separación, falta de mérito y soledad. Con relación a estos sentimientos, se sigue llevando a cabo sobre la Tierra la separación de almas. Los seres humanos se están separando, subconscientemente, en grupos grandes y considerables. Dos de estos grupos son los que han despertado, y los que han elegido permanecer dormidos. A los seres que han despertado se les ha denominado "trabajadores de luz", porque han abierto sus corazones, sus mentes y sus ojos a la luz de Dios/Diosa, para observar lo que está tomando lugar. Estos individuos están preparándose espiritualmente para los cambios venideros. Aquellos que permanecen dormidos habrán escogido otras opciones.

Se requerirán muchos cambios distintos para completar el procedimiento recién diseñado para la Ascensión. Estos cambios se están llevando a cabo y no hay forma alguna de frenarlos. Los cambios fueron diseñados, aprobados y están siendo implementados por los Creadores. Muchos de estos cambios sobre la Tierra han sido percibidos por Extraterrestres de otros planetas a través del Universo. Un gran número de ellos ya se encuentran aquí para observar como se afectará el Universo con la implementación de estos cambios, y para ayudar, sin interferir, con la continuidad de la evolución humana.

Como parte de nuestro viaje dentro del Universo, cada uno de nosotros se ofreció como voluntario para venir a la Tierra. En el proceso de sobrevivir, hemos creado la ilusión de ser víctimas. La ilusión de víctima fue creada para asistirnos en nuestra evolución espiritual como parte de la dualidad en la tercera dimensión. Debemos "Ahora" darnos cuenta que cuando asumimos esa conciencia de víctima, nos convertimos en víctimas. Una preocupación es la de que si nos convertimos en víctimas también podemos asumir una conciencia guerrera. La conciencia Guerrera está correlacionada con el Servicio A Sí mismo (SAS), que es uno de los desafíos más grandes que tenemos que superar dentro de una conciencia de dualidad. Para Ascender debemos de adoptar la Unidad/Conciencia Crística y el Servicio A Otros (SAO).

En la versión de realidad del SAS, las personas mantienen o se aferran a su poder por razones de auto-satisfacción. Tratan de prevenir que los que son de SAO, permanezcan sobre sus caminos espirituales. Los que creen en el SAO se dan cuenta que existe un suministro de energía inagotable; personas que viven en función del SAS creen que la energía es limitada por lo que la utilizan sólo para sus propósitos. Para continuar dentro del esquema del SAO, la mejor protección es el amor por toda la creación, incluyendo aquellos que solo piensan en el SAS.

Tenga en cuenta que usted está en control y que la única persona que puede controlarlo es usted mismo. El entender sus capacidades de control, le permite recibir el poder de sanación no solo para su propio bien, sino también para aquellos que pidan su ayuda.No se olvide que mientras se va sanando, usted está conectado con todos y con todo dentro del Universo. Por lo tanto, en lo que usted se sana todo dentro del Universo también recibe cierta sanación. Siendo un ejemplo de amor y aceptación del ser, usted ha ayudado a crear una Nueva Tierra. También, mientras aplica los conceptos del SAO, usted se convierte en un ejemplo para los demás – alguien digno a que se le siga. Cada vez que alguien (en cualquier lugar del mundo) le pide ayuda, todo lo que necesita hacer es pedirle al espíritu interior de ellos, el Dios/Diosa interior de ellos, desbaratar o trasmutar un imbalance o una infección, y ya se hizo. No es nada complicado; crealo, y así se hará. Pero no funcionará si tiene alguna duda o cree que no se hará; el imbalance o la infección permanecerán con un sistema de creencia limitado. El creer ayuda a crear la realidad para que ésta viva en todo a lo que le ponga su atención.

Los años del 2009 y el 2010 serán períodos dramáticos para la reconfiguración de todo elemento de la sociedad. No existirá un mapa exacto para ayudar en la reconfiguración de sus mundos interiores y exteriores. La forma en que estos cambios sobre la Tierra y sus reconfiguraciones se llevarán a cabo, es un proceso completamente nuevo. Nunca antes en la historia de la Tierra se han llevado a cabo cambios tan acelerados y dentro de tan breve período de tiempo. Así que a usted se le pedirá que tenga mucha paciencia y perseverancia en la tarea de crear su nueva realidad. A usted se le ha llamado para tener fe, para creer y para saber que todo está en orden divino, mientras que se alinea y piensa con su Dios/Diosa interior.

En cuanto usted cambie de tercera dimensión hacia la cuarta y la quinta dimensión, usted no podrá llevarse objetos materiales consigo. Por ejemplo, tendrá que dejar todo su dinero y sus pertenencias físicas tal como las dejó cuando desencarnó la última vez. La frecuencia vibratoria de objetos de tercera dimensión y las de la quinta dimensión, son dramáticamente distintas; son incompatibles.

Otro desafío importante que la mayoría de los seres humanos tienen, es la de estar al tanto de los acontecimientos del día. Las personas que no están conscientes, están fluyendo a la deriva en piloto automático. Han perdido el control de sus destinos, y carecen del conocimiento de lo que pueda llegar en un futuro cercano. Permiten que otros, o ciertas circunstancias, controlen su vida. Para estar al tanto de los acontecimientos del día, se requerirá estar alerta constantemente y de cierto estudio de su parte. Esto significa, aventurando en su interior y escuchando en su corazón, la voz quieta y pequeña dentro de sí, para saber lo que es importante, y lo que aplica a usted.

Cuando no se está consciente de alguna energía benéfica que está llegando a la Tierra, entonces ese evento energético se manifiesta lentamente, o se ajusta con lentitud a su sistema energético. En el momento en que usted se da cuenta de que un evento energético se aproxima, al estar al tanto de ello, esto le ayudará a acortar el tiempo necesario para manifestar su beneficio. Por ejemplo, si usted no está consciente de las muchas formas de distribución de luz cósmica (luz divina), que están llegando en estos momentos sobre la Tierra, usted sólo podrá lentamente utilizar la luz sanadora para transformar sus cuerpos. En cuanto usted se de cuenta de esta luz divina llegando a la Tierra, usted podrá crear una conección con la fuente de ella, y pedir que esas energías lumínicas sanen su cuerpo de cualquier desbalance. También, usted puede pedir y crear nuevas partes para su cuerpo.

Como otro ejemplo de los cambios energéticos, el Espíritu ha anunciado que existe una necesidad para prepararse para la segunda ola de la Ascensión durante Deciembre del 2008. Usted deberá prepararse "Ahora" para esta segunda ola de la Ascensión. Sin saber qué pedir, usted podría involuntariamente atemorizarse, y perder la oportunidad. Sin conocer, usted también sera lento en la integración de estas nuevas energies. También, usted puede que tenga dificultad aceptando otras energies nuevas que estarán entrando por los portales que lo ayudarán a cambiar su conciencia. Acuérdese que estos ajustes nuevos de energía no deberían asustarlo. Estos ajustes le proveerán a usted un grado superior de conciencia, una comprensión más profunda, y una presencia del ser (Dios/Diosa interior), más fuerte – para ofrecerle dirección y ayudar a guiar su vida.

Entre el 2008 y el 2009, una serie de portales (Portales Cósmicos), se han estado abriendo. Estos portales continuarán abriéndose, para suplir a la Nueva Tierra con una ola nueva de despertar. Existen muchos libros y direcciones electrónicas, para ayudarlo a permanecer informado sobre los cambios que se avecinan. Será de gran importancia que durante los próximos años, se la pase leyendo y mirando información a través del Internet, para mantenerse al día con la última información disponible. Siempre utilice discernimiento para rechazar información falsa. Después, vaya a su interior, para recibir guía directa.

Abandonando Antiguas Realidades para Adoptar Nuevas Realidades

Para tomar ventaja de las oportunidades que se presentarán para graduarse y Ascender del plano antiguo de la Tierra, usted necesitará abandonar lo viejo y aceptar lo nuevo. Este requisito es parte del proceso de la graduación dentro de ciclos de setentaicinco y veinticinco mil años, que toman lugar, y que le toma al Sistema Solar, para girar alrededor de su centro Galáctico. Los cambios más dramáticos ocurren dentro de ciertos puntos en los ciclos demorando setentaicinco mil años. Por ejemplo, científicos han descubierto que hace setentaicinco mil años, el organismo humano tuvo una incrementación masiva en cuanto al tamaño de su cerebro. Esto ocurrió, cuando hubo un desarrollo dentro de la conciencia de tercera dimensión en el organismo humano. Como estamos "Ahora" llegando al fín de un ciclo similar, y al final de tres ciclos de veiticinco mil años cada uno (a partir de Diciembre del 2012), el planeta Tierra y el Sistema Solar están alterando su conciencia. Como resultado de esto, podemos anticipar otro cambio físico corporal. Esta transición específica, será en cierta forma, distinta de cualquier otra que hubiese ocurrido en el pasado. Por ello, los seres humanos están teniendo dificultad entendiendo como preparar para el "Cambio". Sí sabemos, a través de archivos históricos, que cambios dramáticos ocurren dentro del Universo cada veinticinco mil años.

De acuerdo a un Ser Espiritual muy avanzado llamado Ra, el período temporal normal que se requiere para que se gradúe un alma, se da al término de los ciclos que comprenden veinticinco mil años. Por lo general, al final de cada uno de estos ciclos, un número más pequeño de almas se gradúa de un planeta. Sin embargo, es más probable que un número más grande de almas, se gradúe al finalizarse este ciclo de setenta y cinco mil años. Esto tomará lugar alrededor de Diciembre del 2012.

Aquellos que están preparados para pasar a un nivel superior de conciencia (un trabajo interior), son los que se graduarán y Ascenderán a la Nueva Tierra. Aquellos seres humanos de tercera dimensión que no están preparados para la transición a un estado de conciencia de quinta dimensión, tendrán que tomar otra decisión.

Aquellos que están preparados para transicionar a un nivel superior de conciencia se graduarán y Ascenderán a la Nueva Tierra.

Tenga presente que dentro del Sistema Solar, planetas diferentes, por lo general, vibran a un nivel dimensional de conciencia distinto. Por ejemplo, Venus ya ha cambiado a otra dimensión más alta. Los Hathors, residen en este momento sobre Venus dentro de esta dimensión superior. Lo que queda de Venus en la tercera dimensión, es un desierto caliente y árido. De la misma forma, Marte carece de vida en la tercera dimensión; sin embargo, en el pasado, vida de tercera dimensión existió sobre Marte.

Las buenas noticias son, que ésta es esencialmente, la primera vez en veinticinco mil años que la humanidad ha tenido la oportunidad de formar parte de un diseño nuevo, para experimentar lo que será la graduación y la Ascensión. Muchos de ustedes leyendo estas palabras, llegaron a la Tierra durante esta encarnación para asistir en el proceso de la Ascensión, y co-crear El Cielo sobre una Nueva Tierra. Muchos de ustedes leyendo este libro, fueron escogidos a propósito como los miembros de un equipo clave; aprobado por el Consejo Espiritual de su Ser Superior, porque usted sería capaz de ayudar a efectuar los cambios necesarios exitosamente. Así que es hora de "Despertar", y de aceptar sus responsabilidades, como el Maestro multidimensional que realmente es usted.

Trate de entender que si las sugerencias en este libro no son completamente comprendidas e integradas a través del corazón, todas estas ideas permanecerán tan solo como una información. Si esta información, por más ayuda que ésta brinde de la forma que sea, no la aplica a sus actividades diarias, lo único que hará, es ocupar espacio en su mente, y pronto se olvidará. Será muy importante reconciliar la diferencia entre la lectura de buenas ideas, y la de hacer algo con estas mismas. El valor solo es real cuando esas ideas han ayudado a mejorar su bienestar, y lo han preparado para la graduación y la Ascensión.

El proceso de la Ascensión y el ir a la Nueva Tierra, *no están* basados en su sistema antiguo de creencias, en el que le explicaron la forma de cómo llegar al Cielo. El plan general no lo provee a usted con un secuestro para sacarlo del desorden aquí en la Tierra. El plan, bajo circunstancias muy específicas, puede incluir ser transportado a una nave Extraterrestre que nos esté esperando. Tal acontecimiento se ha puesto en marcha, por si acaso ocurre una emergencia donde se requiera salvar aquellos que planean Ascender en sus cuerpos nuevos. Repito: el proceso completo de la graduación, la Ascensión, y el movimiento a través de los Portales Cósmicos hacia la Nueva Tierra, *no* trata con lo que usted cree; de lo que se trata es de la evolución espiritual, el crecimiento del alma, y un cambio interior de conciencia. Se trata de saber quién es usted, la habilidad que usted tiene para prestar Servicio A Otros (SAO), en vez del Servicio A Si mismo (SAS), el amor hacia toda la creación, y la aceptación de la Unidad/Conciencia Crística. Involucra muchos otros cambios internos de conciencia. Ni el Dios/Diosa interior, ni ningún ser espiritual avanzado puede interferir con su libre albedrío. Su cambio de conciencia es una decisión individual, que sólo deberá tomarse cuando usted se haya preparado y esté listo para hacer ese cambio.

Todo pensamiento e información que reciba de este libro, tendrá valor cuando se aplique. De otra manera, solo tendrá información ocupando espacio en su mente.

Acuérdese, muchos seres humanos no tendrán interés en graduarse y Ascender al Cielo sobre la Tierra. Todos tienen una decisión que hacer, ya sea para Ascender o a permanecer en un planeta de tercera dimensión. Vaya a su interior para encontrar cuál es el plan divino suyo. El camino hacia la Nueva Tierra no dejará de seguir desarrollandose, sin importar lo que piense o crea cualquier persona. Los Creadores y Dios/Diosa, ya han aprobado y dado su permiso para que la Tierra Ascienda a la quinta dimensión. La Tierra de hoy en tercera dimensión, permanecerá como parte de la Tierra multidimensional; sin embargo, no estará habitada durante su período de recuperación. Aquellos que están destinados a moverse a la Nueva Tierra, sabrán quienes son; también conoceran a aquellos que han escogido tomar otras vías temporales. Por muy difícil que les parezca a muchos lectores, toda ilusión física de tercera dimensión pronto dejará de existir, durante la preparación de la Tierra, para su renovación y rejuvenecimiento.

No se gana nada entrando en discusión con aquellos que no poseen un entendimiento sobre lo que está ocurriendo en la Tierra. No hay nada que arreglar, incluyendo las creencias y lo que los demás entiendan. Usted no tiene la necesidad de alterar el camino evolutivo de otro. Para asistir a los miembros de su familia, y a sus hermanos y hermanas en el mundo, usted tiene primero que ayudarse a sí mismo. Antes de que pueda ayudar a sanar a otro, primero tiene que sanar aquellos aspectos suyos que todavía se encuentran separados de lo que usted realmente es. La mejor forma de asistir a nuestros hermanos y hermanas es a través del ejemplo. Más adelante le entregaremos una soga o un mapa para que pueda atravesar su jungla de duda y confusión. Debemos dejar de culpar su comportamiento, y el nuestro, y pedir más bien perdón. También hay que desarrollar compasión hacia uno mismo y hacia otros que estén sufriendo. Sin el sufrimiento en el reino de la realidad de la tercera dimensión, ninguno de nosotros hubiera adquirido entendimiento, o aprendido como brindar compasión para con aquellos que piden nuestra ayuda.

Aquellos que están en el camino de la Ascensión, se separarán de esos con agendas diferentes y que creen tener todas las respuestas de lo que está pasando. Si usted tiene pensado Ascender evite aquellos que están luchando por aferrarse a falsas creencias conservadoras y de tipo guerrero. Si los observa de cerca, usted se dará cuenta que sus objetivos verdaderos son de estar en control y de manipular a otros. Los engañadores y los seres que juzgan, están realmente trabajando para los Intrusos, entidades que se han metido dentro del diseño original, para crear dualidad sobre este planeta, y mantener control de sus habitantes.

El objetivo de los Intrusos fue el de frenar el desarrollo espiritual; han hecho un buen trabajo. El plan original implementado por los Creadores Elohim (un grupo espiritual extenso que diseñó este sector del Universo), fue el de tener un planeta basado en amor y responsabilidad, por todos los componente de la creación. Estaba supuesto a estar en la Galaxia de la Vía Lactea, donde el planeta entero, junto con sus habitantes, estarían preocupados por el bienestar de cada uno – un planeta dedicado a (SAO), en vez del (SAS). Los Intrusos han desviado el plan original poniendo sus intereses personales, sobre los del resto del mundo, llamado SAS. Ellos también insertaron el concepto destructivo de los comportamientos competitivos y de la superioridad por cuestión de raza y rango. Como resultado, distorcionaron un concepto valioso del SAO.

Un buen ejemplo de sus técnicas de distracción, está ilustrado por los gastos masivos en los deportes competitivos. El empuje por los deportes competitivos, ha sido creado como una distracción en el camino espiritual de la humanidad. La meta del deporte, es la de obtener un grupo a conciencia, de seguidores, que distrae al fanático de la realidad. Los romanos y los americanos han sido los manipuladores mas claves en esta técnica de distracción. Es de sabio evitar el ser atraído a esta trampa, perdiendo el tiempo participando en actividades deportivas, o siquiera mirándolas.

Para que usted Ascienda a los estados de consciencia dimensional más altos, se requiere que se haga una limpieza a fondo de las energías adversas y de baja-frequencia, que están atrapadas en su cuerpo energético. El proceso de limpieza, sera más notorio en las relaciones sociales. Por ejemplo, este proceso causará inestabilidad económica, descomposición familiar, un incremento de violencia, agresión vehicular, tiroteos en las calles y en los colegios, un desmoronamiento de las leyes y del orden, escasez de alimentos, y de por sí, una crisis internacional. Estos eventos externos son una manifestación exterior de una limpieza interna. Algunas de estas energías adversas creadas por los seres humanos, a través de muchas vidas, han sido también almacenadas dentro de la Tierra. La Madre Tierra de tercera dimensión no puede seguir almacenando estas energías discordantes, y está en el proceso de liberarse de ellas. Muchas de esas energías están siendo devueltas a aquellos que las crearon.

La Tierra y los seres humanos que planean graduarse, deberán purgarse de todo temor, toda ira o furia del pasado, o cualquier otra forma de emoción inferior, para así poder evolucionar espiritualmente. Simultáneamente las emociones de alta frecuencia de amor, un deseo para la paz, compasión, y perdón, tendrán que instalarse para llenar los vacíos que habrá después de estas limpiezas. El proceso entero trata de mover a la humanidad hacia la sanación y la integridad, aunque parezca que todo se está desintegrando. "El Cambio" se está llevando a cabo. Usted se está apartando de los confines de las creencias falsas y limitadas, que lo mantuvieron atado a la consciencia de dualidad en el tiempo lineal. Como resultado, usted se está moviendo fuera de una manera de pensar en tiempo lineal hacia una nueva realidad del no-tiempo y su no-espacio. Usted se está moviendo hacia un reino de la nueva realidad, uno donde un sinfín de posibilidades existe. Aquellas almas que han optado por graduarse están uniendo sus pensamientos para ayudar a crear la Nueva Tierra.

Todavía hay partes del rompecabezas que se están organizando y colocándose en su lugar, dentro de usted. Estas nuevas piezas encajarán perfectamente cuando las viejas hayan sido removidas, y las nuevas sean colocadas en sus puestos apropiados. Para completar su rompecabeza siga los impulsos de su corazón, arriésguese y abra cada puerta nueva (su próximo desafío), con confianza de que esa será la más apropiada. Recuerde que la razón más importante por la que Jesus el Cristo vino a la Tierra fue para mostrarle como Ascender a la Nueva Tierra. Quizá necesite revisar las verdaderas intrucciones de Cristo en libros como: *Love Without End (Amor Sin Fín)*, por Glenda Green (1999), para sacar interpretaciones más certeras acerca de los libros antiguos, modificados, y "sagrados".

Póngale cuidado a algunos de los sitios espirituales en el internet, que se han encontrado ser relativamente acertados, tal como: www .lemureanconnection.com, www.operationterra.com, www.mathewbooks .com, y www.godchannel.com.

Estos sitios entre otros, contienen actualizaciones periódicas de acontecimientos del día. Por ejemplo, el mensaje de Matthew puesto el 23 de Marzo del 2008, indicó que la conciencia masiva iría a influenciar el retiro de las tropas en Iraq, y que empezaría a tomar lugar después de las elecciones presidenciales de EE.UU. En otro mensaje colocado el 21 de Mayo del 2008, se predijo que el nuevo presidente de los EE.UU. sería Barack Obama. Cada vez que reciba información de círculos fuera del género, utilice discernimiento, y la metodología del péndulo, para determinar su veracidad. Hay muchos libros sobre el tema, y la American Dowsing Society, que se encuentra en la página del internet, www.dowsers.org; podrán proveerle ayuda e información acerca de cómo utilizar esta técnica importantísima.

El proceso completo de la evolución, puede simbolizarse por el arribo del pollito recién nacido. Cuando surge el pollito del huevo, tiene que haber cierta destrucción de la cáscara que mantuvo al pollito dentro de su cámara sellada, donde comenzó el proceso de su crecimiento. De igual manera, las estructuras rígidas y los patrones que han mantenido a la humanidad de tercera dimensión en el mismo lugar, necesitan ser desmanteladas. Muchos seres humanos, no se han dado cuenta de cómo estas estructuras rígidas los han atado a la Tierra de tercera dimensión. Estas estructuras requieren ser quebradas como la cascara del huevo. Mientras que cada individuo lucha para desbaratar estas estructuras antiguas asociadas con ilusiones de tercera dimensión, pueda que sienta algunas sensaciones de su quebrantamiento. Seguro que no será nada cómodo. Prepárese a aceptar estos terremotos interiores.

Después de que se liberen estas emociones atascadas, estamos abiertos para aceptar las energies nuevas, de alta frecuencia llegando a la Tierra. Resistencia a estos esclarecimientos y a la aceptación de estas nuevas energías, será superada. Los procesos de cambio son tan grandes que no hay forma alguna de frenarlos. Todo ser y toda cosa que no pueda fluir con las olas de cambio, no sobrevivirá. Todo patrón de frecuencias en tercera dimensión, será demasiado bajo para adaptarse a las frecuencias altas de la Nueva Tierra. Cualquier persona que no pueda deshacerse de patrones viejos y que pueda aceptar las energías nuevas, pasará por el proceso de la muerte física, y entrará a los octavos inferiores de la cuarta dimensión. Ahí aparecerán como espíritus o como almas sin algunos de sus cuerpos físicos. Por el contrario, aquellos que aceptan las energías nuevas y crean nuevos cuerpos físicos, tarde o temprano Ascenderán a la Nueva Tierra en esos cuerpos.

Muchos de los que están leyendo estas palabras ahora, han encarnado en la Tierra en este momento de la historia, para Ascender a la Nueva Tierra. Tan pronto su conciencia se amplíe, se irán dando cuenta que todas las cosas "físicas" a su alrededor, son simplemente ilusiones, creadas conscientemente para las lecciones que proporcionaron. Más y más seres humanos están "Despertando", y están comenzando a entender que tiene que existir algo mejor que todas las ilusiones que el ser humano ha creado, y por las cuales están atravesando.

Después de que estuvimos rogando para venir a la Tierra en tercera dimensión, andábamos por ahí presumiendo, diciendo: me conseguí un viaje a la Tierra. De todos los lugares posibles fuí aprobado para ir a la Tierra.

Como parte de nuestro contrato aprobado para venir a la Tierra, tuvimos que tomar cuerpo físico y adoptar un velo de olvido. Como resultado, olvidamos nuestro pasado y nos olvidamos de quienes éramos. Cómo nos las ingeniamos para afrontar retos cuando vinimos a la Tierra?

Cuando aceptamos una oportunidad para venir a la Tierra, cómo nos las ingeniamos para afrontar unos retos enormes.

Mientras lea, escuche, o vea cualquier cosa, dese cuenta que su entendimiento viene desde su interior. Todo lo que vivimos proviene de adentro. No existe nada por fuera, sino ilusiones. Lo que aparece existir por fuera, tiene primero que estar por dentro; de otra manera no habrá entendimiento. No existe nada fuera de usted para crearle un entendimiento. Al estudiar la metafísica del Universo, usted se da cuenta que cuando un astrónomo mira a través de su telescopio a las estrellas distantes, el está en realidad mirando las paredes mas extremas de la realidad de su conciencia interior. Todo lo que existe afuera es un reflejo de lo que existe dentro del observador.

Si usted observa debilidad en otro, ese es un reflejo de la debilidad dentro de usted mismo. Lo que usted ve por fuera, es un aspecto de algo que ha visto, vivido, o sentido dentro de su interior. Por ejemplo, seres Extraterrestres, son en realidad visitantes del interior de nuestra conciencia. Sí, Extraterrestres tienen existencias separadas a las nuestras pero, dese cuenta que todo Extraterrestre se encuentra dentro de nuestra conciencia, y nosotros existimos dentro de la de ellos. Estamos todos conectados. Cada entidad, sin importar sus características físicas, está facilitando la evolución de todo otro ser a través del Universo.

Mientras pedimos a nuestro Dios/Diosa interior su ayuda para acordarnos de quiénes somos, podemos empezar a renovar nuestras capacidades para atraer más luz de Dios/Diosa. Como resultado, usted puede energetizar su Cuerpo de Amor, activar su "Cuerpo de Luz" (descrito luego en este libro), y prepararse a recibir un cuerpo físico nuevo para la Ascensión a la Nueva Tierra. Sí, usted necesitará un cuerpo nuevo de alta-frequencia para Ascender, vivir, y ser compatible con estados de conciencia en la cuarta y la quinta dimensión. Siempre tenga en cuenta que la Ascensión no se trata de ir hacia algún lado. La Ascensión es un trabajo interior. Se trata de entender quien es usted "Ahora", para que pueda llegar conscientemente, estando en el lugar correcto a la hora correcta. Entonces podrá llegar conscientemente a un "Ahora" nuevo del Cielo en la Tierra.

Todas aquellas almas todavía dormidas, aquellos entregados a la ilusión en tercera dimensión de separación y dualidad, sienten que los trabajadores de luz están alejándose de ellos cada vez más. Como resultado, aquellos que permanecen dormidos están luchando para mantener a los trabajadores de luz en su matriz de dualidad, o en sus sistemas obsoletos de creencias conservadoras. ¿Alguien ha juzgado sus patrones de comportamiento y le han preguntado, *se le ha corrido la teja, o está viviendo en un cuento de hadas?* Algunas personas que piensen que están viviendo en un cuento de hadas, temerán que usted pueda estar correcto, pero no entienden porque es usted tan diferente. Uno de los desafíos que ellos enfrentaran es la falta de disciplina y la falta de una mentalidad abierta, para crear una buena disposición para tratar de entender. Muchos con mentes cerradas se han quedado atrapados en un mundo de creencias falsas e ilusiones inútiles. Sin embargo, existe la esperanza que podrán "Despertar" por lo menos con tiempo suficiente para graduarse, antes del fín del próximo ciclo de veinticinco mil años – o sea, veinticinco mil años a partir de "Ahora" sobre otro planeta de tercera dimensión.

Aquellos que permanecen todavía dormidos siguen siendo nuestros hermanos y hermanas, ya que también han sido creados por Dios/Diosa. Pueden ser nuestra familia y amistades, colegas de trabajo u otros, todos los que nos rodean. Así que debemos estar dispuestos a ayudarlos. Una de nuestras primeras pruebas consiste en la habilidad de aceptar completamente que todos son nuestros hermanos divinos y hermanas divinas. Entonces, uno debe darse cuenta que se debieran de amar tal como son. Sin embargo, tenemos ciertos desafíos en cuanto al saber como ayudarlos. Ayudándolos será una tarea difícil, por lo que muchos de nosotros todavía permanecemos con campos energéticos antiguos de dualidad. Estos campos energéticos, abarcan la conciencia de enemigos, carencia, y separación. Tendremos necesidad de *deshacernos* de estas ilusiones, ataduras, y creencias falsas, para así poder ayudar a aquellos que pidan nuestra ayuda. También ayudará aclarar la mentalidad de víctima, y de guerrero, de nuestra conciencia. Debemos darnos cuenta que no estamos separados, y que ya tenemos todo cuanto necesitamos, para ayudar a nuestros hermanos y hermanas.

Muchas personas quieren irse del planeta Tierra porque están aburridos, cansados de la separación, cansados del dolor y el sufrimiento, y simplemente cansados de la confusión y el caos. ¿Se encuentra usted dentro de esta conciencia masiva? ¿Le gustaría cambiar a otro estado de conciencia? Casi todos sienten todos los cambios que están ocurriendo, y se dan cuenta que existe algo mejor que el "Ahora" presente. Si usted cree y se prepara, habrá algo mejor. Entonces usted puede ayudar a crear una Nueva Tierra. Muchos se negarán a cambiar y esto está bien. Preferirán morir físicamente, en vez de cambiar las creencias arcaicas y conservadoras sobre las que sus vidas pasadas han sido fundadas.

La Graduación y la Ascensión Requerirán Un Cambio en Conciencia

Los requisitos principales para la graduación de la Tierra en tercera dimensión, y la Ascensión a la Tierra de quinta dimensión, involucran conocer quien es usted, y la elevación de su conciencia. Los residentes de la Tierra perdieron hace tiempo la habilidad de entender la conciencia. Se han olvidado como moverse de las frecuencias inferiore, hacia las frecuencias superiors de la conciencia dimensional. Muchos hablan acerca de la conciencia sin verdaderamente entender su profundidad, o han dejado de tratar siquiera de entender este concepto de suprema importancia. Muchos creen que están conscientes de eventos a su alrededor, cuando usan su intelecto para sentir y analizar observaciones físicas, eventos, o varios desarrollos. Lo que creen saber está basado en un conocimiento acumulado de su pasado. Ese conocimiento, está formado de creencias falsas e ilusiones, todas estas basadas en el intelecto individual de la persona durante muchas vidas.

Por lo tanto, muchos seres humanos han sometido la conciencia a su intelecto. El intelecto está muy lejos de la realidad y de un entendimiento acerca de la conciencia. Los seres humanos que enfatizan el uso de su intelecto, le hacen un corto circuito a su entendimiento y al uso de todos los "factores de conciencia". Los factores de conciencia que por lo general son más ignorados o rara vez tomados en consideración, son los de la información telepática que está disponible más allá de la comunicación física tradicional. Al ignorar el sentido telepático de fuentes espirituales y otras entidades más avanzadas, muchos seres humanos han dejado de evolucionar espiritualmente. El proceso de la graduación y de la Ascención, envuelve la utilización de todos los factores de conciencia Aprendiendo a cómo utilizar, todos sus factores de conciencia, ésta cambiará a dimensiones más altas.

Al igual que su alma existe en muchos estados y niveles de desarrollo, sus factores de conciencia existen en etapas distintas. Estos factores de conciencia, son una forma sana de energía que puede integrarse al cuerpo bajo condiciones fisiológicas y psicológicas específicas. Cuando un individuo se aferra a varias limitaciones impuestas, y programadas por religiones, gobiernos, sistemas educativos, y la sociedad en general, estos factores de conciencia no pueden ser forzados a través de estos bloqueos masivos fisiológicos y psicológicos.

Los conceptos y los entendimientos que se presentan dentro de este libro han tomado ventaja del intelecto, tal como son derivados de la evidencia científica, como también de la información adquirida a través de todos los componentes de los factores de conciencia. Eso quiere decir que el autor ha estado en comunicación constante con la Jerarquía Espiritual, que no está a simple vista. Dentro de las realidades dimensionales superiores no-físicas, existen multitudes de Arcángeles, Maestros Ascendidos, Seres Extraterrestres, y una cantidad de información masiva, que puede ser recibida telepáticamente desde todos los componentes de la creación. La información telepática no sólo está disponible por parte de la Jerarquía Espiritual, sino que también puede recibirse de árboles, animales y de la misma Madre Tierra.

Al ignorar algunos de estos factores de conciencia, la humanidad ha sufrido de forma dramática. Hemos usado nuestra conciencia física para avanzar tecnológicamente, pero hemos dejado de avanzar espiritualmente. Para nosotros ha sido una tragedia el haber perdido la conección con la energía del Surco Creativo. Considere la conciencia espiritual como algo de lo cual uno se da cuenta a través de su sensibilidad mental, su sensibilidad intuitiva a varios aspectos de su Dios/Diosa interior, y la de la Jerarquía Espiritual. Manteniendo su conección con la Energía del Origen es extremadamente importante. La conciencia espiritual comprende una conglomeración ilimitada de conocimiento y de sabiduría almacenada dentro de todos los componentes de la creación.

La vida entera está basada sobre niveles de conciencia. Usted asistió a colegios para estar al tanto de aspectos físicos del mundo que lo rodea. A través de la programación del sistema educativo, se le ha enseñado a concentrarse en el uso de los cinco sentidos como el medio a través del cual se determina la realidad. El patron arcaico y restrictivo que se enseña en los colegios ha sido diseñado para obligar a los estudiantes a verbalizar o a escribir sus pensamientos, en vez de imaginar y visualizarlos. Tan pronto como los pensamientos se imaginan y se visualizan, éstos pueden ser y debieran ser, mandados y recibidos telepáticamente. Como resultado del sistema arcaico educativo, al ser humano se le ha bajado su nivel intelectual, hasta el punto que ha perdido la manera natural en que daba y recibía información telepáticamente. Un individuo conscientemente despierto puede recibir información válida de todos los niveles de la de la creación. La mayoría de los seres humanos viven dentro de un mundo de ilusión y creencias falsas. Les falta comprensión de lo que es real ya que carecen de la habilidad de comunicarse telepáticamente.

La verdadera conciencia involucra la afinación y la utilización de los sistemas de percepción, tanto interiores como exteriores. Aquellos que carezcan del ímpetu y la voluntad para utilizar todos los factores de conciencia, incluyendo sus habilidades telepáticas, no podrán elevarse a estados más altos de conciencia. Muchos seres humanos han permitido que su intelecto, con todas sus falsas creencias e impresiones limitadas, atrase su desarrollo espiritual. Aquellos que no llegan a comprender cómo optimizar sus factores de conciencia y a cambiar su conciencia dimensional a una de alta frecuencia, permanecerán atrapados dentro de una conciencia de dualidad en la tercera dimensión. Sin preparación, no podrán graduarse.

La preparación para la graduación requiere eliminar todo programa, impresión y bloqueo de la tercera dimensión, que haya destruido o dañado cualquier factor de la conciencia del individuo. El desafío se encuentra en despejar toda limitación y empezar a ser receptivo, utilizando los factores de conciencia. A través del creer, la intención y la asistencia espiritual, los factores de conciencia pueden ser restaurados e integrados a la conciencia del humano. Los factores de la conciencia, en gran parte, son restaurados a través de la capacidad personal del individuo para trabajar con su Dios/Diosa interior. A medida que los factores de conciencia se restauran, uno tiene la capacidad de recibir comunicaciones telepáticas. Estos mensajes entran a su cuerpo físico y se almacenan dentro del alma. De ahí, irradian hacia afuera, para tener impacto sobre todas las células del cuerpo. En cuanto energías de alta frecuencia se reciben y se distribuyen, el cuerpo entero comienza a vibrar a estas altas frecuencias.

En lo que se estabilizan estas altas frecuencias, usted empieza a acordarse de su luz espiritual y poco a poco, a incrementarla. Como resultado, usted puede liberarse de las luchas que se asocian con la Tierra de tercera dimensión y de todas las lecciones de dualidad que han representado tanto desafío. Al acordarse, ya no tendrá que preocuparse de vidas pasadas, karma, todos los detalles ilusorios y creencias falsas, sobre los requisitos para ir a un cielo místico. Usted está libre para pedirle ayuda a su Dios/Diosa interior, y avanzar espiritualmente. Usted ha evolucionado más allá del concepto del *ser humano*, usted ha evolucionado a convertirse en un *ser haciendo*, un Maestro Espiritual.

A medida que usted eleva su conciencia a cierto nivel, su disfraz de ser humano se quita y usted se convierte en un Maestro Espiritual.

Desde el primer momento, por naturaleza, usted fue una creación de Dios/Diosa, un *ser haciendo* disfrazado como un *ser humano*. Simplemente se le olvidó que usted era realmente un Maestro Espiritual, que es capaz de hacer todo lo necesario para graduarse y convertirse en un residente de la Nueva Tierra. Mientras que se va acordando quién es usted, ya no necesita probarle nada a nadie. Usted es por derecho divino una Semilla Cósmica de la nueva civilización que habitará la Nueva Tierra. Como una ayuda para usted, Jesus dijo en Lucas 11: 9-10, y Juan 14:12, Pidan,y se les dará, y las obras que yo hago también usted las hará, y aún las hará mayores.

Sepa que cuando usted mire a los demás alrededor suyo que se resistan al cambio, su decisión no es la culpa de nadie. La mayoría de aquellos que planean continuar sus lecciones en tercera dimensión, puede que tengan la oportunidad de "Despertar" en una vida futura. Siempre tenga en cuenta que uno no se gana el derecho de ir a la Nueva Tierra. Su alma habrá elegido guiarlo y dirigirlo a través del camino que lo llevará ahí. Muchos de ustedes leyendo estas palabras se dirán, "yo estoy muy interesado en graduarme y

Ascender a la Nueva Tierra. Cuenta conmigo nos vemos allá". Si así es como usted piensa, entonces usted necesita prepararse.

Otros se sentirán repulsivos ante estos conceptos, resistirán cambio, y preferirán morir físicamente cuando llegue su momento. Existen muchas otras opciones que involucran trasladarse a otro planeta dentro del Universo. Necesitará ponerse en contacto con sus Asistentes Espirituales para saber en que consisten esas otras opciones.

La Ascensión no es necesariamente un logro; no es ni siquiera un proceso. La Ascensión es un conocer siempre-presente de su ser magnífico, eterno y cariñoso. Este desarrollo siempre está evolucionando y moviéndose con el fluir de la evolución. En tanto mantenga su mente abierta a posibilidades ilimitadas, usted puede convertirse en un pensador de esas posibilidades. Estas posibilidades ilimitadas se convertirán en sus guías de luz, siempre alumbrándole el camino.. En cuanto abre su mente, usted puede aprender acerca de lo que se avecina, y como prepararse para lo que pueda ocurrir. Mientras va leyendo descubrirá algunas posibles herramientas para la graduación y la Ascensión. La Ascensión no es el fín, sino el comienzo. Al estar en el proceso de la Ascención, es cuando verdaderamente comienza lo divertido.

Algunos se preguntan: "¿Como puedo vivir mi vida eficázmente para preparame y atravesar el proceso de la graduación y la Ascención?"

Un aspecto de su preparación se puede ver a través de los Aborígines de Australia. Marlo Morgan, quien vivió con los Aborígenes en Australia y escribió el libro, *Mutant Message Down Under* (*Mensaje Mutante de la Isla Continente*), cuenta de una experiencia de un grupo Aborígenes que flotaban en una balsa cerca de la costa del océano. Una vez que hizo contacto con ellos, les preguntó por qué no utilizaban remos para poder guiar y mover la balsa en la dirección hacia donde iban. Ellos le indicaron que, "Si utilizamos remos, de pronto terminamos en un lugar al que no debiéramos de estar llendo". Sabían que la balsa los llevaría a donde necesitaban ir. Confiaron en el fluir Universal de la vida. Aplicando esta filosofía, y muchas otras técnicas que se indicarán luego en este libro, lo ayudaran a seguir por el camino más apropiado.

Cambiando la conciencia y preparándose para la Ascensión, es como alistar de su balsa para una travesía desconocida por el océano. Ya estamos preparando nuestras balsas a pesar de que nunca hemos tomado un viaje en ellas. Así que no tenemos ningún conocimiento previo, de cómo utilizar nuestros remos para llegar a nuestro destino. Nos queda una opción si hemos de continuar sobre nuestra balsa. Esta consiste en prepararnos para el viaje, y entender que nuestro destino se presentará tan pronto nos estemos arrimando a la orilla. Para ese viaje tenemos que estar abiertos a recibir guía cruzando las aguas desconocidas. Atrayendo más luz para guiar su balsa, usted podrá asegurarse de un salvoconducto seguro. Su balsa probablemente flotará lentamente hacia la dirección más apropiada. Cuando intenta ir muy rápido (atrayendo demasiada luz a sus cuerpos inferiores de tercera y de cuarta dimensión), usted puede causar mucho daño. No necesita estar demasiado preocupado de apurarse a remar su balsa. Simplemente relájese, disfrute el paisaje, flote por ahí, y sepa que si usted se ha preparado interiormente, usted llegará a los Portales Cósmicos, los atravesará, y llegará a la Nueva Tierra.

Así que mientras flota por ahí y piensa en el viaje, el Espíritu tendrá una palabra de precausión. Si fuera a acordarse de quién realmente es usted, sin la preparación adecuada, una cantidad masiva de luz penetraría su ubicación sobre la Tierra de tercera dimensión, y lo destruiría. La luz de la creación es potentísima – más allá de lo que usted se pueda imaginar. Si usted no se ha limpiado su cuerpo de todos los desafíos de tercera dimensión, y esa luz de la creación cae sobre esa resistencia, el cuerpo puede calentarse hasta un punto en el que se incineraría. Así que tenga paciencia mientras navega en su balsa. Tenga paciencia consigo mismo, mientras se va acordando de que usted es un hijo de Dios/Diosa, y de que cuando usted se lo pida, el Dios/Diosa interior regulará la cantidad de luz que entre a su cuerpo. Usted se está preparando para algo tan grandioso que no existen palabras para describirlo. El viaje no está fuera de su alcance; usted puede lograrlo. Solo prepare su balsa con mucho cuidado, móntese, y permita que el espíritu lo lleve a su destino. Algunos procedimientos preparatorios para el viaje se discutirán luego.

Sea paciente consigo mismo mientras se prepara a tomar su viaje a través del portal, hacia la desconocida, Nueva Tierra paralela.

Solo usted se puede preparar para irse de la Tierra vieja, tomando los *cambios interiores en conciencia*, que lo califican para que pase por los portales hacia la Nueva Tierra. El guardián del portal tendrá un registro de sus procedimientos preparatorios a seguir, y hasta qué grado usted los ha llevado a cabo. No hay manera de colarse por los Portales Cósmicos cuando no esté vigilando el guardián. El proceso para atravesar es uno muy individual; sin embargo, usted puede estar conectado con otras almas que estén en el mismo camino espiritual.

Un paradigma completamente nuevo (relmo de la realidad), deberá crearse para los cuerpos físicos, emocionales, y mentales, y así permitirles la integración de frecuencias de alta vibración, para entrar al plano de la Nueva Tierra. "Ahora" es el momento para tener acceso, integrar, y utilizar la cantidad infinita de asistencia disponible por parte de los Maestros Ascendidos, los Extraterrestres, los Arcángeles, los ángeles, y el espíritu propio de la Presencia del YO SOY (Dios/Diosa interior). También hay muchas herramientas y tecnologías que han llegado a la Tierra por fuentes Extraterrestres, disponibles para ayudarlo en la incorporación de su divinidad. Todo este apoyo se encuentra acá, para ayudarlo en su transisión de las realidades de tercera y cuarta dimensión a las realidades de quinta y sexta dimensión.

Para una mejor perspectiva de profunda sabiduría basada en conocimientos antiguos, lea las traducciones de los ocho libros originalmente escritos por Vladimir Megré (1950). Los libros originales fueron escritos en ruso y después, traducidos a unos veinte idiomas, que vendieron más de diez millones de copias.

La Tierra de Tercera Dimensión Está Siendo Elevada en Categoría a una Tierra de Quinta Dimensión

Todo aspecto de la vida de la Tierra vieja tal como usted la conoce será impactada por los cambios dramáticos que se aproximan. La Tierra está cambiando a una frecuencia alta. Las características de baja frecuencia que los seres humanos han creado, y de las cuales han dependido, desaparecerán. Esté bien preparado para cuando vea que los objetos físicos empiecen a desaparecer que usted sepa que todo esta bien. No hay razón para preguntar por qué o de atemorizarse por sus desapariciones.

La Escuela Creadora de la Tierra vieja fue diseñada para ofrecer una oportunidad de crear ilusiones físicas tal como lo es el automóvil. Nosotros también creamos desafíos diseñados con un formato de dualidad, que involucraba entender la diferencia entre el bien y el mal, la salud y la enfermedad, la paz y la guerra, el frío y el calor. En la Nueva Tierra estos conceptos y estos patrones de dualidad, serán remplazados por una nueva realidad denominada la Unidad/Conciencia Crística. Los conceptos de la dualidad, tales como el mal, la enfermedad y la Guerra dejarán de existir. Estos conceptos viejos de la dualidad no sobrevivirán las frecuencias altas de la quinta dimensión.

Si usted se ha encontrado atrapado en los ciclos de reencarnación de la dualidad, debe de entusiasmarle la idea de que ese ciclo llegará a su fin en la Nueva Tierra – si toma ventaja de las oportunidades, toma una decisión, y dedica tiempo para prepararse dentro de su conciencia. Cuando usted se prepara interiormente y evoluciona conscientemente más allá de la cuarta dimensión, entonces usted podrá Ascender con su cuerpo físico intacto. Mientras que usted Asciende, su espíritu y su cuerpo dejan el plano de tercera dimensión, y de cierta forma, usted se desvanece desde el punto de vista de aquellos que permanecen dentro de la tercera dimensión. Trabajando desde su interior para elevar su conciencia, usted vibra a una frecuencia más alta que es invisible al sistema de percepción en tercera dimensión. Como una entidad de cuarta o de quinta dimensión, usted puede ver a aquellos en dimensiones más bajas pero ellos no lo podrán ver a usted.

Prepárese espiritualmente determinando quién realmente es usted, implementando el perdón, y deshaciéndose de creencias y de patrones arcaicos de dualidad. Tan pronto esos bloqueos se remuevan, una multitud de revelaciones nuevas y verdaderas fluirán a su conciencia. Esto se hace realidad, sobre todo, en cuanto el ser humano comienza a entender la naturaleza de la conciencia multidimensional. De acuerdo al Arcángel Metatrón, encontrado en www.crystalinks.com, "El Cambio", la Graduación, y la Ascensión del cuerpo físico a la Tierra en la quinta dimensión, es un evento que los profetas bíblicos denominaban como la segunda llegada.

Una pregunta apremiante que muchos seres humanos se han hecho es: "¿Que es lo que está frenando el avance de la evolución humana sobre la Tierra, y por qué estamos tan estancados por tanto tiempo?"

Adama, el maestro superior de la ciudad de Telos en la quinta-dimensión, en el norte de California, brinda una respuesta parcial a esta pregunta en, Telos Volumen 1 (2006) por Aurelia Jones.

"Primero, ha existido una falta de motivación y de vigilancia, con muy poca fe en las promesas de Dios/Diosa. La falta de consistencia en su resolución para invertir suficiente tiempo y energía a su desarrollo espiritual, que lo mantiene en un estado de letargo espiritual y en un equilibrio espiritual negativo. Su deseo de amor y de Ascensión, todavía se encuentra en un estado tibio. A menos que se convierta en un deseo ferviente dentro de su corazón y de su alma, al grado de que no pueda vivir sin él, no podrá generar suficiente amor, poder y energía para obtenereste nivel de evolución. Yo diría que la mayoría de ustedes están sufriendo de un tipo de pereza espiritual. Están demasiado ocupados en hacer, que en ser. ¿Cuantos de ustedes poseen una comprensión completa del porqué escogieron encarnar aquí en este momento?

¿Como responde uno ante la perspectiva de Adama? ¿Le está dedicando un promedio suficiente de tiempo hacia su desarrollo spiritual? O, ¿ha frenado su desarrollo spiritual, porqué últimamente se eatá sintiendo agotado? Muchos seres humanos están atrapados en la batalla del diario vivir, para sencillamente sobrevivir.

Muchos sobre la Tierra ahora se dan cuenta que el solo sobrevivir tiene un valor limitado. Están dedicándole más tiempo a su desarrollo espiritual. Los procedimientos tratados en este libro son solo una parte de todo lo que se puede implementar, para ayudarlo a calificar para la graduación y la Ascensión. Todos estos procedimientos involucran el trabajar con formas de pensamiento compuestas por energía sutil, que usted puede crear, alineándose a los conceptos de alta frecuencia. Tenga en mente que muchos de estos conceptos pueden ser válidos en varios niveles, pero la percepción de la realidad siempre está sujeta a los conceptos de conciencia y de elevación espiritual que constantemente están cambiando y evolucionando.

Al hacer el cambio de fase a la conciencia de la cuarta dimensión, usted vibrará a una frecuencia superior. Todavía lucirá como un ser físico, y será visible a sí mismo aunque sea invisible a otros. Ellos están vibrando en bandas de frecuencias inferiores. De la misma manera, su realidad en la quinta dimensión vibrará a frecuencias aún más altas. Actualmente existen muchos seres humanos preparandose para Ascender. Fuentes espirituales indican que a partir de Julio del 2008, hay más de nueve millones de almas preparándose para su graduación. Relativamente eso es un porcentage pequeño: solo el 0.13 porciento de la población, a comparación con los siete mil millones de almas habitando la Tierra en este momento.

Que significa el Dejar la Tierra Vieja y Entrar a la Nueva Tierra

Cuando "El Cambio" se complete después del 2012, todo ser humano será evacuado de la Tierra de tercera dimensión. La Tierra ya no apoyará estados de conciencia de tercera dimensión, debido a los cambios dramáticos que tomarán lugar en el medio ambiente ecológico. El aire contaminado de la vieja Tierra tendrá poco contenido de oxígeno; habrá poca agua potable; habrá una escasez de alimentos, porque las plantas no podrán sobrevivir; será muy difícil viajar; y existirá un sinfín de otros factores adversos. Mucha gente ya presiente estos cambios. Los seres humanos están destruyendo sistemas de apoyo vital, que han ayudado a mantener la vida biológica. Para aquellos interesados, usted puede ganar una pequeña perspective acerca de los posibles cambios mirando películas tal como: *It Could Happen Tomorrow, (Podría Ocurrir Mañana), The Future Earth, (La Tierra Futura)*, y el documental de CNN *"Planet in Peril," ("Planeta en Peligro")*. Estas películas presentan vendavales violentos (huracanes, tormentas de viento, y tornados), con inundaciones, volcanes, ceniza volcánica cubriendo la luz del Sol, posibles impactos de asteroides, olas sísmicas, tsunamis, el derretimiento de las capas polares, altos niveles del mar, y tormentas de fuego que arrazan con la vegetación y con los edificios. El documental de CNN, describe como los seres humanos están violando al planeta, y creando situaciones que pueden llegar a estados pandémicos.

Dese cuenta que cuando "El Cambio" se complete después del 2012, todo ser humano será evacuado de la Tierra en tercera dimensión.

Muchos científicos creen que una amenaza más seria es la de la diseminación, y el avance de nuevos y destructivos agentes de enfermedad (creados por la guerra biológica), que podrían arrazar con millones de personas, por tener un sistema inmune comprometido. Cualquier combinación de esta clase de eventos podría cambiar dramáticamente las características del medio ambiente sobre la Tierra de tercera dimensión, creando un estado difícil, sinó imposible, para la supervivencia de toda forma de vida. ¿Tomarán lugar cualquiera de estos eventos? Solo el tiempo lo dirá. Sin embargo, si ocurren, usted estará preparado para aceptarlos.

Llegará su punto final a este juego viejo, seguido muy de cerca por el comienzo del nuevo. El punto omega denota un fín, y el alpha el de un comienzo nuevo. Entre el uno y el otro hay un punto nulo en que nada existe.

Es extremadamente importante que usted entienda estos tres puntos, en términos de la relación que tienen ante los cambios anticipados, que tomarán lugar sobre la Tierra. Por ejemplo, le sorprenderá conocer que usted no existe físicamente a toda hora. Usted está fluctuando muchas veces por segundo. Sus actividades son parecidas a una imagen individual pasando a través de un proyector, aparentemente trascurriendo sin interrupción. Toda película o programa de televisión es la proyección de imágenes individuales titilando tan rápido que parecen ser continuas.

Su vida es un proceso idéntico; es de todo menos continuo. En el momento entre el punto omega y el punto alpha donde no existe nada (un punto nulo), no se manifiesta ninguna realidad. Existe un número infinito de estos puntos nulos donde solo está el Creador. Esto a veces se conoce como el "vacío", al que uno puede entrar entre pensamientos. Es el reino de la calma y de la paz. Estar consciente del vacío es muy beneficioso, siendo que su Fuente Energética está disponible ahí. En el vacío usted puede comunicarse con el mundo espiritual y recibir guía. Mientras practica entrar dentro del vacío, descubrirá un depósito de conocimiento ilimitado, el cual lo ayudará a prepararse para graduarse y Ascender.

Nota: Solo uno de ustedes será recreado como Nuevo al otro lado del punto nulo. Mientras usted transcurre a través de este proceso, usted empezará a ver cada vez más, nuevas realidades llegando a la vista. Estas serán nuevas y parecerán físicamente reales. Usted necesitará aceptarlas y gradualmente entenderlas. Serán partes del reino de su nueva realidad. Muchas de las cosas que observarán, podrán causarle temor, siendo que jamás habrán sido vistas anteriormente. También puede que usted observe imágenes multiples (como la proyección de imágenes individuales titilando tan rápido que parecen ser continuas), de varias cosas mientras que van gradualmente llegando a la vista. Tenga presente que este es un proceso importantísimo por el cual va a pasar. Una de las razones por la cual se menciona la apariencia de objetos que jamás habrá visto, es que cuando empieza a tener sentido de su presencia, usted se dará cuenta que no se está enloqueciendo. Estos objetos nuevos formarán parte del reino de su nueva realidad. Sin embargo, proceda con cierta precausión al mirar o al tocar estos objetos nuevos cuando aparecen por primera vez, porque esa actividad puede causarle daño a su conciencia.

Mientras continúa el cambio de fase y usted se prepara para hacer la transición, habrá cierta incomodidad, como lo hay con cualquier proceso de parto. Tenga en mente la felicidad que acompaña todo nacimiento. Cuando cesa la enorme tarea asociada con un parto, la mayor parte del dolor también habrá pasado.

La Nueva Tierra ya existe, pero usted se tiene que alinear con ella para que se le manifieste. La Nueva Tierra está aquí "Ahora", pero con una conciencia de tercera dimensión, usted no la puede ver. Su sistema de sensación no está afinado para esas frecuencias superiores. El clausurar con lo viejo y prepararse para lo nuevo es una paradoja, o una relación recíproca en la cual la Nueva Tierra lo llama a usted, y a su vez, usted va en busca de la ella. Usted puede agilizar el proceso de la transición prácticamente en su totalidad, al fijar su mente en la visión que tenga de la Nueva Tierra. Al fijar su mente, usted creará un campo de percepción que atraerá la Nueva Tierra hacia usted.

La Nueva Tierra deberá de estarse estabilizando al final del 2013. Tan pronto se complete ese proceso, la Tierra Antigua de tercera dimensión ya no podrá soportar la vida tal como la reconocemos. Sin varios sistemas de apoyo para la vida, la Tierra de tercera dimensión entrará a un ciclo de regeneración. Los seres humanos no podrán sobrevivir en un planeta que estará regenerándose. Ademas, los seres humanos cuyos cuerpos vibran a frecuencias inferiores de tercera dimensión, no podrán sobrevivir físicamente las frecuencias superiores de la Nueva Tierra. A estos seres humanos no les quedará otra opción que dejar la Tierra, y encarnar en otro planeta de tercera dimensión. Esta realidad puede sonar fuerte; pero esa decisión fue hecha por los Creadores del Universo cuando le dieron permiso a la Tierra de pasar por un ciclo de rejuvenecimiento, y para que la Nueva Tierra pudiera evolucionar en estados de conciencia desde una de cuarta dimensión hasta una de la sexta dimensión.

Mientras sigue leyendo y obtiene una pequeña visión de lo que será la Nueva Tierra, usted puede que tenga la tendencia de crear una lista de expectativas. El Espíritu indica que necesitará mantener esa lista lo más pequeña posible. En otras palabras, toda expectativa debe de considerarse junto con la habilidad de estar preparado para poder aceptar cualquier cosa, y saber que la opción más apropiada para usted estará disponible.

La vibración que usted busca se encuentra dentro de su conciencia – y no en las "afueras" de lo que usted podrá percibir sea de lo que la Nueva Tierra consista. Usted no podrá adentrarse a la vibración que desea tener, hasta tanto no se haya despojado de los factores internos, como de los externos, que lo atan a las frecuencias bajas. Verdaderamente, no importa tanto lo que ocurre en su mundo exterior; importa lo que toma lugar dentro de su conciencia interior. Deshágase de toda atadura en cuanto a lo que pudo haber sido, debe ser, o puede ser. No habrá necesidad de empacar maleta para el viaje o de llevar algo consigo. Prepárese "Ahora" para dejar todo atrás sobre la Tierra de tercera dimensión. Cuídese de lo que sean sus expectativas acerca de la Nueva Tierra, y mantenga una mente abierta ante toda forma de posibilidades futuras. El proceso completo de la graduación y de la Ascensión, es un procedimiento completamente nuevo y experimental, que jamás ha tomado lugar en este Universo. Muchos de los detalles se irán colocando, cada cual en su lugar, durante el transcurso de cada evento. Sobre la Nueva Tierra, opciones se irán presentando sin planearlas o pensar en ellas. Toda actividad tomará lugar como resultado de la guía que se recibirá interiormente. A usted se le guiará a través de los pensamientos que reciba durante cada "Ahora".

2

La Evolución Humana y Naturaleza la Cíclica de los Eventos Occurriendo Sobre la Tierra

Los Planes Del Creador para Este Universo
Y las Almas en Cuerpos Físicos

De acuerdo a muchas fuentes, incluyendo la Jerarquía Espiritual, el Dios Egipcio Ra, y Edgar Cayce, indican que el Creador se aburrió y se sintió un poco solo en un pasado distante, hace aproximadamente 4.5 mil millones de años. El Creador necesitaba algo que hacer; no se estaba sintiendo completo al estar en la conciencia unida a toda hora. Así que conceptualizó la idea de fragmentarse a *sí mismo*, en varias partes o Almas Superiores, compuestas de almas con un espíritu hecho a la imagen del Creador. El Creador sabía que las almas dentro del Alma Superior y podrían evolucionar a través de su libre albedrío. A estas almas se les dió la opción de tomar sus propias decisiones y escoger sus propias opciones. Como resultado, cada Alma Superior tendría muchas oportunidades para cada alma individual, de tener muchas experiencias nuevas. Por consiguiente, cada alma tendría una experiencia sobre algo que el Creador todavía no era capaz de entender o comprender.

Estas almas individuales, hechas a la imagen del Creador, están compuestas de una estructura cristalina que es análoga a un cuarzo de cristal. Cuando el alma está completa, está compuesta por 617 facetas. Mientras evoluciona espiritualmente el alma humana, las características estructurales y los arreglos de esas facetas, cambian para registrar el estatus de la evolución espiritual del individuo. Cada alma individual que forma parte del Alma Superior, tiene su propia habilidad creativa y es un Co-Creador con Dios/Diosa.

Tenga en cuenta la necesidad de cuidar del alma. Su alma puede estropearse. Sus facetas se pueden perder, pueden ser robadas, o pueden entregarse a otros. Así que usted necesita prestarle atención constante, y mantener a su alma entera, para que funcione eficientemente. Este tema requeriría muchos libros para poderlo describir en detalle. Sin embargo, es muy importante el entendimiento de su progreso espiritual y lo que es el usted real. Para información adicional sobre las características y la función de su alma, consulte el libro, *Remarkable Healings* (*Sanaciones Extraordinarias*), por Shakuntala Modi, MD., *Your Immortal Body of Light* (*Su Cuerpo Inmortal de* Luz), por Mitchell Gibson, MD., y los talleres del Dr. Gibson sobre el alma humano, que se pueden ver en www.tybro.com. También, consulte *Cosmic Insights Into Human Consciousness* (*Perspectivas Cósmicas Sobre la Conciencia Humana*), por John Hornecker, también disponible en www.Earthscape.net.

El gran plan previsto por la Unidad Creadora, era que al completarse el ciclo universal de 4.5 mil millones de años, todas las partes de las almas que hubieran evolucionado, regresarían a su Alma Superior. Ellos reconocerían su conciencia de Dios/Diosa, renunciarían la separación, adoptarían la Unidad/ Conciencia Crística, y retornarían a la totalidad de la *Unicidad*. El Creador sería realzado por todas las maravillas que las partes fragmentadas habían creado.

Como parte del plan Universal, los Creadores (Elohim) planearon un planeta con harmonía y amor para toda la creación. Sin embargo, otras entidades creando dualidad (los Intrusos), se insertaron dentro del paradigma original y alteraron su diseño original. El resultado fue el del establecimiento de la conciencia de dualidad, donde existe una interacción del Elohim (creaciones benévolas) y los Intrusos (creaciones aberrantes).

Las creaciones benévolas han sido reconocidas como las del SAO, (Servicio a Otros), y las creaciones aberrantes, como las denominadas SAS (Servicio a Sí Mismos). Estas dos creaciones son características de todos los Extraterrestres y los seres humanos que residen sobre todos los planetas de baja frecuencia, a través de todo el Universo, incluyendo la Tierra de tercera dimensión. Hoy día, el "Metodo de Operación" (MO), de cada individuo sobre la tierra, es uno de SAO, SAS, o de un porcentaje combinado de ambos. Sin embargo, ese escenario (patrón) está llegando a su fín, mientras que la Nueva Tierra se está restaurando a su destino original como fué diseñado por el Elohim. Eso quiere decir que aquellos sobre la Nueva Tierra exhibirán un Método de Operación clasificado como uno de SAO.

Los comportamientos de aquellos que siguieron a los Intrusos (incluyendo a los Iluminati), en su deseo egoísta hacia el poder y el control, llegarán a su fín. A estos Intrusos que toman la apariencia de un ser humano, le ha sido otorgada una opción en lo que se refiere a su futuro. A su vez, especies de animal o vegetal han recibido una opción que muchos ya han tomado. Ciertos humanos, animales y plantas específicas, se transferirán a la Nueva Tierra; mientras que otros, se irán a residir en un planeta compatible con su patrón vibratorio, o estado de conciencia dimensional.

Muchos se preocupan cuando se dan cuenta que ciertas especies de plantas o de animales, se están desapareciendo. Sin embargo, el Espiritu indica que a este punto en la evolución de la Tierra, los seres humanos que hablan acerca de la salvación de varias especies o del planeta Tierra, están son arrogantes. La Tierra puede sobrevivir y sobrevivirá. Después de todo, la Tierra ha sobrevivido a través de eones y de una cantidad masiva de abuso. Los seres humanos han destruido a la Tierra en el pasado y otra vez están destruyendo sus aguas, su aire y su suelo, a través de su intención codiciosa de tomar, sin tener en cuenta el daño que ese proceso hace a todo lo que tiene vida. Los seres humanos han ultrajado a la Tierra de su sistema circulatorio (petróleo), sus minerales, su carbon, su tierra mineral vitalizadora, y muchos otros patrones energéticos. ¿Por qué? Antes que nada, porque los seres humanos todavía no entienden la razón por la que estas características físicas (patrones energéticos), fueron colocadas en la Tierra.

Todo cuanto se ofrece para la supervivencia proviene de la Tierra. Los recursos naturales del planeta se están agotando rápidamente. Como resultado, los seres humanos viviendo en la Tierra, han caído a un patrón consistente de deterioro físico, la muerte, y la rencarnación, de manera repetitiva. Para contrarestar el abuso humano sobre el planeta, está llegando una ola de cambio, orquestrado por los Creadores y por los Extraterrestres benévolos. Estos Extraterrestres han intervenido muchas veces en el pasado, y son la razón por la cual las condiciones sobre la Tierra todavía sostienen vida. Los Extraterrestres actualmente tienen planes para limpiar y rejuvenecer a la Tierra, después de que haya sido evacuada por los seres humanos.

Muchos de los Elohim y de los Extraterrestres, han encarnado en la Tierra en cuerpos humanos. Están anclando la energía de cambio y renovación, para facilitar el proceso del rejuvenecimiento. Para llevar a cabo sus responsabilidades, será necesario evacuar todos aquellos que están destinados a habitar la Nueva Tierra. ¿Por qué? Será más seguro y más eficiente remover toda vida biológica antes del proceso de rejuvenecimiento. Existe la posibilidad de que todo ser graduándose será evacuado y será transportado por Extraterrestres (en su cuerpo físico) a un lugar designado provisionalmente, en vez de ser llevados directamente a la Nueva Tierra. Las nstalaciones localizadas en ese lugar ayudarán a preparar cada ser humano para la graduación y el retorno a la Nueva Tierra, cuando ésta esté lista para recibir sus nuevos habitantes.

Una razón por la que la Tierra de tercera dimensión tendrá dificultad sosteniendo a la vida humana, es porque su suelo está rápidamente perdiendo la habilidad de mantener vida vegetal. Por consiguiente, la mayoría de los productos alimenticios que crecen alrededor del mundo se originan de tierras estresadas y enfermas, tal como el producto del reino animal también. ¿Por qué? Porque los seres humanos han minado la tierra de sus minerales básicos y han destruído los microorganismos encontrados en ella. Estos componentes biológicos, originalmente suplían las plantas con minerales y vitaminas. El libro, *Survival of Civilization* (*La Supervivencia de la* Civilización), por Donald A. Weaver, (1982) con documentos seleccionados de John D. Hamaker, revela que la vida sobre la Tierra no puede sobrevivir si no tiene una cantidad de vitaminas y minerales básicos. Sólo por esta razón, la supervivencia humana no será posible. En el primer capítulo del libro, *Survival of Civilization* (*La Supervivencia de la* Civilización), que lleva el nombre *Our 100 Percent Junk Food Supply is Destroying Us* (*Nuestro Suministro de 100 Por Ciento Comida Intoxicada Nos está Destruyendo*): el autor proporciona evidencia scientífica indicando que la mayoría de la capa superior del suelo de la tierra ha sido despojada de los elementos minerales básicos que producen vida.

Los seres humanos en el pasado histórico, han destruido varias veces las tierras fértiles sobre la Tierra. Toda forma biológica de vida murió, y fue físicamente removida de la Tierra para facilitar su rejuvenecimiento. Cada vez que esto ha pasado, la Tierra ha entrado en una fase de descanso. Durante este período de descanso, se ha llevado a cabo la restauración de los minerales sobre la Tierra. El proceso de restauración involucra frecuentemente, cambios dramáticos de temperatura, desplazamientos de platos tectónicos sobre la faz de la tierra, glaciares cubriendo una porción enorme del planeta, la elevación de los niveles del mar, y otros cambios del medio ambiente, que hacen la superficie de la Tierra completamente inhabitable. Para que la Tierra de tercera dimensión pueda sostener vida en el futuro, deberá permanecer inhabitable por un buen tiempo, para que pueda restaurar su habilidad de sostener la vida nuevamente en el planeta.

Ha sido científicamente establecido que los seres humanos están destruyendo la habilidad de la Tierra para poder sostener la vida. Todos los días somos testigos de como estos patrones destructivos crean nuevos retos para la salud. Muchos de estos retos que aparecen como enfermedades son producto del estrés, falta de una nutrición apropiada junto con una estabilidad emocional reducida. Usted puede anticipar, sin lugar a duda, que una gran mayoría de los seres humanos que no logren graduarse (aquellos que no están calificados para removerse de la Tierra físicamente), morirán de hambre, o sucumbirán a una cantidad dramática de cambios y enfermendades sobre la Tierra. No deberá de existir temor alguno asociado con estos eventos venideros.

Todas las almas son eternas y continuarán existiendo de varias formas, hasta que el ciclo Universal se complete en muchos millones de años. Varias clases de Ascensión (en espíritu o físicamente) son caminos que un alma puede tomar cuando deja la Tierra. Estos procedimientos han sido profetizados y enseñados por siglos, en toda sociedad predominante sobre la Tierra.

Los Patrones Cíclicos en el Universo, La Galaxia y el Sistema Solar

Hay diferentes clases de ciclos que existen a través del Universo. Por ejemplo, existe un ciclo de 4.5 mil millones de años denominado el "Día del Brahma", en la tradición Indú; es la duración de una creación determinada. También existe un ciclo de 206 millones de años en el que nuestro Sistema Solar hace un giro alrededor del Gran Sol Central de la Galaxia de la Vía Láctea. Otro ciclo repetitivo ocurre cada 50 millones de años donde, en el pasado, toda vida sobre la Tierra ha sido espontáneamente destruida. Depués de un período de equilibrio, la vida regresa, por lo general en frecuencias vibratorias diferentes. Los científicos han estado estudiando estos eventos cíclicos por muchos años. Geólogos denominan este ciclo de 50 millones de años como el "Equilibrio Puntuado". Por ejemplo, geólogos en la Universidad de California en Los Angeles (UCLA), han descubierto que la extinción masiva de los dinosaurios ocurrió al final de uno de estos ciclos Universales. En cuanto llegaba el ciclo a su fin, pasaron muchos eventos caóticos que cambiaron las frecuencias resonantes del Sistema Solar. Aunque los dinosaurios estén físicamente extinguidos, la esencia de sus almas perdura en hologramas.

Todos los componentes del Universo, han sido diseñados para seguir ciertos patrones cíclicos. Cada creación que constituye el Universo, tal como son las Galaxias, y los Sistemas Solares, tiene una conciencia individual. Todas las partes creadas individualmente son parte de la totalidad del Surco Creador. Una Galaxia tal como nuestra Vía Láctea, es un ser consciente que crea un diseño para todos sus componentes, las estrellas, y sus sistemas solares. Las estrellas esán conscientes del registro entero de dimensiones, y tienen libre albedrío con relación a la forma en que llevan a cabo el plan Galáctico. Todos los planetas también tienen su propia conciencia. De acuerdo a las lecturas de Edgar Cayce, "*cada planeta tiene sus órdenes por parte de la Divinidad; sólo la humanidad tiene el libre albedrío para desafiar la voluntad de Dios*". Sin embargo, cada planeta tiene su participación individual de cómo evoluciona la vida inteligente dentro y sobre su faz.

Previamente, al final de los ciclos de setenta y cinco mil y veinticinco mil años, han tomado lugar eventos cósmicos, bastante dramáticos. A medida que cada Sistema Solar va evolucionando, las características estructurales de toda materia en ese sistema cambian. Algunos de estos cambios son llevados a cabo a través de hondas acaracoladas, como un tornado, que son expulsadas desde su Sol. Este rollo en espiral, empuja los planetas hacia esferas energéticas que crean y mantienen una frecuencia vibracional más alta. El rollo de hondas acaracoladas del Sol, tiene características tanto de radiación como de inteligencia. Estas erupciones de energía en forma de espiral, provenientes del Sol, se han ido incrementando recientemente, y están afectando fuertemente a toda criatura sobre la Tierra. Estos niveles de incrementación y de efecto, siempre han tomado lugar al final de estos ciclos. Científicos han estudiado estas erupciones de energía emitidos por el Sol, pero por lo pronto, no han sido capaces de entender exactamente, que realmente son, y la influencia que tienen sobre la Tierra y sus sistemas biológicos.

Se sabe que cuando la Tierra se mueve más lejos del Sol, el número de días en un año se incrementa. Durante los tiempos de la Atlántida el año calendario tenía 360 días. Por razón del último cambio Polar al final del ciclo, cada veinticinco mil años (el período de Lemuria y la Atlántida), la Tierra se distanció del sol y se le agregaron cinco días al calendario anual. Cuando la Tierra se distancia del Sol, también se expande en tamaño.

Se ha acumulado evidencia que indica que un cambio muy dramático ocurrió sobre la Tierra al final de uno de los ciclos más grandes. Originalmente la Tierra consistía de una sola masa de tierra denominada Hyperborea. Por causa de la actividad volcánica masiva y de los cambios de los platos tectónicos, el continente se quebró. Esto resultó en la formación de los continentes tal como se conocen hoy en día.

Este suceso dramático no sólo cambió las características físicas de la Tierra; creó además un salto dramático en el ciclo evolucionario para sus habitantes futuros. Ahora algunos científicos creen, que este cambio influenció considerablemente la evolución del ser humano sobre la Tierra. Un cambio en la forma humana, del Neandertal al Cro-Magnon (hombre moderno), tomó lugar a través de la erupción energética que consumió a la Tierra, y que causó que Hyperborea se despedazara.

Un alma habitando un planeta de tercera dimensión, requiere generalmente tres ciclos de veinticinco mil años, para completar sus lecciones necesarias y poder graduarse a un planeta de cuarta o quinta dimensión. Estas graduaciones ocurren generálmente al final de cada ciclo. Con frecuencia al final de un ciclo, no todo ser humano habitando el planeta califica para graduarse. Si el planeta de tercera dimensión en el que se hallaban, tomó la decisión, aquellos que no se graduaron, deberán ser removidos y trasladados a otro planeta de tercera dimensión para seguir con sus lecciones. Este procedimiento cíclico en su totalidad no ocurrió por accidente, sino que es orquestado por un grupo de Seres Celestiales Ascendidos que trabajan dentro de la Galaxia de la Vía Láctea. Estos seres celestiales son parte de un grupo aliado con la Confederación de Planetas en servicio al Solo Creador infinito. Los miembros de la Confederación gobiernan (supervisan) una gran sección de la Galaxia de la Vía Láctea, y son responsables colectivamente, del manejo de la transferencia de almas de un planeta a otro.

Toda Vida Al final del ciclo de un planeta, es destruida. La vida regresa después de un período de equilibrio.

Existen muchas referencias y registros históricos que indican y demuestran que al final del ciclo de un planeta, todo lo que tiene vida es destruído. Por ejemplo, de acuerdo a una creación espiritual muy avanzada conocida como Ra, existe dentro del libro, The Law of One, (La Ley del Uno), www.research. org, leemos la siguiente cita:

Si un planeta de tercera Densidad ha llegado al fín de un ciclo y está en camino a cambiar a una cuarta densidad, entonces aquellos habitantes que no están listos para graduarse terminarán reencarnando sobre otro planeta de tercera densidad. Esto no ocurre accidentalmente o por una simple intención de conciencia, sino que comprende la transferencia inteligentemente guiada de las propias almas, y del material genéticamente apropiado para la creación de los cuerpos físicos, que serán los adecuados para esas almas. El proceso de salto de planeta a planeta, está manejado por grupos de seres cósmicos interplanetarios tal como Ra, y mientras que los sistemas estelares se están moviendo continuamente dentro de zonas diferentes de energía por toda la Galaxia, siempre existe trabajo por hacer. Desde el punto de vista de la Tierra, nos referimos a estos seres como ángeles, seres celestials, ET's, o hasta de pronto, los Lores del Karma.

Usted puede ignorar cualquier declaración sobre la naturaleza de la realidad. Sin embargo, sus creencias no cambiarán de forma alguna la naturaleza cíclica de cómo fue diseñado el Universo, y cómo funciona. Se ha establecido que al final de cada ciclo de veinticinco mil años los planetas automáticamente cambian en conciencia. En este caso, el planeta Tierra ha sido dirigido a cambiar a estados de conciencia de cuarta y quinta dimensión. Este proceso se llevará a cabo por las leyes simples de la física ya sea que sus habitantes estén listos o no. Sin embargo, todo ser humano que reside sobre un planeta que pasará a través de estos cambios cíclicos, tiene ciertas decisiones que puede tomar. Cuando un planeta cambia a estados de conciencia de cuarta y/o quinta dimensión, una entidad de tercera dimensión no puede vivir sobre ese planeta. No habrá sistemas que mantengan la vida, y tampoco el ADN de una creación de tercera dimensión podrá seguir siendo apoyada por una ola de espiral, como tornado, que está específicamente diseñada para las características nuevas del ADN de entidades en cuarta o quinta dimensión. Para habitar el planeta nuevo, los seres humanos que estarán evolucioinando tendrán que recibir nuevas hebras de ADN. La característica del ADN de una sola hebra en el cuerpo físico, será reemplazada por una de doce hebras, o cadenas de alta frecuencia, ubicadas en varios cuerpos distintos. Así que todo habitante del planeta Tierra que no esté preparado para cambiar a una conciencia superior no le quedará otra opción que partir siendo que no logró prepararse para la graduación,. Sin embargo, tenga presente que esas almas que optan por morir y trasladarse a otro planeta de tercera dimensión, no llegaron a la Tierra en este momento para graduarse y Ascender. Tenían planeado morir, tal como lo han hecho en vidas pasadas. Confíe que su espíritu ha diseñado sus experiencias de acuerdo a su plan divino. No existe juicio fuera del propio ser. Cada alma tiene el libre albedrío para seguir su propio plan individual y divino.

Para aquellos que han elegido morir y no poseen el conocimiento de lo que trata el proceso de la muerte, hay ayuda disponible. Algunas almas individuales que hoy residen sobre la Tierra han sido llamadas para que sirvan en función de un "Caminador de la Muerte", que será aquel ser que asistirá a alguien a través del proceso de la muerte. Estos individuos tienen la habilidad de ir y venir del plano físico sobre la Tierra al otro lado, lado espiritual del velo, donde espíritus carecen de cuerpos de densidad física. Caminadores de la Muerte pueden ayudar a alguien a morir al convertirse en uno solo con la entidad que esté muriendo, y así crear un pilar de luz sobre el cual viajar, ayudándolos a moverse en conciencia. Usted puede pedirle ayuda a un "Caminador de la Muerte" cuando llegue a ese punto, si empieza a preocuparse, o simplemente necesita ayuda con su transición.

La experiencia cercana a la muerte es similar a este proceso. Todos ustedes están familiarizados con experiencias cercanas a la muerte descritas en muchos libros diferentes. Estos individuos han muerto, cruzado el velo y después han retornado a sus cuerpos.

Llegando al final de la década de los 70, yo pasé por una experiencia cercana a la muerte. Después de un viaje a Méjico estuve muy enfermo, y mientras estaba en el hospital dejé mi cuerpo. Caminé por un túnel de luz y después me detuve y pedí que se me regresara con un contrato nuevo. Con ese nuevo contrato, se me ampliaron mis conecciones para con la Fuente Energética. Desde entonces, cada vez que siento que se empieza a desarrollar cualquier clase de enfermedad puedo simplemente pedir ajustes energéticos, y se me restaura la salud.

Un Pedido Urgente a los Trabajadores de Luz para Asistir a Aquellos con Necesidades

Hoy en día La Tierra requiere de individuos que se ofrezcan para asistir aquellas almas con necesidades. Por ejemplo, algunos necesitan ayuda recobrando el poder para sanarse. Otros necesitan ayuda para poder morir; necesitan de alguien que los guíe del plano terrenal hacia los octavos inferiores de la cuarta dimensión. Tal ayuda puede considerarse como un regalo hacia ese individuo pidiendo asistencia, y su oportunidad de brindar Servicio a Otros (SAO). De por sí, el Espíritu indica que esto puede ser uno de los regalos más grandes que usted tiene para poder otorgarle a alguien que ha decidido morir y pasar al otro lado. Una de las formas en que puede ayudar, es a través del uso del sonido. Entonando, cantando o tocando música específica con el propósito de relajarse frecuentemente es de gran ayuda.

También se le puede pedir, que usted ayude a aquellos que ya han fallecido y que están desencarnados. Dejaron su cuerpo físico sobre la Tierra, pero no entienden donde se encuentran, o hacia dónde es que necesitan ir. Ustedes sabrán que muchas de estas almas han sido atrapadas en la Tierra, han perdido su trayectoria, y se encuentran atados a algún lugar sobre la Tierra. Necesitan ayuda encontrando el momento preciso para continuar con su camino evolutivo. Usted sólo puede ayudar a otros siempre y cuando ellos se lo hayan pedido. Tenga cuidado de no interferir con el contrato elegido por ellos. A muchos trabajadores de luz sobre la Tierra, se les ha pedido que asistan a seres desencarnados, que han venido a ellos para pedir ayuda.

Estas almas desencarnadas, ambulantes, realmente aprecian su amor y su interés en tratar de ayudarlos a encontrar su camino preferido (línea temporal).

Los Patrones Evolutivos y las Aventuras de Los Grupos de Almas Sobre la Tierra

Los grupos de almas por lo general, evolucionan juntos sobre un planeta específico. Si dejan de graduarse al final de un ciclo permanecen juntos y son transferidos a un nuevo planeta como un grupo. En gran parte, este proceso ha funcionado muy bien, ya que toda alma tiene libre albedrío para escoger lo que ellos consideren cual es su mejor decisión. Sin embargo, en los últimos setentaicinco mil años, un reto muy serio ha surgido. Grupos relativamente pequeños de seres humanos en distintos planetas han dejado de graduarse al final de un ciclo de veinticinco mil años. En la mayoría de los casos, aquellos que no se graduaron han tenido que repetir su estadía sobre su planeta; en otras palabras, dejaron de graduarse hace cincuenta mil años. Como otra vez habían dejado de graduarse después del final de un segundo ciclo de veinticinco mil años, surgió la pregunta de cuales eran sus opciones en cuanto a su continua evolución. Casi siempre el número de seres humanos dentro del grupo que repite era relativamente pequeño. Era difícil justificar proveer un planeta entero para cada uno de tantos grupos distintos y relativamente pequeños de almas. Después de una deliberación considerable de como resolver este problema, la Tierra fue escogida hace unos setenta y cinco mil años para alojar estos grupos pequeños de diferentes partes de la Galaxia. En la historia de la Galaxia, este tipo de experimento es poco común. O sea, es raro que se escoja un planeta para aceptar una diversidad tan grande de razas de seres humanos que provienen de tantos planetas distintos dentro de la Galaxia. Ningún otro planeta tiene tan amplia diversidad de seres humanos con tantos antecedentes galácticos diferentes. Solo visualize en su mente todas las razas distintas que existen en la Tierra ahora. ¿Se ha preguntado alguna vez por qué? Cada raza se originó en un planeta diferente. Existen varios grupos caucásicos (Eslávico, Mediterráneo, y Europeo Occidental), Oriental (Japonés, Filipino y Chino), los Thailandeses, Indios nativos Americanos, las tribus de piel oscura del Africa, tribus nativas de Sur América, Esquimales de tierras templadas y otros seres, todos viviendo en grupos sobre un planeta pequeño. Todas estas razas humanas y estas tribus vivían anteriormente sobre planetas diferentes antes de que se les diera la oportunidad de escoger ser llevados a la Tierra.

Una mayoría de todas las razas humanas que habitan la Tierra son Repetidores, aquellos que dejaron de graduarse de sus planetas anteriores al final de un ciclo evolutivo. Todas estas razas sobre la Tierra, que se originaron de planetas diferentes dentro de la Galaxia, fueron asignadas a la Tierra de tercera dimensión para continuar su evolución. Por ejemplo, la raza China vino de un planeta girando alrededor de la estrella Deneb. El Surco Creador indica que la diferencia entre las razas tiene una base genética, y esas diferencias no debieran ser borradas. De acuerdo a lecturas de Edgar Cayce, estas diferencias genéticas son un aspecto del carácter interior y de la armonía del alma.

Tenga en cuenta que estos Repetidores vinieron a la Tierra hace setenta y cinco mil años y que la mayoría todavía están aquí. Tal como se indica dentro de los libros de, *The Law of One* (*La Ley de Uno*), de Ra, los Repetidores han tenido oportunidades para graduarse previamente al final de dos ciclos de veinticinco mil años. Al final del primér ciclo, ni un solo ser humano se graduó de la Tierra. Normalmente un veinte por ciento de la población humana se gradúa después del primer ciclo; un 60 por ciento se gradúa al final del segundo ciclo (hace cincuenta mil años). Después de cincuenta mil años sólo 120 seres humanos se graduaron y han permanecido sobre la Tierra para ayudar aquellos que dejaron de graduarse.

Otro factor que contribuye a las diferencias en las características estructurales y emocionales del cuerpo humano, es un procedimiento científico llamado ingeniería genética. Muchos científicos ahora creen que saltos evolucionarios, en cuanto a las características humanas, pueden ser correlacionadas con la combinación genética de razas de otros planetas, con individuos humanoides aquí en el planeta. Estas manipulaciones genéticas, crean un tipo de cuerpo híbrido derivado de un cruce entre distintas formas humanas. Muchos de ustedes están familiarizados con los cruces genéticos hechos para transferir el cerebro Reptiliano, de la raza Reptiliana, al cuerpo físicamente diseñado del ser humano actual. Existen muchas fuentes y relatos de la posible influencia de la ingeniería genética sobre el vehículo humano. Durante los tiempos de la Atlántida, muchos híbridos diferentes fueron creados que, por sus propósitos perversos, disgustaron a los Creadores.

Ahora nos encontramos aquí después de setenta y cinco mil años, con la mayor parte de la población humana inconsciente de que la próxima graduación está prevista a tomar lugar en un futuro muy cercano (al final de la era, por ahí entre el 2008 y el 2014). Hay aproximadamente siete mil millones de seres humanos sobre la Tierra actualmente. Registros Extraterrestres, continuamente puestos al día (o actualizados), indican que unos dos mil millones y medio, o sea menos del 25 por ciento de la población humana, ha tenido si quiera, una leve noción de prepararse para graduarse. ¿Por qué solo un número tan pequeño están listos para graduarse? Algunas posibles respuestas del porque los seres humanos han dejado de graduarse, pueden ser de ayuda.

Primero, considere que la mayoría de los habitantes de la Tierra están completamente ignorantes de que la graduación sea algo posible. Esta oportunidad ha sido retenida por las fuerzas oscuras para mantenernos como sus esclavos. Segundo, como se indicó anteriormente, muchas almas eran Repetidoras antes de haber sido asignadas a la Tierra. Esto trae a colación cuatro preguntas más: 1) ¿Por qué tendría un Repetidor más dificultad graduándose de una escuela de la Tierra, donde residen tantas razas mixtas? 2) ¿Por qué hay tantas almas humanas viviendo en la Tierra, completamente ignorantes de estos cambios que están tomando lugar? 3) ¿Cómo ha influenciado el libre albedrío que se le ha dado a toda alma el índice del fracaso? 4) ¿Qué influencia han tenido los Intrusos y los Iluminati, con el atraso de la evolución espiritual?

Las respuestas a estas cuatro preguntas tomarían demasiadas páginas adicionales; por consiguiente, se les da una tarea para encontrar las respuestas. Esas respuestas probablemente le podrían ayudar a asegurar su graduación al final de este ciclo. Algunas claves del por qué estas almas se encuentran estancadas en la Tierra, son: su envolvimiento con dramas presentes, temor a lo desconocido, las distracciones de los Iluminati y los Intrusos, y las religiones que mantienen secretos los requisitos y las oportunidades para graduarse.

Una causa posible de la falta de incentivo para graduarse, está en que los Repetidores han sido segregados como un grupo. Si usted está familiarizado con lo que es enseñar en un aula a estudiantes que han tenido que repetir el año, segregados por deficiencias mentales y emocionales, usted podría entender lo que está ocurriendo sobre la Tierra. En el sistema de educación pública, estudiantes individuales con habilidades limitadas para aprender, han sido segregados y agrupados en clases de educación especial. Yo he enseñado a estos estudiantes en bachillerato, y encontré esa, una tarea muy difícil. Cuando a los estudiantes se les segrega del resto del cuerpo estudiantil, carecen de incentivo o estimulación por parte de los estudiantes con facultades superiores (tanto en el campo mental como en el emocional). Por lo tanto, ahora se está tratando de implementar por parte de los educadores, el colocar a estos estudiantes en una clase normal cuando les sea possible.

Dios/Diosa y los Creadores, han estado muy conscientes que el experimento consistiendo de la colocación de diferentes razas de Repetidores sobre un solo planeta, ha dejado de resolver los desafíos acerca de como mejor ayudar a estos Repetidores a que evolucionen espiritualmente. El procedimiento de moverlos a un solo planeta pudo haber resuelto el problema de qué hacer con tan diverso número de grupos pequeños; sin embargo, parece que este procedimiento ha creado otros retos. Los Repetidores han tenido que pasar por toda clase de sufrimiento espiritual, tanto así, que se les ha hecho a sus vidas sobre el planeta Tierra, algo muy difícil.

Debido al número que se anticipa de los que se graduarán de la Tierra de tercera dimensión, ha sido colocado un llamado a través de la Galaxia y del Universo, para ayudar. Después de pasar una revisión a la población de la Tierra por la Jerarquía Espiritual y el Consejo de Creadores, se tomó la decisión de solicitar y permitir unos cien millones de almas adicionales de otros planetas dentro de estados de conciencia, de la cuarta a la sexta dimensión para encarnar sobre la Tierra. Ellos asistirán en el proceso de la Ascensión. También muchos Extraterrestres de planetas de alta frecuencia, han regresado del futuro a encarnar en la Tierra para ayudar.

¿Es usted uno de los cien millones que ha venido para asistir? ¿Si lo es, se acuerda lo que había planeado hacer? ¿O es usted uno de los Repetidores preguntándose como en el mundo puede salir de este crisol cultural llamado Tierra? ¿Ha descubierto verdaderamente quién es usted y porqué se encuentra sobre la Tierra en este período tan crítico de la historia?

Si usted es un Repetidor, y más de seis mil millones de los habitantes sobre la Tierra lo son, entonces usted tiene una responsabilidad para ayudarse a sí mismo, pero también tiene la responsabilidad de ayudar a la población de la Tierra. A usted no se le estará llamando para que salve solamente a la Tierra solo, sino que puede ayudarse a sí mismo, a su familia y a sus amigos. Por cierto, la Madre Tierra le agradecerá su ayuda con el diseño de la Nueva Tierra, quedándose en su cuerpo físico por los próximos años, y conectándose con su Fuente Energética para mandar amor, alegría y paz a la Tierra. Sí, una persona puede hacer una diferencia enorme. Sólo este procedimiento puede incrementar dramáticamente el número de almas que estarán disponibles para calificar para la graduación y la Ascensión a la Nueva Tierra. De la misma forma, usted puede diseminar este mensaje acerca de lo que está ocurriendo sobre la Tierra.

Los Cambios Energéticos Llevándose a Cabo y su Relación con Patrones Cíclicos en el Universo

Como se ha mencionado, al estar llegando el Sistema Solar al final de los ciclos galácticos de setenta y cinco y veinticinco mil años, muchos cambiosestarán tomando lugar. La Galaxia está cambiando de frecuencia, y las regiones alrededor de la Galaxia están siendo elevadamente cargadas. Esta carga es en parte absorbida por nuestro Sol e irradiada a todos los planetas. Al flotar el Sistema Solar y sus planetas por la Galaxia de la Vía Láctea, pasa por entre estas zonas diferentes de densidad energética en patrones cíclicos. Este cambio en densidad también crea olas de torsión complejas e inteligentes (retorcionándose, caracoleando en olas de espiral) las cuales transforman la estructura de vida del ADN sobre cada planeta. Mientras que el ADN se va alterando, formas biológicas existentes pasan por muchos cambios diferentes y dramáticos. Los Científicos creen que al final del ciclo previo de setenta y cinco mil años, la forma del cuerpo humano cambió, y ese cambio, fue correlacionado con cambios genéticos. Descubrimientos arqueológicos indican que el cerebro humano se incrementó en tamaño de una manera significante durante este período. Estas formas de mayor evolución con un cerebro más grande, reemplazaron las formas más antiguas con cerebros pequeños. Estamos de nuevo acercándonos al final de un ciclo de setenta y cinco mil años, y muchos científicos creen que tendremos una experiencia similar, en cuanto al cambio en nuestros cerebros se refiere. Información canalizada indica que cuando esto ocurra, el cerebro expandiéndose por la rigidez de su cráneo, tendrá que ser empujado hacia arriba a través de la fontanela (parte blanda) del cráneo para crear una cabeza en forma cónica. También, cuando esto ocurra, varios cambios genéticos alterarán el funcionamiento del folículo del pelo por lo que los seres humanos perderán la habilidad de de que les crezca el cabelloó. Sólo el tiempo dirá si estas son verdaderas probabilidades o sólo posibilidades.

Mientras nos acercamos al final de este ciclo de veinticinco mil años, pasamos también por una experiencia con intensos niveles de energía cósmica que tienen un efecto sobre nuestra ADN y sobre nuestro cuerpo físico, mental y emocional. A los seres humanos que tienen planeado Ascender, se les elevará el estado de su ADN. Usted se dará cuenta que la graduación es un trabajo interno; Los individuos afectan sus propios cambios en conciencia. Estos cambios en conciencia también cambian el ADN. En cuanto toman lugar los eventos relacionados con "El Cambio", un nivel intenso de energía cósmica estará llegando sobre la Tierra, para que esté disponible a toda la humanidad. Este incremento energético ayudará a todo individuo para cambiar su conciencia dimensional de la tercera a la cuarta y finalmente a la quinta dimensión, todo esto como parte del proceso de la graduación. Así el cambio en conciencia tomando lugar ahora, y la inminente Ascención, es un evento cíclico y Galáctico que se ha estado prediciendo a través de los siglos, y que ahora ha sido documentado astrológicamente, arqueológicamente y geológicamente.

Aquí hay unas cuantas observaciones científicas que están correlacionadas con "El Cambio" de acuerdo a: Wilcock (2006) - 1) Un incremento dramático en actividad solar sobre los últimos diez años. El sol jamás, desde que existe la palabra escrita, ha emitido radiación más intensa. 2) La luna está desarrollando una atmósfera gaseosa denominada Natrium. 3) La atmósfera de la Tierra contiene una concentración más alta de gas de hidrógeno óxido (HO), un gas que anteriormente se encontraba, pero en niveles muy pequeños. 4) Esta ocurriento un Calentamiento global está ocurriendo que no tiene nada que ver con el carbón dióxido, fluorocarbonos, o con cualquier otra clase de contaminante aéreo. El incremento de temperatura sobre la Tierra, se debe a la incrementación del giro llevándose a cabo en el centro de la Tierra. 5) La brillantez de Venus se está incrementando dramáticamente. 6) Las capas polares se están derritiendo sobre Marte. 7) Las capas polares de la Tierra se han reducido a un 40 por ciento durante los últimos treinta años. Los cristales de la capa polar, tienen que derretirse para poder soltar un campo electromagnético enorme. Este campo electromagnético está almacenado dentro de los cristales de hielo, y contiene los códigos antiguos de la resonancia planetaria. Estos códigos tienen que ser liberados para que la Tierra pueda cambiar a dimensiones más altas. Entonces, mientras "El Cambio" toma lugar, una resonancia planetaria nueva podrá ser creada. 8) La masa gaseosa de Júpiter está cambiando a un tubo visible de radiación iónica (elevadamente cargada). 9) Los campos magnéticos de Urano y de Neptuno están cambiando considerablemente. 10) Voyager 2, encontró que Urano y Neptuno han tenido cambios polares recientes. 11) La actividad volcánica sobre la Tierra se ha incrementado un 500 por ciento desde 1975. 12) Desastres naturales (huracanes, deslices, tifones, tsunamis y tornados), sobre la Tierra, se han incrementado por un 410 por ciento entre 1963 y 1975, y siguen incrementándose. 13) Astrónomos en el 2002 detectaron un incremento del 300 por ciento en la presión atmosférica de Plutón. 14) La fuerza del campo magnético del Sol se ha incrementado un 230 por ciento desde 1901. 15) La energía de plasma alrededor del Sistema Solar (la heliósfera creada por el Sol) se ha incrementado 1,000 por ciento, indicando que el Sistema Solar se está moviendo hacia una región de la Galaxia que está elevadamente cargada. Todos estos cambios, y muchos más, se necesitan para el cambio dimensional y el incremento en la frecuencia del Sistema Solar. Para más información lea la edición de Deciembre del 2008 del Sedona Journal sobre la aparición de cambios sobre la Tierra y otras predicciones para el 2009, junto con otros mensajes relacionados que se han ido recibiendo a través de distintas canalizaciones.

Todos hemos escuchado que ocurrirán cambios planetarios en la Tierra que están asociados con "El Cambio". En adición, ahora entendemos que muchos cambios de cualquier índole se están produciendo dentro de nuestro Sistema Solar. El Universo, la Galaxia, el Sistema Solar y todos los componentes de la creación están cambiando. Evidentemente, lo que estamos observando es energía consciente de todos los componentes de la creación, evolucionando a través de un proceso cíclico continuo que dirigen al ser humano hacia la Unidad/Conciencia Crística. Tenga en cuenta que cada componente de la creación tiene conciencia: el Sol, los árboles y hasta las piedras. Toda conciencia está involucrada en "El Cambio" y muchos componentes de la creación son multidimensionales.

Cuando consideramos cambios cósmicos en lo que se refiere al "Cambio" y la Ascensión, debemos de darnos cuenta que todo es Energía y nosotros somos más que nuestros cuerpos físicos. No hay necesidad de tener temor de los cambios dramáticos que ocurren al final de estos ciclos. Mientras estos eventos están pasando, nosotros podemos pedir y trabajar para un cambio hacia un estado más alto de conciencia. Cuando este cambio tome lugar, el futuro de nuestros viejos cuerpos físicos, no será de mayor importancia. Al ascender hacia las dimensiones superiores, tomamos cuerpos nuevos, menos densos, con otros cambios significantes. Después de la Ascensión podremos alterar las características de nuestros cuerpos solamente con el pensamiento.

Aquí hay un par de ejemplos de como estos patrones cíclicos han influenciado las formas de vida sobre la Tierra. Geólogos estudiando la era Paleozoica, indican que la especie predominante sobre la Tierra era un cangrejo pequeño denominado Trilobit. Al final de un ciclo todos estos cangrejos murieron y su grupo espiritual (de alma) evolucionó a la próxima etapa de evolución; como resultado de esto, entraron a una forma nueva, más avanzada. De igual manera, los dinosaurios murieron. Sus almas no fueron a ningún lado; ellos evolucionaron para encarnar como mamíferos. Cuando un alma Asciende para habitar un cuerpo completamente distinto, tiene de cierta forma, que haberse graduado. En el patrón evolutivo de la creación, a este proceso se le conoce como el de "La Graduación del Alma". Su alma ha atravezado muchos de estos patrones evolutivos.

Los Estados Evolutivos de la Conciencia Dimensional y la Graduación

Existen por lo menos ocho estados de conciencia dimensional, que por ultimo, todas las creaciones tienen que atravesar durante sus senderos evolutivos. Cada dimensión tiene un grado particular o una calidad de conciencia asociada con ella. Para poder pasar de un estado de conciencia dimensional a otro, una entidad interesada en progresar, necesita lograr y cumplir con algunos requisitos básicos en cada dimensión para poder seguir hacia arriba y graduarse.

Por ejemplo, la tercera dimensión incluye las lecciones de la auto-conciencia y de la conciencia de dualidad. La cuarta dimensión incluye las experiencias del amor y la unidad de toda vida o, Unidad/Conciencia Crística. Para que un alma evolucione de la tercera a la cuarta dimensión, tiene que cambiar para asumir la conciencia de Unidad. Esto no solo trata de creer en la Unidad/Conciencia Crística. El possible candidato para graduarse deberá a conciencia, pasar a través del estado de conciencia en dualidad, hacia la conciencia de Unidad. Hasta que ese sentir de unión se convierta en realidad el alma no estará preparada para graduarse y deberá seguir encarnando en un planeta de tercera dimensión. O sea, cada alma se asigna a sí misma, basada

47

en su estado de conciencia dimensional, un planeta específico diseñado para aquellas experiencias que esa alma requiere. Algunas almas puede que escojan un planeta de baja frecuencia para un propósito específico. Sin embargo, es imposible que un alma de baja frecuencia encarne sobre un planeta de alta frecuencia, por más que las condiciones sean las más propicias. El cuerpo físico de esa alma no podría sobrevivir por lo que sería incompatible con su entorno o medio ambiente.

Cada planeta tiene sus instrucciones y necesita seguirlas al pie de la letra. La Tierra recientemente recibió sus instrucciones para cambiar de tercera dimensión al estado de conciencia en cuarta y quinta dimensión. Otros planetas tienen indicaciones similares. Sin embargo, cada planeta tiene ciertos derechos de escoger como mejor implementar estas instrucciones. Cada planeta posee cierta influencia sobre la manera en que las formas de vida, evolucionan en su interior, y sobre la faz de su planeta.

Cada planeta también está influenciado por su posición dentro de la Galaxia. Cada Galaxia tiene a través de su estructura densidades energéticas diferentes y patrones que tienen impacto sobre un planeta, mientras que éste se mueve a través de la Galaxia. Cada Sistema Solar gira alrededor del centro de la Galaxia, sobre un camino trazado con intervalos y patrones cíclicos muy precisos. Durante ciertos puntos dentro de la Galaxia, olas de torsión en forma espiral toman lugar, y transforman el ADN de entidades viviendo sobre el planeta, que pasan a través de esos puntos. Cuando esto ocurre, los códigos genéticos de las formas biológicas que existen sobre el planeta son alterados por las olas de torsión. Como resultado, formas biológicas de vida evolucionan rápidamente y nuevas formas de vida remplazan las anteriores, las menos desarrolladas formas de vida.

Los que permanezcan dentro del estado de conciencia en cuarta dimensión, o en el plano astral, se darán cuenta que todavía existe cierta polarización de dualidad tal como en la tercera dimensión. Los que elijan permanecer sobre la cuarta dimensión, podrán escoger sus propias agendas como entidades separadas, ya sean desencarnadas, ángeles o formas espirituales inferiores. Algunas de estas entidades puede que elijan evitar la oportunidad de cambiar a un estado de conciencia en quinta dimensión.

Con esa decisión ellos pueden visitar o interactuar con el reino de una realidad en tercera dimensión, pero estarán restringidos para poder entrar al reino de una realidad en la quinta dimensión.

De acuerdo a Ra, el final de este ciclo ocurrirá alrededor de Diciembre del 2012. El planeta Tierra habrá terminado con la fase oscura del ciclo de veinticinco mil años, y habrá entrado a la fase de luz en el 2013. El ciclo corresponde al tiempo que demora el Sistema Solar en pasar por una banda energética (denominada Banda Fotónica), que se encuentra dentro de la Galaxia de la Vía Láctea. Para más información, mire el libro de Wilcock del 2006, *Earth Orbits the Galactic Center* (*La Tierra Gira Alrededor del Centro Galáctico*).

Cada vez que la humanidad ha atravezado por estos patrones cíclicos, ha alcanzado un nivel alto de desarrollo espiritual, durante las fases de luz. Durante las fases obscuras la humanidad retrocede espiritualmente. En su estado en descenso, los seres humanos frecuentemente han destruido el medio ambiente de la Tierra, haciendo que el planeta sea inhabitable. Prácticamente os seres humanos han llegado nuevamente a destruir el medio ambiente de la Tierra. Después de cada período destructivo el planeta entra en un período de recuperación. Entonces los Extraterrestres observan las condiciones medioambientales para determinar cuando podrá habitarse de nuevo el planeta. Tan pronto las condiciones sean favorables, varias formas de vida y seres humanos, pueden regresar para proceder con el cumplimiento de otro ciclo evolutivo.

Para aquellos interesados, deberíamos de aprender como tomar ventaja de la fase de luz que se avecina y acelerar nuestro desarrollo espiritual. Sin embargo, se requerirá que un esfuerzo se haga para controlar las tendencias destructivas del ser humano. Junto con esto, el reino espiritual ha instituido un proceso jamás visto antes, para preparar nuestros cuerpos. Algunos consideraron este cambio como una transmutación hacia la Ascensión. Eso quiere decir que durante el período antes de "El Cambio", el cuerpo humano será transformado y renovado, un proceso que se está llevando acabo en estos momentos. Examinando las experiencias de las almas que ya han pasado por esta transformación y han Ascendido, esperamos que podamos aprender de ellos. Ellos pueden tener algunas sugerencias de cómo evitar ciertas cosas, u otras actividades que serían de beneficio.

Recuerde que durante el final de la última fase obscura sobre la Atlántida, la destrucción incluyó cambios dramáticos en el clima que resultaron de las guerras que llenaban la atmósfera de partículas de material y de radioactividad. Como resultado de esto, una porción enorme de la población tanto animal como humana, fué destruida. Sin embargo, hubo algunos que pudieron sobrevivir. Durante y después de estas destrucciones, almas avanzadas espiritualmente, construyeron ciudades dentro de la Tierra, y se reubicaron sin peligro del caos de la superficie y de la atmósfera inhabitable. Existen cientos de estas ciudades dentro de la Tierra. Una gran mayoría de estas almas viviendo dentro de la Tierra han Ascendido al estado de conciencia en la quinta dimensión, o a un estado superior. Sería de gran beneficio aprender acerca de sus experiencias previas y actuales para tomar en consideración sus consejos.

* * * * * *

3

Historia de la Tierra Durante los Últimos Trescientos Millones de Años

La Edad de Este Universo y las Formas de Vida Humana en el Presente

Transferida a otro Existee evidencia que indica que humanoides y creaciones relacionadas, han habitado este Universo por más de 950 mil millones de años (tal como entendemos la ++++++++++++++hora del reloj). Registros en la Gran Biblioteca Central, localizada en un lugar dentro del cosmos, indican que el aula denominada la Tierra (un globo hueco), ha tenido habitantes sobre su faz y dentro del planeta por más de quinientos millones de años. El planeta Tierra fué denominada Semilla Estelar, a la que llegaron formas de vida externas viniendo de varios Universos. Algunas de estas formas de vida se combinaron generando nuevas formas de vida y después se fueron. A partir de entonces, otros Extraterrestres descubrieron la Tierra y establecieron colonias. El asesor cercano de Drúnvalo Melchiezedek, Thoth, indicó que la civilización humana sobre la Tierra se remonta unos quinientos millones de años. Durante este período histórico, los polos magnéticos de la Tierra recientemente han cambiado unas cinco veces, durante la caida de la Atlántida. Registros antiguos de estos eventos están almacenados todavía en la Gran Biblioteca Central. Aparentemente, acceso a la Gran Biblioteca Central está limitado a una mayoría de humanoides. También, los primeros registros de la Tierra aparentemente han sido bloqueados a propósito, razón por la que los científicos tienen un conocimiento tan limitado de los primeros 295 millones de años.

Evidencia reciente también indica que el reino espiritual ha limitado el acceso a la humanidad para entrar en los muy antiguos registros Akáshicos. Thoth, una entidad avanzada que vivió en Egipto, ha declarado que el Esfinge contiene pruebas de que las civilizaciones han existido sobre la Tierra por unos 5.5 millones de años. Thoth ha intentado repetidamente obtener acceso a los registros anteriores de los 5.5 millones de años pero sin ningún resultado. Aparentemente, la memoria antigua del planeta Tierra, que había sido almacenada dentro de los registros Akáshicos, fue lado, posiblemente a la Gran Biblioteca Central como un resguardo seguro.

Acceso a los registros más recientes de la historia indican que hace unos 4.5 millones de años, seres de luz de la tierra de Mu (dentro del Universo Dhal) llegaron a la Tierra y establecieron comunidades sobre el continente de Lemuria. La tierra continental de Lemuria en ese entonces, cubría lo que es ahora el Océano Pacífico y su entorno, desde la India al oriente, hasta California y América del Sur. Después que se establecieron estas colonias, razas de muchos otros sistemas estelares como Sirio, Alfa Centauri, y las Pléyades, vinieron a la Tierra para establecer colonias también. Estas colonias existieron en gran parte en pequuños pueblos por muchos siglos. A través de los últimos dos millones de años, poblaciones de seres humanos de tercera y cuarta dimensión, han sido ciclados en una serie de pasos evolutivos sobre la Tierra. Durante estos cambios intensos de dualidad, estas sociedades alcanzaron un nivel espiritual muy alto. Pero ellas tuvieron dificultad con el manejo del ego y las emociones negativas, por ello, no fueron capaces de llevarse bien con sus vecinos. Poco a poco se ha podido desarrollar algún entendimiento a nivel mental sobre la importancia del control emocional. Emociones positivas deben predominar por solo razón de supervivencia. Cuando predominan emociones negativas, la sociedad esencialmente se desmorona, muchos mueren, y unos pocos se trasladan a un lugar donde pueden sobrevivir. Tan pronto la gente descubre que son seres espirituales, son más dados a controlar sus emociones.

Durante cada ciclo, unos cuantos habitantes humanos elevaron su conciencia dimensional, y Ascendieron hacia estados más elevados de la realidad. Estos primeros habitantes de la Tierra descubrieron que despúes de salir de sus cuerpos físicos (morir) podrían optar por regresar a la Tierra y seguir su evolución, o encarnar en otro planeta de tercera o cuarta dimensión.

Alrededor de un millón de años atrás, hubo una raza humana próspera de tercera y cuarta dimensión sobre Marte, y otros planetas dentro de este Sistema Solar. Estos seres humanos en Marte llegaron a ser muy individualistas y se separaron de Dios/Diosa. Luego, hace unos doscientos mil años, después de la última rebelión de Lúcifer, los habitantes de Marte tuvieron un cambio en conciencia. Recuerde, Lúcifer era uno de los ángeles más increíbles que Dios/Diosa jamás había creado. De hecho, pensó que él era tan bueno como Dios/Diosa. Como resultado, él se separó de Dios/Diosa y convenció aproximadamente a un tercio de los ángeles a unírsele en la rebelión.

De la misma manera, los marcianos llegaron a ser muy técnicos e intelectuales. Ellos funcionaban más con el hemisferio izquierdo del cerebro, con un énfasis en la creación física. Ellos tenían muy poca función en el hemisferio derecho del cerebro. Es decir, el hemisferio izquierdo de sus cerebros dominaba el derecho. Como resultado, la mente del ego lógico tomó el control. Tal ser humano carece de un cuerpo de emoción funcional y tiene una comprensión limitada de los sentimientos y del amor. Los marcianos entonces crearon un campo energético externo de Mer-Ka-Ba, en contraposición a uno interno de Mer-Ka-Ba, basado en el amor. Esta Mer-Ka-Ba creada externamente, junto con su empuje materialista, fue lo que los condujo a su fin. Como resultado, destruyeron el suministro de agua de Marte.

Los Ciclos de Reencarnación y las Tendencias Destructivas de la Humanidad

Un ejemplo relacionado con la forma en que la tecnología puede ser perjudicial cuando se utiliza mal, se puede ilustrar a través de las experiencias de una raza extraterrestre llamada los Grises. Los Grises, descendientes de los marcianos, conocidos como el Gris-Retículi, habitaron otro planeta cuando se fueron de Marte. Luego se convirtieron en una sociedad tecnológica altamente evolucionada. Recuerde, mientras que en Marte estas almas tenían un uso limitado de su hemisferio derecho. Por consiguiente, carecían de cualquier tipo de emoción o de amor. A causa de las radiaciones atómicas en su nuevo planeta, esta raza de Grises perdió la capacidad de reproducirse sexualmente. Intentando poder sobrevivir, los Grises crearon clones de sí mismos. Sin embargo, como con cualquier clon, estos clones tienen una vida corta, y los Grises se dieron cuenta que su civilización se estaba muriendo y que pronto desaparecería. Intentando encontrar ayuda, buscaron varias regiones de este sector de la Galaxia de la Vía Láctea, para encontrar un planeta donde la gente estaba tan absorbida con la auto-indulgencia, que podrían llegar al planeta y llevar a cabo experimentos sin que la mayoría de la población se diera cuenta.

Estos Grises descubrieron la Tierra, negociaron con algunos funcionarios del gobierno de Estados Unidos y firmaron un acuerdo. El acuerdo les permitía llevar a cabo experimentos de clonación involucrando ciudadanos de EE.UU., a cambio de su tecnología Extraterrestre. Dentro de este contrato gubernamental, a los Grises se les dió permiso para secuestrar mujeres, impregnarlas, y cosechar los fetos para colocarlos en incubadoras a bordo de sus vehículos Extraterrestres. Los objetivos de estos experimentos fueron los de recuperar sus capacidades sexuales junto con las emociones. Estos experimentos se estaban realizando durante varios años antes de que su contrato fuera cancelado. Tengo entendido que el experimento fue relativamente exitoso, y que los Grises ya han sido retirados de este sector de la Glaxia de la Vía Láctea. Se mudaron a un lugar adecuado donde pueden desarrollarse sin interferir con los seres humanos en la Tierra.

Durante los últimos trescientos mil años, las culturas sociales de Hiperbórea, Pan, Og, la Atlántida, y Lemuria, pasaban por la muerte física, y el alma reencarnaba una y otra vez. Muchos seres humanos sobre la Tierra ahora han tenido vidas pasadas en estas sociedades. Hace cerca de cuarenta mil años las condiciones de vida en la Tierra llegaron a ser muy difíciles, debido a la contaminación del aire y las temperaturas frías. Como resultado, la cultura Hiperbórea original dejó la superficie del planeta y comenzaron a construir ciudades subterráneas con fines de supervivencia. Una de estas ciudades se llamó Shambhala la Menor y se encuentra por debajo del desierto de Gobi. Algunos Hiperbóreos murieron y dejaron la Tierra, otros entraron a Shambhala, y algunos emigraron a otras regiones de la Tierra. Algunos de estos Hiperboreanos medían doce metros de altura y viven todavía en el norte de una ciudad subterránea de los Himalayas en Asia. La ciudad original de Shambhala la Menor se ha trasladado a una frecuencia más alta. Shambhala la Mayor, es ahora una cultura espiritual sin rasgos físicos.

Mucho antes de que hubiera vida sobre el planeta Tierra, existía vida de tercera dimensión sobre el planeta Venus, similar a la de los seres humanos que "Ahora" viven sobre la Tierra. En la actualidad existen formas de vida de dimensiones superiores en la mayoría de los planetas del Sistema Solar, aunque estas condiciones planetarias son desfavorables para los seres humanos de tercera dimensión. En la actualidad el único planeta adaptado para seres de tercera dimensión en este Sistema Solar es el de la Tierra. Recientemente en el pasado, Venus, Marte y Maldek (ahora un cinturón de asteroides), eran favorables para los seres humanos de tercera dimensión. Esas almas en Venus han Ascendido más allá de la tercera dimensión. Muchas de ellas se fundieron juntas para convertirse en una sola entidad llamada Ra. Ra actualmente está colaborando en la Ascensión de la Tierra. Ra ha participado activamente en este Sistema Solar en los últimos setenta y cinco mil años. Cuando Marte se convirtió en un planeta inhabitable debido a la guerra, Ra ayudó a las almas de Marte para reencarnar en la Tierra. Luego, hace cincuenta y ocho mil años, Ra ayudó a muchas almas del Universo de Dahl a encarnar sobre la Tierra.

En el pasado otros cambios dramáticos han tenido lugar sobre la Tierra. Hace aproximadamente cien mil años, hubo siete grandes continentes sobre la Tierra, incluyendo la Atlántida, situada donde está ahora el Océano Atlántico. El continente de Lemuria consistía de un gran número de islas en el área del Océano Pacífico y en parte, donde Hawai y Nueva Zelanda se encuentran ahora. Las porciones más grandes de la Atlántida y Lemuria se han sumergido y ya no existen. Actualmente hay siete continentes sobre la Tierra: Asia, África, América del Norte, América del Sur, la Antártida, Europa, y Australia.

Hace cien mil años, la Tierra también tenía dos mantos de cristales de hielo suspendidos varios miles de pies sobre su superficie. Cuando los mantos existían, la vida floreció sobre todos los continentes principales. Esto incluyó vida sobre el Polo Sur. A través de una serie de eventos, los mantos de cristales de hielo se desplomaron sobre la superficie de la Tierra. Tras el colapso de los mantos, las regiones del norte y las del sur de la Tierra, poco a poco comenzaron a tener temperaturas extremadamente bajas. Además, después de que los mantos se desplomaron, las características de protección que tenían estos mantos dejaron de existir. La vida fue amenazada por partículas radioactivas que entraron a la atmósfera de la Tierra desde el espacio, causando heridas físicas graves. Como resultado, los habitantes de Hiperbórea tuvieron que abandonar su tierra de sol en la zona que ahora se llama el Norte de Europa y Asia.

Otro acontecimiento importante tuvo lugar hace unos treinta mil años, cuando hubo conflictos sociológicos entre los de la Atlántida y los Lemurianos. Los Lemurianos creían que las culturas menos evolucionadas en la Tierra deberían dejarse quietas para que evolucionaran por su propia cuenta. Por el contrario, los de la Atlántida creyeron que las culturas menos evolucionadas deberían ser controladas y vivir como esclavos.

Hace aproximadamente 12.500 años, al final de la fase obscura de este ciclo, una serie de acontecimientos dramáticos tomaron lugar en los continentes de la Atlántida y de Lemuria. Por ejemplo, cuando el sistema delicado de energía cristalina en la Atlántida fue sintonizado demasiado alto, se produjeron grandes explosiones. La actividad volcánica se incrementó y se produjeron terremotos gigantescos, provocando maremotos. Grandes areas de la Tierra fueron devastadas. El material de las partículas liberadas por los volcanes bloqueó el Sol; llegó a ser muy frío, y las cosechas murieron. Sin alimentos, muchos murieron de hambre. A través de una serie de desequilibrios energéticos, porciones de la Atlántida se sumergieron en el Océano Atlántico. Muchos de los habitantes actuales en la Tierra pasaron por estos acontecimientos dramáticos y no tienen interés en repetirlos.

Los seres humanos que ahora viven en la Tierra podrían ayudar a resolver muchos problemas si se unieran para detener a los controladores (los Iluminati, con su poder político y económico), de lograr la destrucción de la Tierra de nuevo. Los Iluminati están llegando muy cerca a destruir a la Tierra con sus armas atómicas, la radiación, y la contaminación del aire y del agua. Ellos han creado agentes causantes de enfermedades esparcidos a través de transmisiones de ondas escalares, senderos químicos que contienen Micoplasma, metales tóxicos, y el Programa de Investigación de Activad Auroral de Alta Frecuencia, o High Frequency Active Auroral Research Program (HAARP), con base en Alaska, descrito por Jerry Smith en el libro, *HAARP The Ultimate Weapon of the Conspiracy* (*HAARP La Máxima Arma de la Conspiración*). En la actualidad, debido a la influencia adversa que una guerra atómica podría tener sobre el Sistema Solar, Extraterrestres han desactivado todos los dispositivos nucleares en la Tierra. El reino espiritual está también mirando muy de cerca numerosas actividades previstas de los Iluminati y en varias ocasiones han tenido que intervenir para negar esos planes destructivos. Sin embargo, el Espíritu necesita su ayuda en el envío de amor a los Iluminati que han volado edificios y han causado un daño perdurable a la Tierra y a sus habitantes.

* * * * * *

4

Las Creencias Prevalecientes desde La Atlántida y Lemuria Afectando a los Seres Humanos

La Atlántida y Lemuria Destruidas hace Veinticinco Mil Años

Algunas culturas antiguas de la Tierra, tales como, Titán, Pan, Og, Thule, Hiperbórea, la Atlántida, y Lemuria, alcanzaron altos niveles de avance espiritual antes de caer. ¿De dónde provienen los de la Atlántida? ¿Cómo vivieron y qué pasó con ellos? Los seres de la Atlántida llegaron a la Tierra hace más de cincuenta mil años provenientes del sistema estelar de Lyria. Los restos de la Atlántida han sido descubiertos en el Triángulo de las Bermudas cerca de la costa de la Florida. Cientos de canalizaciones y de expediciones científicas a varias áreas en el océano Atlántico, han demostrado que seres humanos vivieron dentro de esa zona. En varios lugares en el suelo del Océano Atlántico hay pirámides, carreteras, columnas, edificios, canales, y artefactos, desde la Florida, hasta Europa y África. Un descubrimiento importante ha sido la de los caminos sumergidos, las pirámides y los bloques de construcción, al este de la Florida. Muchos han oído hablar del vórtice de energía en todo el Triángulo de las Bermudas, que se cree que está relacionado con la Atlántida. Ese vórtice está menos activo ahora, pero en el pasado se cree que ha causado desmaterializaciones y de ahí, la desaparición de personas, barcos, y aviones que se han aventurado dentro del Triángulo de las Bermudas.

Los de la Atlántida eran conocidos como los Annunaki, los "altos". Medían de ocho a doce pies de altura y tenían un promedio de vida de aproximadamente ochocientos años. Anteriormente, en África, los Annunaki geneticamente alteraron a los seres humanos convirtiéndolos en seres más pequeños para ser los trabajadores en las minas de oro, los campos agrícolas, la construcción, y otras actividades intensivas requiriendo mano de obra. Esas alteraciones genéticas son actualmente parte del cuerpo físico en la que habitan nuestras almas sobre la Tierra el hoy en día.

La tecnología en la Atlántida era muy superior a la que tenemos actualmente en la Tierra. Por ejemplo, ellos controlaban el clima. Les fascinaba crear tormentas. Ellos apartaban ciertas zonas para observar tormentas atmosféricas violentas y disfrutaban la creación de erupciones volcánicas. Para encontrar más información, consulte las lecturas de Edgar Cayce, libros variados, y sitios en el internet sobre la Atlántida.

Uno de los logros más importantes que tuvieron los de la Atlántida, fue el desarrollo de una tecnología sofisticada, con base científica sobre la energía de cristal. Mediante el uso de la refracción del cristal, su amplificación y su almacenamiento, fueron capaces de utilizar las energías vitales del cristal para el crecimiento de las plantas, sistemas de propulsión para sus vehículos, la sanación del cuerpo, el ensamblaje de estructuras, e incluso para la creación de la materia misma. Ellos podían concentrar y transmitir estas energías de cristal a grandes distancias a través de una serie de pirámides. Algunos restos de estos sistemas cristalinos han sido descubiertos en varios lugares en la Tierra.

La fuente de energía de mayor uso en la Atlántida fue reportada en las lecturas de Edgar Cayce. En las lecturas, a la gran energía de Cristal se le llamó Piedra Tuaoi. Era un cristal de seis lados que se instaló en un edificio enorme, en forma de cúpula, y que se abría de la misma forma que un observatorio espacial. Cuando el techo se abría, el cristal recibía fuerzas energéticas del espacio, que concentradas, se transmitían a lo largo de la Atlántida. Estas energías se utilizaban para muchos propósitos, tales como los mencionados anteriormente. Incluso con su capacidad tecnológica, es evidente que los de la Atlántida tenían una comprensión limitada de la potencia de las energías de cristal. Cuando los individuos codiciosos quisieron sacarle más poder al sistema, dejaron de entender cómo estas energías podían terminar siendo destructivas sin el control adecuado. Cuando el cristal estaba sintonizado demasiado alto, los volcanes se activaban, las montañas se derretían, y causó que las masas de tierra se hundieran en el océano. Por último, el deseo avaro de obtener poder sobre la naturaleza y la incapacidad para mantener la intensidad energética lo suficientemente baja, causó el hundimiento de muchas partes de la Atlántida.

Una persona eminente, un sumo sacerdote del Templo de la Ascensión Atlantidiana, se dió cuenta de la suerte de la Atlántida. Hace unos 13.500 años, este sumo sacerdote trajo la Llama de la Ascensión de la Atlántida a Egipto. En Egipto, se convirtió en el faraón Amenhotep III, quien construyó el Templo de Luxor. Subió en el Año 400 A.C. y se convirtió en el Maestro Ascendido Serapis Bey. En la actualidad, Serapis Bey ha dedicado sus esfuerzos a ayudar a todas esas almas en la Tierra que están interesados a prepararse para la graduación y la Ascensión.

Durante el período de la Atlántida y Lemuria, intensas guerras atómicas estallaron en toda la Tierra, causando daño no sólo para la Atlántida y Lemuria, sino también para otras zonas de la Tierra. Los restos de estas guerras todavía son evidentes en los desiertos del mundo. Por ejemplo, el interior (Outback) de Australia y el desierto del Mojave, el Gobi y el Sahara, son zonas donde se libraron las guerras atómicas. Estos terrenos desérticos todavía son desfavorables para la vida vegetal, animal, y para las poblaciones humanas. El daño radiactivo y las alteraciones asociadas con él cambió las características estructurales de la Tierra, causando erupciones volcánicas y terremotos. Como resultado, un maremoto gigantesco subió a mil millas tierra adentro destruyendo muchas ciudades.

Los continentes de la Atlántida y Lemuria se hundieron en los océanos hace unos trece mil años, al final de un ciclo de veinticinco mil años. Dos mil años después del hundimiento, los continentes de la Tierra aún estaban temblando. Durante cientos de años después de las guerras atómicas, la atmósfera estaba llena de escombros; la luz solar no era suficiente para crecer vida vegetal, teniendo como resultado escasez de alimentos. Para sobrevivir a estas condiciones destructivas, algunos de los seres más avanzados espiritualmente de la Atlántida y los Lemurianos, se reubicaron al interior de la Tierra. Ellos aún residen ahí adentro, en sus cuerpos de dimensionalidad superior, manteniéndose juveniles; muchos de ellos han vivido en el mismo cuerpo durante miles de años. Muchos otros seres de la Atlántida, junto con los Lemurianos que murieron y dejaron su cuerpo físico, han reencarnado en la tercera dimensión, y viven hoy sobre la superficie de la Tierra. Algunos tienen recuerdos vívidos de lo que ocurrió durante las inundaciones y las guerras atómicas. Una mujer que tenía miedo del agua y no podía llevar a sus hijos a nadar, se acordaba vívidamente de haberse ahogado durante la sumersión de la Atlántida. Dado que todas las experiencias se producen en el "ahora", ese miedo tenía que ser removido para que ella se pudiera sentir segura estando cerca del agua.

En la actualidad hay más de 120 ciudades subterráneas en la Tierra, algunos con más de un millón de habitantes. Estas ciudades están habitadas por hiperbóreos, unos lemurianos y unos pocos de la Atlántida. Existen también otras razas que provienen fuera del planeta. Algunos humanoides que viven en la Tierra, tienen una estatura de más de veinte pies de altura. De hecho, fuentes espirituales indican que hay más razas humanas diferentes y un mayor número de seres humanos que viven en el interior de la Tierra, que sobre su superficie. Cuando algunas personas leen acerca del gran número de seres viviendo dentro de la Tierra, puede que tengan dificultad creyendo que esto sea posible. Esto es, porque los que están en control han mantenido este hecho como un secreto. Los mandamases no quieren que usted sepa acerca de estas sociedades espirituales avanzadas que viven dentro de la Tierra.

Quizás algunos de ustedes estén interesados en conocer que el gobierno de Estados Unidos ha construido varias ciudades secretas dentro de la Tierra. Si tiene dificultades entendiendo lo que está sucediendo sobre y dentro de la Tierra, le sugiero que reserve un tiempo cada semana para estudiar y hablar con el Espíritu. Pida ayuda y la comprensión sobre lo que ha sucedido, y de lo que sucede en la Tierra, y en su interior. Hay muchas ventajas en conocer esto, ya que usted está conectado a todas las actividades en la Tierra. Todas las creaciones de Dios/Diosa dentro de, y sobre la Tierra, están conectadas energéticamente.

Para comprender mejor la estructura de la Tierra, los astrónomos han desarrollado recientemente la tecnología para medir la masa de un cuerpo celestial. Cuando la masa de un planeta se compara con el tamaño, la masa resulta ser mucho menor que el cálculo de una masa sólida. Para ayudar a explicar esta observación los astrónomos han teorizado que estos cuerpos celestiales son huecos. Existe la posibilidad de que todos los planetas son huecos, por lo que tienen una masa más liviana que un planeta sólido. Esta teoría ayuda a resolver esta discrepancia entre la masa, peso, y tamaño. Algunos de estos estudios originales fueron hechos mediante el estudio de la luna de la Tierra. Sin lugar a dudas, la luna de la Tierra es hueca. Una luna sólida debido a su peso y velocidad, y del movimiento alrededor de la Tierra, volaría hacia el espacio fuera de órbita. ¿Hay humanoides que viven sobre y dentro de la luna de la Tierra? Vaya y busque si están allí.

En The Law of One (La Ley del Uno), Ra dice que se hizo un intento por parte de grupos Extraterrestres para ayudar a la civilización Ascender hace dieciocho mil años, cuando la Atlántida era una sociedad agraria. Tuvieron que abandonar esa ayuda cuando la gente no se alineó a la conciencia de la Unidad. Otro intento se hizo hace trece mil años, poco antes del hundimiento de la Atlántida. Ra luego aterrizó en Egipto para ayudar en la Ascensión, pero los egipcios, en lugar de aceptar la ayuda, procedieron a adorar como un dios a Ra. Una vez más, el proceso de la Ascensión fue cancelado. Hace unos doce mil años, Ra volvió para ayudar a los egipcios a hacer una recuperación dramática en su evolución espiritual. Esto fue justo después del hundimiento de la Atlántida. Hace seis mil años, Ra tuvo la gran pirámide construida en Egipto para ayudar a equilibrar la red planetaria. Luego el sacerdocio gradualmente se corrompió. Ra estuvo allí, esperando para ayudar a la humanidad a evolucionar, pero debido a la corrupción, al final terminó lléndose.

Ra intervino de nuevo en Egipto, alrededor del año 1365 a.C., y trabajó con el Maestro Ascendido Thoth y Akhenaton (rey egipcio), para crear una religión monoteísta. Poco después del año 1360 A.C., Akhenaton fue asesinado y los egipcios volvieron a la religión politeísta. Como resultado, Ra se retiró de la Tierra por 3.333 años. Ra regresó en 1968 para ayudar a instruir a la humanidad en la preparación para la graduación. Durante la década de 1980, Ra canalizó material para la serie de libros llamados "La Ley del Uno". Estos libros han sido publicados y están disponibles en el Internet. Ra, ya se ha ido de la Tierra para llevar a cabo otras responsabilidades asignadas.

La Influencia Cultural de La Atlántida y Lemuria
Sobre las Creencias y los Períodos de la Vida

Dado que la mayoría de los seres humanos que viven en la Tierra también han vivido vidas pasadas en la Atlántida y/o Lemuria, sería muy útil saber algo acerca de estas dos sociedades antiguas. Ambas habían llegado a niveles tecnológicos igual o superior a las sociedades actuales en la Tierra. En general, los Lemurianos eran más avanzados espiritualmente que los de la Atlántida. Si usted viviera en un continente u otro, usted puede viajar a un tiempo pasado a lo largo de su historia y recordar algunas de sus vidas anteriores. Tan pronto perciba lo que estaba sucediendo, usted entonces puede aprender de sus éxitos y de sus fracasos anteriores. Durante los tiempos más avanzados espiritualmente en Lemuria y la Atlántida, los seres humanos vivían por miles de años. Incluso hoy en día, el cuerpo humano está diseñado para vivir durante miles de años. Este hecho se conoce científicamente, ya que cada célula en el cuerpo humano se renueva cada siete años. Como todas las células se renuevan, todas las partes de su cuerpo pueden ser renovadas cada siete años.

¿Por qué no somos capaces de cumplir con el potencial de lo que pudiera comprender nuestro período de vida y morimos? ¿Qué hace que el cuerpo físico se deteriore tan rápido? Obviamente, hay muchas posibilidades. Algunos de los siguientes pueden ser responsables por nuestra muerte física: 1) las creencias falsas programadas en nosotros diciéndonos que el cuerpo debe morir antes de los cien años de edad. Esta falsa creencia ha dado lugar a cambios en el ADN en nuestro sistema endocrino. El ADN regula la producción de las hormonas que contribuyen a la muerte y al rejuvenecimiento. 2) La creencia falsa en una muerte temprana es constantemente programada en la conciencia de los seres humanos a través de los medios de comunicación. Esta clase de programación beneficia a la profesión médica y la industria farmacéutica, y ayuda a apoyar la investigación sobre la bioquímica humana. Funerarias y compañías de seguros se benefician de una vida más corta, al igual que los grupos religiosos que instalan creencias falsas e ilusiones negativas acerca de la espiritualidad, y diferentes sistemas políticos establecidos para manipular a las sociedades.

Otros factores determinantes son: 3) La destrucción de un medio ambiente sano y el envenenamiento de la comida, el agua, y el suministro de aire, tal como lo describe John Erb en el libro, *The Slow Poisoning of America (El Lento Envenenamiento de América)*, 2003. 4) La programación constante de que nuestra sociedad necesita tener un enemigo para infundir miedo y ser protegida. El miedo ayuda a crear una serie de emociones negativas (tensión, estrés, depresión, y ansiedad, lo cual daña el sistema metabólico e inmune del cuerpo. Muchas fuentes de información indican que todas las enfermedades tienen alguna emoción negativa asociada que precondiciona la susceptibilidad del organismo. 5) La creación deliberada de la ciencia de agentes que incitan enfermedades que atacan al cuerpo físico, causando la muerte prematura.

Hay también una razón espiritual por la que la vida ha sido acortada. Como los Maestros Ascendidos y Creadores del Universo observaban la evolución espiritual en los planetas de tercera dimensión, se dieron cuenta que un período de vida más corto permitiría revisiones más frecuentes sobre el progreso evolutivo. Después de cada examen, el espíritu habrá recibido un contrato nuevo con retos adicionales. El propósito de superar los nuevos desafíos fue el de acelerar la evolución. A medida que regresa a lo largo de su historia, observe cómo los controladores han limitado su evolución espiritual. Los objetivos de los controladores han sido los de prevenirle a sus esclavos a que se gradúen. Solo Piense... ¿Qué pasaría si los medios de comunicación hubieran sido utilizados para educar a la gente sobre la necesidad de cambiar su conciencia hacia lo más alto? Es posible que muchas más almas hubieran evolucionado fuera del caos, el dolor, la enfermedad, el sufrimiento, y la confusión, característica de la conciencia de tercera dimensión. Los Iluminati hubieran perdido muchos de sus esclavos si tuvieran conocimiento de las posibilidades de graduarse. Los medios de comunicación controlados por los Iluminati hasta el día de hoy, continúan saturando las ondas radiales y la prensa escrita con propaganda y creencias ilusorias. Debido a que (dicen) hay un ánimo de lucro limitado para información espiritual disponible en el mercado, ellos perderían el control. ¿Adivine qué? Los Iluminati, que tienen como su objetivo principal el del Servicio a Si Mismos, están a punto de perder su control manipulativo de la humanidad aquí en la Tierra.

Cada vez que encarnamos en el plano de la Tierra, nos encontramos con un contrato que describe lo que nos gustaría llevar a cabo durante esta encarnación. Nuestra primera encarnación en la Tierra, hace miles de años, fue muy dramática porque habíamos acabado de pasar por la separación emocional del Surco (Dios/Diosa). Esta separación dió lugar a sentimientos de abandono y de soledad. En muchos seres humanos, esa sensación de soledad aún persiste. Sin embargo, al venir a la Tierra, nuestros espíritus se dieron cuenta de las oportunidades disponibles. Como resultado de ello, elegimos libremente afrontar los retos como parte de nuestras lecciones sobre un mundo con conciencia de dualidad, con el objetivo de aprender el bien y el mal.

Los Seres Humanos "Ahora" Tienen Más Oportunidades para Evolucionar Rápidamente

Muchos espíritus han tenido ya suficiente con respecto a todos estos desafíos y lecciones repetidas, vida tras vida, durante miles de años en un planeta de baja frecuencia. Muchas personas creen que están listos para graduarse y pasar a algún reino, en otra realidad, tan pronto como les sea posible. Ellos están listos para un cambio. La mayoría tiene la esperanza de que los próximos cambios traerán consigo una vida más agradable, un estilo de vida menos estresante. El plan recientemente elaborado por el Consejo de Creadores, ahora espera a cualquiera que esté interesado y dispuesto a prepararse para graduarse y Ascender. La desición para Ascender físicamente es "Ahora", de cada individuo en sus esfuerzos para completar sus lecciones de tercera dimensión y preparar su conciencia para la graduación y la Ascensión.

Como se mencionó anteriormente, sólo un pequeño porcentaje de la realidad de cada individuo se encarna en la Tierra. Todos los seres humanos en la Tierra tienen partes de su Superalma (almas individuales), que viven en otros planetas. Estas almas paralelas han ido evolucionando al igual que usted aquí en la Tierra. El Espíritu le sugiere que tienga la capacidad (con entrenamiento), para visitar (viajando a través del tiempo o bilocando), las partes de su alma que habitan en otros planetas y compartir cada una de sus experiencias. Usted podría aprender de ellos y juntar sus conocimientos para acelerar su evolución. Además, una gran cantidad de información puede ser obtenida de su Dios/Diosa interior, los Maestros Ascendidos, los Arcángeles, los Guías Espirituales, los Cuerpos de Dios/Diosa, su Alto Consejo Espiritual Personal, los Asistentes Espirituales, y miles de otras entidades espirituales que se han graduado antes.

En una canalización por el Maestro Ascendido Serapis Bey, en la página del Internet de la Red Espiritual de Trabajadores de Luz, http:/www/ lightworkers.org, Serapis Bey hace las siguientes declaraciones:

Dense cuenta seres amados que nunca en la historia de la Tierra se ha tenido la oportunidad para que la humanidad alcanzara la libertad para su propia y gloriosa Ascensión. Nunca ha sido ofrecida la Ascensión de manera tan sencilla y con tanta gracia, como en este tiempo tan maravilloso, para la preparación de la Ascensión de su planeta. Una ventana excepcional de oportunidad se presenta a los de la humanidad que deseen obtener su libertad espiritual, y que están dispuestos a hacer todo lo posible para que esto ocurra.

No estoy proclamando que será del todo fácil para todos. Mi promesa a usted es que yo, y los equipos grandes de la Hermandad de la Ascensión de Luxor y de Telos, estamos dispuestos a apoyar y a entrenar, con mucho amor y compasión, a los que se comprometen seriamente a su evolución. Sí, muchos de ustedes enfrentarán desafíos temporales de vez en cuando, pero si los enfrentan con entrega, devoción, alegría, entusiasmo, y la actitud de gratitud por la oportunidad tan excepcional que se le ofrece a usted en este momento, usted podrá estar seguro que el resto de su camino no tiene por que ser difícil.

Mucho antes de que los continentes de Lemuria y la Atlántida se sumergieran, los sacerdotes de ambos continentes se dieron cuenta de la destrucción que se avecinaba. A raíz de que las pruebas indican que Lemuria se enfrentaba a la destrucción, los sacerdotes de Lemuria solicitaron a la Federación Intergaláctica de Planetas, permiso para construir una ciudad dentro de la Tierra. Tras ser aprobada, los Lemurianos construyeron una ciudad grande llamada Telos en el interior del Monte Shasta, un volcán inactivo ubicado en el norte de California. A partir del año 2005, se registró una población de más de 1.5 millones de almas de conciencia en quinta dimensión que viven en Telos. Los de la Atlántida construyeron una ciudad similar, con el nombre de Posid, ubicado en las llanuras Mato Grosso del Brasil, América del Sur. Posid ahora tiene una población de 1.3 millones de seres. En la actualidad, hay aproximadamente 120 ciudades grandes conocidas en el interior de la Tierra. Rama, ubicada cerca de Jaipur en la India, tiene una población de más de un millón. Shonshe, una ciudad bajo los Himalayas, cerca del Tíbet, tiene una población de más de 750.000. Además, dentro del Medio de la Tierra y de la Tierra Interior, hay grandes poblaciones de humanoides de otros mundos y Universos, con una conciencia de quinta a séptima dimensión.

La Red Agartha que se llama "Ciudades de Luz", se encuentra en el interior de la Tierra. Se compone de más de cien ciudades subterráneas, conectadas por transportadoras subterráneas, tal como el metro. Estos túneles transportadores contienen vehículos que viajan a velocidades muy altas. Por lo tanto, los habitantes del interior de la Tierra visitan con bastante frecuencia a sus vecinos y comparten muchas experiencias hermosas. Muchas de estas poblaciones están listas y dispuestas a ayudar a sus hermanos y hermanas de la superficie, pero sólo después de que los habitantes de la superficie eliminen sus patrones de comportamiento agresivo, y pasen a la Unidad/Conciencia Crística. Dado que los habitantes de la Tierra interna son tecnológicamente superiores a los habitantes de la superficie, ellos pueden restringir interferencias por parte de los habitantes de la superficie.

Estas sociedades del centro de la Tierra ya han incrementado su conciencia a una de quinta o sexta dimensión. Ese es el estado de conciencia que a los habitantes de la superficie se les pide que asuman para permanecer encima o dentro de la Nueva Tierra.

Los interesados en graduarse, Ascender y permanecer sobre la superficie de la Nueva Tierra, antes o después del 2012, tienen muchas oportunidades y opciones que tomar, que afectarán su futura trayectoria (continuidad temporal). Para graduarse, debe pasar a través de algunos portales (Portales Cósmicos) entre las dimensiones. Los portales entre dimensiones están bien custodiados por seres espirituales avanzados y sólo aquellos que califican, se les permitirá pasar. Sí, todos sus registros están disponibles para su revisión, y los guardias sabrán quién califica.

¿Tomar Ventaja de las Muchas Oportunidades Antes de "El Cambio"?

A medida que cambiamos a los estados superiores de conciencia dimensional, podemos empezar a recordar momentos anteriores de nuestro "ahora", en los que vivimos bajo condiciones similares. Además, podemos seguir la guía de aquellos que han sobrevivido y/o que han mantenido su memoria de la Atlántida y Lemuria. A través de los esfuerzos conjuntos de los Maestros Ascendidos y los Extraterrestres, podemos desplazarnos hacia un reino nuevo de realidad, una vía hacia la Nueva Tierra. Más adelante veremos con más detalle las siete iniciaciones requeridas que pueden tomar lugar en el Templo de la Ascensión de Luxor (en Egipto), y/o el Templo de la Ascensión de Telos (en Mount Shasta), junto con otros ejercicios disciplinarios que serán útiles.

La Hermandad de la Ascensión, ha estado trabajando desde hace siglos en la preparación de este acontecimiento de la Ascensión. Ellos han trabajado para ayudar a preparar las almas para estar listas para la Ascensión, que comienza al final de la época, entre el 2008 y el 2013. Una parte importante del proceso de preparación de la Ascensión, tiene lugar dentro de los templos de la Ascensión. Hay siete iniciaciones necesarias en estos templos que están disponibles para usted y que son guiadas por la Hermandad de la Ascensión. Las siete iniciaciones de los templos se discutirá en el capítulo 19.

Para que todo el que esté leyendo esto lo pueda entender, permítame citar una canalización de Serapis Bey: *"El Candidato para la Ascensión debe cumplir siete iniciaciones principales. El candidato también deberá pasar con éxito a través de las disciplinas de los Siete Gran Templos."*

Esperemos que esta declaración sea lo suficientemente clara para que usted la pueda entender. Otra vez, usted tiene una decisión que tomar en su preparación para la graduación. Es un proceso que requiere un compromiso, y su dedicación.

Todo lo que detecta nuestros cinco sentidos físicos sobre la Tierra es en realidad, una ilusión. Sólo tiene algún sentido de la existencia, a causa de nuestras percepciones conscientes en nuestro interior. La percepción consciente mantiene la ilusión en su lugar. Las ilusiones están en constante cambio como resultado de los cambios de conciencia colectiva. En cuanto se desplaza la conciencia, estos cambios se registran dentro de nuestro ADN, lo que a su vez influye nuestro bienestar.

Las características físicas de la Tierra cambian al igual que cambia la conciencia de la población humana. El movimiento de los platos tectónicos crea montañas. Algunas masas de tierra se unden y otras se elevan, basado en parte en la conciencia de la humanidad. La evidencia también está surgiendo por parte de diferentes fuentes, que partes de la Tierra interior se han reposicionado debido a cambios en la conciencia. Además, los científicos han sabido desde hace muchos años que la conciencia influye sobre los patrones climáticos.

Las tecnologías avanzadas dentro de la Tierra, permiten que los habitantes perforen túneles y vacíen grandes áreas para llevar a cabo diversos fines. Similares maquinarias son utilizadas actualmente por los organismos del gobierno de los EE.UU. para hacer túneles, moler piedras macizas y presionarlas contra una superficie vertical, para apoyar a la roca encima de las cámaras.

Los seres humanos que participan en actividades espirituales pueden cambiar su conciencia dimensional para evolucionar constantemente hacia entornos de realidades nuevas. Estas actividades se han llevado a cabo desde hace miles de siglos sobre millones de planetas y continuará haciéndolo hasta el infinito. Con suerte, usted podrá tener la mente lo suficientemente abierta como para entender el valor de cambiar su conciencia a dimensiones superiores. Ahí se puede interactuar con sociedades Extraterrestres en diferentes Universos. Una vez que usted asuma un "Cuerpo de Luz", y pase a la Unidad/ Conciencia Crística, usted será capaz de comunicarse telepáticamente con las sociedades de muchos otros Universos. Como resultado, puede con mayor precisión, transmitir el significado de sus formas de pensamiento, viajar a cualquier destino dentro del campo de su Mer -Ka-Ba, puede utilizar la bilocación, cambiar de fase a otra forma física, crear cualquier cosa que desee, y vivir la experiencia del Cielo sobre la Tierra.

Los que son sensibles a los cambios de energía actuales se dan cuenta que nos estamos acercando a uno de los cambios más dramáticos en la historia del planeta Tierra. Obviamente, estos cambios no se iniciaron en el siglo XIX o XX, pero han estado ocurriendo por mucho tiempo. La mayoría de los seres humanos en la Tierra están buscando soluciones más pacíficas para resolver conflictos, y buscan maneras para sanar todo el daño causado sobre el planeta Tierra. El reino espiritual ha escuchado estas súplicas de los que piden ayuda. Como resultado, varias cosas han sucedido recientemente. Por ejemplo, en el 2002, los Creadores de este Universo abrieron siete portales principales, portales suplementarios, y otros portales, para permitir un aumento de la energía espiritual que fluye sobre la superficie de la Tierra. Muchas otras nuevas energías han sido y están siendo dirigidas hacia la Tierra para ayudar a facilitar "El Cambio."

La constante corriente de estas energías ha ayudado a la conciencia de las personas a recuperar su carácter multidimensional. Durante varios siglos, los seres humanos han estado anticipando un movimiento hacia un reino nuevo de realidad. Ese nuevo reino seguirá el "Gran Cambio" en la conciencia llamada a veces, "El Cambio de los Tiempos". Muchas predicciones antiguas se están llevando a cabo mientras que eventos celestiales están ayudando a preparar el camino hacia un reino de nuevas realidades. Este nuevo reino está siendo acelerado por las nuevas energías dirigidas hacia la Tierra por los Creadores del Universo, y desde el Gran Sol Central.

A principios de diciembre del 2007 se nos informó por el Espíritu que las etapas preliminares de la Ascensión se habían acelerado, y estamos "Ahora" teniendo nuevos eventos de Ascensión. Sin embargo, cada persona es responsable de sus pensamientos y por lo tanto, cada individuo debe participar a través del uso de sus habilidades como Creador. Recuerde siempre: usted no es una víctima, usted es un Creador. Usted ya no tiene la opción de sencillamente quedarse con los brazos cruzados y observar; usted tiene la oportunidad de hacer algo para ayudar a crear el reino de la nueva realidad humana, y prepararse para su llegada a la Nueva Tierra de quinta dimensión.

Acuérdese, usted no es una víctima; usted es un Creador. Usted puede ayudar a crear el reino de la nueva realidad humana sobre la Nueva Tierra

Para ayudar en los esfuerzos de su Ascensión, el reino del Espíritu nos ha facilitado recientemente un holograma nuevo, una versión mejorada llamada el "Holograma de la Ascensión". Este nuevo holograma le ayudará a limpiar todo karma y cualquier otra energía que podría estar interfiriendo con la creación de sus nuevas partes para su cuerpo. Para facilitar las muchas limpiezas necesarias y los rejuvenecimientos adecuados, trabajadores de la luz han pedido que todos los patrones energéticos sean aclarados y equilibrados. Debemos tener un flujo adecuado de energía - una transferencia óptima de energía - la fuente del Creador - para crear y mantener estas partes nuevas del cuerpo. Muchos otros cambios están ocurriendo constantemente, como por ejemplo, el paso por el Cinturón de Fotones. Puertas dimensionales se abrieron en diciembre del 2007, y movieron el Sistema Solar hacia una región de la Galaxia, donde muchos creen que nos hemos posicionado astrológicamente para el Nuevo Cielo y la Nueva Tierra. Estas energías están disponibles para ayudarle a manifestar sus deseos de manera tangible. El Espíritu indica que la realización de todos los aspectos de la Nueva Tierra, será un proceso gradual, que tomará unos cien años o más para completarse. ¿Se quedará bastante tiempo como para pasar por "El Cambio" y ser testigo de toda la emoción a medida que la Nueva Tierra se va formando?

* * * * * *

5

Cambiando Su Estado de Conciencia Dimensional a Niveles Más Elevados

Los Estados de Conciencia Dimensional y la Multidimensionalidad

La naturaleza cíclica de los acontecimientos que ocurren en la Tierra está ligada al estado dimensional de la conciencia tal como la describe Ra. El espíritu llamado Ra es un "Complejo de Memoria Social", que evolucionó a través de la tercera, cuarta y los estados de la quinta dimensión de conciencia sobre el planeta Venus. Ra se encuentra actualmente en un estado de la sexta dimensión de conciencia. Él aconseja que todas las creaciones espirituales deben evolucionar a través de ocho densidades o dimensiones. Como una revisión, se exponen a continuación en parafrases descripciones de las dimensiones a través de las cuales evolucionaremos, según lo descrito por Ra.

Conciencia de Primera Dimensión

La primera dimensión se compone de los ingredientes básicos de las creaciones físicas. Consiste primordialmente de los cuatro elementos básicos de la Tierra: minerales, aire, fuego y agua. El fuego y el aire (viento), actúan sobre los minerales y el agua. Tan pronto esto toma lugar, los minerales y el agua se convierten en los bloques de construcción de las que se componen las creaciones de segunda y tercera dimensión. Todos los microbios, las plantas, los animales, y los seres humanos, tienen como elementos básicos, agua y minerales.

Conciencia de Segunda Dimensión

La segunda dimensión incluye todas las creaciones de menores frecuencias biológicas tales como los elementos, los microbios, las bacterias, algunos animales, y plantas. Estas piezas de la estructura evolutiva se han desarrollado a sus características estructurales actuales 4.6 mil millones de años después del cambio energético. Cada una de estas entidades de segunda dimensión se ha diseñado y creado para ayudar a mantener a las creaciones de mayor frecuencia de tercera dimensión.

Conciencia de Tercera Dimensión

Las principales entidades que componen la tercera dimensión son los humanoides con auto-conciencia. Los seres humanos han sido asignados como los guardianes de la tercera dimensión. Estos humanoides tienen dos características particulares: 1) Que exhiben pensamiento racional, y 2) Exhiben pensamiento intuitivo. El objetivo del cuerpo físico de tercera dimensión es el de ayudar a cada alma individual que evolucione, y que sea más compasiva en sus relaciones con todos los demás componentes de la creación. El crecimiento del alma se logra aprendiendo a maniobrar a través de diversos conceptos de dualidad, la superación del miedo, el dolor, el sufrimiento y la muerte física. En la conciencia de tercera dimensión, el catalizador es el dolor. Esencialmente su carácter ha sido moldeado por su dolor, y está buscando un proceso para superar el dolor. Todo es necesario para la plenitud de su experiencia. Una vez que nos damos cuenta de quienes somos, de pasar a ser compasivos y de convertirnos en amor, entonces podemos salir de la tercera dimensión y hacia los estados superiores de la conciencia dimensional. El tiempo típico para encarnaciones repetidas que resultan en las calificaciones para la graduación de la tercera dimensión, es de setenta y cinco mil años.

Conciencia de Cuarta Dimensión

La cuarta dimensión es el reino no físico de los arquetipos, guías, y ángeles. Cuando los seres humanos se trasladen aquí, alcanzarán la habilidad de entender la compasión y crear armonía a través del consenso del grupo. Las diferencias individuales son evidentes. Alguna polaridad todavía existe; sin embargo, el catalizador es el amor. Las experiencias de cada entidad están al alcance de todos, ya que todo el mundo puede saber lo que otros están pensando. Aquí es donde el alma siente el amor y la unidad de la vida llamada Unidad/Conciencia Crística. La luz pura de la creación y el amor pasan a través del Alma Superior y se pueden ver como esencias. Cada Superalma existe para explorar una esencia particular. Sin embargo, toda Superalma está explorando al mismo tiempo sus propias esencias. Dado que toda Superalma está unida en Unidad/Conciencia Crística, todas están conectadas. Toda Superalma tiene el potencial de interactuar con muchas esencias diferentes. Este proceso permitirá disponer de una base fértil para muchas experiencias distintas. Como resultado, usted se volverá más en lo que realmente es.

En los reinos superiores de la cuarta dimensión se puede viajar sin máquinas. Usted no necesita comida, y hasta usted puede cambiar la forma de su cuerpo con el pensamiento. El tiempo típico de una encarnación en la cuarta dimensión es de noventa mil años. Los extraterrestres Annunaki son los guardianes de la cuarta dimensión.

Conciencia de Quinta Dimensión

La conciencia de quinta dimensión está centrada en el amor y la creatividad. Las lecciones aprendidas de la compasión dentro de la cuarta dimensión, dan lugar a una realidad completamente nueva en la quinta dimensión. Aquí, la sabiduría y la intención enfocada, crean manifestaciones instantáneas. Usted puede disolver una creación y crear otra con rapidez, ya que usted puede controlar el tiempo. Usted puede crear una casa nueva a su antojo. El envejecimiento, la confusión y la enfermedad, son cosas del pasado. Los custodios son los Pleyadianos que están muy involucrados en asistir con la Ascensión de la Tierra.

Conciencia de Sexta Dimensión

Dentro de la sexta dimensión, existen expresiones del espíritu en una forma de luz y amor. Se encuentran desafíos aquí, ya que esta densidad incluye la conciencia de los campos morfogenéticos y la geometría sagrada. El terreno etéreo es muy diferente. Nunca hay razón alguna para aburrirse; hay una gran diversidad dentro de la sexta dimensión. Aquí uno se convierte en su propio maestro y puede experimentar la soledad. Los cuidadores son los Sirios.

Conciencia de Séptima Dimensión

La séptima dimensión abarca las carreteras Galácticas de luz. El alma completa su potencial como Creador y se da cuenta que ha evolucionado para convertirse en Uno con el Creador original de nuevo. Aquí, las propias capacidades se perfeccionan ya que uno trabaja con los Profesores Maestros. El alma en evolución se hace una con todo, no tiene memoria previa, no hay pasado ni futuro, tampoco existe la identidad. Se existe dentro del Todo. Uno se convierte en un agente de servicio a toda la creación donde la virtud sobrepasa a la inteligencia. Los cuidadores son los Andromedanos.

Conciencia de Octava Dimensión

Dentro de la octava dimensión, el "Cuerpo de Luz" regresa al infinito, y el alma se convierte en un viajero Universal. De acuerdo a Ra, hay un misterio aquí en la octava dimensión que no se puede expresar con palabras. Aquí se da uno cuenta de todos los acontecimientos que han pasado a lo largo de millones de experiencias que ha tenido, a medida que ha ido evolucionando a lo largo de los Universos en su camino hacia la Unidad. Usted podrá entender donde ha estado, lo que le pasa actualmente, hacia donde se dirige y su potencial de evolución espiritual.

Esta revisión de nuestro pasado, será esencial. Después de todo, hemos encarnado en muchos planetas en el Universo hace miles de vidas. El objetivo será el de examinar y reunir todos los acontecimientos que hemos tenido en todas las dimensiones de nuestros estados de conciencia. Esto abarca los estados de la conciencia dimensional que se extiende más allá de los doscientos mil años. Los encargados de esta región son de Orión.

Conciencia de Novena Dimensión

Los lazos de la novena dimensión corren al Centro Galáctico de la Vía Láctea, La Gran Nada. Muchos consideran el Centro Galáctico como "Un

Agujero Negro", donde el gran ser Tzolk'in reside. Tzolk'in es el ser espiritual que creó el calendario Maya, una guía diseñada para ayudar los ciclos evolutivos de la Tierra.

Conciencia de Décima Dimensión

La décima dimensión es utilizada por entidades espirituales tratando de encontrar su camino a lo largo de los muchos Universos dentro de la Creación. Las almas de baja frecuencia - los seres humanos, por ejemplo - no pueden moverse de la novena conciencia dimensional hacia la décima, por lo que no son lineales. Tampoco puede usted, como una creación humana. Usted está restringido a tener acceso a la décima dimensión.

Conciencia de Onceava Dimensión

La dimensión onceava es ese estado de conciencia en el que los Arcángeles funcionan a través de toda la multitud de Universos. Los seres humanos no pueden participar en la conciencia de la onceava dimensión. Esta dimensión es la fuente de las creaciones angelicales que periódicamente se han encarnado en cuerpos físicos sobre la Tierra.

Usted es una Creación Multidimensional Que Desea Cambio

Los Pleyadianos indican que usted es una creación multidimensional. Es importante que usted revise, entienda, y trabaje, dentro de los primeros ocho estados de la conciencia dimensional para el año 2012. El libro recientemente publicado, *Alchemy of Nine Dimensions* (*La alquimia de las Nueve Dimensiones*), por Barbara Hand Clow (tal como ha sido canalizado desde los Pleyadianos), puede ayudarle a entender como trabajar a través de estos estados de conciencia.

"El Cambio" en Relación con el Vivir "Ahora" y la Multidimensionalidad

Lo que está ocurriendo "Ahora" en la Tierra y dentro de la Vía Láctea pudo haber ocurrido sólo tras una serie de eventos alineados en todo el Universo para permitir "El Cambio". Este es un evento para el que muchos seres humanos han estado preparando durante muchas vidas. Muchas voces externas e internas, han estado pidiendo que usted haga ajustes en su vida para que esté preparado para los cambios intensos que se avecinan sobre la Tierra. Algunos han seguido las instrucciones, otros han seguido viviendo la vida como de costumbre. A todo el mundo sobre la Tierra se le presentarán muchas opciones diferentes. Usted puede: 1) Aferrarse a los viejos patrones actuales de energía y continuar como de costumbre; 2) Completar su misión en la Tierra y regresar a su planeta de origen; 3) Limpiar todas esas energías de dualidad y de baja frecuencia, y prepararse para la Ascensión; 4) Morir y moverse dentro de la cuarta dimensión para un descanso, o 5) Elegir otro camino dentro de los muchos que están disponibles.

Para Ascender, tendrá que purgar todas las emociones inferiores, y prepararse para pasar de la conciencia de la dualidad hacia la de Unidad/Conciencia Crística. Si usted no ha estado viviendo a través de principios espirituales, entonces el tiempo para hacer los cambios necesarios es muy corto. Dentro de tres o cuatro años, el tiempo para decidir en este período cíclico ya habrá pasado. Para los que siguen un camino espiritual y que optan por Ascender, sigan deshaciéndose de los viejos patrones, y asuman patrones nuevos de alta frecuencia que automáticamente lo ayudan durante este proceso.

El planeta Tierra ha elegido asumir estos nuevos patrones, de alta frecuencia, y está en el proceso de cambiar su nivel vibratorio hacia uno más alto para recibir las energías del núcleo intergaláctico, El Gran Sol Central, el Sol del Sistema Solar, y otras fuentes. Todo es energía, y todas las formas de energía tienen ciertos grados vibratorios o frecuencias. La Tierra y toda la materia física natural en la Tierra, están aumentando en frecuencia. Esto se llama un cambio de fase o "El Cambio". La característica de la tasa vibratoria del planeta Tierra de tercera dimensión, está dando paso a las frecuencias más altas de la Tierra en cuarta y quinta dimensión (llamada Gaia o Terra). Como resultado de este cambio de fase, los patrones de la vida, las percepciones, y las ideas que se han acostumbrado a tener hace miles de años, están transformándose radicalmente. Su alambrado interno relacionado con las emociones y su capacidad mental, ha sido relativamente disfuncional en la Tierra de tercera dimensión, por largo rato. Ahora mientras se prepara para la Ascensión, sus circuitos de energía están siendo reparados, y las fuerzas vitales comenzarán a fluir a través de sus cuerpos con más eficiencia, mejorando sus capacidades emocionales, y mentales.

Usted tiene la oportunidad de saber que cada vez que nos fijamos en algo o pensamos en algo, ese *algo* está dentro de usted. Usted existe como parte de lo que está por ahí, por fuera, pero lo que realmente ocurre toma lugar dentro de usted. Porque todas las ilusiones en su mundo externo se detectan, se analizan, y se almacenan dentro de su conciencia. A medida que su conciencia cambia, esas creaciones ilusorias desaparecen.

A medida que avanzamos hacia "El Cambio" en conciencia, las cosas se van a poner muy intensas y confusas. Para evitar que lo embrollen en estos hechos, usted tendrá que permanecer en un estado de conciencia de Unidad con todo lo que se desarrolla por dentro. Si a usted lo distraen las ilusiones exteriores, se podría sentir amenazado, creer que está separado de Todo Lo Que Es, y empezar a atemorizarse de los eventos que estén tomando lugar.

Cuando esto sucede, podría congelar sus energías en lugar de fluir, y usted no podrá responder apropiadamente. El sentirse amenazado atrae el miedo y crea parálisis. Es mucho más fácil estar en un constante estado de aceptación y/o de amor, cuando se ha eliminado cualquier tipo de bloqueo.

El mundo que a usted lo rodea está rumbo a un choque monumental hacia el oblivio y esto pasará en los próximos años. El mundo viejo que está dejando de ser, no necesita el suministro de su energía. Es decir, no es necesario que usted ayude a salvar a la Tierra. A usted se le necesita para ayudar a crear la Nueva Tierra. Por lo tanto, dirija su energía hacia la creación de la Nueva Tierra. La obra antigua en el anfiteatro de la Tierra, el drama de la cual se entera a través de la televisión y que usted ve a su alrededor, se encuentra en las escenas finales. Esa obra vieja está destinada a terminar. Una obra nueva, diferente, pronto llegará a la vista. A medida que la obra vieja termina, todos los paisajes y los accesorios del teatro, están siendo sustituidos por unos diseños completamente nuevos. Todas las emociones y el entusiasmo de la obra antigua tendrán que ser aclarados, y todo en el planeta, purificado para dar paso a lo nuevo. Todas las reglas que le enseñaron y que pudieran haberse aceptado, son nulas e inválidas para hacer el viaje hacia la Nueva Tierra. No se le ayuda al proceso de desalojar la obra antigua con resistencia por parte suya. Se le ayuda a través de su permiso para que el proceso se desarrolle mientras que el anfiteatro se está preparando para el reino de la nueva realidad, la Nueva Tierra. Cualquier resistencia que se crea, sólo hará que la confusión y el caos sean más intensos. Cada pensamiento diseñado para contener las viejas reglas, las de dualidad, que son programadas y reglamentadas, requerirá una energía correspondiente para superar esas energías de retención. Un tremendo desperdicio de energía se requiere para equilibrar la resistencia negativa.

Su tarea está en no aferrarse y dejar que Dios/Diosa cuide del proceso del cambio. Usted es el único responsable por usted, todos los demás tienen sus propias responsabilidades. Esto no significa que no pueda ayudar a otro cuando a usted se le pida ayuda. Cada uno debe asumir responsabilidad personal, y dejar a un lado su pasado para que el proceso de la transición (Ascensión), prosiga sin problemas. Usted debe mantener la calma en medio de la tormenta, mientras que nos acercamos a "El Cambio". Desconéctese con todo el ruido y la confusión. Quítese la costumbre de estar siempre sintonizado a los medios de comunicación lo antes posible. La mayor parte de los hechos reportados en los medios de comunicación son exagerados y dramatizados, una y otra vez, para mantenerlo atrapado en el drama. Crea un santuario en su interior al que pueda ir en forma consciente, para encontrar lo que realmente necesita saber y cómo obtener la soledad durante la tormenta.

Para aceptar la cantidad enorme de estos cambios llevándose a cabo, tendrá que confiar en los códigos de ADN, establecidos previamente por la

Super-Alma para ayudarle a tomar las decisiones adecuadas. El secreto está en hacer todo lo posible por permanecer en la Unidad/Conciencia Crística con todo lo que lo rodea. Un método muy útil es el de utilizar la idea de que usted es una parte de Dios/Diosa, "Yo Soy Que Yo Soy, un componente de "Todo Lo Que Es", una parte de la Unidad/Conciencia Crística. Unidad/Conciencia Crística significa que usted es una parte de todo. Es útil observar constantemente cosas a su alrededor utilizando el "Yo soy". Yo soy ese árbol, yo soy ese coche, y yo soy esa persona. Reconozca que usted es una parte de todo. Toda la creación es una dentro de usted. Toda la creación es una parte del Todo-Lo-Que-Es (Creador, Fuente Energética), expresada en diferentes formas con diferentes frecuencias. Usted es una parte del Todo-Lo-Que-Es. Reconozca que usted será Uno con Todo-Lo-Que-Es. Ese tipo de conciencia funciona dentro de las frecuencias más altas y lo ayudará en su proceso de Ascensión.

Su conciencia se ha estado moviendo hacia la Unidad/Conciencia Crística durante algún tiempo. A medida que elimine todas las formas de pensamiento de baja dimensión que ha tenido durante miles de vidas anteriores, usted abrirá nuevas vías de comprensión. Todas estas formas de pensamiento de baja frecuencia almacenadas en su cuerpo físico, mental y emocional pueden limitar su crecimiento espiritual. Al aclarecerse estos cuerpos, usted será más sensible a la percepción de todas las nuevas realidades. Además, a medida que vaya simplificando sus actividades de tercera dimensión, usted estará mejor preparado para tener sus necesidades actuales satisfechas con un importe mínimo de las necesidades Terrenales. Usted puede comenzar "Ahora" a separarse mentalmente de toda la ropa, vajilla, equipos, herramientas, y las *cosas* que llenan su casa. Libérese de estas cosas porque no tendrán ningún valor en la Nueva Tierra de quinta dimensión. Ninguna de estas cosas se puede llevar consigo a la Nueva Tierra. Practique el encontrar placer en todas las cosas naturales a su alrededor, los artículos cerca de donde usted vive. Su meta debe ser la de vivir plenamente en el "Ahora", sin ninguna preocupación por el pasado, o el futuro. Comience a creer que todo lo que necesita, quiere, o desea, estará disponible justo donde usted está "Ahora", y en cada "Ahora" futura de su nueva vida en la Nueva Tierra. Su expresión y su esencia tendrán un nuevo significado a medida que vaya practicando e implementando la Unidad/Conciencia Crística en sus actividades diarias.

El Poder del "Ahora" y el Paso A Través De los Portales Cósmicos

El proceso de la Ascensión es un proceso acumulativo que incluye dos componentes principales. Hay un cambio físico en las partículas subatómicas que componen al cuerpo, y un componente espiritual en relación con un cambio en su conciencia, y las formas de percibir la realidad. Ambos procesos acumulativos están llevándose a cabo al mismo tiempo, y están relacionados entre sí. Siempre tenga en cuenta que la conciencia tiene un efecto directo sobre las características físicas y genéticas de todos sus cuerpos energéticos. Es decir, no hay forma de separar el cuerpo físico de la conciencia, un hecho que la ciencia y los establecimientos médicos han tardado en comprender. La conciencia es la base o matriz a partir de la cual toda materia física nace. Su conciencia es una parte de la mente infinita (Todo-Lo-Que-Es) desde la cual su capacidad creativa se establece.

Una vez que haya cruzado la frontera y su conciencia se haya anclado en la conciencia de la cuarta dimensión, tendrá una conciencia expandida de todo lo que está sucediendo. Usted habrá completado a lo que vino esta vez a la Tierra para llevar a cabo. Un poco más allá de este logro, un portal se abrirá a un conjunto totalmente nuevo de posibilidades. Desde la cuarta dimensión se puede desplazar a través de otro portal (Portal Cósmico), a la quinta dimensión, donde la paz, la alegría y el amor, predominan. Dentro de la quinta dimensión, los velos habrán sido eliminados y usted estará en comunión plena y continua con la mente del Creador. Entonces, usted podrá afectar, alterar y crear realidad material desde un lugar de bendición infinita. Usted se dará cuenta que usted siempre ha sido un co-Creador con Dios/Diosa. Usted entrará en plena conciencia y se combinará con la mente de los Creadores. Estas son las experiencias futuras a las que usted se está dirigiendo y entrando "Ahora".

Conocer significa tomar conciencia de sus sentimientos acerca de lo correcto o incorrecto de una situación, basada en escuchar, y después en seguir lo que te guíen los pensamientos de tu Dios/Diosa interior. Una clave está en permanecer arraigado y centrado en donde usted se encuentre en el momento presente, más que en el pasado (en donde ha estado), o en el futuro (a dónde irá). No hay necesidad de preocuparse demasiado acerca de lo que haya sucedido en el pasado, o lo que podría suceder en el futuro. Haga sus decisiones en el "Ahora". Tranquilice al cuerpo antes de que decida proceder a tomar una decisión. Corte los lazos de memoria, e interrumpa las voces internas diciendo en voz alta: "Eso fue en aquel entonces, pero esto es "Ahora". Sienta el "Ahora". Traiga su atención al "Ahora" y diga en voz alta: "Ahora". "Ahora" mismo. Entonces, - *hum* - usted está en el momento presente. Cultive la práctica de vivir la vida en el "Ahora". Viva cada momento como el único momento que tiene disponible. Continúe estudiando *The Power of "Now"* (*El Poder del "Ahora"*), por Eckhart Tolle.

Si por alguna razón usted se encuentra perturbado, espere hasta que regrese la calma para hacer su decisión en el "Ahora". El objetivo es el de encontrar un propósito y una dirección dentro de la mejor decisión que tome.

73

Su meta es la de tomar una decisión que esté en armonía con la orientación de Dios/Diosa y que esté sincronizada con la Unidad/Conciencia Crística. Para lograr ese objetivo, crea el hábito de sentirse dentro de una situación, cuando esta se esté presentando. Manténgase presente, y entonces céntrese, y sienta lo que su sistema de detección interior le está diciendo. Una sensación de rigidez o de presión, es un No. Un sentimiento de expansión y de liberación, es un Sí. En otras palabras, use sus sentimientos para que lo ayuden a conocer y comprender cuál es su mejor opción "Ahora". Es decir, escogiendo, dentro del "Ahora" la más deseable de todas las opciones disponibles. No continúe hasta que encuentre una respuesta clara a la opción más adecuada. Nada es tan importante que no pueda esperar para una clara comprensión de lo que es la mejor opción. Una realización vendrá, y usted sabrá qué hacer en este "Ahora", ya que en realidad no hay tiempo que no sea el "Ahora". Esto es lo que será la vida en la Nueva Tierra. Acostúmbrese a vivir en el "Ahora" y de tomar sus decisiones ahí en el "Ahora". "Ahora" es el momento para empezar a practicar cómo vivir en el "Ahora", el único lugar donde usted puede crear cualquier cosa. El "Ahora" es todo lo que usted realmente tiene.

Puede que llegue una experiencia cuando se tienen que tomar decisiones rápidas en el "Ahora". Con el fin de asegurarse de que estas opciones serán las más adecuadas, es hora de empezar a practicar. Continúe asegurándose de haber eliminado todo desorden en su vida. Cualquier desorden podría reducir la velocidad con la que tome decisiones. A medida que poco a poco vaya cambiando la conciencia, usted tendrá pleno conocimiento de todo lo demás, y por lo tanto, no tendrá necesidad de libros o del Internet. Para ayudarlo en su cambio de conciencia, comience tan pronto como le sea posible a crear un hábito de calmar su mente y escuchar la voz apacible y delicada en su interior para que lo guíe. Entonces, no importa lo que esté ocurriendo alrededor suyo, usted tendrá paz y tranquilidad en su interior sabiendo que todo está en orden divino. Si puede mantenerse ajeno a la confusión, a continuación podrá sentirse y mantenerse calmado mientras esté parado observando el paisaje amplio y hermoso. Entonces, usted estará aislado de los acontecimientos y de las personas que lo rodeen. Incluso dentro de una multitud ruidosa, es posible separarse lo suficiente como para estar tranquilo y tener un sentido de seguridad.

Una técnica para aquietar la mente y las emociones es la de escuchar el silencio dentro de usted. No hay necesidad de quedar atrapado en las emociones que lo sacan de su centro tranquilo, donde reside el silencio. Si todavía está adoptando comportamientos de dualidad en tercera dimensión, el Espíritu le sugiere que deje esos patrones tan pronto le sea posible. O sea, borrar todas las experiencias de vidas pasadas que inhiben o retardan su progreso espiritual. El mundo de tercera dimensión que lo rodea a usted se está convirtiendo en algo muy precario y un tanto caótico, ya que todos los viejos patrones se están eliminando gradualmente. En cuanto todo se derrumbe a su alrededor, usted detectará la confusión y se dará cuenta de un comportamiento irracional por parte de aquellos que no pudieron prepararse para enfrentar los próximos eventos que se avecinan. Aquellos que no estén preparados, tratarán de encontrar algo de la que puedan agarrarse. Algunos puede que se desesperen y se enojen cuando aquellos en quienes confiaron no cumplen con sus expectativas. Se darán cuenta que en realidad no hay nadie que pueda resolver la complejidad de los problemas que la sociedad ha creado. Los eventos en la sociedad han ido demasiado lejos para hacer correcciones significativas. Es evidente que muchas partes de la sociedad van a lucir como si estuvieran girando fuera de control. Cuando esto ocurra, deje que la paz del Creador sea la paz suya. No se aferre y deje que el Dios/Diosa interior lo guíe. Deje que otros hagan lo mismo para ellos. Los conflictos cada vez más profundos en el estado de conciencia de la tercera dimensión, habrán llegado a su fin en el planeta Tierra en un futuro próximo. Una vez que "El Cambio" esté completo, todas las creencias falsas de dualidad, la ilusión y la confusión se disiparán.

Sugerencias Útiles para Facilitar el Proceso de la Ascensión

Facilitar el proceso de la Ascensión requiere que usted mantenga un cuerpo sano, facilitándole agua potable para la hidratación, optimizando su pH, consumiendo minerales y vitaminas suplementarias, como co-factores para todas las reacciones metabólicas y añadir electrolitos para ayudar a transportar diversas cargas eléctricas a través del cuerpo físico. También hay una necesidad de mantener adecuado yodo para el funcionamiento de la tiroides, silicio para la reestructuración de las células, y hierro para el transporte de oxígeno a la sangre. Use el péndulo con frecuencia para controlar y mantener equilibrado todos estos, y otros patrones de energía relacionados con la salud.

Si pensaba que la Ascensión iba a ser un evento único, el Espíritu indica que tendrá que ajustar su forma de pensar. La Ascensión es más como una serie de eventos que fluyen juntos en secuencia para crear un proceso. De esa forma, la Ascensión es un proceso que nunca termina. La Ascensión no puede ser sólo un evento individual ya que la evolución espiritual es un proceso continuo. El viaje espiritual continúa para siempre. El viaje de experiencias no se termina nunca, sino que continuará después de que cada velo caiga. Por lo tanto, será muy útil que se de cuenta de que no hay un fin esperándole a usted. Usted seguirá eternamente porque es una parte del Creador que va eternamente. La Ascensión es una larga serie de muchos, muchos eventos, a través de millones, y de miles de millones de años. Se le puede llamar un proceso espiritual evolutivo.

Los que se han estado preparando para la graduación, han estado limpiando miles de energías negativas acumuladas periódicamente durante miles de vidas anteriores. Aquellos en el camino de la Ascensión han tenido que represesar muchos de sus patrones de fluir energético, mediante la eliminación de bloqueos de energía, optimizando el flujo de más de cuarenta y cuatro energías diferentes agrupadas en el "*Complejo de Energía Disponible*". Este complejo tiene un código de poder de (10-3-5-5-4-8-4-2-1-9-6-7). La repetición de este código de poder en una secuencia nueve veces en voz alta puede aumentar su energía disponible. Al optimizar su complejo de energía disponible, su bienestar y equilibrio pueden ser restaurados. Sin embargo, estas limpiezas y estos ajustes de energía son tan sólo el comienzo de un largo proceso que acaba de comenzar. Muchos, muchos desafíos ilusorios aún quedan para equilibrarse. Los seres humanos que planean Ascender tendrán que seguir limpiando miles de energías negativas que han bloqueado sus patrones de flujo energético atrasando su evolución espiritual.

Como nuevas energías de alta frecuencia se hicieron más disponibles (muchas comenzaron a llegar en 1982), la humanidad comenzó un programa extenso para integrar estas nuevas energías en sus cuerpos, sistemas corporales, y partes de sus cuerpos. A medida que el proceso de la Ascensión continúa, otras nuevas energías de alta frecuencia llegarán de afuera del planeta para ayudar. El código de poder indicado arriba se está integrando con estas nuevas energías necesarias para que el código de potencia superior que contenía cuarenta y cuatro diferentes energías, ahora tiene más de sesenta y cuatro diferentes energías. Entre 1994 y el 2004, los que se encuentran sobre el camino de la Ascensión, continúan desactivando los bloqueos y ajustando cientos de patrones del flujo energético (hologramas, líneas axiatonales, el tubo de prana, chakras internas y externas, los meridianos, las varias clases de redes, la estrella central, cuerdas de deslizamiento, filamentos cerebrales, etc.), todas ellas diseñadas para ayudar a optimizar el flujo de energía a través de todos los cuerpos. Estos cambios han ayudado a cambiar nuestras energías corporales hacia reinos de una nueva realidad. En el 2005 y el 2006, muchos afinaron sus sistemas eléctricos, equilibraron sus polaridades, filtraron su sangre y el sistema linfático, optimizaron su hidratación, y mantuvieron un pH óptimo. De nuevo en el 2006, el Espíritu hizo hincapié en la importancia de obtener los nutrientes adecuados, minerales, vitaminas y electrolitos. El año del 2007 (el 9 representando conclusión) fue un año de cambios monumentales, afinando y completando los experimentos previamente diseñados. Como resultado de estos esfuerzos, en noviembre del 2007, hubo casos de personas cambiando su conciencia a frecuencias más altas. Todas estas actividades ocurrieron en preparación para una serie de nuevos experimentos y ajustes útiles en el 2008.

El año 2008, numéricamente un año uno, ha sido y será un nuevo comienzo para muchos. Este será un período cuando muchos se prepararán para la segunda ola de la Ascensión, tal como fué fundamentada. También durante el año 2008 tendremos una oportunidad dorada, una que hemos estado esperando tener por miles de años. Podemos "Ahora" transformar nuestros cuerpos creando unos nuevos. Una secuencia totalmente nueva de Remodelación, Repatronamiento, Rejuvenecimiento, y de Reestructuración, ha comenzado como un medio a través del cual se modificarán nuestros cuerpos. Por ejemplo, recientemente hemos descubierto que nuestros revestimientos corporales han sido dañados de forma severa. Como resultado, muchos tuvieron dificultad permaneciendo unidos a sus cuerpos físicos. Entonces descubrimos que estos individuos tenían atado a ellos "Seres de Acongojamiento", drenando sus energías. Las formas de pensamiento de estos "Seres" se crean durante y después de eventos traumáticos en la historia pasada de una persona. Desde entonces, han sido disipadas y/o transmutadas en forma de energías beneficiosas. Muchas otras transformaciones están ocurriendo, algunas ahora llevándose a cabo en forma de piloto automático, ya que tenemos una incapacidad de entender lo que son y cómo tratar con ellas. Muchas de ellas están más allá de la imaginación humana. Lo que sí sabemos es que todas ellas han sido diseñadas para ayudar a cambiar nuestro reino de realidad futuro. Además, ayudarán a la humanidad a adaptarse a las nuevas características del medio ambiente de la Nueva Tierra.

Por ejemplo, cuando recibimos una solicitud para la reparación de una parte del cuerpo, ahora tenemos la opción de solicitar la creación de una parte nueva para el cuerpo. El Espíritu nos ha proporcionado la capacidad visual de crear con la intencion una imagen ideal holográfica (molde etérico de una parte del cuerpo), y entonces sobreponer esa representación óptica sobre la parte que necesita reparación. Este procedimiento se describe en detalle más adelante.

Para poder llevar a cabo todos estos experimentos y muchos otros que se han propuesto, el Espíritu ha solicitado que usted mantenga una mente abierta, crea que todo es posible, y esté dispuesto a aceptar todos los cambios que se presenten. Usted necesitará estar abierto para escuchar sobre todos los eventos que siempre estarán cambiando alrededor suyo, sin que estos le lleguen a crear problemas mentales o emocionales. Después usted podrá darse cuenta que los próximos cambios son para el bien de todos. Usted puede integrar también las nuevas energías transformadoras que llegan sobre la Tierra, enfocando su atención hacia la creación de una visión de lo que quiere ser y lo que desea lograr en el 2008, 2009, el 2010 y más allá. Crea una visión, imagínese lo que le gustaría. Utilice formas de pensamiento positivo para crear visiones que tengan un propósito benéfico en el futuro. Evite todos los pensamientos negativos. Los pensamientos son la base sobre la que las manifestaciones se materializan.

Una herramienta de transformación muy importante se discute en detalle en el libro, *The Amazing Power of Deliberate Intent: Living the Art of Allowing* (*El fascinante Poder de la Intención Deliberada: Vivir el Arte de Permitir*), por Ester y Jerry Hicks. Este libro está basado en las enseñanzas de Abraham, a través de la voz de Ester. El uso de la intención enfocada puede ayudar a acelerar las transformaciones dentro de su vida y dentro de la vida de las personas que lo rodean. El Dr. Wayne Dyer, en su libro, *The Power of Intention* (*El Poder de la Intención*), comparte una comprensión profunda de cómo cada persona posee el infinito potencial y el poder de co-crear cualquier cosa a través de la intención. El poder de la intención le ofrece un procedimiento mediante el cual, usted puede enfocar su atención a través de una acción deliberada, para que conscientemente pueda recibir y/o llevar a cabo exactamente lo que quiera lograr. El Espíritu hace hincapié sobre la necesidad de estar constantemente consciente de sus pensamientos. Mientras vaya cambiando hacia estados superiores de conciencia dimensional, lo que usted piensa se manifestará con mucha más rapidez en el 2009 y más allá.

La intención enfocada puede comenzar con su libre albedrío para tomar una decisión. Una opción muy importante es la de vivir en armonía dentro de sí mismo y después, en armonía con otros seres humanos y todos los componentes de la naturaleza. Concentrándose continuamente en formas de pensamiento positivos (amor, paz, alegría, paciencia y armonía), éstas se van convirtiendo en su realidad. Apodérese de la oportunidad de atraer la salud, la libertad y la prosperidad dentro de sus actividades diarias. Siempre enfóquese en lo que usted *si* desea. Hacia donde enfoque sus pensamientos y su intención, será esto lo que obtendrá. Remueva todo pensamiento acerca de lo que no se quiere. Su mente subconsciente no puede distinguir entre lo que se desea y no se desea. El subconsciente crea todas sus intenciones enfocadas con igual eficiencia. Piense, visualice y verbalice, sólo aquellos pensamientos que le gustaría crear. Utilice la intención enfocada para que cada forma de pensamiento se convierta en su realidad. Estos procesos son de los que trata la escuela Creadora. Aprenda a re-crear sus viejas realidades y a crear un reino de realidades nuevas mientras va trazando su propio futuro.

Varios conceptos importantes acerca de lo que ha de pedir surgen a diario. El concepto de "pedir y recibir", requiere del saber qué pedir.

Estos conceptos y el conocer la pregunta de por sí, pueden ayudarlo a mantener su energía y bienestar. Usted tendrá que monitorear estos elementos con el uso de un péndulo de precisión para asegurarse que cada uno sea el más adecuado para cada experiencia "Ahora". Por ejemplo, cada persona debe tener una capa sobrepuesta en forma de patrón de energía alrededor de todos sus cuerpos energéticos. La superposición energética y la de su aura deben extenderse hacia fuera de sus cuerpos a cierta distancia. La distancia óptima para las mujeres es de treinta a cincuenta pies; para los hombres, de cuarenta a sesenta pies. Si está demasiado cerca o está demasiado afuera, su energía se desequilibra y necesita ajustarse. El uso del péndulo lo ayudará para asegurarse que la superposición energética está en el lugar correcto. Cuando se coloca correctamente, la energía fuera del cuerpo fluye más eficiente a través de la superposición de los meridianos y de las chakras. Al hacer esta petición, también es importante equilibrar el sistema de chakras externas e internas. Esta solicitud debe incluir todas las 14.600 chakras que conforman el total de los patrones de flujo energético del cuerpo físico.

Para la buena salud, su cuerpo necesita de un sueño profundo (frecuencia de ondas cerebrales delta de menos de dos ciclos por segundo), durante un mínimo de cien minutos por cada noche. Menos tiempo indica que usted está dejando de rejuvenecer su cuerpo a un nivel energético óptimo y funcional, durante la noche. Esos sentimientos de cansancio y de dolor pueden indicar que no está obteniendo la cantidad adecuada de sueño de ondas delta. El tiempo dedicado para dormir por sí solo puede que no suministre la cantidad adecuada de tiempo delta. Pídales ayuda a sus Asistentes Espirituales para asegurarse que reciba el tipo adecuado de sueño que requiere su cuerpo físico para rejuvenecerse. Contínua pérdida de tiempo delta puede causar una serie de desequilibrios físicos, mentales y emocionales.

Además, para la protección de fuerzas externas, su Web (telaraña) búdico localizado entre su cuerpo etérico y astral, necesita mantenerse de manera eficiente. Las características magnéticas del Web búdico proveen la protección contra entidades maléficas (destructivas), que tratan de desbaratar sus fuerzas vitales. Este Web búdico, desconocido por la mayoría de la gente en la Tierra, es el campo de energía de mayor protección disponible. Consulte el libro, Spirit and Matter: New Horizons for Medicine (Espíritu y Materia: Nuevos Horizontes para la Medicina), por el Dr. Jose Lacerda de Azevedo, MD., en Brasil para muchos aspectos importantes que pueden ayudar a crear un sistema energético equilibrado.

Asegúrese que todos sus veinticuatro cuerpos inferiores de energía estén encendidos y funcionando a la frecuencia más alta, o más apropiada posible. Su segundo cuerpo de energía espiritual, cuando se enciende, puede ser solicitado para ayudar a equilibrar todos los demás cuerpos. Pregúntele con frecuencia a su Propio Consejo Espiritual Alto y/o a su Dios/Diosa interior, que le aumente la frecuencia de cada cuerpo a su nivel más adecuado, para que todos estén equilibrados entre sí. Cuando todos los cuerpos energéticos se equilibran, el proceso de cambio hacia los estados superiores de conciencia dimensional será mucho más eficiente y estable. Para que Ascienda su cuerpo físico a la Nueva Tierra, todos sus cuerpos energéticos tendrán que estar equilibrados y armonizados el uno con el otro.

El sistema energético humano es una creación multidimensional que simultaneamente vibra entre muchas frecuencias diferentes. Como parte del proceso de la Ascensión, usted está en un viaje mágico y misterioso que nunca antes ha ocurrido en el planeta Tierra. Todos los eventos de este viaje están siendo guiados desde los niveles espirituales superiores; usted no tiene que tratar de entender. En realidad, la telaraña (el Web) de eventos es tan compleja que está más allá de nuestra comprensión humana actual, así que ni siquiera lo intenten. Muchos están en piloto automático, orquestado por un gran número de Asistentes Espirituales. Sólo reclínese, relájese, haga la Respiración Pránica, húndase dentro de su experiencia de múltiples realidades y disfrute de la visita a toda una Nueva Tierra.

* * * * * *

6

Tomando la Decisión de Ascender con Su Cuerpo Físico

Preparándose Mental y Emocionalmente Para los Ultimos Tiempos

La mayoría de los habitantes de la Tierra creen que están "Ahora" viviendo en los Últimos Tiempos. Muchos se preguntan lo que esto realmente significa. La acumulación de evidencia indica que la humanidad se está acercando al nuevo milenio, o la Edad Dorada. Como resultado, los seres humanos tendrán la oportunidad de liberarse de los patrones destructivos y desafiantes de dualidad, que son tan predominantes sobre la Tierra.

Incluso aquellos que ocupan puestos de control y de poder, aparentemente creen que el fín de los tiempos representa una grave amenaza para la vida en la superficie de la Tierra. Durante los últimos cincuenta años, el proyecto de construcción más grande conocido en la historia de la raza humana se está llevando a cabo. Un gran número de bases subterráneas y de ciudades se han construido a un costo de miles y miles de millones de dólares. Por razones obvias, estos proyectos se han mantenido en secreto. Si los informes recientemente reportados de su construccion son verdaderos de su construcción son verdaderos, ¿por qué se están construyendo? Estas actividades parecen indicar que hay una amenaza real para la vida en la superficie de la Tierra, de lo contrario, ¿por qué todo este esfuerzo económico y esfuerzo para construir instalaciones dentro de la Tierra? Para aquellos interesados en obtener más información, haga su propia investigación sobre este tema. Usted puede viajar a través del tiempo hacia el pasado y el futuro, para estudiar el proyecto MJ-12, y muchos otros proyectos relacionados.

En estos últimos Tiempos se avecinan, muchos creen que los cambios planetarios tales como terremotos y las erupciones volcánicas se volverán más severos y más frecuentes. Mientras estos cambios vayan ocurriendo, muchos tendrán que tomar nuevas decisiones rápidamente. Cada persona tiene libre albedrío para aceptar o rechazar los cambios que vienen. Muchos estarán tan atrincherados en las viejas ilusiones y las falsas creencias que optarán por rechazar las oportunidades de tomar nuevas decisiones. Algunos incluso niegan la posibilidad de que estos problemas puedan ocurrir, a pesar de que se reportan en detalle a través de los medios de comunicación.

Hemos tenido muchos ejemplos de este tipo de comportamiento en el pasado. Debido a las creencias anteriores, los seres humanos puede que sean incapaces de sentir o aceptar lo que han leído, oído, o visto. Como resultado, simplemente van a ignorar los acontecimientos actuales y continuar con su

81

rutina diaria como si nada de importancia estuviera ocurriendo. Algunos seguirán funcionando en piloto automático, olvidándose de los asuntos espirituales. Otros necesitarán hacerse la pregunta, "¿Soy yo, o debiera ser más sensible a los acontecimientos actuales? ¿Si yo fuera a tomar conciencia de los acontecimientos a mi alrededor, qué diferencia haría?"

Un ejemplo de esta incapacidad de aceptar las cosas, está representado por la historia de un evento que tuvo lugar frente a las costas de una isla en el Pacífico del Sur. Varios barcos europeos llegaron cerca a la isla y dejaron caer su ancla. La tribu de aborígenes que vivían en la isla ignoró totalmente la presencia de los barcos. Nunca habían visto antes algo como esos buques. No tenían experiencia previa ante la cual poder distinguir lo que estaba allí, así que los barcos eran invisibles para ellos.

Quizás usted puede recordar una experiencia en la que usted no pudo usar su mente lógica para ver lo que estaba ocurriendo. Esto sucede porque lo que está ocurriendo *allá afuera*, sólo puede ser real cuando lo siente en su interior. Sin una experiencia como punto de referencia de lo que parece existir afuera, la visión no la puede procesar mentalmente. En realidad, *no hay* nada allá afuera. Todo ocurre en el interior, ya que es ahí donde reside el sistema de detección.

Una situación similar se va a realizar en la Tierra. ¿Está estudiando y preparándose para entender los acontecimientos que se avecinan en la primera Tierra y en la Nueva Tierra? ¿Estará usted dispuesto a interpretar, ver, conocer el interior y aceptar lo que esté al frente de sus ojos? Para estar listos se requerirá soltar el karma, las falsas creencias, los programas discordantes, seres afligidos, ilusiones, espíritus que se atajan, y muchas otras energías que bloquean. El Espíritu indica que tenemos que borrar todas las experiencias negativas de miles de vidas, incluso aquellas que la Madre Tierra ha absorbido. La Madre Tierra ya no está interesada en el almacenamiento de sus experiencias adversas; porque ella también está pasando por una limpieza. Solicíteles a sus Asistentes Espirituales que lo ayuden a eliminar todas las experiencias indeseables, y las recicle a través de un agujero negro para que puedan ser ahí reestructuradas. Póngase alerta y tenga cuidado ya que estas experiencias pueden volver a la superficie. Asegúrese que hayan sido transmutadas o no-creadas y que fluyan hacia fuera lejos de todos sus sistemas energéticos. Déjenlas ir tan pronto como le sea posible, porque lo que pensamos y lo que decimos, se crea y/o se amplía.

Durante el proceso de limpieza y/o el proceso de eliminación, se podrá dar cuenta de como en realidad, no hay tiempo, usted puede estar reviviendo experiencias pasadas. Debido a la intensa carga de esos recuerdos, hay una posibilidad muy alta de que en la actualidad ellos se puedan manifestar en uno de sus cuerpos. Por lo tanto, debe trabajar con sus Asistentes Espirituales para transmutar, deshacer, cambiar de fase, y/o desactivar todas las experiencias adversas de inmediato, antes de que entre en la conciencia o comience a manifestarse en alguna parte de su cuerpo. Su meta debe ser la de limpiar todos los desafíos ya completados y restaurar sus cuerpos a su estado originalmente diseñado, que es el de la perfección. También tenga en cuenta que muchas experiencias de vidas pasadas causaron daños al cuerpo cuando ocurrieron originalmente. Algunos de estos daños todavía pueden persistir y necesitan ser reparados. Así que continúe exhortando a sus ayudantes espirituales y los varios Creadores para reparar o reemplazar los sistemas del cuerpo, sus partes y sus órganos. Por ejemplo, cuando Mycoplasma invade una célula del cuerpo físico, ésta altera el ARN y el ADN, creando codificaciones artificiales. Solicítele a su Técnico Espiritual de Codificaciones, para que elimine estas codificaciones artificiales y repare todas las codificaciones naturales. Para entender esto mejor estudie cuidadosamente el libro, *Change Your Encodements, Your DNA, Your Life* (*Cambie Sus Codificaciones, Su ADN, Su Vida*), por Cathy Chapman, 2005.

También está la cuestión del tiempo lineal en términos de las ondas de la Ascensión. La primera ola se ha iniciado; la segunda oleada se producirá en diciembre del 2008. Esto significa que la compensación y la reparación de daños para los del primer y segundo ciclo de la Ascensión, se producirán aún estándo en sus cuerpos físicos. En la tercera ola de la Ascensión, a las almas puede que se les requiera ser colocadas dentro de cámaras de sanación, a bordo de los vehículos extraterrestres para completar sus limpiezas y sus armonías. La tercera ola debe estar preparada con la ayuda de los Extraterrestres, para su traslado a la Nueva Tierra. Esta opción está disponible debido al elemento de la hora de reloj. Hay un tiempo limitado para completar todas las limpiezas y todas las armonizaciones necesarias antes de que la tercera ola Ascienda.

Si se encuentra en la tercera ola de la Ascensión, usted debe realizar todo esfuerzo posible para mantener todos sus cuerpos en un estado saludable. Esto es especialmente cierto cuando se refiere al cuerpo físico, mental, y emocional. Para que se le transporte a bordo de estos vehículose extraterrestres, usted será conducido a una nave espacial que está en espera. Una vez a bordo, se le colocará en una cámara especial para ayudarlo a elevar su conciencia a un punto en el que se le pueda transferir a una estación Midway (o a mitad de camino), para cualquier ajuste adicional mientras que espera ser transferido a la Nueva Tierra. Tenga en cuenta que los individuos dentro de las dos primeras olas deben haber completado su preparación *antes* de que la evacuación se lleve a cabo. Los generales de campo, esos seres humanos que se han ofrecido para ayudar en el proceso de la Ascensión, también tendrán que estar preparados antes de la evacuación o antes de su partida a su planeta de origen. La mayoría de estos generales de campo, estarán presentes como ayudantes por un breve período. Muchos de ellos no van a ir a la estación de Midway o a la Nueva Tierra. Ellos tienen muchas otras opciones, responsabilidades y destinos.

Muchos de los cambios que se avecinan en la conciencia, serán tan nuevos, que muchos seres humanos tenderán a rechazarlos basado en que lo que el sentido les indica, es ilógico e imposible científicamente. La aceptación será más difícil en algunos grupos y en ciertas razas debido a sus sistemas de creencias. Las personas con una formación occidental del Cáucaso y una fuerte conección con la mentalidad de la Atlántida, puede que la disputen. Los seres de la Atlántida desarrollaron una filosofía de que cada uno era una entidad de ego separada. Esta filosofía, que contiene diversos aspectos de la dualidad, se basaba en la creencia de una lucha entre el bien contra el mal. Muchas personas con esta creencia han adquirido una filosofía de Servicio a Sí Mismo (SAS). Estos individuos han descubierto su verdad y estarán contentos de que usted les crea. A estos seres se les ha denominado uno de tipo guerrero. Un candidato presidencial en el 2008 es un buen ejemplo de uno de tipo guerrero. Muchos de estos guerreros tienen una tendencia a convertirse en seres religiosos y críticos, pasando juicio. Su creencia fue y sigue siendo con frecuencia: aquellos otros allá afuera son los malvados y nosotros somos los justos. Esa filosofía y doctrina ha sido basada en la suposición de que - Yo tengo las respuestas. Si usted no cree lo que yo creo, usted es malvado y necesita ser salvado. Si usted rechaza mi forma de salvación, eso justificará su muerte.

Esta doctrina ha sido promovida continuamente en la Tierra por parte de grupos religiosos controlados por infiltradores de las fuerzas oscuras, muchos de las cuales son Intrusos, por más de doce mil años. Estas formas de pensamiento han creado temor y han causado la mayoría de las guerras en la Tierra. Estas falsas doctrinas han creado también una separación de los seres humanos del Dios/Diosa interior. Muchos miembros de grupos religiosos fundamentalistas (en todo el mundo), creen en un Dios/Diosa *externo* en contraste con el Dios/Diosa dentro de sí mismos. Muchos fundamentalistas conservadores están teniendo dificultades para aceptar los retos necesarios para la preparación de la Ascensión. Debido a su mentalidad conservadora no son capaces de aceptar los numerosos cambios. A menos que se desactiven todas sus falsas creencias, ellos puede que no satisfagan los requisitos para pasar a través de los Portales Cósmicos a dimensiones superiores.

Los guardianes de los Portales Cósmicos revisarán los expedientes de todos, junto con sus patrones de comportamiento cuando se acerquen a los Portales, y decidirán si están calificados para pasar a través de ellos. Si sus registros están incompletos, no estarán en condiciones para pasar sanos y salvos a través de "El Cambio", y tomar su cuerpo físico consigo. Ellos han elegido una vía alterna para abandonar la Tierra antes de, o durante "El

Cambio". Después de "El Cambio", todo va a quedar atrás en la Tierra vieja, el planeta de tercera dimensión. La Tierra de tercera dimensión estará lista para su limpieza y rejuvenecimiento. Todo el mundo en la superficie de la Tierra habrá desaparecido del planeta actual, ya sea a través de una ruta (línea temporal), o de otra vía.

Si usted pudiera comparar notas, descubriría que distintas personas experimentarán cosas diferentes. Poco a poco usted podrá visualizar su camino y/o destino con más claridad en cuanto se va arrimando "El Cambio". Del mismo modo, otros serán capaces de visualizar un destino similar o diferente. Todos serán acomodados de acuerdo a una continuidad que se correlaciona con la realidad percibida de cada uno. Todo individuo, a través de su propio pensamiento, ayudará a crear su realidad percibida. Usted tendrá que concentrarse en su camino, no el camino de otra persona. Si usted ha elegido la línea temporal que lo conduce a la Nueva Tierra, entonces siga ese camino. Si usted ha elegido seguir el camino de los engañadores, entonces ese es su camino. Si usted ha elegido no hacer nada en la selección de un camino, se puede morir físicamente, al igual que en sus vidas pasadas, y la transición de su espíritu será llevada a los niveles más bajos del estado de conciencia en la cuarta dimensión. Una vez allí, puede tomar una decisión sobre qué camino elegir. Una vez más, sus creencias y pensamientos acerca de lo que elija contribuirán a lograr que esa selección se manifieste.

Aquellos que han hecho de la ciencia un Dios/Diosa, puede que también tengan dificultades para graduarse. Sus sistemas de creencias están basados en su realidad percibida a través de los cinco sentidos físicos. Muchos científicos tienen una realidad basada en el mundo que físicamente perciben, lo invisible es esencialmente una ilusión desconocida. Algunas personas que han hecho de la ciencia su Dios/Diosa, creen que todo lo que no pueden detectar físicamente o conscientemente con los sentidos, no existe.

Los seres humanos tienen muchos sistemas diferentes de detección. Uno de ellos es el sistema interno de detección utilizado en los sueños. Todas las experiencias registradas en los sueños por el sistema de detección interior, funcionan primordialmente dentro del subconsciente y la realidad super-consciente de la mente, y en correlación con el de los cinco sentidos externos. Otras experiencias, como la de viajar a través del tiempo, la bilocación, el cambiar de forma, las experiencias fuera del cuerpo, visión remota, y el hablar con Dios/Diosa o con espíritus, son tan reales como los registrados por los cinco sentidos físicos.

Todos los espíritus humanos y sus almas asociadas han sido creados a imagen de Dios/Diosa, por lo tanto, son todos iguales. Son uno en espíritu, así que Dios/Diosa mora dentro de todos los componentes de la Creación. Dado que somos "Uno" en Espíritu, no hay lugar para la separación y un ego dominante, egoísta. Para calificar para la Ascensión, cada ser humano debecontrolar el ego con el fín de evolucionar hacia la Unidad/Conciencia Crística.

Las Decisiones que se Tomen "Ahora" Determinarán Su Futuro

Durante el año del 2008 y más allá, usted continuamente tendrá la oportunidad de tomar decisiones que crean y trazan su destino durante miles de años en el futuro. Es el destino de la Tierra para volver a la conciencia de quinta dimensión llamada la Nueva Tierra. Comparativamente hablando, cuando la paridad y la belleza viven en un lugar donde todos comparten por igual los suministros abundantes que la Nueva Tierra proporciona. Dense cuenta que el año 2012 se acerca rápidamente y parece ser una posible apertura cuando *"El cambio" se produce y las Ascensiones masivas toman lugar. Los seres humanos que han despertado de su sueño profundo y que han hecho los preparativos adecuados, pueden Ascender en cualquier momento"*. Nadie tiene que esperar para formar parte de la Ascensión masiva al final de la era. Se puede Ascender en cualquier momento que se esté listo .

Cada uno puede elegir. Usted tiene la opción de Ascender en cualquier momento que esté listo.

La evolución total de la Tierra se producirá durante el período ilusorio de dos mil años desde el 2012 hasta el 4012. La Tierra está preparando su "Cuerpo de Luz", porque debería estarse llevando a cabo antes del 2012. Así que, la Tierra hará su Ascensión hacia la luz muy pronto. La Madre Tierra le da la bienvenida a cualquier persona a unirse con ella. Para unirse a la Nueva Tierra, se le requerirá que complete los doce pasos de activación para el "Cuerpo de Luz", descritos en la Sección IV.

A través de pensamientos positivos con la intención enfocada, usted puede optar por aumentar su conciencia y preparar sus Cuerpos de Luz para "El Cambio" y la Graduación. Usted está destinado a residir en una parte de la Tierra multidimensional, llamada del cuarto estado hasta el quinto estado dimensional de conciencia. Después de "El Cambio" usted aprenderá cómo utilizar la energía del fotón del Cinturón Fotónico y el prana para mantener su cuerpo.

A medida que se vaya enfocando en algunas opciones descritas en este libro, elija aquellas que sienta que son apropiadas para usted. Luego tome la decisión de implementarlas para ayudarlo a alcanzar sus metas. A continuación, usted puede disfrutar de cada experiencia que se avecina en el 2009 y más allá. A través de estas experiencias emocionantes, usted puede cosechar las recompensas de la salud, la felicidad, y lo que lo hará sentir tranquilo.

Un entendimiento completo de estos eventos y cambios que se aproximan, para aquellos interesados en Ascender, estará más allá de la comprensión mental del ser humano. Sin embargo, al mirar a nuestro alrededor nos damos cuenta que el mundo de tercera dimensión está en el proceso de morir. Sin importar que lo entendamos o no, "El Cambio" se producirá en un futuro próximo, o sea cuando Dios/Diosa, la Conciencia Universal, y los seres humanos, se hayan preparado lo suficiente para estos cambios dramáticos. Con el fin de ayudarlo a prepararse, hay muchos libros de la Ascensión y varias canalizaciones publicadas en el internet. Le sugiero que busque orientación desde su interior, siga su intuición, utilice el discernimiento, y busque sugerencias útiles.

Cada vez en el pasado, cuando la Madre Tierra cumplió un ciclo hacia un nuevo nivel de conciencia, el Creador, en Su infinito amor y sabiduría, permitió que la mayoría de los seres humanos experimentaran la muerte física y volvieran al reino espiritual de la cuarta dimensión. El espíritu y el alma fueron separados del cuerpo físico, el cual permaneció en la Tierra. Durante cambios anteriores, las edades de hielo, las guerras atómicas, y los cambios de la Tierra, la mayoría de los seres humanos simplemente murieron. Sus espíritus abandonaron sus cuerpos físicos y regresaron a uno de los matices de la cuarta dimensión.

Esta vez el Creador ha hecho posible un cambio dramático en el proceso ante el cual se hace la transición. Muchos de estos cambios han sido aprobados y se están aplicando. Como se dijo anteriormente, aquellos que están preparados pueden pasar por "El Cambio" y llevar sus cuerpos físicos a la Nueva Tierra.

Para crear esta posibilidad, usted tendrá que solicitarle a sus Asistentes Espirituales que transmuten su cuerpo físico (vehículo) a una energía etérica. Estos nuevos componentes físicos alterados, en su forma etérea, se vuelven muy ligados al espíritu y al alma y crean un "Cuerpo de Luz". Usted seguirá teniendo un cuerpo físico, sin embargo, será más grande y considerablemente menos denso.

Vamos a repasar brevemente algunas partes del proceso de la Ascensión para que pueda hacer las preguntas adecuadas a sus Asistentes Espirituales. La forma física, tal como se conoce, se compone de aire, agua y minerales de la Tierra. Como se ha mencionado, cuando un individuo no-Ascendido físicamente muere en la Tierra, el espíritu asciende sin absorber las sustancias del cuerpo Terrenal. El cuerpo físico se mantiene en la Tierra tras la muerte. Los seres humanos "Ahora" tienen la opción de solicitar que los elementos de la Tierra (aire, agua, y minerales), que forman su cuerpo físico, se purifiquen espiritualmente. Una vez que hayan sido completamente purificados e impregnados por el espíritu, se convierten en sustancias etéricas que carecen de lo físico. Por lo tanto, para subir y tomar su cuerpo físico con usted, primero debe purificar todos los componentes del cuerpo físico para que puedan convertirse en sustancias etéricas. Cuando estos elementos Terrenales se transforman en energía etérica, se ligan aferradamente a su cuerpo espiritual. Ya listos, su espíritu y su alma, simplemente lo transportarán - espíritu y cuerpo físico como un solo componente energético - a su destino elegido. La Ascensión del cuerpo físico sólo puede producirse después de que usted se haya preparado. Es decir, usted ha tomado una decisión y está dispuesto a llevar su cuerpo físico consigo. Nadie Ascenderá con su cuerpo físico sin haber tomado la decisión de hacerlo.

La cantidad de experiencias conscientes que se llevarán a cabo durante este evento de la Ascensión son tan dramáticamente maravillosas que hay pocas palabras para poderlas describir. Luego, una vez que llegue dentro del estado superior de conciencia dimensional en la Nueva Tierra, puede que usted diga: "¡Wow, qué lugar!". Algunas de las características de la Nueva Tierra son bien conocidas y se discutirán más adelante. Otras características están siendo diseñadas por las entidades espirituales, y muchas serán creadas por espíritus Ascendientes como usted.

El reto que todos los humanos tenemos es que la experiencia de la Ascensión física será algo muy nuevo. Nosotros los seres humanos que vivimos en la Tierra, nunca hemos estado vivos (encarnados), para llevar nuestros cuerpos físicos con nosotros hacia el otro lado, durante un cambio de conciencia.

Para ayudarlo a obtener cierta perspectiva acerca de cuantos seres humanos están conscientes de los cambios que se avecinan, el espíritu nos ha proveído lo siguiente: un poco más de la tercera parte de los seres humanos en la Tierra (2.5 mil millones de los 7 mil millones, o sea el 35 por ciento), en realidad, están pensando en prepararse para cruzar por "El Cambio" y físicamente Ascender. Hay muchas vías posibles para aquellos que no elijan Ascender. Algunas son obvias, mientras que otras todavía están en la etapa de planificación; todas dependen del estado espiritual del individuo. Una cosa es segura, después de partir de la Tierra en tercera dimensión, cada espíritu en la Tierra es eterno y seguirá su camino evolutivo en algún lado - en este planeta de la quinta dimensión, o en otro planeta en otro Universo -.

Aún la Jerarquía Espiritual, Dios/Diosa, y otras entidades Espirituales, no saben qué va a ocurrir durante "El Cambio". Los Creadores han dejado claro que muchos eventos tomando lugar durante "El Cambio" dependen de la humanidad; cada persona tendrá una influencia sobre lo que sucede. La humanidad está en el proceso de crear los próximos sucesos. Todo lo que podemos hacer "Ahora", consiste en continuar haciendo las preparaciones para cambiar su conciencia dimensional al nivel más adecuado, activar su "Cuerpo de Luz", y actualizar su Cuerpo de Amor con la ayuda de su Dios/Diosa interior y los Ayudantes Espirituales; lo espiritual está dispuesto a ayudarlo. Basado en el péndulo, este libro tiene un 95 por ciento de precisión. No es perfecto, pero contiene muchas sugerencias útiles. Hay otros libros y sitios en el internet que ofrecen sugerencias y que pueden ofrecer una idea acerca de algunos de los próximos eventos con el mismo nivel de precisión.

La humanidad está creando los próximos sucesos.
Todo lo que podemos hacer "Ahora" es seguir preparándonos para cambiar nuestra conciencia.

Muchas almas actualmente sobre la Tierra sabían que durante su encarnación actual, la Tierra de tercera dimensión iba a llegar al final de un período de 12.500 años y que estaría al borde de ser destruida. El constante abuso, la destrucción de la Madre Tierra se ha tornado en algo muy evidente. Durante este período histórico, muchos seres humanos han encarnado esta vez en la Tierra a la espera de "El Cambio" y la posible graduación. Nuestro ser superior se dió cuenta que tendríamos una oportunidad para cruzar a través de grandes cambios, y de tomar ventaja de las características todavía inciertas y multidimensionales de la Nueva Tierra. Pero incluso antes de encarnar, nos dimos cuenta que teníamos que prepararnos para los acontecimientos que se avecinan. Tal como se señaló anteriormente, muchos seres optarán por no irse a través de "El Cambio" y preferirán otra vía (línea temporal). Esto es así por el gran número de personas que están muriendo y dejando la Tierra física en los últimos años. La velocidad a la que la gente está muriendo ha sido profetizada que se acelerará a medida que nos acerquemos al 2012. Los seres humanos que se dan cuenta que necesitan completar sus lecciones en tercera dimensión pueden elegir otro camino (línea temporal). Se puede morir físicamente, encarnando en otro planeta de baja frecuencia, y ascender en una vida futura. O si se han preparado para Ascender, podrían morir, pasar a los tonos más altos de la cuarta dimensión y ascender desde allí.

Para ayudar a la humanidad a comprender, el Maestro Ascendido El Morya ha dado una perspectiva espiritual sobre los próximos eventos. Hay muchas canalizaciones similares en el internet y en libros. Desde una canalización anterior por El Morya el dice: *Ese material le da a usted una idea de cómo la vida inicialmente era destinada a ser expresada sobre este planeta. También le da una idea de la dirección que la Tierra está tomando para el futuro de la humanidad. Lo que está por delante para la humanidad es tan maravilloso que simplemente no se puede describir en un libro. Tampoco, en este momento, se puede revelar la totalidad del plan.*

La Ascensión puede ser una experiencia individual o una experiencia compartida en grupo. Como se mencionó anteriormente, millones de almas vinieron a la Tierra para esta encarnación, para poder pasar por una nueva experiencia de tomar sus cuerpos físicos con ellos cuando salieran de la tercera dimensión en la Tierra. Ha habido miles y miles de millones de otras almas, en espíritu, que han tratado de obtener permiso para estar aquí durante la transición. Debido a las condiciones de hacinamiento y de sistemas limitados para la preservación de la vida sobre la Tierra, la mayoría de sus peticiones han sido rechazadas. Los que han sido aprobados y actualmente residen en la Tierra necesitan "Despertar", y acordarse de preparar sus cuerpos. Muchos seres humanos han estado trabajando durante años para Ascender, y planean Ascender tan pronto como les sea posible. De hecho, muchos Ascienden todos los días. El péndulo indica que el once por ciento de las personas desaparecidas reportados a través de los medios de prensa, recientemente han Ascendido. Muchos otros que no han sido reportados como desaparecidas han Ascendido también.

Todas las almas sobre la Tierra pasarán a través de los próximos cambios. En cuanto los Últimos Tiempos se avecinan, casi todo el mundo se dará cuenta que la Tierra jamás será igual. Incluso aquellos en el más profundo de los sueños se darán cuenta de su necesidad de irse de la Tierra. Los acontecimientos que conducen a esta onda chocante (shock wave), serán leves en comparación con lo que ocurrirá durante el proceso de clasificación. El proceso de clasificar las almas individuales que se encuentran en diferentes líneas temporales ha sido relativamente lento y tranquilo hasta ahora. Una vez que "El Cambio" vaya acelerando su marcha, millones de personas morirán, y los que Ascenderán sencillamente desaparecerán. A las personas que están en distintas realidades alineadas con líneas temporales diferentes, se les separará el uno del otro. Cada alma o grupo de almas, procederá a lo largo de su camino elegido y viajará hacia su destino futuro.

Estamos en medio de lo que se puede describir mejor como el examen final de la humanidad antes de la graduación. Estamos pasando por el punto fundamental de un proceso de veinticinco años que comenzó en 1987 y que se acelerará a alta velocidad entre el 2010 y el 2013. Una vez que varios individuos hayan pasado el examen, el siguiente paso para los que planean Ascender a la Nueva Tierra, es la de obtener la autorización de pasar a través de los Portales Cósmicos entre el tercero, cuarto, y quinto estado de conciencia dimensiónal. Durante este período de veinticinco años, como se indicó, cada alma que ha elegido la línea temporal que conduce a la Nueva Tierra, y que se ha preparado, tendrá la oportunidad de Ascender. Algunos se preguntan, ¿qué pasará con las almas en la línea temporal de la Ascensión que se perdieron las primeras oportunidades y se encuentran en Bardo, entre la vida en la cuarta dimensión? Todas las almas en Bardo que califican para la Ascensión tendrán varias opciones al igual que aquellas que están dentro de sus propios cuerpos físicos. Ellas pueden seguir su evolución en otro planeta de tercera dimensión, ya que pueden crear un cuerpo nuevo y Ascender a la Nueva Tierra, o pueden optar por regresar a su planeta de origen.

El destino de cada persona depende del estado de su alma, cualificaciones espirituales, y la línea temporal que se haya elegido. El viaje de cada alma es único y se desarrolla de manera diferente según el camino individual de cada ser. Por consiguiente, el tiempo necesario para completar todos los requisitos de la Ascensión, varía de acuerdo a cada individuo. La mayoría de las almas que se han sintonizado con la Conciencia Universal, indican que la Madre Tierra Ascenderá entre el 2009 y el 2013. Muchos seres humanos están ansiosos de ascender con la Tierra. Independientemente de cuándo usted Ascienda, la Madre Tierra está esperando su llegada. Para obtener más información detallada acerca de la evolución espiritual revise el libro, *La Ley del Uno, Tomos uno, dos, y tres,* canalizado del compuesto avanzado espiritual llamado Ra, durante la década de 1980.

Las Ilusiones de la Realidad en la Tercera, Cuarta y Quinta Dimensión

Dado que todo lo físico es una ilusión, entonces, ¿dónde está la realidad? Cada individuo decide y crea su propia realidad. Otros podrán pedir sus opiniones acerca de lo que piensen que sea real, pero esas son sólo opiniones, no la realidad. Cuando usted las comparta, se puede afirmar que esas son sus opiniones tal como las entiende en la actualidad, con su capacidad limitada. Entonces los demás podrán aceptar o rechazar sus opiniones o puntos de vista actuales, sin juicio alguno. Ningún ser humano puede entender la verdadera realidad. Sin embargo todo el mundo ha elegido su propia realidad.

El Espíritu indica que cuando usted tiene razón, no hay necesidad de elogios. Si usted está equivocado, entonces se puede orar y pedir perdón. Tampoco estás aquí para controlar a cualquier otra persona, o para controlar los próximos eventos en la Tierra. Podemos pedir que los resultados más adecuados ocurran, y dejarle el control a la conciencia Universal. Su meta debe ser la de entender quién es usted, y dejar al olvido sus ilusiones pasadas, sus creencias falsas, y dejar a un lado la ilusión de que usted está separado de Dios/Diosa. Usted puede entonces aplicar las sugerencias recibidas de esa quieta y pequeña voz en su interior, y usar ese conocimiento para vivir en sincronía en el "Ahora". A medida que vaya aquietando la mente, usted estará listo para recibir orientación del corazón, y la quieta y pequeña voz en su interior. Como parte de su responsabilidad, tendrá que aceptar todos los próximos eventos y la voluntad divina, por el bien del todo. Su mejor opción es la de aceptar todo, aunque usted no pueda entender porqué está sucediendo.

La preparación de la Ascensión: el mejor enfoque es aceptar todo, aunque usted no puede entender lo que está pasando.

Por lo tanto, mientras que cambios dramáticos toman lugar sobre la Tierra, usted puede evitar entrar en un estado de shock o de negación.

Usted ha preparado su conciencia para los próximos eventos y estará listo para poder aceptar cualquier cosa que suceda. Para aquellos que Ascenderán, ustedes se estarán trasladando de la conciencia de dualidad hacia la Unidad/ Conciencia Crística. No habrá conceptos de dualidad del *bien* o del *mal*, todo será tal como es. Un objetivo que podrá ayudar, es el de desconectarse de todas las falsas ilusiones personales y planetarias, y las ilusiones de la vieja Tierra. Entonces, cuando solicite ayuda para el cambio de su conciencia hacia las frecuencias más altas, se aclarará el camino para poder aceptar muchas nuevas creencias acertadas. Estas nuevas creencias formarán parte de su nueva Unidad/Conciencia Crística.

Es la responsabilidad de los seres humanos en la Tierra ayudar a crear la Nueva Tierra tal como usted quiera que sea. Empiece "Ahora" a soñar sobre sus visiones de lo que sea el Cielo sobre la Tierra y cómo le gustaría que fuera su vida. Sea muy específico, y no deje de incluir todos los detalles maravillosos. Usted es uno de los co-creadores con Dios/Diosa. La Nueva Tierra está a la espera de sus contribuciones creativas. Nadie sabe los detalles de lo que sucederá para crear nuestros nuevos cuerpos y la Nueva Tierra, en parte porque la humanidad todavía está en el proceso de crear los detalles. La complejidad de todo el proceso está más allá de la comprensión de la mente humana y su conciencia limitada.

Algunas personas tienen un problema en cuanto a la Ascensión se refiere, debido al proceso mismo. Muchos seres humanos se han inculcado un sistema de creencias de que ellos necesariamente tienen que morir. Un miedo inconsciente de la muerte, o la falta de comprensión que una persona puede Ascender sin tener que pasar por el proceso de la muerte, son creencias falsas. Estas falsas creencias necesitan ser removidas para ayudar a mantener un cuerpo sano. Tenga en cuenta que cualquier cosa que tememos, resistimos, o que juzgamos, es lo que atraemos a nuestra experiencia.

* * * * * *

Section II: Los Factores Influenciando el Futuro de la Humanidad

7

Evitando el Temor, Aceptando Cambio, el Tiempo y el Campo Magnético de la Tierra

Una Tarea Muy Importante es la de Evitar el Temor y Aceptar el Cambio Sin Lugar A Dudas

Cuando se lee *Ascensión del Cuerpo Físico a la Nueva Tierra,*, deshágase de sus miedos y déjese llevar por la comprensión y la iluminación. En realidad, el miedo sólo existe como un producto de su imaginación que ha sido heredado de su pasado. El temor fue creado y transferido a su cerebro por parte de su hemisferio izquierdo, ya que el hemisferio derecho del cerebro no conoce el temor. El reto consiste en estar dispuesto a aceptar la grandeza de "El Cambio", un proceso que ninguna forma de vida ha tenido jamás, mientras que ha estado viva en un cuerpo físico sobre un planeta.

Usted podrá observar las personas corriendo de acá para allá tratando de entender lo que está sucediendo. A medida que estos eventos toman lugar, dese cuenta que usted estará seguro cuando usted decide que lo estará. También dese cuenta que algunas cosas que usted lea en este libro, le tomara tiempo para poderlas entender. En lo que varios eventos se desarrollen en su vida, usted estará al tanto, preparado, y dispuesto a aceptar los cambios que se producen. Yo oro para que usted acepte lo que está pasando, se sienta seguro, y opte por ver la grandeza y la alegría, de tener la oportunidad de cruzar por todas las experiencias próximas.

El miedo es parte del concepto de la dualidad y es sobre todo un mensaje de advertencia. El miedo se genera en el lado izquierdo del cerebro como para llamar la atención. El temor consiste de una retransmisión de mensajes almacenados en su cerebro izquierdo. Después de un análisis lógico de las diversas situaciones, estos mensajes se almacenan en el cerebro izquierdo. Luego son transferidos desde el lado izquierdo del cerebro a la mente consciente. Los sentidos intuitivos de su cerebro derecho no conocen el temor. Su cerebro izquierdo quisiera que usted entiendiera que el mensaje de temor que está enviando a su mente consciente, es una precaución. El mensaje de la parte izquierda del cerebro es la siguiente:

En cuanto analizo estas situaciones, veo que han dado lugar al dolor en el pasado. Por lo tanto, sea precavido y esté alerta. El miedo que estoy creando y que está percibiendo, es una oportunidad para que usted utilice el amor para sanar la situación. También puede utilizar el amor para limpiar el exceso de todo temor que tenga.

El proceso evolutivo llevándose a cabo denominado "El Cambio", va a cambiar todo en la Tierra vieja y gestar la Nueva Tierra. Para pasar a través de "El Cambio" y salir sobre la Nueva Tierra, se requerirá de un cambio de conciencia que implica un alto grado de aceptación dedicada y mucha paciencia con todos los eventos que se avecinan. Evidentemente, el primer paso consiste en darse cuenta y "Despertar" a lo que esté sucediendo diariamente. Para que algunos "Despierten", la Madre Tierra puede que tenga que crear una situación traumática para llamar su atención. Sólo cuando su supervivencia está amenazada directamente, es que algunos seres humanos tomarán medidas para cambiar el modo en que viven. Pero cuando sí se "Despiertan", ellos cambian rapidísimo.

¿Va a esperar hasta que su supervivencia se vea amenazada antes de actuar? Porque entonces puede que sea demasiado tarde para prepararse.
Si desea limpiar su cuerpo tomando un baño, usted se prepara, se quita la ropa, y se moja. De la misma manera, si usted quiere ir a la Nueva Tierra, libérese de la enfermedad, el dolor y el sufrimiento, y esté preparado, y acepte cualquier cambio sin pregunta.

Toda la evidencia indica que "El Cambio" es un fenómeno real que se está produciendo y que se acelerará en un futuro muy cercano. "El Cambio" es un cambio que es tanto interno (dentro de usted) como externo (sobre la Tierra). Todos estos cambios se involucrarán energéticamente aceptando nuevos enfoques sobre el vivir. Un porcentaje grande de la preparación de cada individuo para la graduación y la Ascensión, incluirá cambios interiores dentro de los cuerpos mentales y emocionales. Al deshacerse de cualquier clase de resistencia al cambio, la preparación será más fácil y mucho más eficiente.

El plan divino para la humanidad en la Tierra originalmente consistía en multiplicarse, tener conciencia de la limitación, y llegar a ser separado de todo, incluyendo a Dios/Diosa. Para llevar a cabo el plan divino, tuvimos que perdernos, descender hasta un bajo nivel de conciencia dimensional, y luego ver si podíamos encontrar el camino de regreso. Es "Ahora" tiempo de "Despertar", acordarnos acerca de nuestra magnificencia, darnos cuenta que somos seres de amor y luz, y encontrar el camino de regreso. En cuanto nos "Despertemos", podremos sintonizarnos a todos los aspectos de "El Cambio" y darnos cuenta que estos acontecimientos nos llevarán de regreso. Entonces, podemos unirnos al planeta Tierra en su transformación, disfrutar las nuevas experiencias y progresar espiritualmente.

Al acercarnos a "El Cambio", podemos anticipar diversos cambios climáticos y físicos en la Tierra de tercera dimensión. Por ejemplo, muchos creen que un cambio de polos se va a producir. Relacionado con el cambio de los polos, la Tierra puede dejar de girar e invertir el sentido de su giro. Luego está la posibilidad de que al acercarse al Cinturón de Fotones, la Tierra experimentará un período de oscuridad. Sin importar lo que pase, tenemos que estar preparados concientemente para aceptar el cambio. Según el Maestro Kirael, canalizado a través de un mensaje de Kahu Fred Sterling, www.Kirael. com, se establece que:

El cambio actual no es típico. Por lo general, la fuerza de la Creación, en toda su sabiduría, elimina toda forma de vida avanzada de la superficie, se restablece el planeta, y luego permite que otro viaje evolutivo se desarrolle. Esto es lo que ocurrió al final tanto de Lemuria como la Atlántida. Con el cambio actual, la dramática transformación física del planeta ocurrirá con la humanidad aún a bordo.

Un procedimiento útil para seguir en los próximos días será el de mantener un alto nivel de energía de amor. El código de poder para el amor se construye con una combinación del número nueve representando cumplimiento y el número cinco para el amor. Cuando un código se visualiza y se expresa, esa forma de pensamiento se intensifica y puede ser dirigida hacia un objeto destinatario o una persona. El Código de Poder para el Amor Completo es (9-9-9-9-9-9-9 - 5-5-5-5-5-5-5). Repita verbalmente la secuencia de números sin guiones tantas veces como sea necesario. Utilise el péndulo para medir la energía de amor, antes y después de repetir el Código de Poder. La energía del amor puede cancelar el odio y el miedo y sanar todo a lo que le dirija esa energía.

Tenga en cuenta que el miedo no es lo contrario del amor, odio es lo contrario del amor. El amor es el punto focal de la aceptación, el odio es el punto focal de la negación. El miedo es como un sistema de alarma. Al parecer el miedo es algo que se puede evitar, pero no es así. Algún temor está presente para dejarnos saber hacia donde tenemos que brillar Luz y Amor sobre algo que necesite balancearse. Por lo tanto, el miedo puede servir como un mecanismo de gatillo para ofrecerrnos una oportunidad para que durante "El Cambio", se le pueda inundar con Luz y Amor.

Comprensión Clave: El miedo no es lo contrario del amor; el odio es lo contrario del amor.

Un desplazamiento de los polos magnéticos de la Tierra ha sucedido en el pasado. Drúnvalo Melchizedek, menciona que Thoth, su asesor cercano, indicó que la civilización humana en la Tierra se remonta a quinientos millones de años. Consulte los dos libros, *Ancient Secrets of the Flower of Life, Volume 1 and Volume 2* (*Antiguos Secretos de la Flor de la Vida, Volumen 1 y Volumen 2*), por Drúnvalo Melchizedek. Durante este período los polos magnéticos de la Tierra cambiaron en cinco ocasiones, y lo más reciente, durante la sumersión de la Atlántida. La evidencia científica indica también que los polos magnéticos de la Tierra han cambiado cinco veces. Las muestras de núcleos de la Tierra, cuando magnéticamente analizados, revelan cambios en la orientación magnética de las características de las muestras electromagnéticas. Durante estos desplazamientos, el campo magnético de la Tierra ha cambiado, y esto fue grabado dentro de la orientación electromagnética de las moléculas sensibles en las muestras a nivel del núcleo. La orientación molecular de las moléculas sensibles, cambió de dirección en correlación con los cambios en el campo magnético de la Tierra. Hay una cosa que podemos decir con certeza: basado en la historia y la ciencia, a un cierto punto en el futuro, los polos magnéticos de la Tierra van a cambiar. Algunos científicos piensan que los polos magnéticos tomarán nuevas posiciones en el futuro, tal como lo han hecho en el pasado.

Muchos científicos, libros de historia, canalizaciones, profesías, y discusiones en el internet, están de acuerdo en que la frecuencia de la Tierra y la intensidad del campo magnético están cambiando actualmente. La frecuencia de la resonancia Schumann de la Tierra está aumentando, y la intensidad del campo magnético está disminuyendo. Para más detalles revise los libros, *Awakening to the Zero Point and Walking Between the Worlds* (*Despertando al Punto Cero y Caminando Entre los Mundos*), por Gregg Braden. En *Despertando al Punto Cero*, Braden discute la evidencia científica de que la Tierra está pasando a través del Cinturón de Fotones, la frecuencia de resonancia de la Tierra está aumentando, la intensidad del campo magnético está disminuyendo, la tasa de rotación de la Tierra se está desacelerando, y el tiempo de reloj se está derrumbando. Muchas personas están conscientes de estos cambios y de su importancia.

La Naturaleza del Tiempo del Reloj, Sus Características Ilusorias y el Tiempo Espiritual Real

De su Dios La mayoría de los seres humanos sienten que la duración del día de veinticuatro horas se está físicamente acortando. Aunque el tiempo del reloj parece mantener un día de veinticuatro horas, el tiempo real de la actividad física se ha reducido a unas quince horas, y continuará disminuyendo. Tras "El Cambio", el tiempo disponible de actividad se acercará a cero. A medida que evolucionamos dentro de las dimensiones superiore, no habrá tiempo del reloj.

El tiempo fue creado en el estado de la tercera dimensión de la conciencia y es realmente una ilusión, así como el espacio o la distancia es una ilusión. Dentro del estado de tercera dimensión de la conciencia, el tiempo de reloj fue creado para que nuestro espíritu experimentara lo físico y todas las limitaciones asociadas con el, tal como la de ser separado. El tiempo ilusorio nos dió un punto de referencia, un punto de vista acerca de la progresión, y un sentido sobre uno mismo para así poder concentrarse en un evento. Para llevar a cabo esta creación ilusoria de la hora de reloj, la frecuencia del reino de la realidad fue *atrasada* para poder experimentar el despliegue gradual del crecimiento. Entonces fuimos capaces de utilizar nuestros sentidos para vivir el proceso de la Creación tal como se desarrollaba.

Para experimentar la hora del reloj y la dualidad, el reino de la realidad del tiempo sobre la Tierra se ha atrasado.

Ese proceso ha sido alterado, y *la frecuencia del reino de la realidad seguirá aumentando.* En los niveles más espirituales de la conciencia dimensional, no habrá necesidad de preocuparnos por el tiempo y el espacio. Estos cambios y muchos más están en preparación para "El Cambio" y la Ascensión del hombre a la Nueva Tierra.

Estos cambios en el tiempo son muy importantes. Si el tiempo lo permite, será muy útil para usted estudiar acerca del tiempo real. No nos estamos refiriendo a la hora de reloj. El Tiempo Real es una longitud de onda de luz, un período que se puede medir, o más exactamente, una progresión de la energía del reino de la realidad. Este aumento se correlaciona con el cambio requerido en la conciencia dimensional que le permite a los seres humanos graduarse y Ascender a la Nueva Tierra.

El tiempo también fue creado como algo que pudiera comprarse, venderse, y comercializarse en este mundo de supervivencia. El tiempo es utilizado para manipular las actividades de la vida para un propósito. Como un ejemplo, el calendario gregoriano fue diseñado por un hombre desconectado de la Tierra y los conceptos divinos. El calendario gregoriano no define nada real. Ni siquiera emita progresiones evidentes que existen científicamente, cósmicamente, o espiritualmente, en cualquier parte del Universo. Esta falsa, percepción ilusoria, dominada por los hombres, del tiempo de reloj, como se indica en el calendario gregoriano, es estrictamente lineal y se basa en causa y efecto. Como resultado, los seres humanos han quedado atrapados dentro de una percepción ilusoria bi-dimensional del tiempo lineal. Esta falsa creencia tiene que ser removida de la conciencia.

El tiempo real es una longitud de onda de Luz, una progresión de la energía del reino de la realidad.

Para aquellos que han elegido Ascender, a medida que se vuelven más y más conscientes de su estado de ser eterno, su frecuencia se acelera y se mueven más allá del alcance del tiempo y su influencia. La versión antigua del tiempo lineal es obsoleta. Al permitir el equilibrio de lo masculino con lo femenino y del cerebro izquierdo con los aspectos de la realidad del cerebro derecho dentro de su conciencia, el tiempo de la energía se vuelve circular, sin comienzo ni fin. El aspecto femenino del tiempo es compatible con un crecimiento acelerado. Entonces la energía del tiempo se hace lo que usted quiera que sea. Es su siervo. Usted ya no está bajo el control del aspecto dominado por los hombres del tiempo lineal. Usted se convierte en el controlador del tiempo cuando usted evoluciona para llevar su cuerpo físico a la Nueva Tierra. Por ello, la importancia de balancear su reino de realidad del tiempo - un equilibrio de su masculino (cerebro izquierdo) y femenino (cerebro derecho) - en preparación para un nuevo patrón cíclico que lo prepara para la graduación y la Ascensión.

Ascensión y evolución dentro del estado de un "Cuerpo de Luz", están más allá de las limitaciones de tiempo y espacio. El amor es el componente clave de la orientación del servicio a otros (SAO). El amor lo ayudará a Ascender más allá de los conceptos de pasado y futuro en el "Ahora", una característica principal de la quinta dimensión. El amor siempre es verdadero y real en el momento, existe más allá del tiempo. Cuando se vive en el "Ahora", más allá del tiempo, usted se convierte en una fuerza de amor más grande que cualquier cosa que usted pueda imaginar. Usted en control del tiempo. *Cuando se vive en el "Ahora" y dentro del amor, usted se ha mudado a un reino de realidad nuevo del no-tiempo, una característica de la Nueva Tierra.* Estos conceptos dependerán de sus percepciones e ideas de lo que es real para usted. Usted crea su realidad a través de lo que usted piensa. Usted puede tener control del tiempo ilusorio y darse cuenta que fue un regalo en la tercera dimensión. A través de sus pensamientos se crea para usted el cielo (la armonía) o crear el infierno (la discordia).

Cuando usted vive en el "Ahora", más allá del tiempo, usted se convierte en una fuerza de amor más grande que cualquier cosa que usted pueda imaginar.

El tiempo real es un tipo de energía y no tiene relación directa con la hora de reloj. Hay una manera de salir de la trampa que se llama la hora de reloj. A medida que evolucionamos hacia donde no hay tiempo de reloj (el tiempo cero), y empezamos a entender la energía del tiempo, podemos obtener el control de esa energía y utilizarla para nuestro beneficio.

La capacidad de utilizar la hora del reloj para su beneficio será determinada por: de dónde proviene y quién es usted, ¿por qué es usted?, y su conciencia acerca del tiempo y del espacio ilusorio. Esa capacidad de usar el tiempo también se verá influenciada por la forma en que su sistema energético se relaciona con las ondas energéticas de luz que estarán llegando. Si usted entrega su poder al tiempo, este influirá de cierta forma. Al alejarse de la ilusión del tiempo de reloj, las trampas no tendrán ningún efecto sobre usted.

Usted será liberado de ese estado de conciencia y de la realidad ilusoria que se llama la hora de reloj. Mientras usted se prepara para Ascender, se le requerirá comprender el tiempo desde una perspectiva espiritual.

Todo lo que sucede en el mundo de lo físico, primero es creado en lo no-físico, el mundo espiritual. Es decir, el mundo subconsciente dicta la orden primaria de los acontecimientos. En el mundo espiritual, estamos bajo la jerarquía de lo divino, nuestros amigos en las altas esferas espirituales. Sin embargo, dese cuenta que también somos creaciones divinas que nos hemos proyectado dentro de estos cuerpos físicos. Así que elegimos ser controlados por la hora de reloj en el mundo físico. Ahora, con "El Cambio", tendremos la oportunidad de liberarnos de esta trampa y controlar la energía del tiempo.

El planeta Tierra está Ascendiendo, y muchos seres humanos están ascendiendo junto con ella. Antes que este evento tuviera lugar, la Tierra y los seres humanos sobre ella se estaban condensando y contrayendo. A medida que Ascendamos, vamos a extendernos y a expandir. La aceleración de la energía temporal ha llegado con esta expansión y, consecuentemente, ha ayudado a aquellos interesados en obtener el estado del "Cuerpo de Luz". El tiempo de reloj se volverá menos real a medida que usted manifieste más de su divinidad con el fín de entrar dentro del estado de un "Cuerpo de Luz". La energía del tiempo se está acelerando con o sin la ayuda de la humanidad. Usted tiene la opción de aceptar la eternidad de su ser y de aferrarse a las olas energéticas del tiempo que estarán llegando. Luego, a medida que usted vaya fluyendo con estas nuevas y aceleradas energías, su vida estará aceptando e implantando la realidad de la eternidad de su alma.

Sí, usted puede optar por rechazar todo lo que acaba de leer y dejar fluir la energía del tiempo sin necesidad de aprobar de ella. El Espíritu indica que si usted ha rechazado estos conceptos del tiempo, entonces no está preparado para pasar a través de "El Cambio". Hasta este momento de su vida, no era consciente de la oportunidad para poder evolucionar espiritualmente, y de este modo hacer la transición hacia la Nueva Tierra. La comprensión del tiempo podría ayudarlo a "Despertar", dejar el mundo de la dualidad, y Ascender.

Al aceptar estas energías que van entrando, usted se está preparando a pasar hacia la Nueva Tierra. Cuando rechaza las múltiples oportunidades que ofrecen estas nuevas energías, usted ha decidido mudarse a otro planeta. No se olvide que, si usted rechaza estas nuevas energías de alta frecuencia, su baja frecuencia, el cuerpo de tercera dimensión, no podrá tolerar la alta frecuencia, las energías de la quinta dimensión sobre la Nueva Tierra.

He sido informado recientemente por el Espíritu que los que opten por rechazar estas nuevas energías puede que tengan la posibilidad de elegir a qué planeta nuevo podrán ir. Algunas de esas opciones ya están disponibles, mientras que otras están todavía en la etapa de planificación. Buques

Extraterrestres robóticos están siendo enviados por todas partes del Universo, para encontrar sistemas planetarios habitables para aquellos que opten no ascender. Las primeras opciones del equipo de investigación Extraterrestre, son planetas adecuados donde se ha erradicado una sociedad por su mal uso anterior de la energía. Tras un período de recuperación, el planeta ahora puede estar listo para ser habitado. La tarea del equipo de investigación, es la de determinar la frecuencia de cada planeta y si las condiciones ambientales, son favorables para recibir y sostener habitantes humanos.

Otros planetas adecuados consisten de aquellos en los que las sociedades se han vuelto tan auto-indulgente que los habitantes le prestan poca atención a las cosas que no afectan directamente sus mundos privados. Este fue de los elementos característicos del planeta Tierra, cuando a los Grises Extraterrestres se les permitió llevar a cabo los experimentos de clonación en los Estados Unidos. Muchos seres humanos en la Tierra estaban tan envueltos en sus actividades diarias, que eran totalmente inconscientes de cuantas mujeres fueron utilizadas para crear clones infantiles para los Grises de la Zeta Rectuliana. Puede que haya otros planetas en donde la sociedad esté tan absorbida por su vida privada, que usted pudiera encarnar allí, y ellos ni se darían cuenta de su presencia. Es decir, usted puede optar por encarnar en este planeta si es que hay espacio disponible.

Usted tiene la libertad de poder elegir, basado en su deseo, para poder crear lo que usted considere sea la lección más apropiada para su evolución espiritual. Ayer es historia, mañana es un misterio, y hoy es un regalo, por eso al "Ahora" se le llama el presente. Para información adicional, revise las muchas contribuciones en el internet. Vaya a www.zakairan.com, www.ascensionmastery.com y www.cybertrails.com. Sin embargo, sus revelaciones más precisas se recibarán directamente de su /Diosa interior.

La Realidad sobre el Cambio del Campo Magnético de la Tierra y la Retención de la Memoria

Algunas fuentes útiles de información están presentes en los archivos de la civilización Maya. El calendario Maya se alineó con la Tierra y el cosmos, y tiene un fundamento espiritual a través de la cual se puede entender la realidad. Al entender el calendario Maya, se puede obtener una mayor comprensión de la realidad. Los Mayas eran muy avanzados espiritualmente, y muchos de ellos Ascendieron juntos, a un estado superior de conciencia dimensional hace muchos años.

Estos registros indican que todo reino de realidad de la conciencia, en todo nivel dimensional, tiene su propia referencia de energía temporal. La progresión de las entidades que residen en cada reino de la realidad ha basado su evolución en la referencia de la energía temporal. La energía del Tiempo no sólo está en la conciencia de los seres humanos, sino en la estructura de sus cromosomas. Cuando los seres humanos cambien en conciencia de la tercera a la quinta dimensión, ya ellos superan las capacidades del reino de la realidad lumínica y tienen que modificar sus cromosomas para facilitar un nuevo reino del Cuerpo de Luz. A estos estados se les denomina zonas de conciencia temporal. Con el fin de acomodar estos cambios, los campos geomagnéticos de la Tierra están siendo alterados. A medida que Ascendemos y asumimos el estado del "Cuerpo de Luz", vamos a entrar en la zona de conciencia temporal en la Nueva Tierra, y nos convertiremos en parte de la civilización energética de luz en la Nueva Tierra.

Cuando revisamos nuestra evolución nos damos cuenta que hemos sido atrapados en una descontinuidad temporal. Este cambio sobre el tiempo, auto-impuesto, ha ayudado a crear nuestros ciclos de reencarnación. A medida que avanzamos a través de "El Cambio", seremos capaces de liberarnos de esta deformación del tiempo ilusorio. También vamos a ser liberados de la dualidad del mundo de la polaridad, la reencarnación, la oscuridad y la luz, y todos los otros desafíos que se asocian con ello. Por consecuencia, después de "El Cambio", los ciclos tradicionales de la reencarnación se convertirán en una ilusión del pasado. Se puede vivir todo el tiempo que quiera en un cuerpo sin edad sobre la Nueva Tierra. Esas ilusiones dentro de la escuela de tercera dimensión sobre la Tierra, tuvieron un valor. Sirvieron como un importante reto para nuestra evolución.

En el reino de la realidad de dimensiones superiores, la vida en relación al tiempo, es un ir y venir eterno en el que todo lo que solíamos tener en cuenta que ocurría "Ahora", en el pasado, el presente, y el futuro, se convierte en una sola cosa. El proceso en general, se ha definido como el de asumir el estado de un "Cuerpo de Luz". Una vez logrado esto, no habrá necesidad de todos los cuerpos distintos que hemos tenido. Tendremos cuerpos nuevos, ligeros, con capacidades indescriptibles. Nos acercaremos a la condición de un Maestro Ascendido.

Usted y yo podemos adquirir un entendimiento adicional a través de las canalizaciones del Maestro Djwhal Khul en la página del internet: www .masterdk.com. En esta página hay una sección de preguntas y respuestas. Por ejemplo, la siguiente pregunta se le hizo: Maestro Khul, ¿qué efecto tendrá este cambio magnético en los seres humanos y en los animales?

Su respuesta: Finalmente, la Tierra deja de girar, se queda suspendida brevemente, y luego comienza a girar en la dirección contraria. Cuando la Tierra comienza a girar de nuevo, muchas cosas serán distintas. Por ejemplo, los vientos alisios se invertirán de oeste a este, el sol se elevará en el oeste y se pondrá en el este. El Polo Norte, que ahora está con carga positiva, se convertirá en el Polo Sur, que ahora estará cargada negativamente, de modo que después de la inversión, el Polo Norte se carga negativamente y el Polo Sur se carga positivamente.

En lo que respecta a la conciencia, el momento más potente sería en el tiempo de la suspensión, entre el momento en que el planeta ha dejado de girar de este a oeste y comienza a rotar de oeste a este. Durante ese tiempo, no habría ningún campo magnético alrededor de la Tierra. En ese breve lapso de tiempo (aproximadamente de dos a siete días), literalmente, no habría historia para la Tierra.

De estas observaciones podemos suponer, con base en el análisis del Maestro Khul, que no habría ningún recuerdo de acontecimientos pasados. Toda memoria sería librada, ya que es necesario un campo magnético para almacenar la memoria. Sin el campo magnético de la Tierra, ningún recuerdo puede ser almacenado durante "El Cambio". Durante los cambios anteriores de los polos magnéticos de la Tierra, las almas evolucionando perdieron sus memorias. Cuando reencarnaron, su nueva vida empezó conscientemente de zero.

Sin embargo, "Ahora" usted tiene la opción de mantener su memoria mediante la creación de su propio campo magnético protector. El campo se puede crear cuando usted crea un Mer-Ka-Ba a propósito. El procedimiento para crear un Mer-Ka-Ba se discutirá más adelante, en el capítulo 10.

Un ejemplo reciente ilustra cómo la pérdida del campo magnético tiene influencia sobre los seres humanos. Los científicos rusos informaron que durante los primeros días de su programa espacial, cuando sus cosmonautas estaban fuera del campo geomagnético de la Tierra durante más de dos semanas, perdieron sus recuerdos y se enloquecieron. Los rusos desde entonces han desarrollado equipos para crear un campo magnético artificial para proteger a sus cosmonautas en el espacio.

El Espíritu indica que debido a la ayuda de los Extraterrestres y los cambios en la conciencia humana, hay una alta probabilidad de que este tiempo de suspensión, (la falta del campo magnético de la Tierra), se pueda reducir un poco. Nadie sabe a ciencia cierta cuánto tiempo exactamente la suspensión del planeta demorará.

Podemos suponer que los seres humanos que carecen actualmente de un "Cuerpo de Luz" de Mer-Ka-Ba, perderían la memoria y no sabrían quiénes son. Entonces, ¿qué diferencia haría el Mer-Ka-Ba? Los tres tetraedros que forman el Mer-Ka-Ba tienen dos que giran (una a la derecha y la otra hacia la izquierda), y uno que está parado. Los dos tetraedros girando crean un campo magnético alrededor del cuerpo humano. Ese campo magnético generado por el Mer-Ka-Ba, puede ayudarlo a proteger el colapso de su memoria.

Otras preguntas importantes son: ¿Cuánto tiempo pasará antes de que la ausencia del campo magnético de la Tierra cause una pérdida de la memoria humana? ¿Cuánto durará la Tierra sin un campo magnético? Si el tiempo de suspensión es menos de dos días, entonces posiblemente algo de memoria se conservaría. Si el Mer-Ka-Ba está trabajando, un gran porcentaje de la memoria de uno se mantendría independiente de lo que demorara la suspensión. Por lo tanto, tenemos que asegurarnos que nuestro Mer-Ka-Ba esté trabajando, y pedir a nuestros Asistentes Espirituales que intervengan para limitar el tiempo de suspensión, o para mantener el campo magnético lo suficientemente fuerte alrededor de la Tierra, para que los seres humanos conserven sus recuerdos.

Para continuar citando al Maestro Khul en www.masterdk.com: El Gran Cambio del 2001: El lado positivo de tal experiencia tendría el potencial de crear un borrón y cuenta nueva. No habría patrones malsanos que se repitieran; no habría manera de repetir los errores del pasado. El inconveniente residiría en que algunos podrían volverse temerosos, pensando que sin su pasado ellos ahora no deberían de existir. Podría haber caos, supongo, y tal vez algunos, de hecho, podrían enloquecer, pero como eso ocurre todo el tiempo hasta cierto punto, yo no creo que sea de particular importancia.

Fije su mirada hacia la iluminación, y determine mirar a través de cualquier clase de temor que surja. Visto así, tal experiencia sería muy emocionante, por cierto. De hecho, si este evento surge de hecho (y es más probable en este momento de lo que ha sido en cualquier otro momento durante los últimos 15.000 años), recíbalo con lo mejor de usted, usted debe enfrentar una experiencia como esta como lo haría con cualquier otra experiencia importante en su vida; preséntese, ponga atención, haga el mejor esfuerzo que pueda, y no se apegue demasiado a los resultados.

Obviamente, conociendo acerca de esta posibilidad, sería beneficioso que se preparara para el momento en que la Tierra deje de girar. Cuando el planeta Tierra se detiene, el Cinturón de Fotones habrá absorbido toda la luz del Sol y la Tierra estará en la oscuridad. Piense sobre la necesidad de prepararse, y pídale a su Dios/Diosa interior, qué hacer. Para posibles opciones, mire la información en diversos sitios en el internet, tales como, www.ascensionmastery.com, www.survivalcenter.com y www.kirael.com.

Los de ustedes que estén en control de sus vidas pueden cambiar su conciencia a un estado superior, disfrutar el proceso de la Ascensión y esperar el disfrutar de la vida en la Nueva Tierra. Lo importante para considerar es que, tras "El Cambio", usted tendrá la oportunidad de tener una experiencia personal dentro de un reino de realidad de la Unidad/Conciencia Crística.

Notas tomadas del taller de Drúnvalo Melchizedek sobre el libro, Flower of Life (Flor de la Vida), y procedimientos de activación del Mer-Ka-Ba, también consideran el potencial del cambio de los polos. Citando a Drúnvalo Melchizedek: Habrá un cambio de polos... quizás encontraremos que el medio ambiente, a pesar de que los polos pueden cambiar, puede que no sea tan violento como lo que pensamos. En realidad, podría ser una experiencia muy bonita. Mi opinión sobre esto puede ir en contra de lo que mucha gente piensa. Hay mucha gente diciendo que van a cavar huecos en la tierra, almacenar una cantidad de comida, armas y municiones, y aferrarse a lo peor. Pero realmente lo que se está preparando es un momento perfecto antes del cambio de los polos. Porque cuando el cambio de polos ocurra, pasaremos por una zona sin electromagnetismo durante unos tres días y medio, y luego después de ese momento, estaremos en un nivel dimensional totalmente diferente de la Tierra. Entonces cualquier cosa que pase en este nivel de tercera dimensión no hará ninguna diferencia. Es decir, una preparación previa al momento en que todos los sistemas, tanto el social como los sistemas financieros y todo tipo de cosa, se derrumben. Será normal que eso le ocurra a estos sistemas. Los científicos verán en el campo magnético una correlación directa con los acontecimientos que ocurren en la Tierra.

Cuando los polos magnéticos de la tierra se muevan a nuevos lugares, la conciencia humana tiene una oportunidad de cambiar al estado de conciencia en la cuarta dimensión. El final de cada ciclo de veinticinco mil años en toda la historia pasada de la Tierra, se ha caracterizado por la confusión en todo el mundo antes del caos. Ha sido un período donde la mayoría de la gente se enloquece. Colapsos de los sistemas sociales, financieros y políticos toman lugar y el planeta queda sumido en un caos total. Generalmente, este período de caos se produce en todos los planetas que están pasando por "El Cambio". Durante los cambios anteriores, el caos duró de tres a veinticuatro meses y, principalmente, ocurrió antes del cambio actual de los polos. Este intervalo de tiempo se denomina el período de transición, o a veces, la Tribulación. Si "El Cambio" se produjera en la última parte del 2012 o a comienzos del 2013, esto significaría que podemos anticipar que el período de transición estaría en plena marcha en algún momento durante el 2010. En realidad, las etapas preliminares del período de la transición ya han comenzado: simplemente no se han visto los acontecimientos más traumáticos todavía. Estudie las entradas que hay en la página del internet www.2012.com.au, para obtener más detalles. Ya sea a través del internet, el uso del péndulo, o en consulta con la Conciencia Universal, le ayudará a determinar la exactitud de la información presentada. Una alternativa es la de usar el discernimiento y escuchar la quieta y pequeña voz interior, en busca de orientación.

Notificación: La transición comenzó hace muchos años. Usted tendrá algún tiempo de reloj entre el 2008 y el 2012 para prepararse espiritualmente para "El Cambio", la graduación, y la Ascensión.

A medida que usted se va preparando mentalmente para la Ascensión, solicítele a su Dios/Diosa interior y a los creadores de este Universo, para que le envíen una mejor comprensión de porque se ha aprobado un cambio diferente al final de este ciclo de veinticinco mil años en el planeta Tierra. Un cambio de este tipo nunca antes había ocurrido en la historia de este Universo. Ningún ser, sin embargo, por más espiritualmente evolucionado que fuera, sabe lo que realmente va a pasar en cuanto "El Cambio" se vaya llevando a cabo.

Entre los años del 2008 y el 2012, todo lo que haga físicamente en preparasión para "El Cambio" en la Tierra, tendrá un valor limitado (con algunas excepciones). Todas las ilusiones de tercera dimensión que usted ha creado como parte de las lecciones de dualidad en la primera Tierra, necesitan desaparecer de su percepción consciente. Si ha almacenado comida o dinero, o si ha comprado bienes materiales, estos desaparecerán. Usted no los necesitará de todos modos. Acumular bienes materiales no tiene ningún sentido. Algunos pueden dudar que estas actividades vayan a ocurrir. La pregunta es - ¿su duda cambiará el patrón de evolución que se ha puesto en marcha por los Creadores de este Universo? Todos somos conscientes que los pensamientos son muy poderosos, pero, ¿cada pensamiento creado será lo suficientemente poderoso como para cambiar el curso de la historia? Sólo el tiempo dirá cómo los pensamientos de la conciencia colectiva se manifiestan e influencian "El Cambio". Hay un mensaje del Espíritu que es muy importante considerar. Puede haber una tendencia en dejar de hacer muchas actividades físicas, mentales, y emocionales, a medida que anticipe "El Cambio". ¿Por qué continuar con sus actividades normales cuando muchos de los resultados de estas actividades van a desaparecer y no tendrán ningún valor duradero? Todas sus actividades son una parte del contrato que usted acordó hacer antes de venir a la Tierra. Estas actividades son una parte de sus lecciones y son oportunidades para el crecimiento del alma. Así que, ¿por qué desperdiciar estas valiosas experiencias durante el período de tiempo entre el 2008 y el 2013 o hasta que "El Cambio" se lleve a cabo? Sí, haga preparaciones para Ascender, pero mantenga también las actividades contractuadas que mejorarán el crecimiento de su alma.

Nota importante: Continúe la mayoría de sus actividades normales diarias, ya que son una parte de su contrato actual.

Una vez que haya completado todos los preparativos y haya recibido la aprobación para pasar a través de los Portales Cósmicos, usted será lanzado al reino de la realidad en la cuarta y la quinta dimensión. Como resultado, habrá una necesidad significativa de su parte para hacer muchos ajustes en sus creencias y patrones de comportamiento. Durante el período histórico comprendido entre los años del 2008 y el 2013, todas las evidencias indican que todo el mundo en el planeta Tierra pasará por cambios significantes en sus vidas. Esto incluye a los que se despertaron temprano y están preparados para Ascender, los que se despertaron justo a tiempo para graduarse, y los que todavía duermen.

De acuerdo con mis veinticinco años de investigación y de mensajes de muchos seres espirituales, estos cambios previstos se producirán. No será el fin de la civilización, sino un comienzo. Hay evidencia que indica que su preparación física puede ayudar un poco al comienzo del período de transición. Por ejemplo, sería prudente mantener un cuerpo saludable, la práctica de la respiración pránica, disfrutar de la vida, estar en comunión con la naturaleza, y tomar tiempo para relajarse, hacer ejercicio, y compartir con los demás. Luego practique cómo ser más eficaz en cuanto al Servicio A Otros (SAO), un patrón característico de la quinta dimensión. Muchos a su alrededor se beneficiarán de su amabilidad y de su servicio cuando pidan ayuda.

La preparación más importante que puede hacer, a fin de crear una transición sin problemas, es la de trabajar con diligencia para hacer cambios internos dentro de su conciencia. La clave está en saber quién es usted, (una parte del espíritu de Dios/Diosa), la cantidad de amor que tiene por sí mismo y por toda la creación, la calidad de su carácter, qué tan abierto es su corazón, y hasta qué punto haya sincronizado su conciencia con la de su Dios/Diosa interior. Como el mundo ha conocido cambios, la única cosa con que usted puede contar es con su conciencia. Su amor y paciencia consigo mismo y para con otros, pagará grandes dividendos.

Debido a la limitada cantidad de tiempo que le queda para prepararse para su graduación, el mejor enfoque está en prepararse a conciencia mentalmente, emocionalmente, y espiritualmente. Una vez se haya preparado internamente, luego podrá adentrarse y pedirle a Dios/Diosa cómo prepararse físicamente. Determine cómo va a obtener agua, alimentos, y refugio, antes de "El Cambio". Sí, puede haber escasez de agua y alimentos. Acaparamiento no es la respuesta. Las respuestas más adecuadas vendrán de su Dios/Diosa interior.

Por lo tanto, la pregunta es: ¿Qué puede hacer usted, como un espíritu y un alma, para prepararse para la Ascensión? Probablemente, si ha venido a la Tierra para avanzar espiritualmente el alma, y asumir un estado como "Cuerpo de Luz", usted necesita prepararse. Fuimos dotados con la capacidad de convertirnos en uno con el Origen/Creador y con Dios/Diosa. Así pues, tenemos una responsabilidad de llamar al Dios/Diosa interior para guiar nuestras actividades. Al escuchar la voz de Dios/Diosa en el interior, podemos establecer objetivos y metas que nos pueden ayudar. Estamos intentando alcanzar un nivel de perfección que parece estar fuera de nuestro alcance, pero es algo que se puede hacer en términos de avanzar para el crecimiento de nuestras almas. En cuanto nos disciplinamos e implementamos el Servicio

A Otros (SAO), nuestras almas evolucionan, y Dios/Diosa evoluciona. Recordemos que Dios/Diosa evoluciona a través de sus piezas creativas, todas las almas humanas son parte de Dios/Diosa. Seamos contemplativos y estemos agradecidos por las muchas oportunidades que hemos tenido a través de este viaje a lo largo de nuestros caminos espirituales, ayudando a Dios/Diosa a evolucionar.

El Espíritu indica que hay cambios interiores que sobrevivirán la pérdida del campo magnético y nuestros sistemas de almacenamiento de memoria. Los cambios interiores son reales, esa parte de nosotros creado por Dios/Diosa, se le llama la del Espíritu y el Alma, que son permanentes. Todo lo demás es una ilusión que hemos creado en la Tierra para nuestras lecciones desafiantes. Para conservar la memoria lo más que pueda ser posible, asegúrese que el campo magnético del "Cuerpo de Luz" de su Mer-Ka-Ba esté en la posición correcta y girando adecuadamente todos los días. Otra responsabilidad personal importante es la de asegurarse que todas sus 617 facetas del alma estén presentes, estén colocadas correctamente, y sincronizadas entre sí. Para ello será necesario utilizar el péndulo para medir el número de facetas presentes y su grado de sincronización. Cuando se detecta una necesidad de recuperar, limpiar, instalar, o sincronizar las facetas del alma que falten, pídale ayuda a sus Asistentes Espirituales. Ojalá estas recomendaciones enfaticen la necesidad de adentrarse y cambiar su conciencia.

8

La Correa Fotónica y Su Influencia Sobre la Tierra y la Evolución Humana

Los gobiernos y otros grupos en control sobre el planeta Tierra, han ocultado, en gran medida, información al público sobre el Cinturón de Fotones y su relación con "El Cambio". Si no está familiarizado con el Cinturón de Fotones y porqué es un secreto, le sugiero hacer algunas averiguaciones. Si va a graduarse y a pasar a la Nueva Tierra, entonces, cuando llegue a la Nueva Tierra, la energía del Cinturón de Fotones será uno de sus principales fuentes de energía. Para una descripción más completa del Cinturón de Fotones, que tiene la forma de un rosquillo (tórrido), ubicado en la Galaxia de la Vía Láctea, refiérase al libro, *You Are Becoming a Galactic Human* (*Usted Se Está Convirtiendo en un Humano Galáctico*), por Virginia Essene y Sheldon Nidle. Sea cauteloso a medida que vaya aprendiendo sobre el Cinturón de Fotones, debido a la información falsa y engañosa difundida por aquellos que están tratando de retardar su evolución espiritual. Algunos conscientemente engañan al promover conocimiento auto-proclamado, que es falso; mientras que otros engañan a causa de su falta de comprensión.

Hay un ciclo secuencial y repetitivo de acontecimientos dentro de la Galaxia de la Vía Láctea. Todas las estrellas y sus planetas dentro de esta galaxia giran alrededor del Gran Sol Central, Alcyone, que se encuentra dentro del Sistema de Estrellas de las Pléyades, una región del espacio donde se encuentra nuestro Sistema Solar. El período de rotación de veinticinco mil años tiene períodos repitiéndose, que son períodos cíclicos tanto de oscuridad como de luz, o períodos de diferentes estados de conciencia. A medida que nuestro Sistema Solar entró en el vórtice del Cinturón de Fotones en mayo de 1998, llegamos a la final de un período obscuro de 12.500 años. Ahora ha comenzado un nuevo período de luz de 12.500 años. Nuestro Sistema Solar está entrando gradualmente bajo la influencia de la luz del Cinturón de Fotones.

El Cinturón de Fotones es una gran región en el espacio que contiene una alta concentración de fotones. La ciencia define un fotón como: *una partícula de energía que representa un quantum de luz o de radiación electromagnética*. El fotón individual lleva consigo una característica particular de frecuencia; sin embargo, carece de masa. El Cinturón de Fotones está compuesto por doce vórtices gigantescos de intensas bandas celestes de luz, cada uno, con una frecuencia estructural. Cuando la Tierra entró en el Cinturón de Fotones, las frecuencias que llegaban, comenzaron siendo explosiones cortas de radiación. Hoy día, los fotones están bombardeando a la Tierra con más intensidad y consistencia. No hay vuelta atrás; la Tierra se moverá a través del Cinturón de Fotones. No hay otra opción; este evento es parte de un gran patrón cíclico.

Para prepararse para la energía del Cinturón de Fotones y para utilizar los fotones disponibles, Kirael, a través de la canalización de Kahu Fred Sterling, en un libro, *The Great Shift* (*El Gran Cambio*), 2001, provee este posible escenario:

Imagínese por un momento un mundo en el que un escalofrío repentino y pesado comienza a impregnar el aire, es un frío distinto a cualquier otro que usted haya sentido jamás, un frío que llega hasta los huesos. Al mirar a su alrededor, todo el mundo parece estar adormeciéndose. No importa dónde usted se encuentre, la gente se inquieta cada vez menos. Algunas personas están sonriendo, pero muchas otras tienen una expresión de temor en sus ojos. El Sol al mediodía, comienza a oscurecerse, hasta que de pronto no hay nada de Sol. Bienvenido a los tres días de oscuridad. Muchos decidirán entonces que este no es el camino que desean tomar y pasarán a otros ámbitos. Usted puede elegir tener miedo o usted puede elegir hacerle frente a la aventura. Escúcheme claramente. Usted va a tener que estar despierto, tendrá que estar alerta, necesitará saber lo que va a ser su viaje, en el cual va a tener que participar de un momento a otro. Esto sucederá así de rápido.

La pregunta que siempre se hace, que no tiene respuesta, es: Maestro Kirael, por favor díganos qué día va a pasar, para que podamos prepararnos. ¿Qué va a hacer usted, conseguir linternas? Eso no lo ayudará porque las baterías no funcionarán después de "El Cambio". ¿Qué va a hacer, llenar el tanque con gasolina? No se preocupe por eso. Cuando sus números sean lo suficientemente altos, usted podrá ampliarse a través de la energía de los cinturones fotónicos, y un nuevo mundo comenzará. Hasta que ese momento llegue, sólo tendrá que seguir preparándose.

A medida que el Sistema Solar y la Tierra giran alrededor del Gran Sol Central, Alcyone, en un momento dado la Tierra entrará por completo en el Cinturón de Fotones alrededor del Año 2012, y permanecerá allí durante más de dos mil años. Este evento será de suma importancia, por medio del cual, se ayudará a traer a consciencia los numerosos cambios que van a tener lugar en los próximos dos mil años. Estas energías están diseñadas para ayudar a los sistemas estelares y a sus componentes, en la transición de conciencia. En el Cinturón de Fotones, los velos entre las diferentes dimensiones serán cada vez más delgados o inexistentes. Cada estado de conciencia dimensional se puede correlacionar con estas frecuencias diferentes. Estas frecuencias también ayudan a definir los diferentes tipos de vibración de los fotones.

La última vez que la Tierra pasó a través del Cinturón de Fotones fue cuando la Atlántida y Lemuria estaban en su apogeo de desarrollo espiritual. Los registros históricos indican que este acontecimiento tuvo lugar antes que el continente de Lemuria se hundiera en el Océano Pacífico. Sin embargo, esa no fué la causa de la destrucción de Lemuria.

Aquellos que resistan la luz del Cinturón de Fotones y los cambios venideros, no podrán cruzar a través de los doce vórtices gigantes. De acuerdo con los Maestros Ascendidos, muchos optan por abandonar sus cuerpos físicos (morir), en lugar de dejar a un lado sus ilusiones de tercera dimensión. Ellos prefieren aferrarse a sus temores, falsas creencias y agendas personales. Muchos también carecerán de la disciplina necesaria para prepararse y seguir los pasos de la graduación. Esto es evidente ya que cada persona tiene libre albedrío. Nunca se juzgan las decisiones que se hayan tomado Cada alma evoluciona de acuerdo a su trayectoria elegida (línea temporal).

La entrada en el Cinturón de Fotones ayudará en la preparación del planeta Tierra y todos sus habitantes para Ascender a la cuarta y a la quinta dimensión. Historicamente, sin embargo, las transiciones entrando y saliendo del Cinturón de Fotones, se han caracterizado por patrones climáticos radicales y cambios dramáticos en la Tierra. Algunos de estos eventos de transición ya han comenzado. Poco a poco se incrementarán en los próximos años. Los seres humanos necesitan prepararse para cualquiera de estos posibles acontecimientos sin temor. Además, pasando con seguridad a través de estas energías de luz, significa que usted ha alineado las frecuencias de sus patrónes energéticos con las frecuencias del patrón energético del Cinturón de Fotones. Los preparativos para "El Cambio", se han estado llevando a cabo por una serie de entidades Espirituales durante muchos años. La Jerarquía Espiritual y los grupos Extraterrestres, han hecho varios ajustes en los patrones energéticos del Sistema Solar en preparación a la llegada del Cinturón de Fotones.

Sin embargo, los seres humanos que piensan graduarse necesitarán ayuda con los alineamientos internos en su conciencia. Profundo en su interior, usted está consciente de su necesidad para prepararse y su necesidad de ayuda espiritual. De hecho, muchas personas han estado preparándose durante muchos años. Esfuerzos se han iniciado para ayudar a proteger sus sistemas biológicos de la sobrecarga psicológica y la angustia emocional. Hay una multitud de Asistentes Espirituales que pueden ayudarlo con sus preparativos. Sin embargo, es necesario hacer preguntas y poner de su parte. Nadie puede vivir su vida por usted. Otros seres humanos y Asistentes Espirituales, pueden ayudarlo para que usted se pueda ayudar. Nuestras experiencias indican que los Asistentes Espirituales y otros ayudantes pueden proceder a completar el 77 por ciento de los cambios solicitados. El restante 23 por ciento es responsabilidad suya. Es decir, usted necesita saber qué preguntas hacer y también necesita hacer un esfuerzo personal, para superar diversos imbalances y ajustar patrones del flujo energético.

Hay grupos de personas y "Trabajadores de Luz" en todo el mundo haciendo preparativos. Hay miles de libros y de canalizaciones acerca de cómo prepararse para estos eventos. La Biblia Cristiana menciona los tres días de oscuridad, y muchas personas religiosas en todo el mundo también creen firmemente en la importancia de prepararse para el futuro.

Con el fin de aprovechar las intensas energías fotónicas que llegan a la Tierra, usted necesita preparar su cuerpo físico, mental y emocional, cambiando su conciencia de la tercera a la cuarta dimensión. Para prepararse, tiene que "estar aquí", "Ahora". El objetivo es el de que usted pueda obtener la maestría sobre la dualidad polarizada de la tercera dimensión. Usted tendrá que estar más alerta de su conciencia de tercera dimensión. Cuando usted cambie al estado de conciencia en la cuarta dimensión, usted estará cambiando a un reino nuevo de realidad con menos densidad material, y dualidad limitada. Esta cuarta dimensión es el reino de realidad de los arquetipos, los guías, y todo tipo de entidad espiritual. Mientras se prepara para pasar a la cuarta dimensión, solo pida asistencia y siga la quieta y pequeña voz interior "Ahora". Pedid y se os dará, basado en su creencia e intención.

Antes de que nos acercamos al siguiente capítulo, el Espíritu indica que usted debe de ser consciente de un mensaje recientemente enviado por los Extraterrestres Arcturianos, www.cybertrails.com. Su mensaje es: *Durante el 2012, no haga planes de tomar viajes largos en cualquier clase de vehiculo.*

Se puede interpretar el mensaje de cualquier manera que usted elija. Ellos han presentado este mensaje con un fin; ojalá, alguien obtenga más detalles. Si usted se entera, déjele saber a los demás lo que descubra. Muchos saben que si usted estuviera conduciendo en una carretera desolada al oeste de Tejas y "El Cambio" llegara, el carro se detendría a un lado de la carretera y usted se quedaría dormido. Cuando se despierte, después de tres días, su carro se quedaría allí en la carretera ya que las nuevas energías presentes después de "El Cambio" no permitirán que los motores mecánicos funcionen. El uso del péndulo, dirigido hacia la Conciencia Universal, indica que este escenario acerca de la inhabilidad del funcionamiento de los motores mecánicos, es acertado en un 95 por ciento.

* * * * * *

9

Los Maestros Ascendidos y la Ayuda de los Extraterrestres para la Ascensión de la Tierra

Muchos seres humanos están fascinados con el concepto de Extraterrestres, los ovnis, y el encubrimiento del gobierno sobre la presencia de Extraterrestres. Considere la posibilidad de que esta maravilla se debe a que ellos (y usted), son Extraterrestres. Hay secretos en relación con los Extraterrestres, porque la realidad es que todos los humanos sobre la Tierra se originaron en otros planetas. Este conocimiento podría alterar los libros de historia y sacudir los planes de los Iluminati. Sí, el planeta Tierra ha sido invadido por Extraterrestres muchas veces en el pasado. Usted es uno de los invasores ajenos. Muchos Extraterrestres siguen llegando y partiendo disfrazados para verse como seres humanos todos los días.

¿Es este sueño hecho realidad, lo mejor posible? ¿Siempre sintió que su hogar estaba en otro planeta? ¿O está infundido de miedo al saber que está rodeado por Extraterrestres? Dese cuenta que los cuerpos físicos de todos los seres humanos en la Tierra han sido alterados genéticamente para combinar varias características genéticas de diferentes Extraterrestres. Por ejemplo, los seres humanos tienen un cerebro funcional reptiliano.

Aunque la mayoría de los seres humanos han oído hablar de los ovnis y millones de otros creen que los Extraterrestres están presentes, hay muchos todavía dormidos, seres humanos inconscientes que aún dudan de su existencia. Bashar, canalizado a través de Darryl Anka, (www.bashar.org), sobre los Extraterrestres, indica:

Pregunta: "¿Nos puede dar un tiempo específico en cuanto a la aceptación del público en general, y la comprensión del fenómeno OVNI?"

Respuesta: "Entre sus años 2012 al 2013 habrá bastante información. En el 2029 casi todos sobre el planeta van a estar al tanto de Extraterrestres; a más tardar en el 2037, todas las personas no sólo sabrán, pero la resonancia de vibración de la Tierra se convertirá en una parte de la Asociación de los Mundos."

Extraterrestres de Andrómeda han indicado que la forma de la vida humana fue creada en el sistema Lyria. Humanoides que poseen características nórdicas han vivido en muchos planetas diferentes dentro de este Universo por aproximadamente cuarenta millones de años.

A medida que observa el internet, y lee libros y revistas, usted puede que vea artículos sobre el primer contacto con los Extraterrestres. La mayoría de todas las naves Extraterrestres - incluso de las Naves Madres (Nodrizas), cientos de kilómetros en diámetro - están vibrando a frecuencias por encima de lo que la visión humana puede detectar. Estos vehículos son, evidentemente, formas intergalácticas de pensamiento, que carecen de la densidad de la materia que estamos acostumbrados a tener en la Tierra. Ellos son creados y controlados por el pensamiento. Estos vehículos creados del pensamiento, pueden cambiar dimensiones para con determinados fines. Desde una perspectiva de tercera dimensión, estos vehículos cambian de dimensión, se vuelven menos físicos y desaparecen de la vista en una pantalla de radar. Sin una estructura física de tercera dimensión para reflejar los pulsos de radar, se vuelven invisibles.

Extraterrestres de fuera del planeta están aquí y ahora, esperando "El Cambio" y la Nueva Tierra.

La mayoría de los OVNIs que han aterrizado físicamente sobre la Tierra de tercera dimensión, fueron creados por entidades de planetas de baja frecuencia, o creados por los contratistas del gobierno en la Tierra. Estos vehículos son construidos principalmente sobre la base de la tecnología externa del Mer-Ka-Ba. Algunos de los OVNIs han sido parte de la Rebelión de Lucifer. Estos tipos más antiguos de vehículos físicos Extraterrestres, están siendo sustituidos por vehículos más elaborados que puede desplazarse a lo largo de muchos Universos. Incluso los creados en la Tierra, se están modernizando constantemente.

Las naves diseñadas espiritualmente del Mer-Ka-Ba de luz, son creadas por amor y luz a través del pensamiento dentro de la quinta dimensión, o una dimensión superior. Un gran número de naves intergalácticas de luz, han estado y siguen aterrizando en dimensiones más altas del planeta Tierra multidimensional. De hecho, hay muchos de estos vehículos en, y alrededor de la Tierra, que tienen el desafío de encontrar espacio para estacionar. Así que si usted está esperando a estas naves extraterrestres que aterrizen sobre la Tierra para que usted pueda subir a bordo, tiene que hacer una transición a un estado superior de conciencia, donde se pueda ver. Entonces, ellos podrán descender en conciencia, pero primero usted debe hacer un esfuerzo para Ascender, con el fin de conocer y comunicarse con ellos telepáticamente. Los grandes buques nodrizas, el tamaño de la luna de un planeta, deben permanecer a cierta distancia del Sistema Solar, con el fin de evitar la interrupción de varios campos energéticos alrededor de los planetas. Así que si usted ve un OVNI, dese cuenta que más a menudo, los vehículos con los colores, luces intermitentes, han sido fabricados en la Tierra a través del uso de la tecnología externa del Mer-Ka-Ba. En otros casos, estos vehículos han sido creados por entidades Extraterrestres que residen en otros planetas de baja frecuencia.

Hay un número ilimitado de diferentes tipos de seres Extraterrestres, en un número sin fín de planetas, en matices ilimitados, de diversos estados de conciencia dimensional. Muchos se parecen a los seres humanos, o como los descritos en la película Viaje a las Estrellas, (Star Trek). Muchos tienen características corporales humanas, tal como los de las Pléyades, mientras que otros tienen variadas características humanoides. Por supuesto hay muchos otros tipos de Extraterrestres, por ejemplo, el de los insectoides, reptoides, y dinoides. Rara vez observamos a estas otras formas en la tercera dimensión de la Tierra. La mayoría de ellos existen dentro de los estados superiores de la conciencia dimensional y son invisibles para los humanos de tercera y cuarta dimensión sobre la Tierra. La mayoría de los Extraterrestres altamente evolucionados son incapaces de sobrevivir en un planeta de baja frecuencia, como la Tierra, durante cualquier período de tiempo. O están restringidos de aterrizar en la Tierra, para limitar la posibilidad de que inadvertidamente, podrían interferir con la evolución espiritual de un alma.

Una lista corta de Extraterrestres que han visitado la Tierra incluye, los Lyranos, Veganos, Pleyadianos, Procyonianos, Oriones, Draconianos, Zepheliums, Sirianos, Zeta Retículi, Alpha Centurionos, Arcturianos, Reptilianos, Reptoides, varios Grises, Rectulianos, Zionites, Athenianos, y Andromedianos.

Casi todo el mundo está familiarizado con los contratos entre nuestro gobierno y las razas Gris/Zeta/Retículi, firmados hace varios años, cuando los Grises pidieron poder experimentar con seres humanos en un intento de crear una raza híbrida. En dicho contrato, a nuestro gobierno se le dio varios avances tecnológicos a cambio de permitir a los Grises llevar a cabo sus experimentos. En el programa de Investigación sobre la Energía Sutil, había un Investigador Asociado individual, que se ofreció voluntariamente a participar en estos experimentos.

Información muy reciente sobre los resultados de estos experimentos, indican que el Zeta/Retículi creó con éxito su híbrido deseado. Cuando viaje a través del tiempo hacia el futuro, puede consultar con el Gris/Zeta/Retículi en otro ámbito de la realidad, y aprender acerca de sus híbridos resultantes. Esta nueva raza híbrida se ha denominado la Essasani. Ellos han recuperado su capacidad sexual y su capacidad de tener emociones. Además, un informe de la Federación Intergaláctica de Planetas, indica que estos Essasanis Extraterrestres son seres iluminados.

Usted puede preguntarse porque los Grises se interesaron en sobrevivir sobre su planeta deteriorado, recuperar sus emociones, y su capacidad de reproducción sexual. Obviamente tenían interés en continuar su evolución espiritual, y de hacer la transición a los estados de la quinta dimensión de conciencia, al final de este ciclo actual de setenta y cinco mil años. Recuerde que el *próximo turno* que muchos otros planetas de tercera dimensión dentro de este Universo tendrán hacia una conciencia de quinta dimensión, se producirá veinticinco mil años después del 2012. Los Grises se dieron cuenta que la próxima oportunidad era en el 2012, razón por la cual se estaban preparando para evolucionar lo antes posible.

La quinta dimensión es un plano de existencia donde el amor incondicional y la unidad completa existen. En varios grupos religiosos este lugar se llama un Cielo desconocido. Esta creencia supuestamente lo llevará al Cielo o a un Infierno alterno. Estos conceptos son creencias ilusorias, creadas por aquellos que han tratado de controlar a los seres humanos y a crear el miedo. En realidad, el Espíritu indica que cuando muere un ser humano en la Tierra - cuando el espíritu y el alma salen del cuerpo físico - el alma tiene varias opciones. En gran medida, sus creencias conscientes determinan en dónde usted termina. Si usted cree en un Cielo o en un Infierno, entonces eso es lo que usted ha creado, y ahí es donde se va a quedar. Algunos optan por permanecer en la Tierra, y se convierten en espíritus sobre la Tierra (por ejemplo, los fantasmas). Otros seres humanos, que eligen moverse hacia la luz, se mueven generalmente hacia los tonos medios de la cuarta dimensión. Dentro de estos matices, llamados Bardo, las lecturas de Edgar Cayce indican que hay varias opciones. En primer lugar, a las almas se les aconseja, tienen una visión general de la vida, y se les da opciones sobre las cuales pueden elegir. Algunos pueden descansar por un rato. Algunos optan por permanecer dentro del ciclo de la reencarnación y continuar una nueva vida en un planeta de tercera dimensión. Algunos pueden optar por ir a un planeta de mayor frecuencia (por ejemplo, Venus en este Sistema Solar), su planeta de origen, o a otro planeta en este Universo. Cada vez que un alma se va, se le enviará un nuevo contrato para orientarlo a lo largo de su camino espiritual.

Cuando el alma va a los tonos más bajos de la cuarta dimensión, esa alma puede elegir Ascender y hacer la transición para salirse del ciclo de la reencarnación. Sin embargo, para que el alma pueda Ascender a la cuarta y a la quinta dimensión en la Nueva Tierra, o de otro planeta de la quinta dimensión, debe haberse preparado internamente, mental y emocionalmente. Cualquier alma Ascendente debe asumir el amor y el estatus de un "Cuerpo de Luz", y cambiar a la Conciencia (de Unidad) Crística, como se analizará en los próximos capítulos.

Para tener una comprensión parcial de la Ley Universal sobre la graduación y la Ascensión desde un planeta, puede beneficiarle el estudio de un experimento realizado por los militares de EE.UU. Hace varios años el ejército preparó un experimento para viajar a través del tiempo moviendo una nave y su tripulación de la tercera dimensión a las dimensiones invisibles cuarta y quinta. Los experimentos de Philadelphia y de Montauk, fueron experimentos científicos diseñados para hacer objetos invisibles al cambiar su frecuencia. Los experimentos fueron realizados por algunos de los mejores científicos del mundo. Algunos pueden considerar el experimento de Philadelphia un fracaso, debido en parte, a la pérdida de numerosas vidas. Además, el buque de guerra anclado en el puerto de Philadelphia con el equipo electrónico necesario para "El Cambio", se perdió, ya que viajó por el tiempo a diferentes lugares en la Tierra. Cuando ha aparecido se han llevado a cabo esfuerzos para recuperar los cuerpos de los fallecidos.

Para aquellos interesados, hay muchas fuentes de información sobre estos y otros experimentos. En términos de comprender los cambios dimensionales, estos experimentos tuvieron algún grado de éxito. Sin embargo, existen Leyes Universales que gobiernan la capacidad de la humanidad para el cambio de dimensiones. Los procedimientos científicos intentados no consideraron la importancia de la conciencia humana en relación a los cambios de frecuencia y las Leyes Universales.

Con el fín de prepararse para la Ascensión de la Tierra y la Ascensión de muchos seres humanos, se ha enviado un equipo de transición planetaria a la Tierra para ofrecer ayuda. Algunos leyendo este libro son miembros de este equipo. Usted ha venido a la Tierra en forma humana en este momento específico, con el fin de ayudar a los demás hacer su transición de la tercera dimensión a la cuarta, y a la quinta dimensión de la Nueva Tierra lo más fácil que sea posible. La mayoría de los miembros del equipo de transición son de otro planeta de alta frecuencia, otro reino de realidad en el Universo, o de otro período de tiempo a lo largo de una línea temporal diferente. Independiente de dónde usted pueda provenir, usted tomó un cuerpo físico humano, y "Ahora", tiene que asumir responsabilidades. Es un espíritu avanzado teniendo una experiencia humana. Usted es uno de muchos Extraterrestres que recientemente encarnó. El espíritu indica que alrededor de seis millones de Extraterrestres y cincuenta mil ángeles han tomado cuerpos físicos humanos en los últimos cincuenta y cinco años. Todos ellos están aquí para ayudar.

Varios grupos de Extraterrestres están ayudando desde fuera del planeta, a través de la canalización. Un grupo de Extraterrestres Arcturianos, con frecuencia, canalizan a través de David K. Miller. Sus canalizaciones, llevadas muy al día, se publican en el *Sedona Journal of Emergence* (*Revista del Emerger de Sedona*), cada mes. También, los libros, *Connecting with the Arcturians* (*Conectandose con los Arcturianos*), y *Teachings from the Sacred Triangle* (*Enseñanzas del Triángulo Sagrado*) volúmenes 1 y 2, pueden ayudarlo a prepararse para la Ascensión. También usted puede tomar ventaja de las cámaras de sanación a bordo de los vehículos más grandes Extraterrestres de los Arcturianos. Pídale al Consejo Espiritual de su Ser Superior que lo lleven a las cámaras de sanación durante el tiempo en que esté dormido por la noche. Haga esto cuantas veces lo desee. Muchos Investigadores Asociados actualmente participando, se han beneficiado de los balanceamientos que han recibido en estas cámaras.

Muchos Extraterrestres han venido con planes magníficos para ayudar a la Tierra a sobrevivir y cambiar en conciencia. Estos planes han creado temor entre los miembros del Iluminati, que han mantenido el control de la población humana desde hace miles de años. Muchos de estos controladores están "Ahora" resignados al hecho de que sus días están contados. Algunos han optado por un camino espiritual, se han unido a las fuerzas de la Luz y se están preparando para Ascender. Otros se están aferrando a sus posiciones de poder lo más ellos que puedan.

Varios miembros de la Federación Galáctica han creado sitios en el internet y programas diseñados, para ayudar a la Tierra y sus habitantes. Por ejemplo, el Consejo de Sirio, ha designado a Sheldon Nidle como su representante en la Tierra. En el libro, *You Are Becoming a Galactic Human* (*Usted Se Está Convirtiendo en un Humano Galáctico*), por Virginia Essene y Sheldon Nidle, los Sirios ofrecen detalles sobre la historia de la Tierra y el destino de la humanidad. Para obtener unas perspectivas útiles, revise estos sitios en el internet: www.galacticfriends.com, www.awakening-healing.com, y www.dimensionaltransitions.com.

En el 2005 los Creadores del Universo se dieron cuenta del potencial de una guerra global en la Tierra debido a la impaciencia y la impulsividad creada a propósito, en la conciencia de los seres humanos de tercera dimensión. Estos patrones de conducta no se originaron en la Tierra, pero fueron canalizados hacia abajo, desde las dimensiones superiores, a agentes de la cuarta dimensión, y sembrados en la conciencia de las entidades de tercera dimensión. Con el fin de limitar la destrucción excesiva a que llegue a su máximo, los Extraterrestres intervinieron. Por esta razón el proceso de la Ascensión puede que tenga que acelerarse. Usted detectará los posibles cambios en los planes, observando las sensaciones que se sienten, como si hubiera un estado de emergencia. Su cuerpo físico puede sentirse como si estuviera en un vehículo rápido, moviéndose a una velocidad más allá de lo normal. Estas sensaciones son causadas por un rápido aumento de la frecuencia, y un cambio asociado con la energía, dentro del cuerpo físico. El objetivo es el de preparar su cuerpo físico para que usted pueda abordar con seguridad una nave Extraterrestre, en caso de que las condiciones ambientales en la Tierra se vuelvan insoportables.

Se esta atendiendo a cada persona con fines relajantes. Sin embargo, usted puede facilitar las cosas al optar por subirse a la ola de cambio con calma y sin resistencia. Sepárese del drama y dirija su atención a su misma calma. El estímulo generado por las actividades de los manipuladores para intensificar el drama es cada día mayor. Si no se desprende de la ficción, usted puede quedar atrapado en las formas de pensamiento, como remolinos que lo succionarían dentro del caos. Los Creadores recomiendan retirarse del tumulto y dejar que el flujo de pensamientos negativos le pasen por encima.

Despréndase del drama y el caos que se avecina, retirándose y dejando que los pensamientos negativos le pasen por encima.

A todo ser humano en la Tierra se le hace un seguimiento individual. Para aquellos que planean graduarse, la Jerarquía Espiritual quiere asegurarse de que usted pueda ser capaz de manejar la aceleración en progreso y sobre los buques. Una vez a bordo, usted será procesado y atendido. Obviamente, todos los planes se basan en un conjunto de probabilidades, que están sujetos a cambios de procedimiento. Nadie conoce los planes exactos. Sin embargo, siempre y cuando el levantamiento de seres empieza, a usted se le informará de los procedimientos a seguir. Mantenga comunicación mental con el Comando Galáctico de Ashtar y/o con la Federación Intergaláctica de Planetas para recibir sus instrucciones y directrices. Utilice el discernimiento al escuchar cualquier mensaje. Los mensajes de ellos siempre estarán llenos de esperanza, afirmaciones positivas de unidad y reverencia a Dios/Diosa.

Recuerde que la Federación Intergaláctica de Planetas y el Comando Galáctico de Ashtar tienen un número suficiente de vehículos Extraterrestres disponibles para evacuar rápidamente a aquellos que califican para ser transportados, siempre y cuando surja la necesidad. Estarán listos en cualquier momento cuando la vida física en la Tierra se vea amenazada.

Sin embargo, con la ayuda de Dios/Diosa, los Maestros Ascendidos, los Extraterrestres y muchos Trabajadores de Luz, nos encontramos en una buena posición. Ahora cada vez es más evidente que el planeta Tierra no tendrá que estremecerse tan severamente para sacudirse de los seres humanos montados sobre su espalda. Ninguna entidad o espíritu sabe exactamente lo que ocurrirá durante "El Cambio" y durante el proceso de la Ascensión. Cuando esto suceda, nos daremos cuenta. El objetivo consiste en estar preparados en cualquier momento pase lo que pase.

Ninguna entidad o espíritu sabe exactamente lo que ocurrirá durante "El Cambio" y el proceso de la Ascensión.

Mencionamos estos hechos sobre las "Huestes del Cielo", porque hay otras civilizaciones Extraterrestres interesadas en la intimidación, la inserción de implantes, secuestros y diversos tipos de control mental. Hay que evitar de una forma u otra que cualquier entidad inculque el miedo, la depresión o la amenaza.

Para aquellos interesados en las características de las diferentes naves actualmente usadas por estos grupos Intergalácticos, consulte el sitio en el internet, www.ashtarcommand.net, y vaya a la sección titulada que sólo se ofrece en inglés, "The Command Ships of The Ashtar Command-Mer-ka-bah Flaming Chariots of Adonai". Que significa, "Las Naves de Comando de las Carrozas de Fuego de Adonai del Comando-Mer-Ka-bah de Ashtar". Las grandes Naves Nodrizas miden unas cien millas en diámetro y son de doce pisos de altura. Pueden aceptar los seres de tercera dimensión y ajustar sus frecuencias a las de la nave. También hay una estación denominada Midway (a Mitad De Camino) que es mucho más grande y se llama "Share"

("Compartir"), que orbita la Tierra. En ella facilmente pueden caber veinte enormes Naves Nodrizas. El transbordador es relativamente más pequeño y las naves exploradoras son de hasta unos veinte kilómetros en diámetro. Son utilizados con fines de evacuación y alojamiento temporal antes de la transferencia a las naves más grandes. Tenga en cuenta que por motivos de seguridad, la mayoría de los cuerpos físicos serán transportados en su estado de reposo. Obviamente, algunos seres humanos pueden ser llevados en un estado despierto. Si por alguna razón el rejuvenecimiento del cuerpo físico fuera necesario, se llevaría a cabo en las Naves Nodrizas por miles de seres altamente calificados para garantizar su seguridad.

Otro grupo ayudando a la Tierra es el "Elven". Los Elfos (duendes), vivieron en Lemuria y la Atlántida hace unos cincuenta mil años atrás, recién regresaron para asistir en el proceso de la Ascensión de la humanidad. Están a disposición de quien solicite su ayuda y están dispuestos a compartir sus ideas con usted. No van a interferir con su viaje, sin embargo, se mantendrán presentes siempre y cuando se necesiten. Ellos saben que usted está al mando de su viaje futuro. Los elfos funcionan en otro plano de conciencia, al igual que los ángeles.

A algunas personas les gustaría que usted no creyera que el mundo de los elfos y los ángeles existe. Es posible que estas personas nunca hayan sentido su presencia. Con una visión limitada carecen de la capacidad de ver estas entidades vibrando a frecuencias más altas. Personas sensibles pueden sentir la presencia de los elfos porque irradian un amor intenso. Si desea hacer un esfuerzo concertado para ver, sentir o tocar los elfos y llegar a ellos conscientemente, ellos agradecerían su interés. Ellos necesitan su reconocimiento y agradecimiento ya que están desconcertados con respecto a la lentitud de la humanidad en aceptar su presencia. Viaje con su cuerpo espiritual y visite su bello mundo. Sus ángeles lo ayudarán a viajar a través del tiempo al estado de conciencia dimensional de ellos, donde se podrán conocer. Están tan llenos de luz y amor que la única manera que usted puede hacer un contacto significativo con ellos es cambiando al estado de conciencia dimensional suyo y sumergiéndose en su amor.

Es interesante darse cuenta de que la sociedad japonesa tiene una relación muy estrecha con los Elvens (elfos). Esta es la razón por la cual su sociedad está avanzando más rápido espiritualmente en comparación con otras sociedades de la Tierra. Los elfos han sentido y están muy satisfechos, que los seres humanos en la Tierra se están alejando de la religión y cada vez más cerca hacia lo Espiritual.

* * * * * *

10

La Importancia del Campo Energético
del Mer-Ka-Ba Alrededor del Cuerpo Humano

Para muchos propósitos, el cuerpo humano debe estar rodeado de varios campos de energía geométricos. Hay un campo de prana cerca de la superficie del cuerpo físico generado por el flujo de energía de los meridianos/chakras. También hay un campo en forma de huevo que se extiende varios centímetros del cuerpo, que se llama el aura, que se genera por sus pensamientos y sentimientos. También debería haber una red búdica (campo de energía magnético) para proteccion, ubicado entre su cuerpo etérico y astral. Hay una red de energía que rodea al cuerpo que está conectada a los puntos de acupuntura, a través del cual entra la energía espiritual. Hay otro campo de energía llamado el "recubierto" (overlay) que ayuda a mantener la integridad de todos los cuerpos energéticos y sus correspondientes patrones de energía. Todos estos campos de energía geométricos organizados crean lo que se ha llamado el "Cuerpo de Luz" humano, en parte, porque juntos emiten energía de luz de diferentes colores.

Otro campo de energía muy importante que es *creada* por la conciencia individual y se coloca alrededor del cuerpo humano, es un campo de luz llamado el Mer-Ka-Ba. Hasta este punto en la historia, todavía el Mer-Ka-Ba no suele formarse automáticamente. Sin embargo, estudios recientes indican que si se levanta la conciencia dimensional hasta cierto nivel de energía, aún no definida, el Mer-Ka-Ba se puede formar espontáneamente. Muchos creen que cuando usted se prepara para Ascender a la cuarta dimensión de este planeta, usted sabrá cómo crear su propio Mer-Ka-Ba. El Mer-Ka-Ba se realiza con tres tetraedros estrella. Estos tetraedros se extienden desde las ocho células originales de "Dios/Diosa", ubicadas en el centro del cuerpo.

Nota: *Si usted ha estado en la Tierra o un planeta similar por lo menos trece mil años, su campo de energía Mer-Ka-Ba probablemente se ha desactivado.*

Ochenta y cuatro por ciento de todos los seres humanos en la Tierra, han estado en planetas de tercera dimensión por más de trece mil años. Si usted vino a la Tierra recientemente, usted puede que tenga un Mer-Ka-Ba funcional. La mayoría de los seres humanos han vivido miles de vidas en la Tierra, con frecuencia cambiando de nacionalidad, de orientación sexual, con el fin de ayudar a crear el equilibrio sexual y espiritual interior.

Tres tetraedros estrella (formas geométricas sagradas, entrelazadas), conforman el Mer-Ka-Ba. Juntos se presentan como una estructura tridimensional que puede estar dentro de un cubo. Si no está familiarizado con el Mer-Ka-Ba, sería muy útil tener un diagrama preciso en tres dimensiones de estos tetraedros estrella para ayudarle a visualizar su forma. Esto le dará una mejor comprensión de cómo estructurar su propio Mer-Ka-Ba. Usted podría comprar uno o construir uno, siguiendo las instrucciones descritas en *The Ancient Secret of the Flower of Life: Volume 2* (*El Secreto Antiguo de la Flor de la Vida: Volumen 2*), por Drúnvalo Melchizedek. Este libro también proporciona una descripción detallada de los ejercicios de respiración utilizados para crear un campo de energía Mer-Ka-Ba dentro y alrededor de su cuerpo. El objeto de la utilización de estos ejercicios, es el de crear un diseño interior en tres dimensiones del Mer-Ka-Ba. Una vez que haya creado el Mer-Ka-Ba y continúe con su mantenimiento, debe convertirse en un "Cuerpo de Luz" permanente que puede ayudarlo de muchas formas diferentes. Algunos puntos fundamentales de entrada para considerar cuando se crea un Mer-Ka-Ba, son:

1. Usted visualize sus tres tetraedros (que componen el Tetraedro Estrella), asegúrese que su cuerpo está mentalmente colocado en el centro de las formas geométricas.

2. Será de gran utilidad estirar los brazos para visualizar el tamaño relativo de los tetraedros estrella,. El tetraedro debe abarcar un área del tamaño del espacio entre los dedos medios de los brazos extendidos (un poco más alto que su propia altura). Otra alternativa consiste en construir un tetraedro estrella y entrar en él.

3. Si tiene la oportunidad, sería de gran ayuda tomar un taller de Mer-Ka-Ba. Con la ayuda de su Dios/Diosa usted puede encontrar a alguien experto para ayudarlo a crear su Mer-Ka-Ba personal y permanente.

4. Para cubrir todos los detalles sobre la construcción de un Mer-Ka-Ba, se necesitaría un gran número de páginas adicionales. Debido al espacio limitado en este libro, por favor tome un taller de Mer-Ka-Ba, compre uno de los libros que describen el procedimiento y siga las instrucciones, o vaya a uno de estos sitios en el internet: www.floweroflife.org, www.wingmakers.com.nz, o www.holisticwebs.com. Todos ellos tienen sugerencias útiles y referencias específicas.

Independiente de donde encuentre ayuda para crear su Mer-Ka-Ba, asegúrese que la fuente que utilice para ayudarlo o guiarlo esté aprobada espiritualmente por Seres de Luz avanzados. El método adecuado para crear un Mer-Ka-Ba consiste en el uso del amor y/o su cuerpo emocional, y el uso del cerebro izquierdo para crear un campo energético que viva en y alrededor de su cuerpo. Su Mer-Ka-Ba será un vehículo espiritual de realidad muy importante para sus experiencias en las dimensiones superiores.

Una advertencia: Cuando usted crea un Mer-Ka-Ba externo con la mente del ego, utiliza y amplía el cerebro lógico derecho para crear ese Mer-Ka-Ba. Utilizando sólo el cerebro derecho teórico para crear su Mer-Ka-Ba, ello omite un equilibrio que la energía de amor interno y de dedicación que sólo el cerebro izquierdo puede proporcionar. Este procedimiento técnico dirigido por una mente de ego puede crear un Mer-Ka-Ba externo que es un camino posible hacia las energías destructivas. Un Mer-Ka-Ba interno, centrado en el tubo pránico que se crea mediante los principios espirituales, tiene muchas propiedades beneficiosas.

**Revise su Mer-Ka-Ba "Cuerpo de Luz",
diariamente, para asegurarse que está posicionado
correctamente, balanceado, y girando apropiadamente.**

Todos los días asegúrese que su Mer-Ka-Ba está girando correctamente, está balanceado y funcionando adecuadamente. Puede que necesite su Mer-Ka-Ba por varias razones en un futuro muy próximo. Use el péndulo con exactactitud para chequear su Mer-Ka-Ba frecuentemente, las veces que sea necesario.

Si usted no tiene un Mer-Ka-Ba y ni siquiera sabe lo que es uno, entonces necesita llevar a cabo algunas tareas. Al mantener un Mer-Ka-Ba en buen orden, usted podrá conservar su memoria, evitar el proceso de la muerte física y pasar a través de los Portales Cósmicos hacia las dimensiones superiores, completmente consciente. *Acuérdese de crear y mantener su Mer-Ka-Ba tan pronto como le sea posible.*

* * * * * *

11

¿Quién o Que Es Dios/Diosa? La Creación Eternamente Evolucionando

Muchos seres humanos en la Tierra han sido deliberadamente engañados sobre lo que el término "Dios/Diosa" significa. Por lo tanto, le pedí al Consejo Espiritual de mí Ser Superior para ayudarme a entender este término Dios/Diosa. Fuí dirigido inmediatamente a la página del internet, www.God/Goddesschannel.com . Para mi sorpresa, esta página del Internet tiene muchos datos importantes que el péndulo demuestra son un 97 por ciento acertados. Hasta hace poco, el término Dios se ha aplicado a los tres miembros masculinos de la familia divina: el Espíritu, el Padre y el Corazón. Hay un cuarto miembro, sin embargo, que ha sido pasado por alto durante demasiado tiempo. Esa es la parte femenina de la divinidad: la Madre o la Diosa.

Dios dice en la página del internet, www.God/Goddesschannel.com

Si bien se me conoce como Dios y adorado como Dios... la verdad es que yo soy sólo una parte de Dios/Diosa, una parte de la "gestalt" íntegra responsable de causar y mantener a la Creación. La otra mitad esencial de la Deidad, es la Gran Madre o Diosa, la matriz cósmica de la creación. Ella es la que yo amo, y a la cual le debo mi existencia en la manifestación. Es ella la que abre y mantiene el espacio que contiene mi Luz. Ella es el campo magnético del Ser del cual se manifiestan mis colores y matices. Su esencia es magnética, que atrae, aguanta, apoya, y nutre. La energía de la Madre es tanto sutil, como poderosa... emocional, sentimental, y estabilizadora.

Hasta hace poco mi mensajero, los profetas, y los canalizadores, han ignorado la importancia e incluso la existencia del aspecto de la Madre, la Diosa. La Madre tiene su propia voz, y el de ella es bastante diferente a la mía. No se oye su voz en su mente. Usted solamente puede conocer su esencia y oír su voz a través del sentir dentro de sí. El Suyo es el lenguaje de las emociones, el movimiento, y lo sonoro. Y como la mía, la voz de la Madre puede ser realmente mejor sentida y escuchada... solo en su interior.

La comprensión más importante que Yo les puedo transmitir acerca de mí, es que Yo estoy evoluciónando. Esta comprensión es fundamental si se me conoce como Yo Soy, y no como Yo fuí. Me he manifestado a los seres humanos en muchas ocasiones. Cada vez, Yo lo he hecho en términos de las personas que me reciben para que ellos pudieran entender. Cada vez que Yo me he manifestado, era como Yo era, en ese momento. Porque Yo estoy en evolución, Yo estoy cambiando. Y porque la humanidad está evolucionando, usted va a cambiar. Usted está "Ahora" mucho más dispuesto a aceptar el papel de anfitrión para nuestra presencia aquí en la Tierra.

Aunque la Madre y Yo hemos creado este Universo y todo dentro de el, hay un Universo más amplio y otro nivel de la Deidad más allá de nosotros. Nuestro Universo local es una de varias Creaciones separadas... cada una de éstas fue creada por una fuente original de sus Abuelos divinos. Así como Yo tengo una relación en la que estoy constantemente presente dentro de tí... El Espíritu Puro Original que Yo llamo Abuelo, está siempre presente dentro de Mí... Aunque el Abuelo no ha creado este Universo, Él y la Abuela Original, crearon las condiciones que hicieron posible para que la Madre y Yo lo creáramos.

De estos comentarios, se entiende más exactamente que el Creador es llamado Dios/Diosa como dos partes del *Uno*. Otros utilizan los términos Abba/Amma o Madre/Padre para honrar a estos aspectos del Creador.

El nuevo lenguaje del Cielo está dejando de hacer distinciones entre la Deidad y los seres humanos. También se han ido Vos y Vosotros y las otras formas arcaicas de la segunda persona para dirigirse a Dios/Diosa. Preferimos un informal Hola Dios/Diosa u Hola Madre, como un saludo. La Madre y Yo deseamos que nos encuentren en su interior, y esto será más fácil con un terreno más equilibrado de relación lingüística.

La página del Internet, www.God/Goddesschannel.com, tiene un buen enfoque el cual usted puede utilizar para disminuir la tensión espiritual, mientras conduce a lo largo de su viaje en preparación para su graduación y la Ascensión. En la parte llamada "Conducir Su Vehículo (Cuerpo), Girando Hacia Atrás para Enfrentar Creaciones Pasadas", (Driving Your Vehicle (Body) by Turning Backwards to Face Past Creations), Dios/Diosa indica:

Mi intención es que usted me encuentre dentro de sí y expresar o canalizar Mi verdad al mundo, si usted así lo elige. Para ello, Yo quiero compartir con usted más de lo que Yo Soy y de Mi experiencia de la Creación. Desde mi punto de vista, Yo estoy profundamente dentro de usted, un viajero en un viaje a través de la Creación. Yo estoy en todas partes simultaneamente, y al mismo tiempo, consciente de todas las cosas, y todas sus relaciones. Desde su perspectiva, Yo me muevo a través de la Creación de la misma manera que usted se está moviendo a través del tiempo lineal. Yo sólo voy un poco más adelante que usted, creando cada nuevo momento tal como emerge a través de mí... y en cada momento en que el Universo es creado de nuevo.

Una metáfora útil, es que hemos estado en un largo viaje de autobús a través de la Creación. Al igual que el autobús que usted conduce a través de su propia vida, Yo Soy el conductor de un autobús grande y usted está a bordo. Durante mucho tiempo Yo le he estado enviando mensajes... invitándolo a acercarse hacia delante desde la parte trasera del autobús y quedarte aquí conmigo, al lado del volante. Ahora usted lo puede hacer con mayor facilidad... más que nunca. Visitémosnos... a medida que nos sentimos cómodos el uno con el otro, Yo le voy a mostrar cómo Yo conduzco. Tal vez hasta incluso encontraremos una nueva forma de conducir juntos.

Al irse arrimando hacia la parte delantera del autobús, cada vez usted se dará mas cuenta de la sincronicidad, y de un significado más profundo en relación a los acontecimientos. Yo quiero decirles que el camino, que está inmediatamente por delante, es bastante ajetreado, y también puede sentirse un poco como una montaña rusa. El secreto aquí es el de no quedarse rígido en su asiento... Usted querrá tener agilidad con sus pies y poder moverse con los cambios, para que pueda mantenerse equilibrado... La forma más fácil y más rápida para hacer esto, consiste en abandonar todos sus juicios.

Si usted quiere aprender una mejor forma de conducir, Yo le voy a compartir un secreto y le mostraré cómo estoy colocado aquí en la parte delantera del autobús. Yo estoy mirando hacia atrás. Sí, Yo manejo hacia atrás. Lo que está por delante no se ha manifestado, es el Vacío. Delante de Mí no hay nada. Detrás de Mí lo es todo, toda la Creación. Si Yo estuviera mirando hacia adelante no podría ver nada, estaría mirando hacia el Vacío. Mirando hacia atrás, sin embargo, Yo experimento toda la Creación que surge hacia atrás como la estela del cisne, o el flujo de un río... En cuanto Yo evoluciono a través del tiempo, la Creación evoluciona conmigo... Mirando hacia atrás como Yo, tiene varias ventajas. En primer lugar, es más fácil permanecer centrado en el momento presente. En segundo lugar, uno encuentra la gracia en el fluir de la Creación, y moviéndose hacia el centro de ella. En tercer lugar, tenemos mayor resonancia entre los dos, lo que hace que nos podamos comunicar con más facilidad... En cuarto lugar, usted obtiene una buena práctica para conducir el autobús de la manera en que estaba destinado a ser conducido.

Mirando hacia adelante tiene sus desventajas. En primer lugar, impide que se participe en la Creación, que siempre está pasando aquí en el momento presente. En segundo lugar, mirando hacia el futuro envía energía hacia delante que crea una resistencia al fluir de la existencia, quitándolo a uno de lo que es, y haciendo la vida más difícil. En tercer lugar, mirando hacia el futuro le impide a uno la apreciación, y utilizar lo que es, y lo que ha sido.

Hay mucho que cosechar del pasado, usted lo puede retraer todo de un jalón y apropiarse de el. Dónde usted está "Ahora" es el momento presente. Esto es lo más lejos en el futuro que cualquiera ha llegado, incluyéndome a Mí. Hay una cualidad muy importante que se desarrollará a medida que vaya practicando conducir hacia atrás. Esa cualidad es la que le permite a usted poder confiar.

Al echar marcha atrás podemos regresar del futuro. Nuestra cultura nos ha enseñado a mirar hacia delante y planificar el futuro. Se ha hecho hincapié en hacer las cosas para ayudar a hacer el futuro más seguro y más abundante. Esta filosofía supone que ya no somos afortunados ni seguros. Los conceptos de miedo, perjuicio y la falta de bienes materiales, han ido conduciendo la obsesión acondicionada de nuestra cultura. Recuerde, el estar plenamente presente en el "Ahora" eterno, es el objetivo de la práctica espiritual, la graduación y la Ascensión.

Para unas sugerencias útiles, vuelva y estudie a fondo el libro, *A New Earth* (*Una Nueva Tierra*), por Eckhart Tolle. Aplique esas verdades a su vida. Cuando usted se aleja del futuro (conduciendo hacia atrás), usted puede rápidamente volver al momento presente. A pesar de que usted está conduciendo hacia atrás, usted todavía está avanzando, y de esta manera puede ver todas las reservas de memoria pasada con más claridad. Entonces usted puede observar y analizar lo que ha funcionado y lo qué no ha funcionado. También se puede observar cómo otros han manejado su vida en circunstancias similares. Usted "Ahora" tendrá una imagen más completa para obtener orientación acerca de qué hacer en el momento presente, aquí y "Ahora". El momento presente es todo lo que hay. El futuro es un invento mental, está hecho de ilusiones de lo que podría ser. Solo piense en toda la energía que desperdicia conduciendo hacia adelante.

Eso no quiere decir que el futuro no tiene valor y que requiere un poco de energía. Lo que pasa es que el pensamiento excesivo acerca del futuro desperdicia energía valiosa. Algunos planes para el futuro son útiles para los próximos eventos que se avecinan, y para planificar las cosas que se llevarán a cabo en la Tierra actualmente. Este uso práctico de la planificación para el futuro no es el tema aquí. El desafío con el cual nos encontramos, es el de evitar obsesionarnos con el futuro, como si el pensar en ello y preocuparnos por él, de alguna manera, mejorara el futuro. La clave está en darse cuenta si uno está dedicando demasiado tiempo pensando en el futuro. Cuando esto sucede, dese la media-vuelta y conduzca hacia atrás. Después, deshágase de todo juicio sobre lo que pueda suceder, como si todo estuviera supremamente organizado y hecho en un patrón ordenado.

Haciendo las cosas bien es a menudo menos importante que el mantenimiento de su salud y su bienestar. Éstas son algunas señales del estar enfocado en el futuro:

1) Cuando la ansiedad o la preocupación surge, dese cuenta que esos sentimientos se producen cuando el futuro es incierto. 2) También cuando surgen temores acerca de lo que pueda o no pueda suceder. 3) Cualquier sensación de intranquilidad indicará que usted está en el futuro otra vez. 4) Cuando usted se percata que está pensando y planificando demasiado en los detalles más minuciosos acerca de un acontecimiento futuro. 5) Cuando usted se dá cuenta de que tiene un sentido casi inconsiente de querer controlar las cosas.

Conducir hacia atrás, confiar en si mismo y el Universo, junto con el fluir de las cosas, y escuchar su intuición y su guía interior, pueden hacer de la vida algo mucho más agradable. Para que no siga castigandose usted mismo, confíe en la bondad y en la orientación de su Dios/Diosa interior, y aléjese de toda expectativa y decepción. Conducir hacia atrás también puede ayudarlo a eliminar la ansiedad, el miedo, la tensión, la preocupación, y el estrés. Hay mucho más en la página del internet, www.God/Goddesschannel.com, que puede ser útil para conducir hacia atrás y hacia la Nueva Tierra.

* * * * * *

Section III: El Potencial Creativo de la Evolución Espiritual

12

Los Factores a Considerar en la Preparación de la Graduación y la Ascensión

El proceso de la Ascensión es un viaje espiritual interno vinculado a las decisiones relacionadas con su comprensión de su realidad multidimensional. Para Ascender, hay que mantener una serie de frecuencias de vibración en la conciencia del alma y del espíritu. Dependiendo de cualquier cosa fuera de sí para Ascender, es una negación del Dios/Diosa interior. El holograma de la conciencia humana fue diseñado para mantener los diversos cuerpos juntos como una unidad. Hay varios factores externos que son útiles para hacer que el proceso sea más eficiente y agradable, pero muchos de estos no son necesarios.

Muchos en el pasado han limitado su capacidad de Ascensión porque se apoyaron en los factores externos. Ellos pensaron que algún factor externo o factores basados en tecnologías científicas, los ayudaría a Ascender. Aquellos individuos que trabajaron tan duro durante muchos años para crear dispositivos para la Ascensión, se fueron dando cuenta de la inutilidad de sus esfuerzos. Algunos de estos intentos resultaron en daños al medio ambiente y en daños al cuerpo humano de aquellos involucrados. Sus esfuerzos para la Ascensión deben enfocarse en los factores internos como se discutirá en la Sección IV.

Hay muchos ejemplos de cómo los humanos han hecho mal uso de la tecnología. Por ejemplo, los Marcianos conscientemente crearon un Mer-Ka-Ba externo en vez de un Mer-Ka-Ba interno. Fueron incapaces de controlar sus intensas energías, y como resultado, destruyeron las características que proporcionaban la vida sober Marte. Al destruir la mayor parte del agua sobre Marte, ellos crearon un paisaje desértico. El agua es el componente más clave de todo sistema viviente, ya que es el medio conductor a través del cual una fuerza de vida llamada prana, se transmite a cada célula. Un programa de sondas espaciales a Marte indica la presencia de edificios antiguos y de un poco de agua en su superficie, sin embargo, la tercera dimensión del planeta es todavía inhabitable.

De manera similar, los de la Atlántida, técnicamente avanzados, crearon un sistema masivo y externo que consistía en la colección y la distribución de energía de cristal a lo largo de todo su continente. Este sistema de energía externo fue tan poderoso que cuando se sintonizó con demasiada intensidad, fue en gran parte responsable de derretir montañas, creando volcanes, y hasta en el hundimiento del continente de la Atlántida.

Los Factores que le Reducen a Uno la Habilidad de Pasar a Través de los Portales Cósmicos

Hay Leyes Universales que rigen el proceso de la Ascensión. Todas las creaciones físicas presentes en la Tierra deben aumentar su frecuencia para poder Ascender. Esto incluye la Tierra, los seres humanos, las plantas, los animales, y otras creaciones. La pregunta es, entonces, ¿cómo puede uno aumentar su frecuencia?

Los siguientes son algunos ejemplos de factores que influyen en su habilidad para aumentar su frecuencia:

1. Su Modus Operandi (método que utiliza para manejar sus cosas) Influenciará Sus Calificaciones De Grado

Su método de operación (MO), en términos de si usted está dirigiendo sus esfuerzos hacia el Servicio a Sí Mismo (SAS), o el Servicio a los demás (SAO), es muy importante. Los del SAS - MO, demuestran sus verdaderos motivos siempre queriendo algo para ellos mismos. Sus principales objetivos y agendas consisten de uno-primero, sin importarles lo que le suceda a los que los rodean. El patrón de comportamiento SAS es de tipo guerrero, característico de aquellos que juzgan y critican y que están atrapados en la conciencia de dualidad o sea de separación.

Por el contrario, en el SAO - MO, su meta principal en la vida es la de ser de ayuda a los demás de una manera que no perjudique el libre albedrío de la persona, y las lecciones que ésta haya elegido. Así, el SAO - MO, ayuda a crear una filosofía de vida que se mueve hacia la Unidad/Conciencia Crística.

Antes de trabajar con los demás, lo mejor sería conocer sus métodos de operación (MO). Determinar hasta que punto ellos trabajan las modalidades del SAS y SAO, antes de entrar en un acuerdo. Siempre pida ayuda espiritual cuando se trabaja con otra persona. Descubra a quién y hacia qué va a servir la relación. ¿Todos involucrados están beneficiándose, o sólo una parte se está beneficiando desproporcionadamente más que los otros dentro de la relación? Por los frutos de su labor se les conocerá - no por lo que ellos digan o escriban, sino por sus acciones. Entre dentro de su conciencia para determinar el SAO y SAS - MO de otros - sin juzgarlos. Fíjese si la presencia de formas de pensamientos negativos están presentes, o apegamientos de entidades contradictorias o presencias negativas dentro del ámbito de trabajo. A las personas controladas por los Intrusos se les quiere evitar a toda costa, ellos principalmente tienen un SAS - MO. Cuando usted logre su confianza espiritual, entonces estará capacitado para trabajar con sus Asistentes Espirituales y de esta forma eliminar a los Intrusos o a otras entidades indeseables. Esta forma de servicio puede ayudar a un individuo poder regresar al SAO - MO.

Estos conceptos son importantes mientras se prepara para su graduación, Su MO, por necesidad, debe ser clasificado dentro de la categoría SAO. Los conceptos de Dualidad (SAS) tendrán que ser removidos para que la Unidad/Conciencia Crística (SAO) prevalezca. Esto significa tener un control completo sobre la tendencia del *ego* hacia el egocentrismo, y la aceptación de su ego, para ser guiado fuera de las formas de pensamiento negativo. Ninguna forma de pensamiento negativo será permitida en la Nueva Tierra.

2. El Uso Excesivo de Equipos Electrónicos Será Dañino para Su Salud y Su Nuevo Cuerpo

El uso *excesivo* de equipos electrónicos tales como teléfonos celulares, televisiones, el internet, líneas de transmisión de alto voltaje, juegos de video, microondas, radios, y secadoras de pelo, pueden causar daño al sistema eléctrico del cuerpo. Gran parte de este equipo electrónico ha sido diseñado, promovido, y vendido sin la debida consideración a la salud de las personas que compran y utilizan el equipo. Tal parece como si esto se hubiera diseñado intencionálmente para crear tensión en el cuerpo humano. Sí, estos dispositivos tienen algunos propósitos deseables y útiles. Sin embargo, desen cuenta que han creado uno de los planetas más contaminados electromagnéticamente en la Vía Láctea. La contaminación electromagnética es tan peligrosa como, o más que, la contaminación química en el medio ambiente. El uso excesivo de aparatos eléctricos puede dañar el cerebro y el sistema eléctrico del cuerpo, una realidad científicamente comprobada y deliberadamente ignorada por los miembros de la sociedad que comercializan estos dispositivos eléctricos.

Hasta cierto punto usted se puede dar cuenta, de cómo el daño electromagnético al cerebro y al sistema nervioso se expresa en la sociedad, tomando nota de las pautas de comportamiento destructivo de algunas personas, tal como lo hemos visto a través de los medios de comunicación. Estudios científicos han indicado que las personas expuestas a campos electromagnéticos han tenido daños en el sistema nervioso y otros desequilibrios que las hacen susceptibles a la programación externa. Existe la programación subliminal dentro de los juegos de video, películas, y programas de televisión. Un programa subliminal no es más que un patrón energético ocultado que se proyecta, y que puede ser implantado en la conciencia, y está generalmente diseñada para provocar una respuesta predecible. El objetivo es el de influir a las personas sin que ellos se den cuenta del programa instalado. Todas las formas subliminales, programadas y almacenadas en la propia conciencia, tendrán que ser esclarecidas antes de la Ascensión.

3. Evite la Lectura de Materiales de Valor Cuestionable que Pueden Causar Tensión al Sistema Nervioso

El gasto excesivo de tiempo leyendo libros, periódicos, revistas, y cualquier otro material escrito que contenga información inútil, pone presión sobre el sistema nervioso, embota la mente y el espíritu. Materiales que discuten la delincuencia, el deporte, la violencia, pervertidos sexuales, las peleas, y la guerra, pueden causar daños mentales graves. Estos temas están diseñados para desviar la atención lejos de su camino espiritual. Evite materiales de lectura que se basan en creencias falsas, y viejas ilusiones que hace años han perdido su valor espiritual. Lea los materiales que su Dios/Diosa interior recomiende. Busque nuevas creencias más eficientes de la voz quieta y pequeña en su interior. Después utilice el péndulo de *precisión* para comprobar el valor de cada elemento del material que considere leer, sobre todo si es material canalizado por fuentes espirituales que no han sido comprobadas.

4. Asistir a Muchas Conferencias, Talleres, y Servicios deAdoración, Puede Ser Contraproducente

Asistir a un número excesivo de conferencias y talleres, o seguir la guía de algunos líderes religiosos que se dotan de conocer "El Camino", puede ser contraproducente. Hay valor en el aprendizaje de los demás. Sin embargo, gran parte de su material se basa en creencias limitadas y falsas que pueden retardar el crecimiento espiritual y la Ascensión. El uso del péndulo, el discernimiento y la intuición, pueden ayudarlo a seleccionar los talleres, los profesores y los ministros con información espiritual útil.

5. Manteniéndose Ocupado Es un Mecanismo de Escape Diseñado por el Ego para Reducir el Crecimiento Espiritual

Manteniéndose ocupado todo el tiempo le quita tiempo de la meditación, la relajación, y el disfrutar de comunión con la naturaleza. Estas son algunas actividades que pueden atrazarlo a uno en su capacidad para Ascender: la acumulación inútil de cosas físicas, una pérdida de tiempo excesivo en el aseo personal, o en la limpieza de su automóvil o de su casa, cocinando comidas grandes con un valor nutritivo limitado, conduciendo excesivamente de ida y vuelta por la ciudad, por falta de planificación, la participación excesiva en los deportes y las actividades en grupo, una adicción a las compras, cualquier tipo de trabajo que ocupa demasiado tiempo, y un emple.

6. Construcción Inapropiada del Mer-Ka-Ba Dejará de Proveerle la Protección Necesaria

La construcción y el uso inapropiado del Mer-Ka-Ba, puede ser muy perjudicial. El Mer-Ka-Ba es un "Cuerpo de Luz", de gran ayuda, que debe estar construido apropiadamente y mantenido diariamente. En los estados superiores de conciencia dimensional, el Mer-Ka-Ba sirve para muchos propósitos útiles. Para obtener más información acerca de cómo preparar el Mer-Ka-Ba, "Cuerpo de Luz", adecuadamente, refiérase al capítulo 10.

7. Evite el Consumo de Toda Droga Natural y Artificial que Destruye al Cuerpo Humano

El consumo de cualquier droga natural o artificial que destruye cualquier parte del cerebro o del sistema nervioso, o que causa daño a cualquier parte del cuerpo es contraproducente. Esto incluye el uso de drogas ilegales que alteran la mente, y las rescetas médicas que están diseñadas para ocultar los síntomas de la enfermedad. Además, evite todas las sustancias químicas venenosas, tóxicas, y los estimulantes, tal como la cafeína, aspartame, glicol de propileno, nicotina, Nutra Sweet, y el glutamato monosódico (GMS). Evite una serie de aditivos alimenticios tales como preservativos, colorantes, y los aromatizantes - todos estos utilizados sin prestar ninguna atención a la salud pública - para vender productos alimenticios sospechosos, de baja calidad, y aquellos procesados con un valor nutricional mínimo.

8. Música que Altera Las Ondas Cerebrales y la Proyección de Imágenes Intermitentes Pueden Dañar el Cerebro

Escuchando música que altera las ondas cerebrales y/o mirando la proyección de imágenes intermitentes sobre una pantalla de video, puede alterar la frecuencia de las ondas cerebrales. Estas técnicas de los medios de comunicación están diseñadas para hacer que la mente sea más receptiva a la publicidad y a la propaganda promovida por las corporaciones multinacionales y los Iluminati. La música recia puede dañar los tímpanos y algunos nervios en el cerebro. De hecho, la música fuerte ha demostrado ser tan destructiva que hasta puede matar las plantas. Ruidos de baja frecuencia y alto volumen, tales como en equipos de música portátiles, son diseñados para dañar el cuerpo. Nota: muchos tipos de música son beneficiosos para el cuerpo. Cierta música realmente tranquiliza el cerebro y mejora el crecimiento de las plantas. También hay ciertas combinaciones de frecuencias que pueden contribuir a elevar la conciencia de uno, tales como los tonos denominados Hemi-Sync.

9. Todo en La Creación Está Cambiando Constantemente, Incluso los Conceptos en Este Libro

La información contenida en este libro también debe cambiar en conciencia. Es decir, todo debe cambiar constantemente con el fín de poder estar alineado con los futuros estados superiores de conciencia dimensional. Será muy importante para usted actualizar y añadir nuevos conocimientos a los conceptos sobre los que está leyendo, y su aplicación a su vida. El secreto en la vida está en siempre mantener la mente abierta, buscar nuevas ideas, encontrar formas para poder entender mejor, y utilizar el discernimiento en todas sus actividades educativas y espirituales.

Factores Utiles, Pero No Obligatorios, para El Traslado a través de Los Portales Cósmicos

1. Consuma Alimentos de Alta Frecuencia Que Sean Compatibles con un Cuerpo de Alta Frecuencia

El consumo de alimentos de alta frecuencia puede ayudar a mejorar la salud, un criterio importante para avanzar hacia los estados superiores de conciencia dimensional. Con frecuencia, hemos discutido la importancia de consumir alimentos no procesados, de alta frecuencia, es decir, frutas y hortalizas frescas que han sido convertidas en jugo. Evite el consumo de alimentos procesados de baja frecuencia, carnes cocinadas sobre llama, carbonizadas, que se convierten en tóxicos cuando se calientan excesivamente o se queman. También, evite toda comida irradiada, y los alimentos cocinados en un microondas, debido a la destrucción de la fuerza vital pránica dentro del la substancia expuesta.

2. Participe en Actividades Que Son Tranquilas y Relajantes para Su Cuerpo y Su Mente

Participe en todo tipo de actividades que crean un estado de paz en la mente. Esto podría incluir tomar un paseo en la naturaleza y estar en comunión con las plantas y los espíritus de la naturaleza, escuchar música relajante y tranquila, observar las nubes, caminar, o nadar afuera al aire libre para respirar prana, tomar baños relajantes con agua limpia, visitar un lago o una costa oceánica para comulgar con el agua y recibir sus energías saludables, sentarse en el sol para absorber su energía vitalicia, y meditar para aquietar la mente y escuchar la voz quieta y pequeña en su interior.

3. El Creer Que Usted Califica para Entrar al Cielo No Será Suficiente para Cumplir con las Normas Necesarias para Pasar a través de Los Portales Cósmicos hacia la Nueva Tierra

Sólo creyendo que sería deseable vivir en el "cielo", sobre un planeta que tiene una frecuencia mayor en vibración, no cumple con todos los requisitos para la Ascensión. Sin embargo, la creencia puede ayudarle a crear formas de pensamiento que ayuden a cambiar la conciencia para que vibre a una frecuencia compatible con los requisitos establecidos. Dese cuenta que para vivir en la Nueva Tierra necesita creer y ajustar sus frecuencias para que sean compatibles con sus visiones deseadas. *El solo creer es insuficiente para satisfacer las necesidades de la Ascensión.* A medida que el planeta Tierra evoluciona a través de la cuarta dimensión a la quinta dimensión, serán necesarios cambios dentro de su conciencia para que usted pueda ser compatible con esas frecuencias.

4. Use Su Tiempo de Reloj Sabiamente Mientras Se Prepara para la Graduación y la Ascensión

Es muy importante determinar que tareas deben de llevarse a cabo para ayudar en su evolución espiritual. Sin embargo, como se mencionó antes, no hay necesidad de estar siempre haciendo algo para no estar perdiendo el tiempo. El tiempo nunca se pierde. Dado que en realidad no hay tiempo, usted tiene una eternidad para hacer lo que le resulte más útil. No hay ninguna necesidad de estar corriendo de un lado a otro tratando de completar una tarea que genere estrés y tensión. Establezca una agenda donde usted tenga tiempo libre para hacer nada más que relajarse y disfrutar del solo ser usted. Recuerde, el tiempo de reloj se está derrumbando, por ello se tiene menos tiempo para trabajar. Haga una lista para priorizar sus actividades, eliminando muchos de ellos.

5. Es de Suma Importancia Evitar Todo Tipo de Temor

El permitir que **el** miedo tome control de sus cuerpos energéticos, dramáticamente daña sus cuerpos e interfiere con su ADN y su metabolismo. No hay nada que temer salvo el propio miedo. Esto incluye cualquier tipo de estrés, tensión, ansiedad, trauma, depresión, escapismo, ira, odio, avaricia, culpa, preocupación, celo e intolerancia. Reemplace todas las emociones negativas con amor, paciencia, amabilidad, alegría, consideración, y un sentido de ser servicial. En cuanto más se trabaja para sobrellevar el control de su cuerpo emocional, es necesario que usted evite todos los acontecimientos emocionalmente perturbadores.

6. La Eliminación de Programas de Dualidad e Impresiones de Tercera Dimensión sobre la Consciencia

Para hacer espacio para la conciencia de cuarta y quinta dimensión, es importante eliminar todo lo grabado en su cuerpo energético que podría de alguna manera interferir con el mantenimiento de sus órganos nuevos y de su cuerpo nuevo. El objetivo es el de despejar todos los factores que no tienen valor dentro de su reino futuro de la nueva realidad. Aquellos factores que podrían en realidad desacelerar su progreso evolutivo, necesitan ser borrados. Decida sobre lo que usted quiera que su mundo futuro esté basado, y deshágase de todo lo demás. Usted observará que muchas cosas dentro de su conciencia, que han sido encubiertas, serán reveladas para su esclarecimiento.

7. Borre Toda Programación Subconsciente Diseñada para Crear Cambios Dramáticos en la Tierra

Debido a que cambios anteriores de conciencia han sido asociados con cambios dramáticos sobre la Tierra, muchos seres humanos han programado en su conciencia que estos acontecimientos ocurrirán de nuevo. Algunas personas actualmente se aferran a diversas y terribles predicciones de consecuencias indeseables. Pueden llegar a ser profecías autorealizadas. Por lo tanto, evite pensar en las predicaciones de los terremotos, las inundaciones, el hambre, el desplazamiento del eje planetario, o de otros eventos desastrosos. Obviamente, estos eventos pueden ocurrir al estarse purificando la Madre Tierra. Sin embargo, nunca hay una necesidad de temer o preocuparse de estos posibles eventos. Pensando en ellos y preocupándose ayudará a que se conviertan en realidad. De hecho, cuando varias personas se enfocan en cualquier clase de evento, ellos ayudan a llevar ese caso a la realidad. Adéntrese y pregúntese cuál es la verdad para con su mundo, y ajuste sus actividades de acuerdo a ello. Es su energía la que va a determinar dónde se encuentra usted durante "El Cambio" y cómo va a experimentar la transformación.

8. Abra Su Conciencia para Recibir Energías Revitalizantes que Llegan de Afuera del Planeta

Tome ventaja de las formas variadas de energías que están llegando a la Tierra para ayudar con el proceso de la Ascensión, como por ejemplo, la llegada de la luz cristalina en forma de estallidos de rayos gamma provenientes de agujeros negros. Esta luz cristalina tiene una frecuencia más alta que la luz blanca. Solicítele a sus Asistentes Espirituales integrar esta luz a sus cuerpos nuevos, de alta frecuencia. Tome ventaja del rayo de la Ascensión que está ahora disponible procedente de la hélice del rayo platino y oro cristalino. Además, los rayos de paladio, el rodio, y el cuarzo pristino, pueden ayudar en el proceso de preparación para la Ascensión.

9. Un Recordatorio para Prepararse para Su Graduación y Ascensión sin Anticipación

Tenga en cuenta que no hay necesidad de anticipar su Ascensión. Habrá un tiempo programado para cada individuo para Ascender. Si usted necesita informar a un familiar o amigo que usted está pensando en Ascender, hágalo, pero con toda la diplomacia que le sea posible, sin ego, ni juicio. Cuando su preparación para la Ascensión esté completa, usted tendrá la capacidad de cambiar de forma para adaptarse a las circunstancias. Es decir, como cambian las circunstancias, usted puede cambiar para fluir con ellas, incluso usted puede modificar la forma suya si así usted lo desea. Usted se adaptará a sus circunstancias *a través de sus pensamientos* durante todas las diversas etapas del proceso de la Ascensión, siempre déjese llevar por sus guías desde su interior. Todo se llevará a cabo en el momento perfecto y en la secuencia necesaria. Todo se está llevando a cabo a través de una multitud de Asistentes Espirituales muy avanzados. Nada llegando a la vista será aburrido, especialmente después de pasar a través de los velos y los Portales Cósmicos.

* * * * * *

13

Los Cambios Resultantes del Viraje Polar
y La Correa Fotónica

Para tener una comprensión parcial de los eventos asociados con "El Cambio", tenemos que devolvernos aproximadamente unos dieciocho meses antes de "El Cambio". Los acontecimientos que ocurren durante este período son provocados por una disminución en la intensidad del campo magnético alrededor de la Tierra.

Ya hemos discutido algunos de los posibles acontecimientos que pueden ocurrir con "El Cambio". También entendemos que los acontecimientos pueden ser menos graves que en épocas anteriores. Sin embargo, es su responsabilidad estar preparado para cualquier acontecimiento futuro. Basado en registros históricos, hay pruebas de que en caso de que los polos cambien, muchas personas pueden perder sus memorias y muchos de los sistemas sociales pueden comenzar a derrumbarse. Se requieren muchos cambios en la preparación para la Nueva Tierra. Estos cambios son un proceso de limpieza y hay que eliminar patrones de pensamientos indeseables.

La bolsa de valores se puede desplomar, el combustible para los automóviles puede ser limitado, la energía eléctrica puede ser interrumpida, los gobiernos pueden dejar de funcionar, la ley marcial puede ser invocada, y los alimentos pueden ser escasos. Lo más favorable es aceptar la llegada de estos eventos sin temor.

Si está preparado y puede mantener la calma a través de los doce meses anteriores a "El Cambio", el próximo período para estar alerta será el día antes de "El Cambio". En talleres llevados a cabo por tribus de Nativos Americanos, se han dado las siguientes sugerencias:

Cuando por instinto siente que "El Cambio" está a punto de ocurrir, vaya dentro de su antigua choza (pueblo), construida con materiales naturales, baje las cortinas, no mire hacia afuera, y póngase a orar Mirando hacia afuera podría causar miedo, algo que sería lo último que quisiera hacer. ¿Por qué ir dentro de una casa hecha de materiales naturales? Durante y después de "El Cambio", todos los materiales fabricados que no sean naturales, desaparecerán de la Tierra.

Algunos materiales relativamente cerca del estado natural, como la madera, y el vidrio, pueden persistir por un tiempo. Esto significa que partes de su automobile se desintegrarán y este será inestable. Su casa puede ser inutilizable debido a los muchos materiales artificiales incorporados en su estructura. Una casa de pueblo, hecho de barro, paja, arena, piedras, y madera, se mantendrá intacta.

Como las dimensiones tercera y cuarta se sobreponen y se fusionan, muchas de las creaciones de tercera dimensión van a desaparecer, y las creaciones de cuarta dimensión comenzarán a aparecer. Estos objetos de cuarta dimension tendrán formas y colores que nunca se han visto antes, por lo que a tener curiosidad de saber lo que es. Drúnvalo Melchizedek, (www. flowerorlife.org), sugiere:

Después de "El Cambio", no toque objetos recientemente creados porque ellos elevarán su vibración demasiado rápido.

"Mi sugerencia para usted es que no debiera tocar esos objetos. Si lo hace, instantaneamente lo halará a la cuarta dimensión a un ritmo acelerado. Sería más fácil y mejor, evitar de moverse así de rápido... Por lo tanto, recomendamos estar en la naturaleza cuando esto suceda, pero si no puede ser así, entonces será la voluntad de Dios/Diosa. Yo no me preocuparía por esto. Solo estoy informándole para que usted entienda cuando esté comenzando "El Cambio."

Hay indicios de que no hay nada que uno pueda hacer o decir para preparar completamente a los seres humanos para estos episodios, antes, durante, e inmediatamente después de "El Cambio". Kirael, un guía maestro que canaliza a través de Kahu Fred Sterling en Hawaii, tiene una gran cantidad de información publicada sobre "El Cambio". Consulte los libros de Kirael y la página en el Internet, www.kirael.com, para obtener más información útil. Citando a Kirael:

"En el proceso actual del cambio, Tara ve trabajadores de luz despertando de su sueño profundo durante los tres días de oscuridad. Ella también ve que el mundo parecerá inadecuado para la vida humana, si éste se mira a través de los ojos físicos. La gente tendrá dificultades para ponerse de pie porque la gravedad será alterada. Cada célula en el sistema humano habrá ampliado su matriz energética. Su densidad se habrá disminuido en un 30 por ciento. Esto creará una situación de desequilibrio que puede ser alineado sólo a través del pensamiento. Su despertar en el cuarto estado de conciencia dimensional, necesitará un reajuste general de la forma en que todo se vive y se percibe.

*La primera vez que estornude en la cuarta dimensión, **sentirá** su cuerpo tambaleándose por la habitación. Esto es así ya que su cuerpo no estará funcionando a través del oxígeno. Por costumbre, en la tercera dimensión, usted toma una gran inhalación antes de esta acción y luego la expulsa forzosamente. La diferencia es que junto con la respiración profunda, también habrá inhalado una cantidad extremadamente grande de energía prana en el sistema. Esto es porque el oxígeno se combina con la energía prana en la cuarta dimensión física para aligerar el sistema del cuerpo... esta energía se sobreimpondrá, mientras que la resistencia gravitacional a la que está acostumbrado ya no existirá. Así que volando por la sala usted irá."*

"El Cambio" se considerará la transformación más maravillosa de la historia. Después de "El Cambio", los seres humanos llegaremos a seguir creando el Cielo en la Tierra. La ciencia ha sido lenta para ayudar a proporcionar alguna comprensión acerca de "El Cambio". La ciencia tiende a refugiarse en el interior del puerto seguro del materialismo. Al excluir los aspectos espirituales y sutiles de la energía de la creación, la comunidad científica ha frenado el desarrollo espiritual de la humanidad, y la comprensión de las leyes fundamentales de la creación. También la falta de comprensión por parte de la ciencia, de los campos de la energía etérica o sutil que dan forma a la realidad física, ha disminuido significativamente la evolución del hombre. Los conocimientos científicos sobre el diseño de la creación se han basado principalmente en manifestaciones físicas, observables. Nuevas ciencias cuánticas indican que la conciencia está directamente relacionada con todas las realidades ilusorias físicas.

Por ejemplo, en la superficie del cuerpo humano de la tercera dimensión, se encuentran siete chakras principales,o vórtices de energía, que canalizan energía espiritual en el cuerpo. En su interior hay chakras adicionales que canalizan esa energía a la ubicación correcta. La salud de cada órgano adyacente a un chakra está relacionada con la eficacia funcional de esa chakra. La profesión médica ha ignorado estos centros tan importantes de energía, en parte porque las chakras etéricas no se pueden ver físicamente. Además, se encuentra dentro del estado de tercera dimensión de la conciencia, el tiempo de reloj que se creó para que nuestro espíritu experimentara lo físico y todas las limitaciones asociadas, tales como ser independiente. El tiempo ilusorio nos dio un punto de referencia, una perspectiva de la progresión, y un sentido de uno mismo, para que pudiéramos enfocarnos en un evento. Para llevar a cabo esta creación ilusoria de la hora de reloj, la frecuencia del reino de la realidad fue *disminuída* para que pudiéramos experimentar el despliegue gradual del crecimiento. Es así como utilizamos nuestros sentidos para experimentar el proceso de la creación tal como se está manifestando. Ese proceso ha sido alterado, y *la frecuencia del reino de la realidad seguirá aumentando*. Existe el miedo entre los profesionales de que este conocimiento pueda ehar a perder el negocio de miles de millones de dólares de los cárteles famacéuticos y médicos. Cuando el cuerpo físico fué creado, estos vórtices se formaron para sostener los órganos asociados. La salud de cada órgano está directamente relacionada con sus chakras asociados, externos, e internos. Asegúrese que sus chakras estén girando correctamente y estén armonizados.

Durante y después de "El Cambio", las siete chakras se unificarán en una sola chakra principal. Todo lo que el cuerpo necesita energéticamente se filtrará a través de esta chakra unificada, que se ubicará dentro de la región del corazón. La energía basada en el amor de la chakra unificada fluirá a través del corazón. *Tenga en cuenta que esta nueva chakra unificada debe ser ajustada cada día para ayudarlo en su cambio de conciencia.* El Espíritu le recomienda

Robert Pettit

utilizar el siguiente procedimiento en un momento determinado del día, para ayudarlo a acordarse a afinar todas sus chakras y comenzar a trabajar con su chakra del corazón, que será unificada en el futuro.

Durante y después de "El Cambio"
las siete chakras principales estarán unificadas
en una sola chakra principal que debe afinarse todos los días.

Empiece colocándose en una posición cómoda y relajada. Respire profundamente el prana y la energía fotónica de luz hacia abajo y hacia arriba, por el tubo de prana al chakra del corazón. En cada exhalación visualice su chakra del corazón cada vez más grande, abriendo y expandiendose en toda dirección para crear una esfera en constante expansión. Al expandir la esfera, incluya cada otro chakra en ella, mientras respira hacia dentro y hacia afuera: el tercero y el quinto, el segundo y el sexto, el primero y el séptimo, el octavo y sus rodillas, el noveno y sus tobillos, y el décimo con las chakras de sus pies. Su chakra unificada "Ahora" debiera ser una esfera dorada, de veinte, a cincuenta pies en diámetro. La expansión de su chakra unificada también ayudará a estabilizar su estado de conciencia multidimensional. Visualice su esfera dorada extendiéndose y ampliándose para incluir el chakra onceavo (nivel del alma), el chakra doceavo (nivel de Cristo), el chakra treceavo (La Presencia del "Yo Soy"), y el chakra catorceavo (Fuente). Mantenga esta esfera, y amplíe su aura alrededor de su cuerpo físico, aproximadamente unos treinta a cincuenta pies.

Después de haber visualizado y creado esta esfera dorada, ya se ha establecido un patrón de energía fundamental para ayudarlo a convertirse en una creación basada en el amor, en lugar de una creación basada en el miedo. Usted puede llegar a ser activo, en vez de reactivo. Usted puede llegar a ser transpersonal, un estado de conciencia más allá de los límites de la identidad personal, en vez de una basada en la personalidad. Partiendo de este punto, usted puede crear una alternativa, que es la realidad basada en el consentimiento que se extiende más allá de sus limitaciones actuales. Es una nueva realidad basada en la paz, la alegría y el amor. Sin embargo, para encarnar verdaderamente y mantener esta identidad transpersonal usted tendrá que que desconectarse de otras personas que tienen un interés en mantenerlo encerrado dentro de la vieja realidad, el consenso basado en el miedo. Cuando usted no puede protegerse a sí mismo, su nuevo campo energético puede tener una tendencia de caer de nuevo a los viejos patrones que han sido programados en su conciencia durante muchas vidas. Recuerde que ellos pueden reaparecer.

Esté siempre alerta y consciente en su interior si se ve envuelto en cualquiera de estos programas manipulativos. También esté consciente de lo que otros estén diciendo, pensando y sintiendo. Luego sienta cómo estos programas lo afectan. Si algo se siente incómodo, o presiente que juzgan o critican, entonce, retírese y rechace o desconéctese del comportamiento de ellos. Son tan solo las *cosas* personales de ellos, que se les han quedado pegadas. Basta con mirar esas *cosas*, amarlas y dejarlas ir. Usted no necesita nada personal de terceras personas dentro de su nuevo estado de conciencia. Tampoco se puede juzgar a nadie mientras usted sube de conciencia.

Dese cuenta que cada uno tiene *cosas* personales con que lidiar como parte de sus lecciones terrenales. Por lo tanto, está bien que ellos pasen por los sentimientos de separación y por lo que sienten de acuerdo a sus *experiencias*. Para protegerse, sea muy prudente y evite hacer conecciones psíquicas. Una de las opciones que tiene para protegerse es la de enviar su amor, paciencia y bondad a quienes lo rodean. En el momento en que ellos reciban estas bendiciones, todas las cosas falsas apegadas a ellos disminuirán de intensidad.

A medida que usted vaya alineando su chakra unificada, y haya creado un dominio de realidad basada en el amor, ya ha procedido a estabilizar el potencial de la Ascensión. Ha entrado en la realidad de un nuevo reino en la que puede elevar la frecuencia de las células de su cuerpo. Solicítele a su Dios/Diosa interior para que usted pueda resonar con las células de su cuerpo en la frecuencia del nuevo estado de conciencia dimensional. Vea sus células resonando en la quinta dimensión, o más allá. Después, pídale a su Dios/Diosa interior, que haga una afinación de sus capacidades multidimensionales dentro de las dimensiones cuarta, quinta, sexta o séptima.

A medida que sube de conciencia, en un momento dado, los humanos todavía en la conciencia de tercera dimensión no podrán verlo, porque estará vibrando a frecuencias más altas. Estas altas frecuencia, están más allá de las percepciones del sentido de un ser humano de tercera dimensión. Sus frecuencias de alta dimensión no las registrarán las retinas de los ojos físicos en tercera dimensión. Tampoco se podrá comunicar audiblemente, debido a su incapacidad para emitir sonidos. Sus cuerdas vocales de la quinta dimensión serán demasiado delicadas para mover el aire denso de la tercera dimensión para crear un sonido. Va a poder proyectar su "Cuerpo de Luz" a cualquier lugar en el plano físico sólo a través del pensamiento. Ya no necesitará de un automóvil o de un avión para viajar. Con el Mer-Ka-Ba "Cuerpo de Luz", usted puede viajar a cualquier lugar en el Universo guiado por su pensamiento. Sin embargo, antes de comenzar tales viajes, consulte con los Maestros Ascendidos o con otros seres, que puedan asesorarlo sobre las mejores técnicas para los viajes intergalácticos, sin peligro alguno.

* * * * * *

14

Algunas Características Teóricas de los Dominios Futuros de la Nueva Realidad

Aproximadamente el 30 por ciento de la población actual humana en la Tierra, ha llegado desde el futuro para compartir la experiencia de "El Cambio". Muchos son conscientes y recuerdan algunas de sus experiencias en el futuro. El objetivo de investigar lo que comprende el futuro de la Tierra, es para ayudarlo y hacerle saber que hay experiencias más brillantes de ahora en adelante. Hace varios años en el programa de radio, *Coast to Coast AM with Art Bell* (De *Costa a Costa AM con Art Bell*), Bell pidió que todas las llamadas al programa procedieran de personas que habían regresado del futuro. Después de una revisión de las llamadas, seleccionaron a personas que realmente habían regresado desde más allá del 2020. La información dada a la audiencia les dio una visión de la Nueva Tierra.

Lo que estamos considerando es el futuro de la humanidad. Sin embargo, tenga en cuenta que el tiempo es una ilusión, y que toda la realidad en el futuro es el "Ahora". Para más información, hay muchos sitios en el internet con información similar, y muchos libros que describen futuros posibles para la Nueva Tierra, este Sistema Solar y la Galaxia.

Todos los Ahora: "Ahora" pasado, "Ahora" presente, y "Ahora" futuro, son todos realmente un actual "Ahora". Como resultado, usted puede estructuralmente cambiar cualquier creación consciente, o evento, durante el actual "Ahora". Usted puede cambiar cualquier acontecimiento pasado en su actual "Ahora". Del mismo modo, también puede cambiar su futuro en la actualidad, cambiando el "Ahora", que se convertirá en su futuro. Se preguntará si usted puede realizar estos cambios durante cualquier evento del "Ahora". Sí, usted puede lograr esta importante actividad de tiempo-espacio, enfocando su conciencia en una experiencia visualizada llamada, "marco del evento paralelo". Una vez visualizado el "marco del evento paralelo", (un evento pasado o futuro), en tantos detalles como le sea posible, usted puede moverse a lo largo del tiempo (hacia atrás o hacia delante), revivir el acontecimiento y modificarlo. Si usted se lesionó por un accidente en el pasado, vuelva atrás, y reviva el evento como si la lesión no hubiera ocurrido. Como resultado, eso lo ayudará a sanar ese incidente inexistente e ilusorio rápidamente, a medida que usted envía energía sanadora para reparar la lesión manifestada en el pasado.

Lo que estamos viviendo es una forma de viaje a través del tiempo. Para entender el concepto, le sugiero que esté atento y abierto a sus dones interiores para ayudarlo a visualizar los posibles eventos llamados, "marcos de eventos paralelos". Algunos procedimientos útiles consisten en abrir su corazón, amar incondicionalmente, buscar orientación espiritual en lo que usted elija, y saber que usted está practicando para el futuro brillante que le espera.

Los reinos de la nueva realidad serán radicalmente distintos a los que está acostumbrado a aceptar como la vía normal de la vida. Recuerde que debe mantener sus expectativas al mínimo, para que pueda estar abierto a muchas posibilidades. En la Nueva Tierra usted va a creando a medida que avanza, porque no va a tener ningún punto de referencia sobre el cual planificar el futuro. Cada cosa que elija y cada acción que tome, estará basada en la última decisión que acaba de tomar en la secuencia anterior del "Ahora". Usted va a crear su base de la realidad a través del uso de su guía interior, y su curiosidad para llevarlo hacia delante.

También tendrá la ayuda de sus Asistentes Espirituales. Ellos le darán la sensación de que lo que decida será la decisión correcta para elegir. Esta forma de vivir será su patrón espiritual de preferencia. A medida que evolucione espiritualmente, va eliminando todas sus ideas percibidas de lo que supone debiera ser, y a su vez, entregará las decisiones de su vida a su alma y a la guía de su Dios/Diosa interior. Usted está despertando para darse cuenta que no hay ningún motivo para tratar de averiguar lo que es, o lo que se llevará a cabo a la vuelta de la esquina. Cuando llegue un acontecimiento futuro, usted sabrá, y entenderá que esa fue su mejor opción porque estará allí. Eso es todo lo que hay que saber. El secreto está en *ir con la corriente* y sentir la emoción de lo inesperado. Estos procesos se producirán más a menudo de forma automática, una vez usted se haya deshecho de la forma acondicionada en que respondía a los patrones de baja frecuencia en su vida. No habrá necesidad de hacer planes para el futuro. Usted se convertirá en lo que su alma quiere que usted sea durante todo "Ahora", a través de la secuencia de eventos que fluirán a lo largo de su línea temporal.

En la Nueva Tierra usted se dará cuenta que muy pocas palabras se pronuncian. Este es el signo de una civilización avanzada. La comunicación se lleva a cabo telepáticamente. Las palabras habladas y escritas son una forma muy antigua e ineficaz de comunicación de persona a persona. No sólo se desperdicia energía cuando se comunica con palabras, sino que los sentimientos, las sensaciones y las imágenes asociadas con ellas se pierden con frecuencia. Con la comunicación telepática estos componentes están incluídos.

Esta forma de ser es definitivamente distinta a la filosofía actual, de que el uso de una palabra hablada o escrita, es señal de una civilización avanzada. Hablar y escribir son signos de una civilización menos desarrollada. Cuando los humanos se adaptaron a la práctica de hablar y escribir, se disminuyó drásticamente el progreso evolutivo. "Ahora" mismo, dentro de las sociedades en todo el mundo existente, algunos niños pequeños, perros, gatos, otros animales, los delfines, las ballenas y algunas tribus nativas tal como los aborígenes en Australia, se comunican telepáticamente. Como este proceso no se fomenta en los niños (por los adultos), su capacidad de comunicarse telepáticamente se pierde rápidamente después de sus primeros años en la Tierra.

La telepatía y telempatía, son el medio principal por el cual las sociedades desarrolladas se comunican. Pensemos en el sistema de comunicación gigantesco (teléfonos celulares, televisión, radio, periódicos, revistas, y libros), utilizado actualmente por los seres humanos subdesarrollados, para comunicarse en la Tierra. La telepatía es un sistema de comunicación más precisa y eficiente. Con la telepatía, los sentimientos, los pensamientos, y las imágenes, están presentes para crear un mayor entendimiento. La telepatía es el medio principal de comunicación en todo el Universo. A través de la telepaía las imágenes, los sentimientos y las sensaciones proporcionan mensajes más precisos. Las lenguas utilizadas actualmente en la Tierra cumplen un papel muy pobre en expresar con precisión cualquier significado real. Esto es una de las razones principales del por qué los seres humanos en la Tierra, con sus varios idiomas, tienen tantos conflictos; tienen dificultad entendiéndose el uno al otro.

Para entender su futuro, usted debe renunciar a los conceptos de vidas pasadas y el karma. Estos conceptos son ilusiones, y sólo existen en la tercera dimensión del mundo de la dualidad, de tiempo y espacio ilusorio. Hemos elegido encarnar en un planeta Tierra de tercera dimensión que fue diseñado para un progreso evolutivo muy lento. Hemos venido vida tras vida, repitiendo errores, con muchos desafíos, y una acumulación de falsas creencias, y como resultado, estancados espiritualmente. El crecimiento espiritual en la Tierra ha sido relativamente lento durante miles de vidas.

La suma de creencias falsas que hemos llevado durante siglos, se están reemplazando con creencias y conceptos más precisos. Con estos cambios, "Ahora" nos damos cuenta más que nunca, que todos nosotros creamos nuestra realidad. Lo que nos sucede viene a través de lo que pensamos y donde hemos puesto nuestra atención. A medida que aumentamos nuestro nivel de conciencia y concentramos nuestra atención, nosotros podemos movernos hacia un estado de plena conciencia, y llegar a ser un Ser consciente y alerta. Cuando esté completamente consciente, no habrá necesidad de dormir o de soñar.

Todos hemos tenido sueños lúcidos donde todo parece real, y de hecho, más real que en el estado supuestamente llamado despierto. Muchas veces nos despertamos en la mañana más cansados que cuando fuimos a la cama, por causa de nuestras actividades nocturnas. A veces nos pregunatamos: "¿Cuáles son más reales, los sueños de día, o los sueños de noche?" ¿Podría ser que ambos son igualmente reales, es decir, todos estos sueños son películas ilusorias, y nosotros somos los actores? Nuestros estados de conciencia de sueños durante el día y la noche, están cambiando hasta el punto que esas actividades dejarán de existir.

Los delfines son los seres más avanzados espiritualmente en la Tierra, no duermen ni sueñan. Están plenamente conscientes. A medida que los seres humanos físicos avanzamos espiritualmente en la Tierra, vamos a aprender mucho de los delfines. No habrá delfines de tercera dimensión en la Nueva Tierra; sus almas se habrán encarnado en cuerpos humanos de la quinta dimensión, en la Nueva Tierra. Esto no será una nueva experiencia para los delfines. Muchas de las almas de los delfines, actualmente en la Tierra, se originaron de cuerpos humanos que murieron durante la explosión del planeta Maldek (Hoy en día un cinturón de asteroides en este Sistema Solar). Usted quizás recuerde que durante una o más de sus vidas paralelas, usted se encarnó en un cuerpo de delfín. Del mismo modo, como hemos mencionado, los delfines han encarnado en cuerpos humanos anteriormente,

A medida que cambiamos nuestra conciencia a frecuencias más altas, le será más fácil al delfín encarnar en un cuerpo de alta frecuencia humanoide. La ciencia está descubriendo que la conciencia del delfín es más alta con capacidades superiores a las del ser humano. Los cerebros de los delfines son más evolucionados que el cerebro humano. Este cerebro más avanzado de estos delfines se convertirá en un canal a través del cual Altos Poderes Creativos podrán fluir - nuestros hermanos y hermanas que están interesados en ayudar a la humanidad. Su conección con la Fuente de Energía les permitirá ayudar a los seres humanos en la Nueva Tierra.

Estos seres espirituales avanzados enseñarán a las almas humanas que habitan en un cuerpo de quinta dimensión, a vivir con alegría. Los delfines en la actualidad experimentan más alegría y diversión que cualquier otra criatura en la Tierra. Para una mejor comprensión acerca de los delfines, trace su historia desde antes de que ellos se encarnaran en la Tierra. Después trate de comprender su situación evolutiva y espiritual. Su comprensión acerca de los delfines podría pagar grandes dividendos, como una vía para su evolución espiritual en el futuro.

En un futuro no muy lejano, los registros del gobierno de la actividad Extraterrestre en la Tierra estarán abiertos al público. El público exige que los registros sean abiertos. A muchos seres humanos, que se han dado cuenta que los Extraterrestres han estado interactuando con la raza humana durante miles de años, quieren conocer acerca de sus actividades. Al abandonarse el miedo programado hacia las razas Estraterrestres, nosotros tendremos la oportunidad de visitar telepáticamente con humanoides y otras creaciones físicas, que viven en diferentes mundos. En la Nueva Tierra, usted le dará la bienvenida a muchos grupos diferentes de Extraterrestres, que han sido enviados para ayudarlo a adaptarse a una nueva forma de existencia. Su aceptación de los Extraterrestres, y la asistencia tecnológica por parte de ellos, influirán considerablemente en el bienestar futuro de los habitantes de la Nueva Tierra.

Con esta ayuda proveniente desde afuera del planeta, todas las naciones en la Tierra, inculcarán la paz y cesarán las guerras. Todas las fronteras entre las naciones serán removidas. Todos vivirán dentro de una comunidad mundial, sin segregación o conflictos de cualquier tipo. Los seres humanos se unirán a las fuerzas de la Luz y se concentrarán en la paz. Nos sumaremos a la Federación Intergaláctica de Planetas, y experimentaremos la emoción de visitar otras sociedades en todo el universo, y más allá. La humanidad en la Nueva Tierra buscará la libertad de la mente, donde cada individuo es libre de seguir un camino espiritual, en lugar de seguir el camino de los manipuladores. Los seres humanos han sido manipulados y sometidos a la esclavitud durante miles de años. La justicia social prevalecerá pronto. Esto permitirá dar un salto en la conciencia y acelerar la evolución espiritual. El poder de la conciencia evade actualmente a la mayoría de los residentes de la Tierra. En el futuro, vamos a caminar dentro del reino de la realidad, de capacidades infinitas, sin perturbación alguna.

En la Nueva Tierra, no habrá moneda, pobreza, o la falta de alimentos, por lo que no habrá ni hambre ni hambruna. Toda la humanidad compartirá, y creará, un medio ambiente ecológicamente estable, con suficientes elementos materiales creados por el pensamiento. A nadie le faltará nada ni habrá escasez en la Nueva Tierra. La gente intercambiará servicios, y el trueque existirá para obtener sus suministros necesarios tal como en el pasado.

No habrá un gobierno central. El internet, creado por la orientación de Extraterrestres, fue diseñado con el propósito de mejorar la comunicación. Con un mejor internet modificado basado en la comunicación telepática, el poder del individuo será restaurado. La sociedad será rediseñada para el beneficio del individuo. Gobierno Grande, hospitales, médicos, compañías farmacéuticas, compañías de seguros, programas de retiro, sociedades secretas, sistemas bancarios, impuestos, propiedad privada, corporaciones multinacionales, grandes empresas, y la religión carente de la espiritualidad, serán todas ilusorias, paradigmas sociales arcaicos del pasado. Programaciones falsas llevadas a cabo por las escuelas, las universidades, las iglesias, y los medios de comunicación, serán completamente revestidos para reflejar la verdad y promover el amor y la paz. No se restaurará más la promoción de la mentira, la crítica, las maniobras políticas y la promoción de ideas débiles, sensacionales y extrañas de muchas personas débiles. Estas herramientas de las fuerzas oscuras se eliminarán de la sociedad. El estilo de vida será más satisfactorio, una mejor armonía en la sociedad, estabilidad emocional, y hábitos alimenticios más saludables El sentirse enfermo y la misma enfermedad, serán una cosa del pasado.

Drúnvalo Melchizedek en su libro, *Serpents of Light (Serpientes de Luz)*, 2008, hace una interesante declaración acerca de la importancia de comprender que usted está creando su realidad a través de lo que piensa, y citó: *A medida que avanza en la conciencia de la cuarta dimensión, y aprenda a ser un pensador positivo, usted ha ganado el juego. Si usted está ahí y no está realmente preparado para ello, y empieza a pensar en pensamientos negativos y entra el miedo entonces creará una situación que dará lugar a ser lanzado de nuevo a una dimensión inferior. En la Biblia, Jesús dijo:" los mansos heredarán la Tierra". Los mansos se han preparado para la Ascensión a través de su pensamiento positivo.*

El Arcángel Metatrón canalizó un largo mensaje colocado en la página del internet, www.alienshift.com, que indica: *"Los seres humanos, formas de vida en la tercera dimensión, se graduarán para pasar a cualquiera de los mundos de cuarta dimensión, o de unidad de la quinta dimensión, dependiendo de su nivel de evolución e intención".*

Cada alma tiene la libertad de evolucionar a lo largo de un camino espiritual de amor y servicio a toda la creación. Ecológicamente, todos los habitantes de la Nueva Tierra respetarán todas las partes de la creación, como algo que tiene valor. La humanidad y la ecología se convertirán en uno, ya que todos están relacionados entre sí, y una no puede sobrevivir sin la otra. Un respeto global hacia toda la naturaleza predominará entre todos los seres vivos. Este respeto basado en lo espiritual, ayudará a mantener un ambiente limpio y saludable en la Nueva Tierra. Todo el mundo aprenderá a respetar todas las partes de la creación.

Las puertas del cielo se abrirán, y usted estará rodeado de un mundo nuevo y glorioso. Siempre habrá amigos intergalácticos dispuestos a ayudar a resolver los retos más urgentes. Al acercarnos a la "Nueva Tierra", estamos, en efecto, recuperando el estado de conciencia que tuvimos durante los tiempos de la Atlántida y Lemuria. En estos continentes, muchos de los residentes se graduaron y evolucionaron hasta el estado de conciencia de la quinta dimensión. Muchos de los que no evolucionaron hace veinticinco mil años, "Ahora" residen en la tierra, y esperan la oportunidad actual para cambiar al estado de conciencia de la quinta dimensión.

Usted ha estado entrenándose como un Creador desde hace miles de vidas. "Ahora" es su oportunidad de utilizar sus habilidades creativas para ayudar a gestar la Nueva Tierra. Viva "Ahora" como si estos eventos y muchos otros, ya hubieran sido manifestados. En lo profundo de su memoria hay una visión de la experiencia única de Ascender a la Nueva Tierra. La conciencia colectiva de la humanidad tiene la responsabilidad de crear una visión para la Nueva Tierra y hacer que la visión colectiva se manifieste.

El Espíritu indica que hay un número infinito de vías temporales, recorridos de tiempo, y líneas temporales, a través de las cuales el espíritu y el alma pueden evolucionar de nuevo al origen del Creador y a Dios/Diosa. Cada alma se enfrenta constantemente con la opción de escoger cual de estas opciones es la más adecuada si la vía temporal, recorrido de tiempo o línea temporal. Nadie puede elegirlo por usted. Su libre albedrío es siempre honrado por Dios/Diosa. Esto le permite completar sus lecciones y cumplir con los requisitos para la graduación. Hay un número infinito de planetas a través de un número infinito de Sistemas Solares, Galaxias y Universos, donde se puede elegir para encarna con una experiencia específica. Sus Asistentes Universales Galácticos están consciente de todas estas oportunidades y opciones. Al viajar a través del tiempo hacia su futuro, usted puede observar la importancia de haberse deshecho de las ataduras a los conceptos del pasado y a los viejos conceptos de dualidad, dentro del estado de conciencia de la tercera dimensión. El proceso de la vida, repitiendo errores vida tras vida, es un g trón del pasado. Para llegar a estar plenamente consciente de donde provino, el por qué está aquí, y lo que significa "Despertar" a su potencial, es una meta digna. Mediante el uso de sus habilidades Creadoras se le abrirá un número ilimitado de posibilidades y opciones futuras.

Una comunidad mundial será creada, y el poder de la mente colectiva acelerará la evolución de la humanidad. Aquellos seres humanos que viven en el futuro, pueden mirar hacia atrás a sus sociedades de la tercera dimensión y reconocer cuán primitivas eran en realidad. Entonces nos daremos cuenta del valor de unirnos con las fuerzas de la Luz, e implantar en nosotros los conceptos de aceptación y paciencia. El internet fue creado con ayuda Extraterrestre, para eliminar el secreto del gobierno y otros grupos sociales, que han ocultado información sobre la evolución espiritual. En la "Nueva Tierra", la humanidad será liberada de este tipo de manipulación y control por parte de los Iluminati.

El poder de la persona predominará en la "Nueva Tierra", donde todos pondrán sus ideas para el bienestar común. El cuerpo emocional será puesto bajo control, todo temor será eliminado, y el medio ambiente limpiado y mantenido en equilibrio. La disponibilidad y el consumo de productos vegetales que brindan salud, ayudarán a crear equilibrio en todos los cuerpos humanos. La población se mantendrá a un nivel determinado, a través del control de los nacimientos. El respeto de la humanidad por la naturaleza habrá llegado a su prominencia. Por consiguiente, las preocupaciones ecológicas y la supervivencia de la humanidad son idénticas. Por lo tanto, no habrá necesidad de reducir la población a través de técnicas tortuosas.

"El Cambio" en la conciencia, que se inició antes del año 2000, se convirtió en la base para el establecimiento de un respeto global por la naturaleza **ayudando** a crear un medio ambiente sano. En la "Nueva Tierra", el cerebro humano tendrá una mayor capacidad. La activación de patrones latentes de energía de ADN ayudará y ampliará nuestras capacidades mentales y emocionales. El abrir y expandir de estas capacidades permitirá que las energías de diversas fuentes por parte de Potencias Creativas Superiores fluyan y lleven a un máximo las energías creativas de todos los seres humanos. Los nuevos poderes creativos ayudarán a traer a la existencia un mundo que a veces se ha llamado Utopía. En realidad, la humanidad habrá recuperado su estilo de vida, perdido por tanto tiempo, junto con el recuerdo de lo que es vivir en paz y alegría.

Las recomendaciones traídas del futuro nos dicen que tenemos de vivir como si estos cambios y muchos más ya existieran, y en un sentido del "Ahora", ya están pasando. Vivir su vida "Ahora", como si los cambios ya hubieran ocurrido, lo ayudará a hacer de la transición una experiencia agradable. Usted puede obtener mucha satisfacción practicando como si ya viviera en la "Nueva Tierra" todos los días, durante el año 2009, 2010, 2011 y 2012. Practicando desde "Ahora", usted habrá ayudado a crear el reino de la nueva realidad - la "Nueva Tierra" que usted habrá soñado.

* * * * * *

Section IV: Procedimientos para Acelerar El Proceso de la Ascensión

15

Algunos Desafíos de El Morya, Guardian de los Portales de la Ascensión

Si usted piensa Ascender en estos tiempos tan impactantes, entonces es importante saber lo que son los requisitos, y cómo preparar a su cuerpo energético. Se han escrito Volúmenes enteros de información acerca de la Ascensión a lo largo de la historia, pero pocas personas han destinado o tomado el tiempo para leer esta información, y luego, aplicar lo que aprenden. La mayoría de los seres humanos están atrapados en la carrera de una vida agitada centrándose en sus asuntos personales. Ellos están demasiado ocupados para preocuparse por asuntos espirituales. Otros solo están tratando de sobrevivir; y dicen que no tienen tiempo para asuntos espirituales.

Por consequencia, no todos están conscientes de la importancia de apartar un tiempo para los asuntos espirituales. Cuando hablamos de asuntos espirituales, espero que entiendan que los asuntos religiosos no son los asuntos espirituales. El tiempo ocupado en actividades religiosas no es más que una distracción de los asuntos espirituales. Jesucristo no vino a la Tierra para establecer una religión y hacer sus tareas espirituales. Él vino para mostrarles a todos los seres humanos cómo vivir una vida espiritual, y nos dejó una guía para lo que es espiritualmente importante. Jesucristo sigue guiando a la humanidad "Ahora". El libro, *Love Without End (Amor Sin Fín), 1999,* por Glenda Green, es uno de los mensajes más recientes de Jesús a la humanidad. El continuamente da ejemplos en los mensajes que nos comunica, para que toda la humanidad los siga. En sus enseñanzas Jesús estableció un patrón que puede ayudar a cualquier persona interesada a prepararse para la graduación y la Ascensión.

El Morya, quien fue consagrado como el discípulo Pedro en la época de Jesús, recientemente ha canalizado un mensaje muy importante. El Morya ha sido designado por Dios/Diosa como guardián (Chohan), de los portales que abren a la quinta dimensión de la Nueva Tierra. Por ello, el está muy al tanto de cuáles son los requisitos para la graduación y la Ascensión. Para que usted pase a través del portal de la quinta dimensión, usted tendrá que ser aprobado por El Morya. Por lo tanto, es conveniente seguir sus instrucciones.

La siguiente cita está canalizada por el Maestro Ascendido El Morya: www.mslpublishing.com . *Seres amados, por parte de nuestro gran amor por ustedes, nosotros, los de la Jerarquía Espiritual, queremos recordarles una vez más que hay un código de entrada que se requiere para entrar a la quinta dimensión. Puede haber un sin fin de chistes en su mundo sobre Pedro parado ante las puertas del cielo y decidiendo a quién se le permitirá o no entrar en el Reino. Bueno, mis amigos, esta broma en la Tierra no es tanto una broma aquí. Hay más verdad en esto de lo que cualquiera de ustedes pueda imaginarse en este momento.*

La voluntad de Dios, seres queridos, es la de que tenemos que pasar por el primer portal con el fin de avanzar en la dirección correcta hacia el camino espiritual. Cuando esté dispuesto a renunciar a su ego humano y a sus personalidades humanas para dejarse llevar de la Voluntad de Dios, entonces es cuando será refinado y transformado en lo Divino, quedando "Ahora" un camino espiritual real a seguir. La voluntad Divina es el primer portal. Existen otros seis para los que también tiene que calificar para poder llegar a la puerta de la quinta dimensión para su Ascensión planetaria. Para hacerlo a través de este portal en primer lugar, es altamente recomendable que tome mis clases por la noche en los Planos Interiores (mientras el cuerpo duerme), o tomar clases de mis compañeros de trabajo de la Voluntad de Dios/Diosa que se han ofrecido para ayudarme en este momento. Usted tiene que pasar mis pruebas estando despierto antes de poder pasar al siguiente portal. Muchos de ustedes que leen este mensaje ya se han trasladado a través de este portal por primera vez en esta vida o en el pasado, y algunos de ustedes han pasado a través de otros portales también. Deploramos el hecho de que todavía hay un gran porcentaje de la humanidad que sigue viviendo su vida en piloto automático. No tienen idea hacia dónde van, porque están aquí encarnados en la Tierra, ni quieren saberlo. Ellos viven su vida día a día, sin dirección consciente, su mente y el corazón esparcido a los cuatro vientos, siguiendo un camino de menor resistencia y dormidos espiritualmente. El tiempo se está acortando "Ahora", que si aún no ha llegado de hecho al portal de la Voluntad de Dios, queremos dejarle saber que aún es posible para usted ponerse al día y pasar a través de todos los otros portales a tiempo, si es que usted elije hacerlo "Ahora".

No hay tiempo para dejar las cosas para más tarde. Usted debe "Despertarse", "Ahora" y empezar a aplicar con diligencia las Leyes Espirituales en todos los aspectos de su vida, viviendo por los conceptos del Amor día tras día. Deshágase de todos sus temores y de sus ideas preconcebidas acerca de Dios. Esté dispuesto a abrazar la verdad que ha estado evitando. Conviértase en el Dios que es usted, "Ahora" mismo, convirtiéndose en Amor en acción en todo lo que piensa, dice, y hace. El Amor es el acceso directo que usted puede tomar en su proceso de la Ascensión. Es la clave más grande, el Amor hacia Uno mismo, el Amor ha Dios, y el amor para toda la familia de la Tierra, todos los reinos, incluyendo el reino animal. Ame y honre a todos los que respiran la Vida del Creador.

Deshágase de todo juicio y abrace el camino de la inocuidad. Con suficiente amor en su corazón, usted puede pasar a través de todos los portales hacia la puerta de la Ascensión a tiempo. Tenga la seguridad de que no va a suceder para aquellos que siguen viviendo su vida en piloto automático. En este momento muy singular de la historia de la Tierra, hay una dispensación sin precedentes por el cual cada alma, con aplicaciones serias y diligentes, lo puede realizar en pocos años. Yo, El Morya, estaré allí, como el Pedro con el que usted ya está familiarizado, junto con el resto de la Jerarquía Espiritual de este planeta, y sus seres queridos, para darle la bienvenida a cada uno de ustedes de Regreso a Casa.

En una canalización reciente de Adama (en Telos dentro del Monte Shasta), él afirma que ha estado trabajando muy cerca con El Morya en los planos internos y ofrece clases por la noche para aquellos interesados en entender la Voluntad de Dios. Citando el mensaje de Adama colocado en la página del internet, https://www.mslpublishing.com .

Yo y varios otros Maestros nos hemos ofrecido a ayudar a nuestro querido amigo El Morya en esta tutoría, dado que las clases de El Morya se están agrandando. Es un placer invitarlo personalmente a venir a nuestras clases en la noche mientras su cuerpo duerme. Si usted está dispuesto y listo, usted puede tomar nuestro curso intensivo especialmente diseñado llamado, "Ascensión para el 2012". Hay muchos de nosotros que estamos disponibles y dispuestos a darle toda la ayuda que necesite... No hay que pagar por nuestros servicios. Todo lo que tiene que hacer es acudir a través de la oración a su ángel de la guarda en la noche antes de dormirse, e indicar su intención.

* * * * * *

16

La Perspectiva Lemuriana dentro de la
Cuarta y la Quinta Dimensión

Dentro del Monte Shasta, un majestuoso volcán, 14.162 metros, situado en la Cordillera de las Cascadas del Norte de California, está una ciudad que se llama Telos con más de 1.5 millones de residentes. La construcción de esta comunidad compleja, de varios niveles, se inició hace aproximadamente veinticinco mil años por los supervivientes del continente de Lemuria. El trabajo comenzó justo antes de la inmersión de ese continente en el Océano Pacífico y continuó durante muchos años después.

Antes de que los Lemurianos pudieran construir la ciudad de Telos, tuvieron que solicitar a la Federación Intergaláctica de Planetas y a la Red Agartha, (un consejo debajo de la Tierra que representa a la mayoría de las ciudades subterráneas), para obtener la aprobación de desviar los canales de flujo del magma dentro del volcán, lejos de los posibles sitios de construcción. A raíz de su aprobación, crearon una magnífica sociedad espiritual de quinta dimensión que se encuentra en varios niveles dentro de la montaña. Esta instalación compleja, junto con sus sistemas de apoyo a los elementos del medio ambiente, se describe en detalle en los libros de *Telos* (volúmenes 1-3). Visite la página en el internet, www.lemurianconnection.com, para obtener más información detallada acerca de Telos.

Los restos de Lemuria se encuentran alrededor de la Cuenca del Pacífico, Nueva Zelanda, Australia, las Islas del Pacífico, las costas de América del Norte y del Sur, y las cimas de los volcanes que forman las islas de Hawaii. Muchos habitantes de estas zonas tienen antepasados Lemurianos.

Los habitantes de Telos han mantenido su estado espiritual durante los últimos veinticinco mil años, después del cambio más reciente. Son vegetarianos que viven por largo tiempo, son sanos y productivos, sus cuerpos no envejecen, luciendo alrededor de unos treinta a cuarenta años de edad. Por consiguiente, utilizan sus cuerpos físicos como vehículos para el alma por miles de años, si así lo desean. Cuando deciden pasar a un reino espiritual más alto, se llevan sus cuerpos con ellos. Pueden teletransportar sus cuerpos hacia diversos lugares, y son invisibles a los seres humanos de tercera dimensión. Puesto que existen en la quinta dimensión, allí no hay tiempo. Ellos pueden cambiar su apariencia física cuando quieran. Crean sus hogares en la quinta dimensión, a través del pensamiento, y pueden cambiar rápidamente cuando así lo desean. Si usted, como un ser de tercera dimensión, se le diera acceso para entrar a la ciudad de Telos en el interior del Monte Shasta, no podrá ver a los habitantes ni sus hogares, ya que vibran a una frecuencia demasiado alta para su sistema de detección.

La Red Agartha de las ciudades de la Tierra interna tiene un sistema electromagnético, como un metro hacia dentro de la Tierra, (entre las ciudades de la Red Agartha) que utiliza tranvías que viajan a velocidades muy altas. Estos tranvías viajan a través de una red muy compleja de túneles. Sus avances en la ciencia involucran la tecnología de cristal que está controlado por su mente, de forma parecida a muchas razas Extraterrestres que controlan sus naves espaciales con sus mentes. Los que viven en Telos, tienen toda una flota de naves espaciales de la quinta dimensión. Estas naves operan fuera del portal multidimensional intergaláctico dentro del Monte Shasta, para que puedan visitar a otros planetas. Este es también un puerto para naves espaciales intergalácticas de Extraterrestres que llegan de otros planetas por todo el Universo.

El Monte Shasta es un lugar muy especial, es mucho más que una montaña. Es el lugar más sagrado dentro de América del Norte. Un gran número de personas en todo el mundo visitan el área del Monte Shasta todos los años, porque se dan cuenta que es uno de los lugares más sagrados de la Tierra. La montaña y los servicios asociados con ella, son una fuente de energía para la Tierra. Además de ser un lugar donde residen 1.5 millones de Lemurianos, también es un centro focal para los ángeles, los guías espirituales y los Maestros Ascendidos del reino de Luz.

Una característica maravillosa en la zona del monte Shasta es la enorme ciudad etérica de Luz, situada encima del volcán inactivo. Aquellos de ustedes que están leyendo este libro y que han desarrollado sus capacidades clarividentes, podrán ver una pirámide etérica gigantesca color púrpura, cuya cumbre llega bastante lejos en el espacio. La pirámide etérica de la Tierra se conecta con la Federación Intergaláctica de Planetas de este sector de la Galaxia de la Vía Láctea.

Aquellos que leen sobre la vida de los Lemurianos en Telos, puede que duden de la realidad de su existencia. Esa es una decisión individual suya. Mi intuición, mis guías espirituales y el uso *preciso* del péndulo (en sintonía con la Conciencia Universal), indican que la ciudad de Telos es 100 por ciento real. Un estudio de las características de este grupo espiritual avanzado, y de su disposición actual para entender las alternativas que hay en estos tiempos finales, ayudará a cualquier persona que esté interesada en la graduación y la Ascensión. Dentro de sus meditaciones, usted puede saber en su corazón que aún viven muchos lemurianos en la superficie terrestre, y que muchos seres humanos espiritualmente avanzados residen dentro de Monte Shasta. Tal vez sienta que usted vivió alguna vez en Lemuria y siente un deseo de que esos momentos hermosos regresen. Este anhelo está próximo a cumplirse. Muchos Trabajadores de Luz en todo los Estados Unidos y en el mundo, que están ayudando en la transición y en las actividades de la Ascensión, son Lemurianos viviendo dentro de cuerpos de tercera dimensión.

Los Lemurianos de la quinta dimensión en Telos tienen varias técnicas para vigilar las actividades sobre la superficie terrestre de baja frecuencia. Sus medidas indican que el medio ambiente en la superficie de la Tierra ha sufrido graves daños. Sin emb argo, también detectamos que muchos habitantes que viven en la superficie de la Tierra han cambiado su conciencia a una frecuencia más alta. Debido a esto, ellos creen que a medida que los habitantes de la superficie de la tierra evolucionan aumentando su conciencia dimensional, van a poder interactuar con los habitantes del centro de la Tierra.

Estos Lemurianos disponen de muchos conceptos y conocimientos científicos, para ayudar a crear la "Nueva Tierra", y ayudar a establecer un sistema educativo basado en lo espiritual. También tienen la tecnología para ayudar a los habitantes de la superficie a crear un sistema de transporte libre de contaminación. Ellos tienen miles de años de experiencia en hacer crecer las frutas y las verduras sanas y nutritivas. En el Monte Shasta hay un espacio dedicado a la producción de cultivos para alimentar a 1.5 millones de personas. Todos debemos mirar esperanzados, y estar agradecidos por la disponibilidad de ellos en ayudarnos a sobrevivir a los que estamos aquí en la superficie para crear un estilo de vida saludable y hermoso en la "Nueva Tierra". Les recomiendo la lectura de los tres libros de *Telos*, y tiempo para el estudio de su sociedad, tal como se describe en la página del internet, www.lemurianconnection.com.

* * * * * *

17

Retome Su Poder para Optimizar Su
Potencial Creativo

La Importancia de Recuperar el Control de Su Vida

Muchas personas están buscando desesperadamente que alguien les diga qué creer y qué hacer, alguien en quien puedan confiar. ¿Es ese el caso suyo? ¿Por qué quisiera alguien entregarle el poder de su Dios/Diosa, a cualquier grupo, o fuerza externa? Muchos seres humanos en la Tierra han permitido que otros tomen su poder. ¿Usted ha permitido que otros tomen su poder? ¿Qué significa entregarle su poder a otro? ¿Qué lo hace creer que usted necesita permitirles a otras personas que lo controlen? En realidad, usted no tiene que hacer nada que no esté en su mejor interés, y que esté relacionado con la razón por la que vino a la Tierra en el primer lugar. Examine todas sus creencias e ideas, y determine de dónde provinieron. Sí, actualmente pueden pertenecerle a usted, pero ¿por qué aceptarlas? ¿Estaba obligado a creer lo que sus maestros en el sistema educativo le dijeron, lo que los científicos creen que es la realidad, o lo que sus padres, el clero, o los politicastros, piensan? Pregúntese si usted cree todo lo que escucha, lee, o ve. Si esto es cierto, usted puede que les haya entregado su poder a otros.

Un gran porcentaje de la información programada en su conciencia es ilusoria. Se basa en creencias falsas creadas como un medio de mantener el control sobre las masas. Los que diseñaron y crearon estas ilusiones tenían un objetivo principal en la mente. El objetivo de estos controladores fue, y es, el de limitar su crecimiento espiritual desviándolo de su Surco Espiritual (Dios/Diosa), interior.

La solución está en recobrar su poder. En primer lugar, mire dentro de si mismo para entender lo que pasó. Pregúntese: ¿Por qué he permitido que otros piensen por mí? ¿Por qué tiendo a aceptar las opiniones de otros a ciegas? ¿He perdido mi conección con el Dios/Diosa interior como mi verdadera fuente de inteligencia? El proceso de retomar su poder nuevamente requiere el adentrarse, escuchar a Dios/Diosa, y luego, con ayuda espiritual, eliminar todas las creencias falsas.

No hay nada que usted mismo no pueda hacer. No hay necesidad de pedir a alguien, para que resuelva sus desafíos. Después de todo, usted vino a la Tierra para asumir retos, encontrar soluciones y como resultado crecer espiritualmente. Cuando usted busca encontrar soluciones a sus desafíos y problemas en otras personas, usted descubrirá que le ha entregado su poder a ellos y por consecuencia ha fracasado en aprender las lecciones para las cuales se inscribió.

Puede que existan fuentes (asesores, especialistas en el campo de la salud y capacitados en la medicina preventiva, clases, talleres, libros, películas y sitios en el internet) que pueden ayudarlo a descubrir su verdad interior. Al buscar ayuda, hágase las siguientes preguntas: 1) ¿Cómo esta ayuda lo hace sentirse? ¿Siente una sensación acogedora? ¿Hay Luz? ¿Es algo cómodo y que inspira? 2) Le ayuda proveniente de conceptos de dualidad, e Servicio A Otros (SAO). 3) ¿La información proporcionada parece espiritualmente derivada de los reinos superiores? 4) ¿Hay algún componente de miedo asociado a la información que usted descubrió? Si es así, evite esas fuentes. 5) ¿Está la persona tratando de vender algo, o de convencerlo que tiene las respuestas?

Su meta debe ser la de buscar ayuda de alguien que pueda ayudarlo a regresar a un lugar de poder personal. Usted quiere encontrar a alguien que pueda ayudarlo a descubrir y comprender lo poderoso que es usted en realidad. Nadie, fuera del Dios/Diosa interior, entiende mejor lo que está sucediendo dentro de su sistema energético,.

Una herramienta importante es la de usar discernimiento al trabajar fuera de sí mismo y dentro de sí mismo, para encontrar sus verdades individuales. Al profundizar el conocimiento acerca del procedimiento llamado discernimiento, viene uno de nuestros más grandes retos: una comprensión que lo permitirá a usted controlar el ego, y superar el miedo, sobre todo el miedo al miedo. Una vez que esta tarea se haya completado, usted es más apto para eliminar la desesperanza, encontrar la esperanza, y recuperar su poder.

Usted y yo tenemos la responsabilidad de tratar de entender lo que pasó dentro de nuestra sociedad, que causara que tantas personas entregaran su poder, o que permitieran a otros a tomar ese poder. Usted puede aceptar que parte del problema está en que muchos han perdido la capacidad de pensar por ellos mismos. Además, muy pocas personas han tomado el control de sus egos, y han trabajado para superar sus temores.

Los controladores han sabido que si usted se encuentra en un estado constante de temor, es facil controlarlo. Usted entregará su poder pensando que los controladores lo protegerán de un demonio imaginario, terroristas, ladrones o de otras amenazas ilusorias. Los seres humanos se han perdido en un laberinto de sistemas de creencias falsas, la desesperanza y los programas que suenan agradables auspiciados por grupos de intereses especiales.

Muchos se están dando cuenta que las creencias de los grupos de intereses especiales y su falsa propaganda están diseñados para la manipulación y el control. Los intereses especiales, obviamente, tienen una fuerte tendencia hacia el SAS, por lo que no son de fiar. Obviamente, muchos viejos sistemas de creencias conservadoras, junto con los intereses especiales, quieren que las cosas permanezcan igual (el statu quo) y detener el crecimiento espiritual a toda costa. Estos intereses especiales pertenecen a conceptos de dualidad de baja frecuencia de la tercera dimensión, están basados en la crítica y en el temor. El sistema político en el 2008, muestra algunos de los prejuicios, la mentira, y la cháchara egocéntrica, que es característica de los patrones de comportamiento de baja frecuencia diseñados para controlar a los demás. Tenga cuidado cada vez que vote, o cuando considere solicitar ayuda por otros lados. Su meta es la de obtener su poder nuevamente y buscar dirección desde su interior.

Simplemente deshágase de ataduras y deje que el Dios/Diosa interior le suministre la energía requerida para cumplir con sus necesidades. Luego, busque el sistema de creencias más apropiado que sea compatible con el camino que haya elegido y su línea temporal sobre la Tierra. Sálgase de la trampa mental que preocupa. No le de a sus viejas creencias falsas, energía emocional. Deje que a ellos se les acabe el combustible. Sus pensamientos y sus emociones pueden crear y agregar energía a lo ilusorio y a sus falsas creencias.

Siempre tenga en cuenta que cualquier creación del hombre es una ilusión. Para ser real y permanente, una creación debe haber sido creada por su Dios/Diosa interior. La parte espiritual de toda creación es una parte de Dios/Diosa, la unidad eterna y permanente de cada creación. Esta es la razón por la que seres humanos clonados que carecen de un espíritu, cuentan con una vida muy corta. Cuando muere el clon no hay nada que queda. El espíritu del árbol, la vaca, la piedra y todos los seres humanos, sobreviven eternamente en alguna forma enérgica y encarnan en algún otro lugar en una forma distinta. Dentro de ti hay esa inteligencia de Dios/Diosa esperando suplirte con todo lo mejor. Fíjese bien en su vida y observe cualquier imperfección. Cuando las descubra simplemente sepa que en algún lugar, *errores elementales en pensamiento* fueron los que crearon esas imperfecciones.

A medida que vaya descubriendo errores, simplemente dígales que no. Retire la energía que mantiene a esos errores ilusorios.

Use la afirmación entregada por el angel Asúm, en el libro, *Ancient Wisdom Revealed* (*Sabiduría Antigua Revelada*), por Craig Russel, 2005.

"Remueve esto de mí. Esta experiencia me ha servido en mi crecimiento evolutivo como un superviviente, pero he decidido quedarme en ese lugar que está lleno de gracia donde el karma queda sepultado. Por lo tanto, las lecciones que han quedado ancladas en la conciencia de supervivencia, yo "Ahora" las coloco a un lado para que yo pueda evolucionar a través del cumplimiento".

Estas imperfecciones en nuestra vida y los errores simples en el0 pensamiento provocados por las decisiones imprudentes, han creado muchas de nuestras lecciones dolorosas. Eran las herramientas con las que tuvimos que aprender, que nos ayudaron en darnos nuestros desafíos, para que pudiéramos entendernos a nosotros mismos. No hay necesidad de seguir aferrándose a estos errores elementales del pensamiento, a menos que no se haya podido completar las lecciones correspondientes. Usted se encuentra en una etapa en su evolución, en la que "Ahora" el objetivo es el de elevar sus cuerpos mentales, emocionales, y físicos, a estados superiores de conciencia dimensional. Esto se puede lograr al dejar de un lado todas las creencias falsas, y deshacernos de la ingeniería genética, y de los procesos de envejecimiento programados, que hemos estado llevando durante el curso de tantas vidas. Nosotros "Ahora" tenemos la opción de eliminar el síndrome de la muerte, que fue activada genéticamente. Los creadores han abierto una nueva opción para la humanidad en la Tierra. Usted puede optar por recobrar su poder, y utilizar su talento creativo para crear una nueva realidad que le permitirá graduarse y Ascender.

Ejercitando Sus Habilidades Creativas
Para Crear Sus Deseos

La capacidad creativa que usted ha aprendido aquí en la Tierra es realmente una función complicada con varias interacciones energéticas al nivel meta-atómico en el reino etéreo. El nivel etérico no es visto por los científicos ya que está afuera de la frecuencia de los cinco sentidos físicos en otra realidad ilusoria. Todos nosotros existimos al mismo tiempo en varias realidades paralelas. A medida que usted existe en la Tierra en su cuerpo físico también existe en muchos otros niveles energéticos a la misma vez. Usted existe en muchas bandas de frecuencia y cada una tiene sus propias leyes que rigen sus actividades paralelas.

La mayoría de ustedes que están leyendo esta información están cambiando hacia las bandas de frecuencia dentro de la cuarta a la quinta dimensión. Al mismo tiempo usted seguirá existiendo en muchas otras bandas de frecuencia. A lo largo de su participación en todas estas bandas de frecuencias, usted tiene la opción de decidir en donde pone su atención. A medida que va evolucionando, usted se dará cuenta de sus otras realidades paralelas, y de los componentes individuales del alma de su Alma Superior. Sin embargo, la realidad que debe percibir como la más importante es la del "Ahora" aquí en la Tierra. El resto de sus realidades forman parte de la acumulación constante de todas sus experiencias. Para aquellos en el camino de la Ascensión, estas otras realidades se unirán a usted en un futuro próximo.

Su Superalma fue diseñada para abarcar todas las expresiones de su alma en estas realidades paralelas diferentes. En cierto sentido, la Super Alma podría ser considerada como el modelo holográfico que lo incluye todo: su esencia o fundamento básico. Es decir, todas las partes múltiples de su Superalma (almas individuales) han encarnado en muchos lugares en el Universo y están contenidas dentro de su holograma formando parte de su esencia. Aquí en la Tierra usted está expresando *uno* de esos potenciales dentro de su esencia completa. Su esencia es su cualidad principal. Es el patrón energético que verdaderamente es usted, independientemente de su expresión dentro de cualquier expresión encarnada. En plena conciencia usted experimentará su esencia completa que es la presencia de todos sus potenciales a un mismo tiempo. No sólo conocerá su propia esencia, sino que también podrá reconocer las esencias de los demás una vez que esté plenamente consciente. A pesar de que está expresando *una* experiencia del alma en la Tierra en este momento, la decisión todavía existe de poder experimentar otra de sus almas en otro evento del "Ahora".

Para maximizar su potencial creativo como se expresa en la vieja Tierra o la Nueva Tierra, de algún modo tiene que entender que su espíritu y sus cuerpos de alma son parte del Dios/Diosa interior. El proceso creativo es un evento secuencial donde todos los cuerpos energéticos se convierten en una parte del proceso. El modelo para el cuerpo físico es el cuerpo etérico, situado justo fuera del cuerpo físico. El cuerpo físico se baja o se sube desde el cuerpo etérico. El cuerpo etérico podría ser considerado un modelo o un diseño de la manifestación material que se ve. A través de los procesos del pensamiento usted puede empezar a crear, primero imaginándose un modelo etérico dentro de su diseño holográfico. Una vez que la forma imaginaria del pensamiento se crea en el reino etérico, esa forma del pensamiento puede convertirse entonces en una ilusión física. Estos primeros pasos del proceso creativo funcionarán con mayor eficiencia y rapidez en los estados de conciencia de la quinta dimensión. "Ahora" es el momento de utilizar el conocimiento que obtuvo en la escuela Creadora de la Tierra, para practicar el perfeccionamiento de sus talentos creativos. Mientras lee usted puede pensar que este procedimiento es algo nuevo. Todo lo que usted está leyendo, lo aprendió en sus encarnaciones anteriores. Ya usted olvidó cuando el velo del olvido fue colocado sobre su conciencia. "Ahora" es el momento para pedir que el velo sea removido, para que pueda recordar el proceso creativo. Lea lentamente y pregúntele a su Dios/Diosa interior para que el procedimiento le sea más claro.

Lo primero que tiene que hacer es visualizar una parte de su cuerpo que necesita ser reparada. Desde esta parte del cuerpo imaginario, pídale al espíritu, que crea una forma básica de pensamiento etérico, con dos polaridades. Luego, haga que estas dos polaridades sean colocadas en la posición correcta para formar un modelo tríade (tridimensional). La estructura etérica del modelo tridimensional, debe compararse con un campo de energía morfogenética, comprobado o establecido. Es decir, que usted tiene que crear un modelo tridimensional etérico, basado en un molde energético funcionalmente eficiente, que pueda ser comprobado, y que es similar a un campo morfogenético (un patrón de energía conocida y manifestada en el mundo físico). El modelo se puede basar en la intuición, o puede ser uno que ya haya sido observado o estudiado. Por ejemplo, usted podría imaginar en su mente un hígado nuevo y saludable, como el campo de energía morfogenético del modelo tridimensional.

Después, a este modelo etérico tridimensional, se le insertará una energía plasmática de luz en el campo morfogenético. Luego, necesita insertar un lenguaje de codificación (como el del ADN), para guiar el proceso creativo. Este lenguaje de codificación, primero debe afectar al modelo etérico. Este lenguaje procede a instruir al modelo etérico, para descargar o cargar la energía adecuada requerida para crear el patrón vibracional físico. Tenga en cuenta que en este punto, el lenguaje del plasma de luz sigue las instrucciones del lenguaje de codificación, para llevar a cabo los arreglos necesarios del material físico. Estos arreglos se basan en parte sobre el modelo originalmente visualizado, o el campo de la energía morfogenética.

Al observar de cerca este proceso, se puede alterar la luz plasmática para crear la estructura física más conveniente. Nota: Cuando se trabaja con el modelo etérico para densificar el campo energético, hay un período de carga o descarga llamado el "lapso de tiempo". Cuando la suficiente energía de luz plasmática se proporciona al modelo, esa energía puede ser comprimida y así crear la estructura física deseada en el reino físico. Al estarse efectuando las cargas o descargas del molde etérico sobre el mundo físico, los cambios en la eficiencia funcional de la parte del cuerpo reparándose se llevan a cabo lentamente. Como en cualquier actividad creativa, la práctica puede ayudar a mejorar la eficiencia.

Recuerde, lo que usted piensa usted lo crea. El tiempo que toma para crear, partiendo desde el punto de la forma de pensamiento original, hasta la manifestación física, poco a poco se acorta a medida que va practicando, y pasa a los estados superiores de conciencia dimensional. Con el fin de asegurar la creación más deseada, varios investigadores asociados han descubierto que usted tendrá que pasar por estos pasos creativos varias veces, para completar la manifestación física. Los pasos para el proceso creativo que acabamos de discutir no son nuevos. Todo el mundo ya ha utilizado este proceso durante toda su vida sin definir cada paso.

El desafío es el de que usted haya tenido dificultad para comprender el proceso creativo; también existe la posibilidad de que se le ha olvidado lo poderoso que es. Usted ha dejado de utilizar sus capacidades creativas. Por lo tanto, a medida que va reactivando estas habilidades tenga cuidado cuando se ponga a crear algo. Evite la creación de objetos disfuncionales que podrían traerle a su mundo nuevos desafíos. Asegúrese que sus creaciones sean funcionalmente lo que desea.

Hay que considerar también que la calidad de su creación puede mejorar a través de la manipulación genética, alterando los neurotransmisores, las frecuencias de sonido o de luz, y con ajustes en la composición física o química de la creación. Sin embargo, dese cuenta y siempre sepa que las creaciones del modelo etérico fueron basadas en las formas de sus pensamientos.

Somos seres divinos, nuestros espíritus fueron creados a imagen del amor incondicional de Dios/Diosa, centrado en el corazón. Por lo tanto, somos parte de Dios/Diosa, hijas e hijos de Dios/Diosa. Toda persona tiene el poder para entrar en acuerdo con la energía del corazón del Creador, y de esta manera poder crear. En el pasado, nosotros entregamos nuestros poderes creativos a los controladores. Permitimos que otros nos programaran para pensar y creer que estábamos incompletos, con el fin de limitar y restringir nuestras capacidades creativas. ¿Por qué? Para que nosotros rindieramos vehemencia ante los controladores y buscáramos su ayuda. Nuestra mayor oportunidad ahora es la de borrar los programas de control anteriormente creados, reestructurar esos talentos previos que fueron perdidos y obtener nuevamente nuestro poder. Esto implica la disolución de los campos cargados de energía negativa que mantienen las ilusiones indeseables.

Para llevar a cabo su responsabilidad, usted debe utilizar todas las herramientas que se tienen disponibles. Es el poder de la atención y la intención la que contribuye al proceso creativo. Con la práctica usted puede manifestar nuevas e ilusorias formas de pensamiento. Una vez manifestadas esas creaciones tendrán que mantenerse en su lugar a través de la fe, la creencia, la intención, la atención y la persistencia. Se dará cuenta que la silla en que se sienta desaparecería, si todos los que creyeran que las sillas existen, dejaran de creer que las sillas existen físicamente. Todas las formas de pensamiento que hacen creer que existen las sillas, son la creación ilusoria que mantienen las partes de la silla físicamente juntas. ¿Por qué es la silla una creación ilusoria? Debido a que carece de permanencia, puede dejar de crearse de la misma forma en que se creó. Todo en el mundo físico es una ilusión, y no hay permanencia en en todo lo que es una ilusión.

Existe una "Ley Cósmica que indica que: *una ilusión no puede continuar existiendo si no tiene el apoyo de la energía de la conciencia.* Recuerde, todo dentro del mundo físico es una ilusión. ¿Por qué? Esto es porque no hay energía permanente que mantenga estas creaciones hechas por el hombre en la Tierra en un estado sólido, reconocible y físico. En contraste, su espíritu y su alma son reales. No pueden deshacerse... nunca. Ellos fueron creados por Dios/Diosa.

Acordándose de la ley cósmica: una ilusión física no puede continuar existiendo sin energía consciente que la apoye.

En el momento en que usted logra cambiar la apariencia de algo a otra cosa, usted habrá utilizado sus habilidades creativas para cambiar una ilusión. Usted puede cambiar de la escasez, a la abundancia, de la enfermedad, a la salud y del odio, al amor. ¿Cuál fue la escasez, la enfermedad o el odio? Sólo una de las muchas ilusiones que los seres humanos han creado. La fuerza vital que apoyó y mantuvo la ilusión, fue la de su atención consciente, la misma que mantuvo la escasez, la enfermedad y el odio. Deshágase de sus creencias falsas, quítele el miedo a la ilusión, y le habrá quitado la energía que la mantiene en su lugar. En el momento en que ya no esté de acuerdo con una creación menos deseable, y deja de ponerle su atención, esta no puede mantenerse, y por lo tanto, desvanecerá. Las creaciones deben tener conciencia para apoyar su existencia.

Sí, requiere práctica el crear una nueva ilusión que apoye de manera más eficiente sus deseos. Hay una necesidad urgente en la Tierra para que usted pueda ayudar a crear un nuevo impulso para cambiar el mundo de las apariencias. Si usted está dispuesto a poner un poco de esfuerzo trabajando con la práctica de los procesos de creación y desvanecimiento, usted puede ayudar a crear este nuevo impulso, y lograr cualquier cosa.

Usted ha sido hipnotizado para creer que usted es impotente. Todos tenemos el poder de cambiar cualquier cosa, una vez que despertamos y nos damos cuenta que nos podemos liberar del acondicionamiento hipnotizado y programado, que nos ha atado. Cada uno de nosotros necesita entender plenamente nuestra capacidad de hacernos cargo de nuestras vidas. Preparación para la graduación y la Ascensión, es una de esas oportunidades para crear su nueva realidad.

A medida que trabaja a través del proceso de la Ascensión, se dará cuenta que no habrá nada que usted necesita llevar consigo físicamente. Todos esos elementos físicos que usted considera que son reales, y que de pronto brindan un sentido de ser, son ilusiones de la tercera dimensión. Tenga en cuenta que estas ilusiones desaparecerán. Déjelas ir con el menos temor posible. Suelte todas esas fotos antiguas y esos recuerdos. No hay manera de llevarlas con usted. Empiece a limpiar su casa, y deshágase de la basura que pensaba tenía algún valor recordatorio. Mientras que usted se prepara para la Ascensión, en algún momento, usted va a tener que renunciarse de sus tarjetas de crédito, su auto, su teléfono celular, su casa, el fondo de retiro, la fama, y su estado social - todo. Todas estas cosas de tercera dimensión terrenal, serán insignificantes en la Nueva Tierra. Recuerde, ninguna cosa física se puede llevar a través de los Portales Cósmicos.

Al contemplar el futuro usted sabrá intuitivamente que es posible que estos actos de desaparición van a venir antes de lo que uno piensa. Sí, algunos dudarán de la realidad de estos hechos hasta que vean artículos a su lado que empiezan a desaparecer. Incluso, algunos seres humanos rechazarán tales eventos creyéndolos imposibles. Todo se trata de elegir y creer en lo que ha sucedido, lo que puede suceder y lo que sucederá en un futuro muy próximo.

Nosotros hemos tenido varios artículos desapareciendo en nuestra casa. Dejamos de darle energía consciente para mantenerlos en el mundo físico de la ilusión.

Todo el mundo tiene la opción de aceptar o ignorar lo que está pasando. Las almas que planean graduarse dejarán atrás todas esas viejas emociones inútiles, y las formas de pensamiento mental. No habrá nada de que aferrarse a nivel mental, ya que esto no le servirá en su camino espiritual, ni en su línea temporal. Es posible que tenga que renunciar a sus lazos familiares, con amigos y con todo lo que usted creía que era importante. Por lo tanto, empiece a despejarse de todas esas falsas creencias, formas de pensamientos negativos y actividades de grupo, que no tienen nada que ver con la graduación y la Ascensión. Usted tendrá que liberarse de todo lo que pueda tener alguna tendencia de atarlo con los estados inferiores de conciencia. El poder negativo de muchos pensamientos puede ser destructivo para el crecimiento de su alma. El proceso de la graduación y la Ascensión implica deshacerse de lo viejo y aceptar lo nuevo.

Usted puede que tenga recuerdos importantes que desea llevar consigo. Su prórroga más importante a la Nueva Tierra será la de los recuerdos de su alma. Estos se almacenan electromagnéticamente dentro de su conciencia. Sin embargo, si no ha logrado mantener su Mer-Ka-Ba alineado y girando apropiadamente, usted podría perder su memoria cuando el campo magnético de la Tierra se reduzca a cero. Su campo magnético personal del Mer-Ka-Ba puede ayudar a preservar sus recuerdos. También, al mirar hacia atrás de su autobús y fijarse en lo que ha estado sucediendo detrás de usted, se dará cuenta que lo único que importó, era la cantidad de amor que usted estaba dispuesto a compartir con otros.

* * * * *

18

Los Cambios de Conciencia Relacionados Con la Graduación y la Ascensión

Las siguientes preguntas y respuestas acerca de la conciencia, han sido proporcionadas por Adán, el Sumo Sacerdote de Telos. El sugiere que tenga en cuenta sus respuestas a las siguientes preguntas, antes de proceder con su preparación para la Ascensión. Puede ser útil escribir sus respuestas.
1. ¿Qué significa el elevar la conciencia de uno?
2. ¿Por qué quisiera alguien elevar su conciencia?
3. ¿Qué sucede cuando uno aumenta su conciencia?
4. ¿Serán influenciadas mis actividades diarias al elevarse mi conciencia?
5. ¿Afectará mi evolución cósmica elevando mi conciencia?
6. ¿Qué valor hay en tomar una decisión de elevar mi conciencia?

Una vez que haya contemplado con cuidado las respuestas a estas preguntas, usted estará listo para leer y considerar la manera en que Adán, de la sociedad Lemuriana de la quinta dimensión, las contesta.

¿Qué Significa Conciencia?

Significa empezar a estar plenamente consciente de todas sus actividades conscientes e inconscientes en la Tierra. Usar todos sus sistemas sensoriales para ser más consciente de todos los aspectos de la vida. Observar cómo se desarrolla todo a su alrededor en cada momento del "Ahora". Con un nivel superior de conciencia se hace posible estar al tanto de cada evento que perciben sus sentidos, y de grabarlos en su mente consciente y subconsciente. Elevar nuestra conciencia, significa cambiar nuestros patrones de comportamiento. No se vivirá más en piloto automático, paro mental y emocionalmente, en un patrón repetitivo de las actividades que bloquean al mundo que lo rodea. Significa quitándose de encima actividades que tienen un valor espiritual limitado. Esto es, frenando la locura a su alrededor, para que no entre a sus pensamientos ni a sus cuerpos. Evite concentrarse y sintonizarse mental y emocionalmente en las distracciones negativas a su alrededor. Estas distracciones se han creado a propósito para desviar su atención, y causar confusión en su vida. Una vez que los seres humanos se confunden son mucho más fáciles de manipular y controlar. Estas distracciones confusas también limitan su capacidad de elevar su conciencia, avanzar espiritualmente y graduarse.

Obtenga control sobre su mente distraída, y concentre sus actividades en pensamientos que valgan la pena. Dedíque tiempo explorando actividades distintas a las que lo han atrapado en una rutina repetitiva. Busque el yo verdadero, el Dios/Diosa interior. Adéntrese en su ser y céntrese en su corazón.

Transfiera su centro de atención de la mente al corazón, y ponga su atención a las directrices del corazón para su vida. Estudie como se vive desde el corazón en lugar de vivir desde la mente. Deje que la voz apacible y delicada en su interior sea su guía principal. Este es un conocimiento interior, libre de los enredos de las falsas creencias, y de las muchas ilusiones limitantes que los seres humanos han creado.

Entonces use su sistema sensorial para explorar todo lo que a usted lo rodea en la naturaleza, todos los invitados que la Madre Tierra tiene para ofrecer. Al comunicarse y rendir homenaje a la presencia de los árboles, pájaros, insectos y animales, usted podrá abrir y expandir su conciencia. Dese cuenta que quizás usted se ha vuelto arrogante al pensar que es superior a otros que habitan el planeta con usted. Nadie tiene el derecho espiritual de manipular a otras creaciones. Visualmente sienta las características del paisaje que lo rodea: las piedras, plantas, flores y el pasto. Sienta y huela el suelo como su fuente energética para mantener el cuerpo físico. Examine las características del aire, el viento, las nubes, el sol, la luna y las estrellas, y contemple cómo influyen en su vida sobre la Tierra. Sea agradecido por la forma en que ellos apoyan su vida. Perciba el amor y la paciencia demostrada por la que usted llama la Madre Tierra. Ella provee a cada vida con el oxígeno, el agua, los minerales y los alimentos para su supervivencia, como un alma que viaja en un cuerpo físico. Al darle gracias y honrar a la Madre Tierra, y todos sus invitados, ella estará lista y dispuesta para ayudarlo a elevar su conciencia y su frecuencia vibratoria. Sólo pídales a los miembros de la Jerarquía Espiritual de Dios/ Diosa que le eleven su conciencia a la frecuencia más adecuada.

Como un ser divino e ilimitado, teniendo una experiencia temporal humana, usted puede llevar al máximo la alegría de atravezar por todos los desafíos que tiene aquí sobre la Tierra. Concéntrese en las oportunidades maravillosas que usted tiene aquí. Sea agradecido de todas sus opciones de encarnar en la Tierra y completar sus lecciones de tercera dimensión. Comparta sus ideas con otras personas de ideas afines, y encuentre formas de estar al servicio de toda la creación. Como resultado de su viaje de auto-descubrimiento y el entendimiento de su interrelación con la creación, a usted se le asistirá en el aumento de su conciencia.

¿Por Qué Elevar Mi Conciencia?

Usted debe aumentar su conciencia ya que la baja conciencia extrema de la humanidad ha perdido su conexión espiritual con la realidad, y está en proceso de destruir el planeta Tierra. Durante miles de años después de la Caída, la intensidad de las lecciones de dualidad ha hecho que estas lecciones estén saturadas de retos difíciles. Llegando al final de la parte obscura de este ciclo de veinticinco mil años, los habitantes de la superficie de la Tierra han caído a uno de los niveles más bajos de conciencia dimensional en el Universo. *Por tercera vez en la historia de la Tierra los seres humanos han ascendido a las alturas de gloria durante la fase de Luz de un ciclo de veinticinco mil años. Sin embargo, durante y después de la fase obscura, han decaído a un nivel de conciencia muy bajo.* A este bajo nivel de conciencia la mayoría de los seres humanos han perdido el contacto con su Dios/Diosa.

Un signo de esta caída en la conciencia se refleja en la actual confusión y el caos. La negatividad se ha vuelto tan intensa que muchos seres humanos han perdido el contacto con la realidad. Buscan escapar a través de sensaciones físicas o de los bienes terrenales, en un intento de satisfacer sus anhelos de felicidad y alegría. La verdadera felicidad y alegría provienen de la consciencia conectada con el Dios/Diosa. Muchos se han confundido acerca de la realidad que han empezado a adorar a algún Dios/Diosa falso, fuera de sí mismo, hecho por el hombre, una entidad desconocida *por ahí* y mal definida. Tienden a adorar a un desconocido, Dios/Diosa místico, en un cielo ilusorio que ellos mismos han creado. El verdadero Dios/Diosa, el Yo-Soy-Que-Yo-Soy, el Todo-Lo-Que-Es, o la conciencia Universal, reside *dentro* de todo ser humano, animal, vegetal y cualquier otro aspecto de la creación.

¿Qué Ocurre Cuando Se Eleva Mi Conciencia?

Antes de examinar los muchos beneficios de elevar su conciencia, es de gran utilidad que usted dedique algún tiempo para tomar conciencia de sus sentimientos sobre la vida. Sienta la alegría de vivir en la Tierra utilizando sus libertades y capacidades para percibir el mundo que lo rodea. Después examine su estado de salud, y qué o quién está en control de su vida. Piense qué tan seguro está mental, emocional y financieramente. Después, contemple el verdadero significado de la libertad y lo que la libertad significa para usted personalmente. ¿Puede localizar algunos de los factores que limitan su libertad o su estado de salud? ¿Cuál es la posibilidad de que estos factores se pudieran remover? ¿Cómo le gustaría ver como se desarrolla su vida? Luego decida lo que quiere para su vida futura sobre el planeta Tierra.

Como hemos dicho, cada uno crea su realidad a través de sus pensamientos. Usted ha creado todas las enfermedades que jamás haya tenido. Obviamente las creó con un propósito. El secreto está en concentrarse en los pensamientos que desea crear, esas cosas que le gustaría experimentar en el futuro "Ahora". Pregúntese que puede soñar para un futuro mejor. ¿Hay actividades o eventos que le gustaría hacer? ¿Se da cuenta que cuando se eleva la conciencia por encima de su percepción actual y limitada, usted podrá obtener lo que desea? Dentro de los niveles de la conciencia superior, lo que usted pide, usted lo recibe. Por lo tanto, tenga cuidado con lo que pida. Sus pensamientos se manifiestan con mucha más rapidez a medida que cambia su conciencia a un nivel superior. Conforme va elevando su conciencia, su corazón se abre y establece una conección más eficiente con su Dios/Diosa. Como resultado su mente puede percibir esa perfección, y así las posibilidades ilimitadas estarán disponibles con el sólo pedirlas.

Durante la mitad positiva de cada ciclo de veinticinco mil años, llamada la Edad de Oro, los seres humanos han ampliado su conciencia, y han experimentado sus posibilidades ilimitadas. La caída de la humanidad, a veces mencionada en la Biblia que relaciona a Eva comiendo una manzana, trataba del participar del árbol del bien y del mal. Así, la Caída trataba del compromiso de los valores asociados a los niveles superiores de conciencia, que se habían obtenido previamente. La Caída fue creada por el deseo de la humanidad de tener la experiencia de la polaridad (la dualidad), en las dimensiones inferiores. Los seres humanos optaron por separarse de Dios/Diosa. Esta Caída de la conciencia creó una brecha en la perfección que había existido en vidas anteriores. Como la Caída procedió durante los ciclos de la obscuridad, la humanidad gradualmente descendió a la brecha de la dualidad que "Ahora" vive sobre la Tierra. Conscientemente usted no se ha dado cuenta de los miles de años que ha estado en la Tierra en cuerpos diferentes. Esto significa que su verdadero yo, no el que reside aquí en la Tierra en este momento, todavía posee el conocimiento de todas esas vidas pasadas. Todos tenemos el potencial para resucitar ese conocimiento en nuestra conciencia actual. Al dejar a un lado las falsas creencias e ilusiones erróneas y distorsionadas que lo han limitado desde hace miles de años, empezará a recordar el ser tan grande y maravillo que es usted. Al acordarse de aquellas partes de las encarnaciones vividas durante los estados superiores de conciencia dimensional, usted puede volverlas a manifestar, y a traer de nuevo a su vida física en la Nueva Tierra.

¿Mis Actividades Diarias Serán Influenciadas Al Elevarse Mi Consciencia?

Como resultado de elevar su conciencia, los cambios en su vida serán ilimitados. Sí, al subir de conciencia poco a poco, esto influenciará sus actividades diarias. Elevar la conciencia de uno es un proceso natural concebido por los Creadores de todos los Universos. A medida que su conciencia se eleva, usted se acercará cada vez más a los Creadores y al Dios/Diosa. Poco a poco reconocerá su verdadera identidad como parte eterna e inmortal de Dios/Diosa, un hijo del amor creado por los Creadores del Amor. Se dará cuenta que usted no sólo provino del amor, pero que al elevar su conciencia, su amor se expandirá para siempre. Usted estará más consciente de que es un hijo de un Dios/Diosa omnipotente y glorioso, creado con todos los mismos atributos. Usted es un duplicado, si se quiere decir así, de Dios/Diosa. A medida que su conciencia se eleva a las frecuencias más altas, sus recuerdos perdidos se restaurarán. Un mayor conocimiento le permitirá saber de dónde viene, y a lo que vino a hacer aquí. También servirá para orientarlo sobre sus caminos futuros (líneas temporales) a través de toda la eternidad.

Dentro de los estados superiores de la conciencia dimensional, usted *saldrá* de la cajita en la que ha vivido durante miles de años, y descubirá lo que está disponible fuera de ella. Explorará la Tierra, el Sistema Solar, otras galaxias y universos diferentes. Poco a poco se dará cuenta de que la pequeña caja a la que se había limitado era una ilusión. No hay necesidad de permanecer confinado a ella y a todas las otras ilusiones. Usted puede ser libre y descubrir que no está solo; usted es una parte de Todo-Lo-Que-Es.

Pregúntese si es usted un ser humano aislado viviendo en el único planeta habitado en el Universo. ¿Cuál es su primera respuesta? ¿Es usted una parte interconectada con todos y con todo? ¿Usted ha pensado en que hay millones y millones de otros planetas en los que hay habitantes viviendo y respirando, todos conectados a los mismos Creadores?

Algunos científicos actualmente creen que todos los planetas y todas las lunas pueden tener secciones habitables en su interior. El Espíritu indica que en algunos planetas la vida en la superficie es difícil o imposible, por lo que los habitantes tienen que vivir en el interior del planeta para sobrevivir. Cuando tenemos en cuenta que toda la creación se produjo como resultado de varios Creadores, todos involucrados en la creación de tantos universos diferentes, entonces todo es posible. No hay forma en que usted como un individuo, pueda entender toda la creación. Es lógico que la creación biológica habite tanto en el exterior como en el interior, de miles de millones de planetas. Y todos estos habitantes son nuestros hermanos y hermanas. ¿Puede usted imaginar el concepto de que es parte de una vasta creación infinita, y de un grado inimaginable de variación en composición y forma? El no poder quitar las falsas creencias que imponen limitaciones a su evolución espiritual, es lo más trágico que se puede describir. Abriendo la mente a posibilidades ilimitadas, lo ayudará a entender que no está solo, que la creación real se extiende más allá a lo que puede llegar su imaginación. ¿Por qué limitar las capacidades dadas por su Dios/Diosa aferrándose a creencias e ilusiones obsoletas? Elevando su conciencia a un nivel que está conectado al Dios/Diosa interior, se hace posible restaurar todos sus dones divinos, todas sus libertades y sus capacidades. Usted puede recibir el don de la visión espiritual y visualizar el mundo físico que no se ve. Usted puede viajar a través del tiempo, ver remotamente, y así experimentar la alegría de explorar el pasado y el futuro de todo acontecimiento. Su vida cotidiana fluirá con facilidad al enfocar sus pensamientos en la belleza del momento, y todo lo que éste tiene que ofrecer. Va a ser capaz de despejar todo auto-castigo, todas las viejas rutinas, todas las creencias y las ilusiones falsas, que lo han mantenido a usted cautivo por muchas vidas. Como una ayuda a su sistema de energía ampliado, solicite que todos los patrones necesarios del flujo energético, dentro y fuera de sus cuerpos, se abran y sean ajustados para optimizar su bienestar. Gracia y magia están a su disposición para ayudar a restaurar su salud y detener el envejecimiento. Dentro de los estados superiores de conciencia, usted habrá sobrepasado el dolor y el sufrimiento de las limitaciones actuales físicas, mentales y emocionales de la conciencia en la tercera dimensión.

¿Se Influenciará Mi Evolución Espiritual Con Mi Cambio en Conciencia?

Asumiendo que usted planea seguir el esquema de la evolución diseñado por el Creador, Dios/Diosa, entonces el proceso de elevar su conciencia dimensional, continuará desde una gloria, a más y más glorias, por toda la eternidad. Los Lemurianos que viven en el Monte Shasta en Telos, han sentido que la mayoría de las personas que residen en la Tierra están soñando con ir a una Nueva Tierra cuando se vayan. ¿Podría ser que la "Nueva Tierra" con la que sueñan, está aquí? "Ahora", al final del ciclo de veinticinco mil años, y el comienzo de un nuevo ciclo que se desarrolla en este planeta, ya no tendrá uno que morir para ir a un cielo ilusorio con calles de oro. El verdadero Cielo en la Tierra se manifestará aquí como una "Nueva Tierra" paralela, para todos aquellos que opten por montarse sobre la ola de la graduación y la Ascensión. Para aquellos que rechacen esta oportunidad, hay otras opciones disponibles. Sin embargo, usted tiene una opción de si quiere o no contestar las siguientes preguntas (sí o no) sobre cual fue su motivo por haber llegado a la Tierra. Muchos ya han contestado estas preguntas.

1.¿Usted encarnó en la Tierra para *permanecer* en la cajita de la conciencia de dualidad y seguir viviendo en algún planeta de tercera dimensión como la Tierra?

2.¿Todavía necesita usted de lecciones y desafíos para completar una parte de su contrato dentro de la cajita de la dualidad antes de graduarse?

3.¿Ha venido a la Tierra para completar sus lecciones de tercera y cuarta dimensión en esta encarnación, antes de salir de la cajita hacia la Unidad/ Conciencia Crística?

4.¿Ha venido a la Tierra para cambiar su conciencia a las frecuencias de la quinta dimensión y por lo tanto, graduarse, y llevar su cuerpo físico renovado a la "Nueva Tierra"?

¿Usted entiende el significado de sus respuestas a estas preguntas? Es posible que ya haya decidido o está a punto de tomar una decisión, sobre la graduación y la Ascensión. Todos tenemos que tomar una decisión. No se le va a juzgar por su respuesta a estas preguntas. Sus opciones y decisiones sobre estas cuatro preguntas influirán de forma significativa en cuanto a su estado actual "Ahora" y el estado de su evolución cósmica por miles de experiencias futuras.

Tenga en cuenta que dentro de los reinos espirituales no hay tiempo o espacio. Por lo tanto, usted tiene una eternidad para trazar su camino. Sin embargo, hay una ventaja que puede acelerar su evolución al responder *no* a las dos primeras preguntas, y *sí* a los dos siguientes. Al optar por responder *sí* a las dos siguientes preguntas, usted se moverá fuera de la dualidad y lejos de las lecciones y de los desafíos que el dolor y el sufrimiento le han proporcionado. La decisión para cambiar a una frecuencia más alta de quinta dimensión, es nuestra oportunidad para abrazar la Unidad/Conciencia Crística, cuando entremos por los Portales Cósmicos a la "Nueva Tierra". Con esta decisión, un reino nuevo de realidad abre el camino cósmico para su evolución espiritual. Las oportunidades dentro de los niveles superiores de conciencia tienen potenciales ilimitados.

Una Discusión Acerca de Elegir la Elevación de Su Conciencia

Un método para elevar la conciencia, es el de enfocar la intención consciente para detectar las características de todos los aspectos de las creaciones de Dios/ Diosa. Conéctese con la naturaleza y todas las características de esa creación. Abra su corazón y su mente a todos los seres humanos, los animales, los vegetales, los minerales, y los seres espirituales, que residen en y alrededor de la Tierra. Trate de conocer y comprender las diferentes personas, los animales, y las plantas, con sus patrones de comportamiento. Trate de entender el propósito de cada uno de ellos. Cada uno tiene un propósito específico y un papel que desempeñar durante su vida en la Tierra. Estudie los nombres de los diferentes animales y las plantas. Dele gracias a los ángeles, a las divas y a las hadas, por su servicio a todos los seres humanos y al reino vegetal. Dele gracias a todas las entidades espirituales por todo su cuidado amoroso. Estas entidades espirituales de dimensiones superiores tienen una conciencia y una capacidad sensorial para poder entender sus pensamientos.

Hay un valor cuando se trabaja con la tierra y la siembra de plantas. Se ha comprobado científicamente que colocando las manos en la tierra y ver crecer a una planta atrae energías curativas. Abra su corazón a todo lo que está por encima y por debajo en el mundo visible e invisible. Esfuércese en comunicarse con el mundo invisible que existe dentro de las frecuencias más altas. Empiece abriendo su sistema sensorial espiritual para tomar conciencia de esas realidades más allá de sus cinco sentidos físicos. Desarrolle su sexto sentido para comunicarse con los ángeles, las divas y las hadas y las creaciones de alta frecuencia. Crea que todo es posible. Acuérdese que sus creencias hacen la base para los pensamientos que crean su realidad. Este dispuesto a sentir el amor incondicional presente dentro de todas las maravillas de la creación. Usted estará elevando su conciencia a todas las energías nuevas que están inundando el Sistema Solar y al planeta Tierra.

Al cambiar su conciencia a las frecuencias más altas en este momento de la historia, usted dejará atrás cerrando las miles de vidas que pasó en los planetas de baja frecuencia. Sus trabajos y retos a través de los siglos serán durante la graduación y la Ascensión. Nunca en la historia de la Tierra, el proceso de la Ascensión ha sido tan fácil como lo es actualmente. Los Creadores han dado permiso a la Madre Tierra a que Ascienda y ella ha optado por hacerlo. La Madre Tierra le da la bienvenida a todos los que quisieran unirse a ella y Ascender.

El objetivo de la graduación en masa ha eludido a la humanidad durante miles de años, debido a que la única oportunidad que existe es cada veinticinco mil años. Ahora puede darse cuenta que su objetivo de encarnar continuamente en la Tierra es la de elevar su conciencia para que pueda llegar a Ascender con su cuerpo físico a la "Nueva Tierra". El Creador, y Dios/ Diosa han optado por ofrecerle esta oportunidad. Todavía hay tiempo para "Despertar" y tomar la decisión de graduarse. Sin embargo, si usted prefiere esperar hasta el final de otros veinticinco mil años para graduarse, es decir, al final del siguiente ciclo, esa es una opción aceptable. Para los que no sabían que el tiempo de graduación se acerca, este es su llamado para "Despertar". Para aquellos de ustedes haciendo los preparativos para graduarse, continúen con su labor.

Algunos han preguntado, si la humanidad "Ahora" tiene la oportunidad de graduarse de la Tierra de tercera dimensión, ¿por qué no hemos oído hablar de esta oportunidad en los medios de comunicación. Los principales medios de comunicación - la radio, la televisión, y los periódicos - son controlados por los Iluminati, y determinados grupos de Extraterrestres. Ellos preferirían mantenerlo en un planeta como la Tierra, como un esclavo en la tercera dimensión, por otros veinticinco mil años, en vez de hacerle saber acerca de esta oportunidad.

El tema de la Ascensión, se ha discutido en cientos de libros a lo largo de la historia, y ahora existen cerca de mil sitios en el internet, que discuten y ofrecen sugerencias útiles para su graduación y Ascensión. Obviamente, hay muchas creencias falsas sobre cómo alcanzar la Ascensión. Adéntrese durante la meditación, use discernimiento, y usted sabrá el camino más apropiado. Le corresponde a cada individuo estar dispuesto a trabajar, para encontrar y seguir su camino espiritual. Nadie más es responsable por usted. Hace más de dos mil años, Yeshua (Sananda, o Cristo Jesús), vino a la Tierra para mostrar a la humanidad la forma de vivir para poder graduarse y Ascender. Sus instrucciones básicas eran simples: empiece amándose a si mismo, y entonces ame a su prójimo como a si mismo.

En resumen, el mejor consejo para usted en los próximos días es el de comenzar cada día con un compromiso total para abrazar y alinear su espíritu y su alma, con el Dios/Diosa interior. Después, pida que su corazón y Dios/Diosa interior se hagan cargo de sus actividades durante los próximos días, para que todo se desarrolle de manera eficiente y con gracia.

La siguiente cita viene de la página del internet, www.ascendedearth.ishcom.net:

"Mi Dios/Diosa Amado Interior, Yo Estoy dentro de Ti, y Tú estás dentro de mí. Abrázame hoy en la ternura de Tu cuidado. Envíame toda la protección, orientación, y comprensión que necesite, para progresar en convertirme en el Cristo YO SOY. Voy a ser una demostración Viviente de Tú Amor, Bondad, y Belleza, este día".

* * * * * *

19

Las Iniciaciones y las Disciplinas Enseñadas
Dentro de los Templos de la Ascensión

Las almas planeando Ascender para convertirse en un Maestro Ascendido, requieren haber completado las iniciaciones espirituales tal como se enseñan dentro de los Siete Templos de la Ascensión. Los duplicados de cada Templo de Ascensión están disponibles para su uso, y se encuentran en Luxor, Egipto, Telos en Mount Shasta, Shambhala, de las dimensiones superiores, en el Tíbet, y en Mato Grosso en Brasil. Muchos seres humanos en la Tierra han completado algunas de las iniciaciones en uno o más de estos Templos de Ascensión, o en otras disciplinas. Cada uno de estos templos, está situado dentro del estado de la conciencia de realidad de la quinta dimensión. Así que, si usted reside en el estado de la tercera dimensión de conciencia, su sistema sensorial físico carece de la capacidad de ver estos templos. Sin embargo, como una parte más alta de su realidad multidimensional, usted puede viajar fuera de su cuerpo por la noche y visitar estos templos.

Tengo entendido que el paso por todos los siete templos, no es un requisito para pasar a través de "El Cambio" y Ascender a la "Nueva Tierra". Sin embargo, se recomienda la asistencia en estos templos y completar muchas de las lecciones y las disciplinas. Esto es realmente cierto sobre los cuatro primeros templos. Para llegar a ser un Maestro Ascendido, se le requerirá completar todas las lecciones, las disciplinas, y las iniciaciones, al pasar por todos los siete templos en secuencia. Antes de que a usted se le permita entrar a cualquier templo, usted tiene que haber completado todas las lecciones y las disciplina, en los templos que la preceden.

Las iniciaciones en estos siete templos se analizan brevemente a continuación. Como un alma avanzada, todos estos requisitos de Ascensión, se almacenan dentro de su super-conciencia. El objetivo de trabajar con cada uno de los Siete Templos de la Ascensión es el de traer estos patrones disciplinarios de nuevo a la memoria. Luego, una vez que estos principios estén integrados dentro de su corazón, usted puede utilizarlos para sus actividades diarias en la Tierra de tercera dimensión y la Nueva Tierra de la quinta dimensión.

Estos requisitos pueden ser introducidos a la memoria, asistiendo las sesiones dictadas en cada uno de los templos de la Ascensión. Muchos norteamericanos han asistido a uno o más de los siete templos en Luxor, Egipto, o en un templo duplicado, ubicado en Telos, en el Monte Shasta. Sus otras opciones, consisten en pedir poder atender a uno de los templos similares, que se encuentran en el Tíbet, o en Brazil. Cada noche mientras usted duerme haga sus aplicaciones en los planos espirituales interiores para ir al templo que usted elija.

Haga su solicitud a la Oficina del Cristo, bajo la dirección del Señor Maitreya y de Lord Sananda (anteriormente conocido como Jesús), y con la asistencia de la Gran Hermandad Blanca. Después, los miembros del Consejo Espiritual de su Ser Superior, y/o presencia Divina interior, irán con usted y lo ayudarán en lo que sea necesario.

Las disciplinas que se indican dentro de cada templo individual deben ser completadas antes de pasar al templo siguiente. La aprobación para pasar al siguiente templo, está basada en la manera en que vive conscientemente las disciplinas enseñadas en el templo anterior. Usted tiene que aprobar las disciplinas del templo uno antes de pasar al templo dos, del templo dos antes de pasar al templo tres, y así sucesivamente. A raíz de su asistencia y las actividades dentro de cada templo, los miembros de la Gran Hermandad Blanca observarán sus actividades terrenales para determinar si usted domina las lecciones, y "Ahora" califica para seguir adelante. Todo el mundo en la Tierra está siendo monitoreado para determinar su estado espiritual.

Con los nuevos designios divinos puestos en marcha por los Creadores Dios/Diosa, esta iniciación en secuencia puede completarse mucho más rápido que en cualquier momento anterior en la historia de la Tierra. Muchos de ustedes ya han adquirido las memorias recobradas y requeridas dentro de los primeros tres a cuatro templos. Más de trescientas cuarenta mil almas en la Tierra han terminado recientemente las disciplinas de todas las iniciaciones indicadas en estos siete templos.

Trabajando con los retos disciplinarios establecidos en cada uno de los siete templos, será muy útil para cualquier persona interesada en pasar a través de "El Cambio", graduándose de la Tierra de la tercera dimensión, y Ascendiendo. Estas disciplinas internas y conscientes, prepararán su cuerpo físico nuevo para calificar a pasar físicamente a través de los portales (Portales Cósmicos), que conducen a la Nueva Tierra. Según fuentes espirituales, más de 2.5 mil millones de almas de los más de siete mil millones presentes en la Tierra, han considerado Ascender al final de este ciclo de veinticinco mil años. Un gran número de estos 2.5 mil millones de almas en todo el planeta Tierra están intentando descubrir cómo se pueden preparar para aceptar las características mejoradas de sus nuevos cuerpos y los cambios de la Tierra que se avecinan. Una vez que descubran cómo prepararse, y de que ya tenían que haberlo hecho, ellos tienen la oportunidad de participar activamente en ayudar a crear el nuevo desarrollo de la sociedad en la Nueva Tierra. Es posible que desee considerar cuidadosamente las oportunidades asociadas con Ascender y/o en convertirse en un Maestro Ascendido.

Usted puede empezar "Ahora" solicitando la entrada al templo uno. O puede pedirle a los miembros de la Gran Hermandad Blanca que le revelen a qué templo está listo para entrar usted "Ahora".

Templo Uno: El Templo de la Voluntad De Dios/Diosa

El dominio del primer templo consiste en la capacidad del candidato para transformar todos los pensamientos y sentimientos alineándolos con su ser divino. Al candidato se le orienta para aprender a comunicarse con su propio Dios/Diosa, presencia interior y para desarrollar verdadera humildad en la presencia del ser divino. La orientación para estas clases es ofrecida por el Maestro El Morya y sus ayudantes. El candidato aprenderá a disolver toda rebelión contra la voluntad de Dios/Diosa en todos los componentes de su Superalma (almas individuales), ubicados en cualquier lugar dentro de los varios Universos.

Énfasis será dirigido entonces hacia la eliminación de cualquier rebelión contra la auto-disciplina y la auto-corrección, y otros graves obstáculos para el progreso espiritual real. Cualquier pensamiento y sentimiento que de una forma u otra pueda causar daños al desarrollo de los cuerpos físicos, mentales y emocionales, es contraproducente y destinado a destruir aquello que es sagrado. Cualquier actividad o conducta destructiva que se denomina auto-castigo o persecución por cuenta propia, para con el fin de escapar de la realidad o de tratar de satisfacer los antojos de los sentidos, tiene que colocarse bajo control.

Las implicaciones son, que el candidato interesado en completar los requisitos en el Templo de la Voluntad de Dios debe cuidar de su templo físico, mental y emocional del cuerpo, donde Dios reside. Esto significa tomar el cuidado diligente de su cuerpo mediante la obtención de un descanso adecuado (generalmente de ocho horas de sueño, con cien minutos de sueño profundo delta), y una nutrición adecuada (incluyendo minerales, yodo, agua, y oxígeno). Usted debe hacer ejercicio, abstenerse de las drogas y los venenos en el tabaco, el licor, el café, alimentos procesados, refrescos carbonizados y las drogas recetadas o recreativas. También evite los rayos X, todos los venenos y las toxinas metabólicas que afectan los nervios (por ejemplo, el glutamato monosódico y el NutraSweet), y los metales pesados tóxicos. Evite los alimentos cocinados en el microondas, los alimentos que contienen radiactividad, los alimentos alterados mediante ingeniería genética, los alimentos que contienen exceso de azúcar y sal, conservantes tóxicos alimenticios utilizados para almacenar productos durante largos períodos, el veneno en los tintes de colores, los agentes aromatizantes artificiales y una multitud de otras energías negativas. Muchos de estos productos químicos, han sido colocados a propósito en las bebidas y en los alimentos para destruir su vida y debilitar sus fuerzas corporales. Las personas que no deseen aceptar estas auto-disciplinas y auto-correcciones no han desarrollado un interés en convertirse en lo mejor de su ser. Uno de los objetivos espirituales más deseables es el de llegar a ser la expresión más alta y mayor de un Dios/Diosa encarnado, que puede ser usted. Los elementos anteriores son sólo algunos ejemplos de las lecciones y las disciplinas que tendrá que tener en cuenta al participar en la de los requisitos señalados para el templo uno.

Nota 1: Dentro de los estados superiores de conciencia de quinta dimensión, no hay secretos. Cada pensamiento y cada acción tomada por cualquier persona es conocida por todos. Por lo tanto, es muy fácil para aquellos dentro de la esfera espiritual de dimensiones superiores sentir con precisión y grabar todos sus pensamientos, actividades y patrones de comportamiento. Nada está oculto. La Gran Hermandad Blanca de la Ascensión habrá examinado sus actividades registradas, y a usted le notificarán cuando haya completado los requisitos del templo que precede antes de poder seguir adelante.

Nota 2: La transformación que está a punto de experimentar es muy única al planeta Tierra. Como uno de los habitantes de la Tierra usted se ha convertido en uno de los valientes que vive dentro de la vitrina de este Universo. Hay millones y millones de entidades de dimensiones superiores, en naves espaciales Extraterrestres, con grandes tripulaciones y visitantes, mirándolo todos los días. Ellos están haciéndole preparando el terreno para que usted adopte la auto-disciplina, y le están enviando su amor y apoyo mientras usted se prepara para la Ascensión.

Templo Dos: El Templo de la Enseñanza

En el segundo templo hay una serie de Maestros Ascendidos y miembros de la Hermandad de la Ascensión, que proporcionan instrucciones acerca de las Leyes Universales y la Ley de Causa y Efecto. Para ayudarlo a tener una mejor comprensión de las clases dentro de este templo, el Espíritu ha solicitado que se estudie cuidadosamente la Sección V de este libro en donde varias Leyes Universales se discuten. Por ejemplo, la Ley de Causa y Efecto que casi todo el mundo conoce, necesita ser entendida. Por ejemplo, para toda acción emprendida en el pensamiento, o en la que se haya obrado, habrá un efecto que debe ser equilibrado.

Hay otras Leyes Universales que muchos seres humanos no conocen ya que no comprenden su importancia. Muy pocos seres humanos en la Tierra han estado expuestos a, o han pasado tiempo estudiando y aplicando la multitud de Leyes Universales. Como resultado, muchos no están conscientes de lo importante que son las Leyes Universales. La Ley del Karma se relaciona con la Ley de Causa y Efecto, y otras Leyes Universales. Muchas de estas leyes se impartirán en el Templo de la enseñanza. A través de una comprensión de estas Leyes Universales, los individuos podrán afinar sus habilidades para desarrollar la armonía y la sincronización con el omniciente Dios/Diosa interior. El tiempo dedicado en el Templo Dos, es un tiempo feliz para aprender cómo llevar a la perfección su talento para el SAO. En el Templo Dos la gente de todas las profesiones (artistas, músicos, mecánicos y profesores) obtienen una comprensión de cómo mejorar sus talentos. Aquí uno aprende a encontrar un lugar de servicio, donde se puede poner en práctica los talentos que su Dios/Diosa le ha dado hacia el SAO. Estos acuerdos servirán para muchos propósitos útiles, mientras se prepara para los servicios futuros dentro de los estados superiores de conciencia dimensional. Después de graduarse de la Tierra de tercera dimensión, va a vivir en una sociedad libre de la monotonía, la confusión y otras características del mundo de la dualidad. El Templo de la enseñanza le proporciona una base sobre la cual puede solidificar más su talento como miembro de ese reino de la realidad llamado Unidad/Conciencia Crística. En el Templo Dos usted está preparándose y listo para utilizar su talento individual para servir a toda la sociedad, como un medio para crear el Cielo en la Tierra. Una vez que haya aprendido a aplicar las Leyes Universales a su vida, continúe al Templo Tres.

Templo Tres: El Templo del Amor

Instrucciones en el Templo del Amor, están bajo la dirección del "Amado Pablo el Veneciano". Aquí, el énfasis se dirige hacia el aprendizaje de la disciplina del amor incondicional y la armonía, como un medio para equilibrar el fluir de su vida y su capacidad de transmitir amor incondicional a toda la creación. Como una herramienta de aprendizaje, al candidato se le coloca en alojamientos para estar con aquellos que tienen dentro de sí mismos tendencias que son irritantes a los demás. En el Templo del Amor, el candidato se enfrenta a un desafío para vivir en paz con sus semejantes. El desafío puede llegar a ser algo dramático. Imagínese que usted tenga que vivir con otras personas que prefieren transferir la falta de amor por ellos mismos, a una conducta que no sólo es irritable sino que francamente puede ser hasta repugnante. Por consequencia, los nuevos en el concepto del amor incondicional, los neófitos que tienen una aversión a todo lo nuevo, se paran de prisa y salen disparados.

Con gran alivio, los que permanecen son capaces de ponerse a trabajar y de recibir orientación sobre la importancia del amor por uno mismo y el amor a los demás. El vivir en paz con nuestros semejantes es una de las pruebas más grandes para el estado no-ascendido de la conciencia. La belleza, la bondad y la gracia del gran maestro, Amado Pablo el Veneciano, es tan asombrosa que puede derretir un corazón de piedra. A través de su ejemplo se requiere que se aprenda la tolerancia, la compasión y la comprensión de todos los componentes de la creación. También dentro de las instrucciones y las aplicaciones prácticas posteriores, todos los días se graban desafíos que se practican en la clase. Algunas personas pueden tener graves dificultades poniendo estas aplicaciones en práctica por lo que abandonan la clase y siguen su camino.

El Amor es la base sobre la que todos los Universos y sus componentes fueron creados y siguen siendo creados. El Creador del Amor es la energía fundamental para la creación de cada espíritu y cada alma de *Luz*. El amor opera desde el corazón no desde la mente basada en el ego, la que es auto-centrada. Por lo tanto, concéntrese en vivir desde el corazón todas sus actividades de tolerancia, compasión, y comprensión. La orientación centrada en el corazón está más estrechamente conectada con Dios/Diosa. La fuente de Dios/Diosa trabajando a través de usted, lo puede ayudar a dominar las aplicaciones del amor incondicional en su vida. Sólo pida ayuda y esté abierto a recibirla.

Durante los meses de marzo y abril del 2008, un aumento de la concentración de la Luz y las energías del Amor, llegaron a la Tierra. Estas energías que entraron continúan llegando a la Tierra, y pueden ayudarlo a centralizar su ser en Luz y Amor. Visualize esta Luz y el Amor que fluye desde el cosmos y a través de usted para que entre a la tierra, las piedras, las plantas, las aves, los animales, los insectos, la vida microbiana y todos los demás componentes de la creación encarnadas en la Tierra. Luego, diríjalas a su familia y a sus amigos. Una vez que la Hermandad de la Ascensión le otorgue el permiso pida entrar al Templo Cuatro.

Templo Cuatro: El Templo de la Ascensión

El Maestro Ascendido Serapis Bey, el Chohan del Cuarto Rayo, lo ayudará con sus instrucciones dentro del Templo de la Ascensión. Serapis Bey ha tenido más de 11.500 años de experiencia desde que trajo la Llama de la Ascensión desde la Atlántida y ayudó a construir el Templo de Luxor en Egipto. La Llama de la Ascensión se mantiene por la Hermandad de la Ascensión en Egipto. Recuérdese: Serapis Bey es un disciplinario severo que se encarga de los portales de la Ascensión (Portales Cósmicos) a la "Nueva Tierra". Con él no se puede jugar.

En el Templo Cuatro, el candidato debe de extraer suficiente pureza dentro de su conciencia para observar su "Yo Soy" que es la presencia de su Dios/Diosa interior y su Cristo Sagrado propio, cara a cara. El candidato se enfrentará con trucos del ego y cosas con apariencias sutiles, tienen que ponerse bajo control. Recuerde que el ego quiere estar a cargo, sin importarle los daños causados a cualquiera de sus cuerpos energéticos. De hecho, el ego puede ser tan controlador, que logra causar todo tipo de dolor y sufrimiento con el fin de mantener el control. Durante las instrucciones, Serapis Bey se colocará dentro del aura del candidato y observará los desequilibrios restantes de la energía de cualquier naturaleza discordante. Como resultado, con frecuencia el candidato oye voces extrañas viniendo desde el interior que se han alojado dentro de sus cuerpos internos y externos. Estos desequilibrios tienen que ser removidos, para que el candidato pueda discernir la "Voz del

Silencio", el Dios/Diosa interior. A medida que el candidato se da cuenta de todas sus creaciones negativas y todas sus transgresiones del pasado, estas se van transformando en Pura Luz Blanca.

Serapis Bey ha sido temido durante siglos por su estricta disciplina. La siguiente cita es su mensaje para usted:

Yo estoy dedicado para ayudarle a pasar por el fuego de la purificación y que ustedes, quienes deseen la oportunidad de ganar su Ascensión, puedan perseverar hasta el día de la victoria. Angeles del Templo de la Ascensión se reunen en alabanza, adoración, canciones, devoción, y bendiciones enviadas hacia arriba, por los individuos y la congregación, para el culto individual. Estas energías son creadas para las prácticas de devoción que son cuidadosamente entretejidas con el fluir espiritual de energía, cada vez más amplio,. Cada alma que alcanza el Estado de la Ascensión, hace más fácil que el próximo flujo de vida pueda valerse del impulso cósmico, plenamente recogido de los que se han ido anteriormente.

Una vez aprobado, usted procede al Templo Cinco.

Templo Cinco: El Templo de la Consagración

Las disciplinas del quinto Templo implican tomar en serio la colocación de la prenda ceremonial de la consagración sobre sí, a manos del Maestro Hilarión, o el Amado Rafael. Todos los sistemas del cuerpo están consagrados por la pureza con el fin de prepararse para la Ascensión. Sandalias doradas se colocan en los pies del candidato al igual que una túnica de seda. Se continua con la consagración de las distintas partes del cuerpo. Las consagraciones de las manos y de los pies están imbuídas con la Llama de la sanación. Estas infusiones ayudan a los movimientos del cuerpo. Luego una consagración de los labios toma lugar para invocar que las Palabras Sagradas se pronuncien de tal forma que puedan manifestar los poderes de sanación a través de la palabra hablada. Entonces se sigue con la consagración de los ojos para guiarlos a que vean y se efoquen sobre la perfección de la visión espiritual y la comprensión. Estos procedimientos, son algunos de los ejemplos de las muchas actividades que se llevan a cabo en el quinto Templo.

Templo Seis: El Templo del Servicio

El sexto Templo está patrocinado por Lord Sananda y su llama gemela querida, Nada (ellos fueron anteriormente conocidos como Jesucristo y María Magdalena). Las lecciones dentro de este templo están diseñadas para guiar a los candidatos en Servicio a los demás (SAO). A quien entra en el sexto Templo, se espera que temporalmente coloque a un lado sus asuntos mundanos con el fin de estar al servicio, primero de uno mismo, continuando con la familia, los vecinos, los amigos y otras personas que residan dentro de su localidad inmediata. Luego, se requiere ampliar ese servicio para incluir a todos los necesitados. Aquí el candidato está obligado a encontrar cuáles son las necesidades de los demás y la mejor forma de prestar servicio. Se espera que el candidato preste voluntariamente de su tiempo hacia el servicio planetario utilizando la energía del corazón para ayudar a otros a llegar nuevamente a su camino elegido. A través de este servicio planetario, el candidato se empieza a dar cuenta que al satisfacer las necesidades de unos pocos, las necesidades de otros se satisfacen a través de la influencia y el ejemplo. Orientación es proporcionada continuamente por Sananda y Nada al salir el candidato del Templo de Servicio para convertirse en un siervo de ayuda a los demás (asistente). Los servicios prestados por el candidato tienen que extenderse más allá de las necesidades físicas, mentales, emocionales, y espirituales de la humanidad. Como siervo asistente, el candidato utiliza sus talentos para enseñar, a aquellos pidiendo ayuda. El candidato pide asistencia de la comunidad, y el mundo para que lo ayuden a servir a los demás.

Las lecciones y recomendaciones formuladas en el Templo del Servicio, deberán ser puestas en práctica cuando uno se convierte en humildad y disciplina. Esto significa proporcionar un servicio desinteresado a otros seres humanos en el planeta Tierra. Antes de que uno pueda Ascender y convertirse en un Maestro, tiene que aprender las lecciones del servicio para seguir al séptimo Templo. Esto significa dejarse guiar por la Hermandad de la Ascensión, y haciéndose obediente para implementar el concepto de la verdadera fraternidad para todos. Esta responsabilidad significa estar dedicado a elevar la conciencia de toda la humanidad. Como un candidato individual que ha cumplido los requisitos previstos en el Templo del Servicio, usted será reconocido por su dedicación al servicio y la ayuda a las organizaciones que asisten a los necesitados. Muchos de los que han completado los requisitos del Templo del Servicio dedican una gran parte de su vida con una motivación interior, una meta, y una dedicación, para Servir A Otros (SAO), al igual que las profesiones que terminan eligiendo.

Muchos han completado los requisitos para los cinco primeros templos en vidas anteriores. Este es el caso de algunos de ustedes que están leyendo este libro. Otros han tratado de cumplir con los requisitos del sexto Templo pero han fallado y no pudieron pasar al séptimo Templo.

El siguiente comentario de la Hermandad de la Ascensión ilustra el desafío: "En el pasado, con demasiada frecuencia, Serapis Bey vió a muchos saliendo de Luxor listos para arrasar con el mundo entero sólo para terminar retrocediéndose mientras bajaban las escaleras del gran templo. Aquí es donde un gran número de ustedes perdieron su oportunidad para Ascender en muchas encarnaciones anteriores".

De esta declaración nos damos cuenta que cada uno de nuestros espíritus y nuestras almas han estado conscientes de los requisitos para la Ascensión por muchas, muchas vidas. De hecho, aparentemente ya habíamos ido varias veces al Templo de Luxor para proceder con el proceso de la Ascensión. En esta encarnación tenemos de nuevo la oportunidad de regresar al Templo de Luxor, o al Templo Seis en Telos, para completar los requisitos para la graduación y la Ascensión. Esta vez, ojalá haga usted todo lo posible para poder llevarlo a cabo. Una vez aprobado por la Hermandad de la Ascensión, usted procederá al Templo Siete.

Templo Siete: El Templo de la Llama Violeta

Para entrar al Templo Siete, usted debe haber logrado los desafíos señalados en el Templo del Servicio. Las actividades dentro del séptimo Templo son como los que ponen los toques finales a todos sus sistemas individuales de energía. Estos toques finales preparan al candidato para recibir y enviar energías vitales y espirituales, absolutamente puras, del Dios/Diosa interior. Las actividades dentro del séptimo Templo de Luxor, Egipto, y de Telos, en Mount Shasta, están bajo la dirección del Maestro San Germain, Señor del Séptimo Rayo. San Germain trajo la Llama Violeta de la Atlántida a Egipto hace más de 11.500 años. El ha trabajado con estas energías desde entonces.

Debido a la situación crítica desarrollándose, asociada con el final de la edad de la Tierra, San Germain solicitó a los maestros de la Ascensión, aproximadamente en el año 1987, para liberar el uso de la Llama Violeta a cualquier persona interesada en la evolución espiritual, y para ayudarla a entender porque esta petición fue solicitada y otorgada. La humanidad tiene "Ahora" a su disposición una de las herramientas espirituales más poderosa conocida como "La Llama Violeta".

Un mensaje muy importante: El uso de la llama violeta es la herramienta espiritual más poderosa conocida.

San Germain indica: "El uso de la Llama Violeta Consumidora es más valioso para usted y toda la humanidad, que todas las riquezas, el oro y las joyas de este planeta."

Entonces, en 1998, el Rayo de Plata de la Gracia y la Armonía, bajo la tutela del Arcángel Zadkiel, se unieron con la Llama Violeta de la transmutación para crear la Llama Violeta Plateada de la transmutación y la misericordia. Esta combinación ha ampliado significativamente las energías espirituales disponibles para el uso de la humanidad, en la purificación de todo cuerpo energético humano.

La Llama Violeta se asocia con el color violeta, y ha sido durante mucho tiempo asociado con la espiritualidad. Cuenta con la mayor frecuencia dentro del espectrum visible. Sin embargo, la Llama Violeta también incluye una combinación de colores, de la lavanda, a la lila, hasta el violeta oscuro. Detrás de este espectrum físico de la Llama Violeta, los místicos han vislumbrado un espectrum energético espiritual de luz, procedente de una brillante luz interior divina. Estas energías de luz espiritual son más radiantes y puras que cualquier otra encontrada en el reino físico. Esta Llama Violeta, única tiene la capacidad de acelerar el desarrollo y la preparación espiritual para la Ascensión. Usted puede agregar amor y gratitud a la Llama Violeta, y/o a la Llama Violeta Plateada, y considerar cualquier "forma de pensamiento" como un amigo querido para ofrecerle a usted, la misericordia, el perdón y la libertad. Además, estas "formas de pensamiento" pueden proporcionar limpieza, purificación, transmutación y transformación a toda clase de creación.

Muchos maestros espirituales indican que la Llama Violeta es un ser divino, viviente, espiritual e inteligente. Cuando un candidato en el Sendero de la Ascensión acude a ella adecuadamente, la Llama Violeta tiene la capacidad de eliminar todos los obstáculos que no estén en orden divino. La Llama Violeta puede funcionar para purificar por completo todos los sistemas de energía dentro del cuerpo físico humano (átomos, electrones, moléculas, células y tejidos). Además, la Llama Violeta puede purificar y limpiar el cuerpo espiritual, mental, y emocional. Por lo tanto, todos pueden y deben purgar sus sistemas energéticos de todas las atajaduras pasadas y presentes, el dolor, la ira, la enfermedad, la culpa hacia uno **mismo,** la debilidad, el juicio hacia otros, y todas las formas de pensamiento mentales, emocionales y espirituales que obstaculicen el crecimiento espiritual. Solicite a la Llama Violeta para transmutar todas las energías que no sirvan un propósito divino.

Invocando la Llama Violeta de San Germain para el Esclarecimiento

Es necesario solicitarle al Maestro San Germain, para poder invocar la Llama Violeta y Plateada de la transmutación, la compasión, y el perdón, para limpiar y purificar todos sus cuerpos energéticos. Estas llamas son una combinación de rayos azules para el poder, y los rayos de color rosa para el amor (divino masculino y femenino, respectivamente). La función principal de estas llamas es la de crear un cambio positivo. Visualice la Llama Violeta vertiendo el amor, el perdón y la compasión, a través y por medio de sus cuerpos. Entonces anticipe y sepa que todas las energías indeseables se transmutarán.

En el pasado miles de almas han Ascendido después de usar la Llama Violeta para su preparación. Solicitando a diario a la Llama Violeta, las almas han ido gradualmente cambiando todas las energías obscuras y negativas, de muchas vidas "Ahora" (pasadas, presentes y futuras), a pura, curativa, y positiva, conocida como Luz Líquida Dorada. Muchas almas que han utilizado la Llama Violeta para ayudar a sus procesos de Ascensión, "Ahora" residen en el estado superior de conciencia de la quinta dimensión disfrutando de todas las nuevas realidades disponibles.

El Maestro San Germain le propone comenzar el día convocando a la Llama Violeta. Pídale a la Llama Violeta que lo sostenga durante el resto del día, a través de todas sus actividades. Manténgase despegado de los resultados de cada actividad. Si se comienza esperando un resultado específico deseado es probable que se pierda el sentido. Uno tiene que dejar espacio para que el resultado más apropiado se manifieste.

Su Ser Superior sabe lo mejor para usted, y el Dios/Diosa interior, puede ayudarle a crear el resultado más deseable. El Dios/Diosa interior puede guiarlo a lo largo de su trayectoria. Usted aprenderá que las energías de las Llamas Violeta serán una de las herramientas más espirituales que tiene disponible. Lo más importante en este momento es poder desprenderse de su agenda personal para que sea receptivo a la guía del Dios/Diosa interior.

Usted se ha mantenido viviendo separado en el mundo de la conciencia de dualidad. Pero ahora, dentro de la Unidad/Conciencia Crística, su agenda debe estar en sintonía con los que lo rodean. Muchas personas tienen miedo de poner a un lado sus agendas personales y de permitir que la sabiduría de su Ser Superior y Dios/Diosa interior se haga cargo. Se han identificado tanto con sus *mal alineados egos humanos* que han perdido de vista sus conecciones espirituales guiadas por el corazón. Usted puede considerar el uso de la canalización siguiente del Maestro San Germain para invocar las Llamas Violeta.

En el nombre del YO SOY de mi ser, en nombre de Dios/Diosa, yo "Ahora" convoco la acción de las Llamas Violetas de la transmutación de la compasión y del perdón en mi campo áurico para la limpieza y la purificación de cada pensamiento y sentimiento en el plexo solar y en todas mis chakras. Pido a la acción del Fuego Violeta que impregne cada célula, átomo y electrón de mis cuatro sistemas del cuerpo en este momento y en todo momento, todos los días de mi vida, 24 horas al día, 7 días a la semana, para la sanación de todas las distorsiones en mi campo energético de malentendidos pasados y presentes. Pido a las energías del Fuego Violeta que comiencen a sanar todas las distorsiones en mi cuerpo físico, emocional, y mental. Con mucha gratitud, yo "Ahora" pido la acción del Fuego Violeta para que se manifieste en mis campos energéticos con toda su potencia. Y así es.

Nota 1: Todo el mundo puede trabajar con las Llamas Violeta para ayudarse a sí mismo, a sus familias y amigos, independientemente de si han completado las lecciones indicadas en cada uno de los siete templos. Sin embargo, la posibilidad de que cualquiera puede trabajar de manera eficiente con las Llamas Violeta, parece estar correlacionado con el grado en que un individuo ha progresado a través de los siete templos de la Ascensión y ha aplicado las lecciones indicadas en ellos. El grado en que su solicitud será atendida se relaciona con su nivel de desarrollo espiritual. Obviamente, todavía es muy importante completar las lecciones del Templo Uno, el Templo de la Voluntad de Dios/Diosa, tan pronto como le sea posible. Además, aquellos individuos que han fijado como uno de sus objetivos, completar las instrucciones descritas en los siete templos de la Ascensión serán grandemente beneficiados a través de esos esfuerzos. El hecho de que han dedicado tiempo y esfuerzo para trabajar en su desarrollo espiritual permite el uso de las Llamas Violeta de la Ascensión.

Nota 2: Si ustedes los candidatos han completado las lecciones de los Templos uno al seis, y han trabajado para usar la Llama Violeta de la Ascensión (como está indicado en el Templo Siete), sus actividades serán evaluadas por los Maestros de la Ascensión. Ellos observarán su grado de dedicación a las directrices asignadas y su destreza en la aplicación de esas directrices.

Al ellos darle su aprobación, se le concederá la oportunidad de disfrutar de una ceremonia de graduación, la Ceremonia de la Ascensión. Una vez que la ceremonia se haya llevado a cabo, el candidato habrá completado los requisitos para ser un "Maestro Ascendido".

* * * * * *

20

Las Calificaciones y los Requisitos para la Graduación y la Ascensión

Nota: El objetivo de indicar estos requisitos es para ayudarlo a que esté listo para la graduación. No está, de ninguna manera, diseñado para hacerlo sentir que estas metas son inalcanzables e inculcar el desespero. Sus Asistentes Espirituales saben que usted puede alcanzar un nivel adecuado de conciencia para la graduación. Esto es, cuando usted decide dedicarle tiempo y esfuerzo para trabajar a través de estos requisitos. Diferentes Asistentes Espirituales, cuando se los pida, lo ayudarán a cumplir con los requisitos en un plazo de tiempo razonable. Miles de seres en todo el planeta Tierra, recientemente han despertado a la necesidad de lograr estos cambios en su vida sobre la Tierra. Como consecuencia, muchas almas están cumpliendo diariamente con estos requisitos para la Ascensión. Con dedicación y perseverancia, usted también puede cumplir con los requisitos para la graduación al dar lo mejor de ti a esta oportunidad; los dividendos serán tan maravillosos que no hay palabras para describirlos.

Para cumplir con estos requisitos y los pasos a seguir no tiene que ir a buscar ayuda afuera. Todo esto ya existe dentro de la conciencia de cada individuo. Así, el objetivo está en acordarse y en hacer los ajustes necesarios dentro de uno mismo para adoptar plenamente la divinidad interior. Cada individuo debe de aprovechar la sabiduría del corazón, y como un ser de amor, acudir al Dios/Diosa interior para ayudarle.

Para completar estos requisitos, el Espíritu recomienda trabajar en grupo para animarse el uno al otro. Esto crea una gran ventaja, ya que la quinta dimensión de la conciencia es una conciencia de Unidad. Cada persona agrega una energía sinérgica con el grupo y así crear una conección mucho más poderosa al Todo-Lo-Que-Es. Todos los miembros del grupo pueden contribuir con sus energías y aprender a relacionarse con los demás dentro de una conciencia de Unidad. A medida que cada individuo contribuye, él o ella se convierten en una parte de la Unidad del grupo creado.

A continuación se enumeran las herramientas de tercera dimensión que pueden ayudarlo a cumplir con los requisitos de la graduación.

Conociendo Quién Es Usted y la Creencia En el Origen/Creador

Su primera actividad consciente y la más importante es: *saber quién es usted y creer en el Dios/Diosa interior.* Usted es una creación eterna del espíritu y del alma, creada a imagen del origen Creador (Dios/Diosa, TODO-LO-QUE-ES). Por ello, el requisito primario para la Ascensión es el de saber quién es usted. Usted es un espíritu con un alma que está evolucionando a través de una serie de encarnaciones por todo el Universo. Su magnificencia está más allá de la imaginación y no tiene límites.

El grado al que usted se conozca a sí mismo significativamente determina su estado espiritual. El grado con el que usted se conecta con su Dios/Diosa interior también influye en sus capacidades futuras. Todos tenemos la responsabilidad de fortalecer nuestras creencias y las conecciones con el Origen. Una vez que esta conección se fortalece, a partir de ese momento, usted puede estar abierto a recibir recompensas donde quiera que se encuentre en el Universo. Miles de oportunidades más allá de lo que usted pueda imaginarse, estarán disponibles si usted está dispuesto a invertir tiempo en convertirse en "Uno" con su Dios/Diosa interior. Al escuchar la orientación que recibe desde su interior, sus capacidades para el desarrollo del alma se acelerarán geométricamente. La realidad es un concepto espiritual que viene cuando está decidido a permitir que la luz fluya a través de su sistema energético a la Tierra y a otras partes de la creación. Los libros, *The Power of "Now"* (*El Poder del "Ahora"*), y *A New Earth: Awakening to Your Life's Purpose* (*Una Nueva Tierra: Un Despertar al Propósito de Su Vida*), por Eckhart Tolle, son lecturas que se requieren para su preparación para la Ascensión. Estas guías espirituales le ofrecerán un entendimiento que pueden ayudarlo a mantenerse sobre ruedas para sus experiencias futuras, independiente de dónde usted está en la evolución de su conciencia. Por ejemplo, en *Una Nueva Tierra*, por Eckhart Tolle, hay una sección llamada "La Paz Que Sobrepasa Todo Entendimiento", ("The Peace That Passeth All Understanding").

Su entendimiento espiritual más importante es el de conocer quién es usted. Entonces, convertirse en Uno con su Dios/Diosa.

Usando un parafrase, la pregunta es: ¿Qué le da a usted su sentido de identificación y de valor? Puesto que el ego se identifica con la forma, ¿qué pasaría si usted perdiera su identificación con la forma? ¿Quién es usted entonces? Ojalá se de cuenta que usted no es una forma o una profesión, usted es conciencia. Esa realización se denomina la paz de Dios. La verdad primordial de lo que es usted, no es que yo soy esto o que soy aquello. Es decir, usted no es un plomero o un ama de casa, usted no es un hombre o una mujer, ni es una persona física. Usted es un Espíritu de conciencia, un componente del Yo Soy Que-Yo-Soy, una parte espiritual de Dios, una creación eterna con posibilidades ilimitadas.

Preparando Todos Sus Cuerpos para la Ascensión

Ascensión a un estado superior de conciencia requerirá el crear un cuerpo nuevo y sano. Dentro de nuestra investigación para entender la "Energía Sutil", hemos estado trabajando para desarrollar los procedimientos para la manipulación de la "Energía Sutil". A continuación se mencionan algunos procedimientos importantes, (de miles), que deben ser monitoreados para asegurar que sus cuerpos están en la condición más deseable para lograr la Ascensión. No es necesario entender cada procedimiento para pedir ayuda, sólo pídala. El Espíritu recomienda utilizar el péndulo cuando se comunica con la Conciencia Universal para observar cada uno de estos procedimientos antes y después de pedir ayuda. Las medidas pueden ser tomadas en una escala de menos diez (-10) a más diez (+10), donde más diez es lo ideal. El objetivo es el de observar los cambios solicitados, hasta que lean entre más cinco (+5) y más diez (+10).

1) Todos los patrones holográficos (modelos), deben sercompletados y actualizados periódicamente por sus ayudantes espirituales. **2)** Todos los patrones del campo morfogenético necesitan ser esclarecidos y equilibrados. **3)** Todas las 617 facetas del alma deben ser ubicadas, limpiadas y bien instaladas en relación con todas las demás. Luego, verifique para asegurarse que todas las facetas del alma están armonizadas entre sí para la mejor eficacia en su funcionamiento. **4)** Todos los veintidós (o más) cuerpos de energía humana deben ser armonizados y sincronizados, e integrados con su Cuerpo de Espíritu Santo. **5)** Los patrones de la red externa, alrededor de todo el cuerpo, deben estar en su lugar, equilibrados, y conectados adecuadamente a las chakras externas e internas, y de todos los meridianos y los colaterales. **6)** Los tres tetraedros Mer-Ka-Ba tienen que estar colocados adecuadamente: uno fijo, uno girando en el sentido de las agujas del reloj, y la tercera, girando al contrario, centrados en el tubo pránico y equilibrados para la eficacia óptima. Esta parte de su "Cuerpo de Luz" es extremadamente importante. **7)** En lo que el cuerpo físico llega al estado de un "Cuerpo de Luz", cada individuo debe suministrar al cuerpo físico con minerales y vitaminas adecuadas, y un equilibrio alimenticio. Una vez alcanzado el estado de "Cuerpo de Luz", su cuerpo sólo requerirá ingerir una cantidad limitada de nutrientes externos ya que utilizará los fotones y el prana disponible. **8)** Todas las células del cuerpo deben ser constantemente hidratadas con agua limpia y estructurada (es decir, los grupos moleculares están polarizados y girando en sentido contrario a las agujas del reloj), agua que contiene la energía del amor. **9)** El pH y pOH de todas las células del cuerpo deben ser equilibrados para que iones de hidrógeno (H+) y los iones de hidroxilo (OH-) mantengan un pH entre 6.5 a 7.0. **10)** Todos los desequilibrios negativos de vidas pasadas (programas discordantes, el karma, marcos de eventos paralelos, y ataduras, contratos, acuerdos, etc.) deben ser deshechos y/o removidos de todos los cuerpos energéticos. **11)** la eficacia del funcionamiento del cuerpo emocional debe mantenerse para tener la capacidad de tratar con todas las situaciones futuras que potencialmente pudieran alterar las emociones. Cuando el cuerpo emocional se ha visto gravemente herido y su eficacia se pone en duda, obtenga uno nuevo. **12)** Cada individuo es responsable de eliminar todas las falsas creencias, eliminar todas las formas de temor y deshacer la creación de todas las ilusiones de tercera dimensión, que no tendrán propósito alguno en los estados de conciencia de la cuarta y la quinta dimensión. **13)** El trabajo ya deberá estar en marcha para pasar de la conciencia de dualidad a la Unidad/ Conciencia Crística y establecer el estado de "Cuerpo de Luz". **14)** El ego de la mente debe estarse equilibrando y siendo respetuoso a los sistemas sensoriales del corazón y del cuerpo. **15)** Todos los sistemas internos de flujo energético del cuerpo, deberán ser esclarecidos y optimizados, para que todos los órganos y las glándulas, reciban la energía adecuada. Esto involucra centrando el tubo pránico, esclareciendo y equilibrando todos las chakras exteriores e interiores (mayor, intermedio, y menor), las cadenas del cerebro, las cuerdas de deslizamiento, las líneas axiatonales, los meridianos, los colaterales y la estrella central. Hay muchos otros patrones de flujo energético que se pueden mencionar. **16)** Todos deben velar permanentemente por la disponibilidad de minerales, vitaminas, yodo, electrolitos, y nutrientes básicos para una salud óptima. **17)** El Arcángel Metatrón, maestro de la luz, indica que las energías de platino y paladio son las energías de la Ascensión. Estos rayos son los rayos vibratorios más prístinos en el Sistema Solar. También pueden ayudar en la re-creación de todas las partes de su cuerpo nuevo. Estas energías de platino y de paladio, están disponibles al presentar una solicitud a sus Asistentes Espirituales y deben de establecerse dentro de su corazón mientras que usted se prepara para la Ascensión.

Por medio de una canalización por el Arcángel Metatrón, www.crystalinks.com, Metatrón enfatiza la importancia de las energías del rayo platino.

La energía del rayo platino es una frecuencia multidimensional que tiene una utilidad única que se manifiesta, y es atraída, durante la fase de la Ascensión de los sistemas planetarios y de la humanidad. En verdad, queridos, ha sido utilizada por muchos de ustedes en otras dimensiones y en otros sistemas planetarios, y muchos de ustedes eligieron estar aquí en este momento para volver a pasar por la experiencia de lo que ya usted conoce, y para ayudar a otros en la experiencia de la Ascensión. El rayo platino es el rayo de la luz cristalina. Llámela dentro de su corazón, al anticipar el aceleramiento de este maravilloso evento. Usted está entrando en el umbral de un salto cósmico, una enorme graduación, que involucra muchos aspectos. Abarca muchas herramientas, muchos componentes y eventos abundantes, que pueden o no resonar con su sentido de la Ascensión.

El Arcángel Metatrón continua hablando de discutir de muchos eventos fuertes que van a tomar lugar. Por ejemplo, huracanes, tornados, tormentas solares, terremotos y actividades volcánicas. Muchos de estos junto con otros, serán eventos locales y no globales. Por el contrario, también hay eventos globales tal como el calentamiento global, cambios en la distribución del peso del agua y de las masas sobre la Tierra, la inclinación de la Tierra sobre su eje, y la reversión de los campos magnéticos de la Tierra. El calendario y los detalles de todos estos eventos se desconocen. Es imposible predecir los eventos sobre la línea temporal, ya que todo en la Tierra está en un estado de flujo y en la hora real (natural) el tiempo es una ilusión. Que muchos de estos eventos van a ocurrir es cierto. Son parte de la limpieza y de la preparación para la Ascensión. Sería de gran ayuda para usted, el preparar un gráfico de los diecisiete procedimientos anteriores, y con la utilización del péndulo grabar sus cambios durante períodos de tiempo específicos.

Aclarando Creencias Limitantes de la Dualidad

Una vez que entienda que usted puede cambiar cualquier cosa, comenzará a entender que no hay ni bien, ni mal en el mundo. ¿Quién infundió en su sistema energético la idea de que cualquier cosa es bueno o malo, mejor o peor? ¿Por qué aceptó esas falsas creencias ilusorias y limitantes? ¿Y por qué se tragó por entero todas las creencias de dualidad, como si fueran reales? El Espíritu indica que cada ilusión tenía un propósito para ayudarlo a sufrir, mientras que estuviera aquí en la Tierra. Su desafío estaba en superar ese sufrimiento.

Sin embargo, para aquellos interesados en moverse al Cielo sobre la Tierra dentro del reino de la nueva realidad, la creencia del bien y del mal es innecesaria y ya no tendrá ningún valor constructivo espiritualmente. Toda la creación *solo es*. Disfrute de la variedad disponible sin colocar juicios sobre cualquier cosa o persona, o de creer ser mejor que cualquier otra persona. Deje de ponerle a las cosas etiquetas, y de poner cosas en cajas preconcebidas que contienen cosas ilusorias similares. Borre su pizarra, vacíe esas cajas, limpie su casa y deshagase de todas esas *cosas* acumuladas. Ejercite paciencia, bondad, comprensión y aceptación, y crea que todo está en orden divino. Entonces, al evitar colocarle juicio a cualquier cosa, usted puede disfrutar de la maravillosa variedad de todas sus experiencias. Usted puede dejar de juzgar las diferencias, vivir con menos estrés y llevar alegría y equilibrio a su vida.

Creencias falsas e ilusorias creadas en el experimento de la dualidad necesitan ser esclarecidas. Ellas no pueden ser llevadas a la quinta dimensión.

Pidiendo Que su "Coeficiente" Lumínico" Sea Optimizado

Vivir en la Luz, Luz hecha de fotones, es la energía primaria de construcción para todos los componentes de la creación. Para graduarse y ascender, la proporción del fluir energético de fotones en uno, (Coeficiente Lumínico) debe ser por lo menos el 80 por ciento de su intensidad energética deseada, en una escala del 0 al 100 por ciento. Use un péndulo *preciso* para medir el porcentaje de su "Coeficiente Lumínico". La cantidad de energía fotónica de luz que fluye a través de un individuo, se denomina un "Coeficiente Lumínico", y está relacionada con la aceleración de su frecuencia. El "Coeficiente Lumínico" también se puede medir en unidades de energía Hawkins, con un mínimo de mil unidades necesarias para la Ascensión. Usted también puede utilizar el péndulo para medir las unidades de energía Hawkins. Viviendo en la luz ayudará a activar la codificación de su ADN y abrir los portales necesarios, involucrados en la elevación de su conciencia dimensional. Hay muchos factores que influyen en la medida en que usted acelera su frecuencia. Las personas pueden solicitar la ayuda de sus Asistentes Espirituales para llevar el porcentaje del flujo energético a su nivel adecuado. La tasa de flujo energético del "Coeficiente Lumínico", deberá aumentarse gradualmente dentro de los límites de seguridad de acuerdo a lo que usted pueda resistir. Continúe pidiendo ayuda a sus Asistentes Espirituales para que eliminen cualquier resistencia, y eleven la tasa de flujo para que se mantenga por encima del 80 por ciento, o cerca de unas mil unidades Hawkins.

Lo Que Percibo Fuera de Mí Está Realmente Dentro de Mí

La experiencia de la realidad es siempre una experiencia subjetiva ya que es sólo a través de la percepción que cualquier cosa se puede dar a conocer. Todo lo que se percibe a través de la vista, el oído, el tacto, el gusto, el olfato, los sentimientos, los pensamientos o la energía sutil, requiere completamente de su presencia para poderlo percibir. Mucho se ha dicho acerca de la naturaleza ilusoria del mundo. La verdad es que el mundo existe, pero no existe fuera de usted tal como parece. Sus percepciones ofrecen los hechos de cualquier cosa afuera, así que el mundo que parece estar afuera está realmente dentro de usted. Cuando usted percibe cualquier cosa esto le pertenece a usted. *Percibirlo es adueñarse de él.* El mundo le pertenece a usted ya que es usted y sólo usted, quien puede percibirlo. Si hay alguien o algo en su vida es porque usted lo puede percibir.

A usted se le ha enseñado que es una parte del mundo. Sin embargo el Espíritu dice que esto no está bien interpretado. Usted es mucho más grande y mayor de lo que le han enseñado. Al despertar a su verdadera identidad, va a recuperar su grandeza, su libertad, su poder y su fortaleza, en relación a su propósito, algo que se perdió cuando se quedó dormido hace mucho tiempo. Usted conocerá la verdad cuando se "Despierte". Usted y sólo usted podrá elegir lo que percibe. Este es el regalo más importante que usted tiene: el libre albedrío para tomar decisiones. Por lo tanto, los significados y las interpretaciones que usted le de a sus percepciones son muy importantes. Lo que todo el mundo "piensa que conoce" siempre al final se demostro ser algo falso a pesar de que parecía cierto hasta que fue cuestionado y refutado. Todo es relativo y hay mucho más de lo que parece. Aquí es donde entra en juego la conciencia de Dios/Diosa. Una vez que usted entienda que todo está dentro de usted, la elección de experimentar la Unidad/Conciencia Crística abre un mundo completamente nuevo. Entonces es cuando usted entienderá mejor las frases: "Tal como es arriba es abajo", y "Tal como es adentro es afuera", y que todo es energía. Nada puede existir sin su antítesis (opuesto) para equilibrarse. La verdad es Universal y Eterna. No necesita ninguna explicación y no puede ser capturada por las palabras.

Lo que todo el mundo "piensa que conoce" siempre al final, se ha demostrado ser falso. El conocer es relativo a la verdad.

Se recomienda que vea las lecciones espirituales localizadas en la página del internet, www.God/Goddess channel.com. El mundo es una parte de usted, usted no es una parte del mundo. Lo que usted trae a su interior a través de sus percepciones son creaciones ilusorias. Lo que usted experimenta *afuera*, es conciencia que se manifiesta, y es sostenida por la creencia. Será muy importante encontrar tiempo para continuar sus estudios acerca de la verdad y la realidad, ya que la comprensión de esto, lo ayudará a acelerar su progreso espiritual.

Esforzándose Hacia, e Implementando, La Unidad/Conciencia Crística

Es necesario que una la conciencia de su realidad con la realidad de la Unidad/Conciencia Crística, ya que es el unico medio a través del cual se sale de la conciencia de la dualidad. Algunos requisitos limírofes, y criterios específicos se han instituido para ayudar a orientar a las personas hacia la Unidad/Conciencia Crística. El elevar la conciencia de uno al nivel de la Unidad/Conciencia Crística, es uno de los requisitos principales para la graduación y la Ascensión. Todas las personas que no puedan adoptar su propio ser Crístico tendrán que salir del planeta Tierra, porque su frecuencia es demasiada baja para sobrevivir físicamente sobre o dentro de un planeta de quinta dimensión. Muchos conceptos en este libro se analizan brevemente para ayudarlo a empezar a aplicar la Unidad/Conciencia Crística.

Hay muchos otros planetas de dualidad de tercera dimensión disponibles dentro de este Universo y otros Universos, a los que uno se puede transferir para completar sus lecciones específicas de dualidad. Si prefiere quedarse en un planeta de tercera dimensión, sólo solíciteselo al Consejo Espiritual de su Ser Supremo y obtenga una lista de sus opciones. No va a ser juzgado de su decisión de permanecer en un planeta de baja frecuencia. Todo está dentro del orden divino, y está relacionado con la evolución espiritual de su alma. Muchos grupos Extraterrestres están listos para ayudarlo a trabajar en las diversas opciones y para ayudar a transportarlo al planeta que elija.

Aplicando los Doce Principios Dorados Para la Ascensión

La Dama Ginebra y el Maestro Ascendido Kuthumi, han hecho un bosquejo de los doce principios dorados que consideran es el comienzo de la Ascensión. Estos principios están diseñados para ayudarlo a conocerse a sí mismo plenamente. El objetivo de utilizar estas formas de pensamiento es también muy útil para conocer la *Ascensión completa*. Recuerde, el objetivo es el de mover la conciencia de un estado inferior a un estado superior. Debido a los cambios rápidos en la Tierra, la vida resulta cada vez más frenética. Una herramienta necesaria para hacerle frente a estos sentimientos frenéticos es el de cambiar su conciencia a un mayor equilibrio entre lo masculino y lo femenino. También ayudará pedirle a su cuerpo que cambie su *metabolismo basado en el carbono y de baja frecuencia, a un metabolismo basado en el silicio y de alta frecuencia.* Para ayudar a facilitar este cambio, una buena fuente de sílicio es la planta de cola de caballo, otras fuentes son los tejidos fibrosos en varias plantas.

Recuerde que todas las células vegetales contienen sílice como medio para crear la rigidez estructural. Las plantas deben contener sílice para la fuerza y así mantenerse en pie. Las paredes celulares de los tallos de las plantas tienen una alta concentración de silicio, el elemento más abundante en la Tierra. Todas las piedras, la arena y el suelo contienen altas concentraciones de sílice. El cuerpo humano no puede metabolizar la sílice en la arena y la tierra. Con el fín de metabolizar sílice, seleccione una fuente de carbono enlazada con sílice en los tallos de las plantas para tener el contenido de sílice al nivel adecuado.

En la Nueva Tierra, nosotros vamos a ser vegetarianos. Sin embargo, la fuente principal de energía será de la luz (fotones) y el prana, ya que estaremos habitando cuerpos más livianos.

El Maestro Ascendido Kuthumi localizado en la página del internet, www.kuthumischool.com, introdujo una discusión canalizada indicando:

"Ahora" déjenos brevemente darles a ustedes los doce principios dorados a través de los que cada persona en este planeta tendrá que trabajar. Esto es cierto para todos, independiente de sus planes.

1. La Verdad: La verdad trata con el ser fiel a sí mismo. Reconozca la verdad. Hable su verdad y viva su verdad. Su verdad debe estar alineada con la verdad de su Dios/Diosa interior. Adéntrese para escuchar la verdad (la voz apacible y delicada), y use esa voz como su guía.

2. El Amor: El amor está en amarse a sí mismo y practicandolo incondicionalmente. Está en desacuerdo con la conciencia del amor

condicional. Poniéndole condiciones al amor, no es realmente el amor puro. Tenemos que amarnos a nosotros mismos, a los demás y a toda la creación, sin cuestionar ni juzgar.

3. La Comunicación: Como miembro de la raza humana, tenemos la responsabilidad de comunicarnos con nuestros hermanos y hermanas, dentro de todas las partes de la naturaleza y con todas las creaciones de Dios/Diosa. Comunicarse, significa hacer un contacto significativo con cada uno: los seres humanos, los animales, y las plantas.

4. El No-juicio: Debemos tener en cuenta que para juzgar a los demás, tenemos que haber caminado en sus zapatos. Es decir, que tenemos que haber vivido sus vidas. Cualquier juicio que usted haga se reflejará como una de sus debilidades. En muchos casos, los juicios están en realidad reflejando lo que le falta, o un dolor agudo en la vida de la persona que juzga.

5. La Creatividad: La creatividad actúa como un medio a través del cual se procesa inconscientemente aquello que está profundamente herido dentro de una persona. Permite que una persona pueda procesar lo que tiene suprimido, reprimido o deprimido. La terapia del proceso creativo es muy importante.

6. La Conciencia: Viviendo la vida de una manera inconsciente, es vivir la vida de una manera irresponsable. Vivir de manera consciente, significa estar siempre consciente de lo que está sucediendo en sus experiencias del "Ahora". Esté alerta y atento a todo lo que ocurre a su alrededor. Vivir en una niebla, separado de los acontecimientos a su alrededor es peligroso, y puede causar lesiones graves.

7. La Responsabilidad: La responsabilidad es simplemente la capacidad de responder a la vida. Eso significa, asumir la responsabilidad directa en su capacidad de responder con amor a lo que la vida le presenta a usted. Hágase responsable de entender cualquier cosa que pase por su camino.

8. El Respeto: Es muy importante respetar todas las creaciones de Dios/Diosa, desde la hormiga más pequeña, hasta la ballena más grande. Todas las formas de vida tienen un propósito y todos merecen respeto. Será muy difícil respetarse a sí mismo cuando usted no puede mostrar respeto por otros.

9. La Lealtad: Sea leal a aquellos que han confiado en usted, y a los que vengan a llorar sobre su hombro. El perro es un ejemplo de la lealtad. Para desarrollar sus lealtades escuche a la naturaleza, y observe cómo se comunica el espíritu a través de la música, el arte y la palabra canalizada.

10. La Pasión: Teniendo pasión por la vida trae a cabo la creatividad, para poder vivir la vida plenamente. La creatividad es la fuerza vital que guía la vida que vivimos hoy. La pasión le permite expresar su divinidad y los talentos otorgados por Dios/Diosa para ayudar a los demás.

11. La Justicia: La justicia trae el balance. Sea justo en sus relaciones y consigo mismo. Esto incluye el perdón para con uno mismo y hacia los demás; uno de

los procesos más importantes de la sanación que se ha conocido es el perdón. La justicia es para la sanación de las heridas. Cada herida dentro de uno mismo o hecha hacia otros debe ser subsanada antes de la Ascensión. Esté preparado para hacerle frente a su pasado para sanarlo, de lo contrario, usted se encontrará corriendo en círculos, como un perro persiguiendo su propia cola.

12. La Fé: La fe permite mantener el ojo sobre la Luz de Dios/Diosa, incluso durante los tiempos más oscuros. La fe abrirá una vía para salirse uno de las situaciones estresantes. La fe le permite a uno mover montañas. La fe es la herramienta que se convierte en la clave de su éxito en la vida.

Estos principios deben ser parte de la vida de todos en la Tierra. Algunas personas se han visto gravemente maltratados por otros en la Tierra. Algunos han conocido estos principios para manipular a los demás para sus propios propósitos egoístas. Como resultado de ello, se encuentran atrapados en su propio dolor y sufrimiento. Todo el mundo debe tener la oportunidad de encontrar su propia verdad interior y el coraje y la fuerza para enfrentar su dolor y sufrimiento, para así avanzar en elevar su conciencia. Algunas de estas experiencias han dado lugar a una acumulación de culpabilidad. La gente cargando con un sentimiento de culpa con frecuencia adopta la conciencia de pobreza, y tienen dificultades para expresar amor a sí mismos y a otros. De ahí, la importancia de eliminar la conciencia de culpabilidad. Todos estamos obligados a vivir estos principios como parte de nuestra preparación para la Ascensión.

Conviértase en Alguien Emocionalmente Estable, Controlando Los Sentimientos Basados en el Temor

Los cuerpos mentales y emocionales tienen que ser limpiados de toda negatividad de baja frecuencia que ha sido almacenada durante todas las vidas pasadas y en la vida presente. Esto significa todos los programas discordantes, todo implante, todo cable atajador, toda impresión, todo registro kármico, memorias de dolor, ira, penas, tristezas, enfermedades, adicciones, baja autoestima, miasmas, estrés, tensión, depresión y todas las formas de pensamiento destructivo arraigadas a cualquier órgano o parte del cuerpo energético. Estas energías deben ser liberadas de la mente subconsciente, el plexo solar y los cuerpos mentales y emocionales. Un procedimiento para el esclarecimiento consiste en aumentar la intensidad de alta frecuencia del amor hasta que se anula la parte negativa de baja frecuencia. Si usted queda muy cargado emocionalmente por algo, ese estado lo podría llevar a la confusión y al caos. Si las experiencias emocionales llegaran a un estado fuera de control, usted puede entrar en una area donde se duda de quién es y en donde se encuentra. Como resultado, puede perder su sentido de dirección y desviarse de su camino espiritual. Por lo tanto, evite quedar emocionalmente cargado después que haya pasado un evento.

Convertirse en alguien emocionalmente estable, significa estar centrado emocionalmente. Usted tiene la cantidad apropiada de emoción para darle suficiente sentido a su realidad. Si a usted le falta el control emocional, lo más probable es que usted tiene algunas energías reprimidas, superimpuestas con emociones intensas. Cuando esto ocurre, deshágase de la emoción intensa. Cuando usted se da cuenta de que se está volviendo exageradamente emocional acerca de algo, ya usted se ha desviado de sus metas y de sus ideales. Estos casos de emoción excesiva requieren considerable energía y ayudan a preacondicionar al cuerpo para muchas clases de desequilibrios que pueden conducir al malestar, la enfermedad y a la muerte. Llegar a ser muy emocional sobre cualquier cosa, conlleva a crear desequilibrios energéticos extremos, que lo desvían de esa posición en su vida llamada la "línea central del amor". Este proceso de vivir sobre la línea central del amor, puede despertar a la conciencia de que usted es el Creador de todos sus sueños. La energía que se ahorra al evitar ser excesivamente emocional sobre cualquier cosa se puede utilizar para crear sus sueños. La energía necesaria para convertirse en algo emocional es muy intensa. Con frecuencia las emociones fuera de control, causan más daño que bien. La personalidad guerrera se inclina más hacia el Servicio A Sí mismo (SAS) y utiliza estallidos emocionales como arma.

Cuando gasta sus energías en actividades distintas a las de su camino elegido, entonces esa energía no se utilizo para su beneficio. Toda la energía íhacia la salud, el bienestar y el cumplimiento del propósito para el cual usted vino a la Tierra. Usted comienza con el Servicio A Otros (SAO) en lugar del Servicio a Sí mismo (SAS). Este camino del Centro de Amor es un lugar de calma que puede conducir a la sanación emocional cuando usted centra su intención hacia ese sentido. La sanación emocional tiene lugar cuando usted experimenta la integridad de todas las posibilidades sin llegar a los extremos viviendo tranquilamente en el "Ahora".

Para continuar en el camino de la iluminación y la Ascensión se requiere que usted equilibre su mundo de emociones y de sentimientos. Si usted está emocionalmente desequilibrado, el proceso de cambiar la conciencia no llegará a su objetivo deseado. El equilibrio de sus emociones significa tener acceso al estado de sus sentimientos, tomando control y creando un cuerpo sano y emocionalmente estable. Repito: las emociones negativas crean todo tipo de estrés que puede llegar a ser almacenado en una parte del cuerpo, y causar la falta de armonía, trayendo como resultado daño a sus cuerpos energéticos. Muchas tensiones se pueden relacionar con un desequilibrio en sus cuerpos emocionales.

Cuando usted pierde el control de sus emociones examine sus cuerpos energéticos. Así descubrirá que las formas de pensamiento negativo pueden llegar a encajarse dentro de alguna parte débil del cuerpo. Repito: la mayoría de todas las enfermedades están asociadas con un desequilibrio emocional. Estos desequilibrios generan cambios en la naturaleza química y eléctrica de sus patrones energéticos.

Si usted está emocionalmente desbalanceado, el proceso de cambiar la conciencia dejará de llegar a su objetivo deseado.

Una de las razones principales por lo que usted vino a la Tierra fue para tomar control sobre su cuerpo emocional. Usted tiene cinco cuerpos que influyen en la función eficaz de su tercer cuerpo, llamado el cuerpo emocional. Controle constantemente el funcionamiento eficaz de su cuerpo emocional con el uso del péndulo. Cuando la energía de su cuerpo emocional se baja excesivamente, determine la causa y busque ayuda para sanar su cuerpo emocional. Usted también tiene la opción de solicitar y recibir un cuerpo emocional nuevo, si el viejo está muy averiado. *Cuando sea apropiado*, solicítele a su Dios/Diosa interior, y/o al Consejo Espiritual de su Ser Superior, para el permiso de obtener un cuerpo emocional nuevo. Si usted obtiene una determinación positiva a su solicitud, pídale a sus Asistentes Espirituales para que localicen e instalen ese cuerpo emocional nuevo.

Para evitar daños en el cuerpo emocional, cuando se hieren los sentimientos dentro del cuerpo físico, enfoque su conciencia en esa parte del cuerpo. Si la sensación es desagradable, enfóquese sobre una bola de energía donde la sensación sea más intensa, y déjela reposar allí brevemente. Después, deje a un lado toda preocupación o cualquier juicio asociado con el sentimiento. Luego, mueva la bola de energía dentro de su corazón. Mantenga la bola de energía dentro de su corazón hasta que se haya desplazado en una bola de Amor. La vieja bola de las energías emocionales perjudiciales está siendo reemplazada con un nuevo balón, uno de sanación, una bola de la energía del Amor. "Ahora", *crea* que la energía del Amor puede curar todas las perturbaciones y usted puede volver a su "Línea Central de Amor".

El medio más eficiente para poner el miedo bajo control es el de convertirse en Amor. El miedo es la fuerza principal que *detiene* a una persona para poder crecer en la Luz y asumir el estado de "Cuerpo de Luz". El miedo representa una herida en una vida pasada por lo vinimos a la Tierra para sanarla. La solución consiste en volver a la Luz y reemplazarla con Amor incondicional. La energía del amor es la fuerza que nos impulsa hacia la Ascensión. El desafío se presenta cuando nos esforzamos en mantener ese amor al trasladarnos a un estado superior de conciencia dimensional. Las emociones y los temores menos deseables que se encuentran almacenados vienen a ser liberados durante el proceso del cambio a un estado más elevado de consciencia. A medida que estas formas menos deseables de pensamiento surgen, es urgente removerlas lo más pronto posible. Aferrarse a ellas es un error significativo. A menos que estos pensamientos adversos se borren, ellos rápidamente se manifestarán en su sistema energético amplificandose con el pensamiento y por ende causando daños a sus otros cuerpos. La Jerarquía Espiritual trabajará con usted para identificar y ayudar a despejar sus pensamientos negativos.

Es un hecho de la naturaleza que cuando cualquier forma de temor surge, los seres humanos tienen una tendencia de hacer realidad sus propios temores. Una vez que estos temores se han manifestado en nuestra vida diaria, hemos reducido o incluso destruído nuestra capacidad para equilibrar nuestras emociones y sentimientos. Nos hemos obligado a nosotros mismos a desviarnos de la senda espiritual reduciendo nuestra habilidad para cambiar a estados superiores de conciencia dimensional.

Los egipcios se dieron cuenta de lo importante que era controlar sus emociones. Ellos construyeron templos con el fin específico de lograr el control emocional. *¡Atención! ¡Manténgase Alerta!* Al haber evolucionado a un estado superior de conciencia dimensional y permitir que sus temores se manifestaran en su conciencia, ese patrón de comportamiento puede hacerlo caer de nuevo en las dimensiones inferiores. Los intentos para salirse de la conciencia de dualidad pudieron haber tomado muchas vidas. Todo ese esfuerzo puede ser negado por un temor equivocado o generado. La incapacidad para controlar el miedo indica que uno no ha podido completar sus lecciones de la tercera dimensión. Así que se iría de nuevo derecho al mundo de la tercera dimensión de dualidad. Usted no puede llevar consigo miedos, emociones negativas asociadas con ellos ni inestabilidad mental o emocional, al cuarto o al quinto estado dimensional de la conciencia. Todos los desequilibrios emocionales serán muy perjudiciales para la frecuencia alta de sus cuerpos y esto causará que usted regrese a la tercera dimensión. Para permanecer dentro de los estados de mayor frecuencia de la conciencia dimensional, se requiere superar los miedos y los pensamientos adversos de la conciencia de dualidad de la tercera dimensión. Esto lo ayudará a desplazarse hacia la Unidad/Conciencia Crística de la quinta dimensión.

Evite traer cualquier forma de pensamiento de baja frecuencia consigo a la quinta dimensión. Lo podría propulsar de regreso a una dimensión inferior.

Al estudiar las características de los que han llegado a los estados superiores de conciencia, usted observará que rara vez muestran alguna conducta emocional adversa. Cuando usted observe la mayoría de los Extraterrestres, los Maestros Ascendidos y la Jerarquía Espiritual, se dará cuenta de su tranquilidad emocional a medida que ellos interactúan con los demás. También fíjese el grado en que el alma llamado Barack Obama controla sus emociones.

Si lleva cualquier forma de pensamiento de baja frecuencia (todo lo que esté por debajo del amor divino) a la quinta dimensión, estos pensamientos se pueden amplificar más de mil veces en su mente y en sus sentimientos. Esto sería tan traumático, que va a ser imposible permanecer en las vibraciones más elevadas durante mucho tiempo. Prepare su cuerpo emocional para la Ascensión llenándolo de amor, para ayudar a limpiar todos los pensamientos de baja frecuencia. Ese amor entonces se irradiará hacia los demás como una energía curativa. Radiando la energía del amor es una prioridad muy alta para el mantenimiento de un estado de conciencia en la quinta dimensión.

Sea Receptivo con una Mente Abierta Y Sepa Discernir

Avanzar espiritualmente es muy difícil para aquellos que son de mente cerrada y que creen que ya lo han descubierto todo. Una mente cerrada, una person desconocido, es una persona que tiene graves problemas y necesita ayuda. El miedo de cambiar los patrones viejos y familiares puede causar un reto para aquellas personas con mentes cerradas. El Espíritu indica que el miedo al cambio no se justifica. Indica una falta de fé en Dios/Diosa, de proporcionarnos orientación en todo lo que uno hace. Gran ayuda espiritual está disponible al solicitarla, para aquellos que necesitan ayuda. Sin embargo uno debe de pedirlo para recibirlo.

Seres Humanos que tienen la mente cerrada y creen que tienen todo ya figurado, necesitarán llegar a ser receptivos y abiertos a pensamientos nuevos.

El alma de mentalidad espiritual, es receptiva y abierta a las oportunidades disponibles. Obviamente, hay que usar el discernimiento para conocer la vía más apropiada (línea temporal), que conduce su alma y su espíritu nuevamente a Dios. *Utilizando el discernimiento, significa juzgando bien, con visión espiritual.* Tómese el tiempo para escuchar la voz apacible y delicada dentro de Dios/Diosa, y anote en un papel aquellas formas de pensamiento y los mensajes. Utilice esos pensamientos para desarrollar un plan constructivo sobre el cual enfocarse. Comience concentrándo a sumamente conservadora que tiene miedo al cambio y de aventurarse hacia lo se en aquellas cosas, en su "Ahora" de la vida, que le gustaría cambiar. Una vez que se haya formulado un plan, adhiérase al plan, a menos que Dios/Diosa lo dirija a hacer cambios.

Para aquellos que se encuentran sobre un camino espiritual, si no desarrolla un plan para su vida y deja ir las oportunidades que lo ayudan a centrarse en los cambios necesarios, esto ya no será aceptable. Tampoco será aceptable dejar de auto disciplinarse. Estas actividades son una parte de su preparación para la Ascensión.

No hay lugar para la complacencia en los estados superiores de conciencia dimensional. La necesidad de hacer cambios es evidente para aquellos que se han dado cuenta que habrá muchas oportunidades disponibles en las dimensiones superiores. El secreto está en dedicarse usted mismo a la tarea de hacer los cambios apropiados "Ahora". A medida que cada ser humano obra para hacer los cambios a través del amor centrado en en su vida, la conciencia de grupo ayudará para proporcionar el reino de la realidad de la Nueva Tierra.

Entienda el Tiempo y Cómo Controlarlo

Los seres humanos Ascendentes se convertirán en los amos del tiempo. Todos somos conscientes de que nuestros espíritus humanos decidieron pasar por "La Caída", y vivir en el mundo del tiempo y el espacio ilusorio en la Tierra de tercera dimensión. Sin embargo, no estamos obligados por la ilusión del tiempo y el espacio desde una perspectiva espiritual. Estamos asesorados por la Jerarquía Espiritual para estar en control del espacio y del tiempo en lugar de estar controlados por el espacio y el tiempo. La evolución espiritual, la Unidad de Conciencia, el estado de "Cuerpo de Luz", la graduación, y la Ascensión, están todos más allá de las limitaciones del tiempo y del espacio. La Ascensión combina el mundo espiritual del no-tiempo y el mundo físico del tiempo. El amor es la clave para ayudar a hacer que esta combinación funcione en armonía, ya que el amor está realmente en el momento del "Ahora" y más allá del tiempo. El amor siempre se produce en el "Ahora", separado del tiempo. Cuando se vive en el espacio del amor, usted está más allá del tiempo; no hay tiempo, sino solo el momento presente.

Muchos de ustedes han tenido la sensación de que el tiempo se detuvo al experimentar el amor - por ejemplo, cuando se estuvo realmente enamorado de otra persona. Todo otro tiempo se detuvo y sólo podía percibir lo relacionado a creencias pasadas y futuras. Cuando usted entiende la naturaleza perceptual del tiempo espiritual, puede funcionar conscientemente más allá del tiempo y cambiarlo para satisfacer sus necesidades. El tiempo puede estar bajo su control. Usted puede alterar el tiempo para un fin determinado. Puede reducirlo o alargarlo dependiendo de su percepción de cuanto tiempo usted necesita para satisfacer sus necesidades. Usted puede estar en control del tiempo desde su percepción. El tiempo es un don, una fuerza de energía disponible para facilitar sus creaciones. Después de la Ascensión va a poder manipular el tiempo para ayudarlo a manifestar sus pensamientos. Empiece a practicar "Ahora" a manipular el tiempo.

Cuando usted comprende el tiempo espiritual, usted empezará a conocerlo como un don que usted puede controlar para satisfacer sus necesidades.

En el libro, *Teachings from the Sacred Triangle* (*Enseñanzas del Triángulo Sagrado*), los Arcturianos, canalizando a través de David Miller, discuten varios puntos claves acerca del tiempo. A medida que usted evoluciona espiritualmente, su concepto del tiempo tendrá un significado totalmente nuevo. Para entender lo que está sucediendo, es importante que usted esté integrado con el tiempo. Este proceso se relaciona con estar en el "Ahora", donde el pasado, el presente y el futuro, todos conscientemente existen a la misma vez. Usted entonces ya habrá trasladado todos sus diferentes seres hacia el tiempo del "Ahora".

Los Arcturians indican: *Si usted pierde su referencia multi-temporal, entonces usted podría hacerse vulnerable, especialmente cuando viaja inter-dimensionalmente a un planeta en una dimensión inferior a la que usted reside. Usted podría exponerse a cambios temporales cuando se encuentra en un momento de cambio temporal de conciencia. Exponiéndose a un cambio temporal sin la protección adecuada y el entrenamiento necesario, podría quedarse atrapado en ese cambio temporal y ser devuelto a la tercera dimensión. Esto le ha ocurrido a alguno de ustedes anteriormente.*

Uno de los secretos de todos los grandes sanadores en la Tierra se encuentra en su capacidad de manejar el cambio temporal. El cambio temporal lo ayuda a Ascender y a transformarse. El secreto de los viajes interplanetarios también está vinculado al cambio temporal. El cambio temporal es la base a través de la que se entra en el corredor de Júpiter en su Sistema Solar. Cuando uno pasa por un corredor de cambio temporal, entonces se puede viajar a largas distancias sin perder el tiempo biológico.

Los Arcturianos pasan a explicar cómo los puntos de energía en la Tierra, pueden ayudarlo con su capacidad para el cambio temporal. Además, utilizando ciertos tonos como parte de su meditación, puede ser una valiosa herramienta para el cambio temporal. El Espíritu sugiere que tome conciencia de la importancia de trabajar con el tiempo. A medida que avance por el camino espiritual, busque la ayuda espiritual para comprender el proceso del cambio temporal. Busque otras directrices útiles en libros, en el internet, y en los talleres que lo asistirán a comprender el cambio temporal.

Adopte Perseverancia, Fe y Confianza

Pida la fuerza para perseverar junto con la fé y la confianza y así completar la tarea a la que usted se ofreció a llevar a cabo cuando usted vino a la Tierra. Tenga fe y confianza en que usted podrá hacer los ajustes necesarios para crear un nuevo ser - para crear un nuevo cuerpo. Confíe en aquellos que andan con usted para encontrar sus propias verdades sin molestarse con las verdades que usted haya descubierto. Sus opiniones serán bienvenidas cuando sean solicitadas y cuando las pueda expresar de una manera diplomática. Acepte a los demás y acéptese sí mismo. Guíe su Ascensión y la transición hacia la Nueva Tierra con una mente abierta, con gracia, tranquilidad, risa y alegría.

Esté dispuesto a cambiar sus creencias para aceptar las nuevas realidades cuando éstas se conviertan en algo evidente y disponible. Recuerde que sus creencias no son usted; usted es la conciencia espiritual. La perseverancia basada en la terquedad, aferrándose a viejas ilusiones y a falsas creencias carecen de fundamento, y pueden sabotear sus esfuerzos espirituales. Al asumir la perseverancia, la fé y la confianza, usted ha abierto un flujo de energía para ayudar a manifestar sus deseos. Lo contrario de estos procedimientos bloquea el flujo de energía. Sea intrépido en la búsqueda de la verdad sabiendo que hay una multitud de guías y Asistentes Espirituales disponibles para ayudarlo en cualquier momento.

¡ALERTA!

**Aferrándose a viejas ilusiones y creencias
falsas pueden sabotear sus efuerzos espirituales.**

Sepa Que lo Que Piensa, Ora y Verbaliza Usted lo Materializa

El peligro de buscar un problema con respecto a la salud o pensando en cualquier desequilibrio en la salud ha demostrado tener un *punto negativo* muy indeseable. Practique evitar pensando en un desequilibrio relacionado con la salud dentro de su cuerpo o del cuerpo de otro. Estos pensamientos pueden aumentar la severidad de un desequilibrio o crear un desequilibrio. Cuando esté visitando un profesional de salud, tenga mucho cuidado al aceptar sus opiniones. Si usted tiene que entregar su poder a un profesional del cuidado de la salud, consulte a más de uno y pídale a Dios/Diosa sobre la exactitud de su opinión. Lo que usted cree y teme es lo que usted atrae y crea.

Por ejemplo, recientemente se publicó un artículo acerca de una mujer muriéndose de cáncer. Estaba desolada y no entendía por qué había llegado el cáncer. Ella indicó que había *orado toda su vida para que no le diera cáncer*. El escritor pasó a explicarle que lo que ella piensa eso es lo que crea. Su enfoque permanente en el cáncer ayudó a crearle el cáncer. Otros datos publicados indican que las personas que contribuyen a la Sociedad Americana del Cáncer en sus eventos para recaudar fondos son más propensas a padecer de cáncer en comparación con aquellas que no participan en ellos. Una vez más, al pensar sobre el cáncer las personas han aumentado las posibilidades de crear aquello que temen.

La profesión médica y las compañías farmacéuticas están muy conscientes de la conección entre lo que pensamos y lo que creamos. Un buen ejemplo se encuentra en los anuncios sobre posibles enfermedades en relación a la promoción de las drogas. La industria farmacéutica hace publicidad en la televisión con la siguiente sugerencia: *Pregúntele a su doctor si este medicamento es adecuado para usted.* Al sugerir un posible problema ellos crean nuevos clientes. Otros anuncios indican que una persona debe recibir un chequeo médico periódicamente para ver si algo está mal dentro de su cuerpo. Como muchos pueden observar, se trata de una manera de tener al médico, o quien sea, buscando algo y así cobrarle a la compañía de seguros para establecer un ingreso continuo.

El mundo material existe debido a la expectativa del observador y sus pensamientos. En la película *El Secreto*, los productores llevan a cabo un buen trabajo haciendo hincapié en lo poderoso que sus pensamientos son. Sin embargo, si creemos en y queremos utilizar los servicios de los profesionales de la salud, se debe ejercer extremo cuidado en lo que uno piensa y no aceptar una sola opinión. Hasta que usted aprenda a sanarse a sí mismo, agradezca mientras tanto los servicios de los profesionales de la salud. Sin embargo, depender de alguien o de algunos medicamentos para mantener su salud significa entregarle su poder a una fuerza externa. Su cuerpo fue diseñado para sanarse. Al adentrarse en sí mismo, usted puede pedirle a Dios/Diosa y a muchos otros Asistentes Espirituales para que respondan a su solicitud.

Acuérdese que muchas cosas que se nos ha dicho o que se hayan escuchado, son opiniones basadas en creencias falsas y una comprensión limitada de la Ley Espiritual, y de como manipular la Energía Sutil. Si usted está demasiado abierto para aceptar opiniones de los demás, entonces debe tener cuidado al escuchar y aceptar los pensamientos negativos en la televisión o por parte de cualquier otra fuente. Al sembrar pensamientos negativos dentro de la conciencia de un individuo, estos manipuladores crean otro cliente, quitándole el poder y el dinero a ese cliente.

Esté Consciente de Cada Pensamiento Suyo

Sea auto-consciente de sí mismo y esté dispuesto a seguir sus pensamientos en cada momento del día. Dese cuenta que todo pensamiento se compone de Energía Sutil y puede convertirse en una creación cuando se enfoca en ello. Enóquese en el amor y usted creará el amor. Enfóquese en el miedo y usted creará el miedo. Esos pensamientos no sólo crean su realidad, sino que también influyen en los patrones de energía (la realidad) de otros. Un buen ejemplo está en el poder que un grupo grande puede tener cuando sus miembros centran su energía unificada hacia una oportunidad específica para lograr un cambio. Cuando la gente cree que hay necesidad de que lluev, entonces la lluvia viene. Hace años, en el programa *Coast to Coast AM con Art Bell*, Bell pidió a sus millones de oyentes que visualizaran lluvia en dos áreas que necesitaban urgentemente la lluvia: una sequía en Tejas y un incendio forestal en Canadá. En ambos casos la lluvia cayó en cuestión de unas horas. Muchos experimentos, científicamente diseñados, han demostrado como el poder de la conciencia en masa puede influir en una multitud de eventos en la Tierra; por ejemplo, modificación del clima, y el alivio de la tensión a lo largo de los platos tectónicos en las zonas propensas a terremotos. Una clave para el éxito de la manipulación de la materia cuando se utiliza la Energía Sutil, es la de generar pensamientos positivos basados en la voluntad divina y los conceptos del amor. Tenga en cuenta que lo contrario del amor es el odio. El amor es la fuerza más poderosa en el Universo, y usted puede utilizar esa fuerza para ayudar a crear una Nueva Tierra.

Los Pensamientos crean su realidad.
Tenga mucho cuidado con lo que piensa. En las frecuencias elevadas, los pensamientos se manifiestan extremadamente rápido.

A medida que va aumentando su conciencia a las frecuencias más altas, tenga mucho cuidado con lo que usted piensa. Las formas de pensamiento se manifiestan mucho más rápido en estas frecuencias más altas. Al verbalizar un pensamiento usted agrega Energía Sutil adicional a ese pensamiento. Así que esté al tanto de lo que usted dice en voz alta. A veces es mejor no decir nada, sobre todo cuando la energía adicional podría desviar los pensamientos de los demás hacia la expresión de sus tendencias guerreras.

Dentro del estado de la quinta dimensión de la conciencia es posible crear cualquier cosa que desee, incluso una casa nueva. Una vez que aumenta su conciencia y Asciende, usted puede crear sus sueños. Usted puede crear nuevas funciones corporales cuando lo desee. Recordemos que durante el proceso de creación usted visualiza, crea un molde etérico, agrega un programa de control, enfoca su intención, y llena el modelo con energías sutiles creativas (energías como el amor, la luz y la alegría). En el mundo de la quinta dimensión todo el proceso de la creación es muy simple y rápido. "Ahora" es el momento de tomar conciencia de cada pensamiento tomando el control de esos pensamientos para su beneficio y el beneficio de los demás.

Encontrando Su Propia Verdad Y Actuando Sobre Ella

Cuando se realiza una solicitud para una expresión de lo que es la verdad para usted es muy importante que actúe sobre su verdad. No sería prudente aceptar y expresar las verdades de otros con buenas intenciones, tal como el clero, los consejeros, asesores o amigos. Además, nunca falsifique o exagere la verdad, para el supuesto propósito de aparecer superior (sábelo todo), y/o como un medio para manipular a otros. Cualquier persona que miente acerca de cualquier cosa pagará una multa personal severa, ya que el evento se registra en los ácidos nucleicos del ADN (las células de su cuerpo) y en su Registro Akáshico (sus registros eternos). Todos los males kármicos deben equilibrarse para crear un patrón de energía que perdure a través del tiempo. Muchos patrones de desequilibrio pueden deberse a una omisión de la verdad, incluso los de hace muchas vidas. Todo está sucediendo "Ahora", y todo tuvo y sigue teniendo su propósito como parte de sus lecciones.

Algo que le puede ayudar es el darse cuenta que su verdad no es necesariamente la verdad de otra persona. Por lo tanto, deje de creer que lo que es para usted su verdad es la verdad de otros. No existe la necesidad de tratar de convencer a alguien de sus verdades. Cuando se le pida su opinión, sólo diga: "Esta es mi verdad y puede no tener nada que ver con su verdad". No hay tal cosa como "mi verdad es correcta y su verdad no lo es". Los juicios sobre los demás son inaceptables en cualquier forma. Los juicios se basan en sistemas de creencias falsas, la pérdida de control del ego e ilusiones limitantes, todo lo cual inhibe el desarrollo espiritual y la Ascensión. Pongan fin a todo juicio para evitar pagar un precio alto en el futuro.

La Importancia de la Honestidad y El Cumpliendo Con Sus Compromisos

Independientemente de como se hacen los compromisos, estos siempre tienen que ser honestos. Todos los compromisos deben ser respetados independientemente de la intención original o de las circunstancias que siempre varían. Cuando usted se compromete en su interior o se compromete con otro su intención es la de llevar a cabo una tarea. El no poder seguir adelante con esa tarea indica una falta de comprensión de las Leyes Espirituales, junto con la importancia de ser honesto. La honestidad con uno mismo es una de las prioridades más altas para los interesados en el mantenimiento de su salud y de su bienestar. La deshonestidad crea un patrón de energía dentro del cuerpo que cambia el ADN y destruye el metabolismo saludable, creando graves desequilibrios bioquímicos

La deshonestidad crea un patrón energético dentro del cuerpo que cambia el ADN y destruye el metabolismo saludable.

Una persona veraz *demostrará lo que dice*. Cada vez que usted se compromete a cualquier cosa, es muy importante llevarla a cabo. Si el compromiso fue un error entonces hay que revisarlo inmediatamente con todas las partes involucradas. Así se evitará repercusiones diversas, dolor emocional y vergüenzas que pueden pasar. Sería mejor para usted limitar todo compromiso hasta entender la Ley Universal y la forma de seguir adelante con honestidad. La honestidad es la mejor política.

La Fuerza Vital Pránica y la Respiración Pránica — La Energía Futura del Cuerpo

Un procedimiento importante que ayudará a poner todos los cambios energéticos en perspectiva, es el del practicar la Respiración Pránica. La Respiración Pránica atraerá la energía necesaria de la fuerza vital desde la Tierra y desde El Origen para ayudar a estabilizar todos sus cuerpos energéticos.

Prana es una palabra sagrada que se refiere a una fuerza vital para mantener la vida, y es responsable de mantener todos los sistemas vivientes. Por lo tanto, prana se le llama a la energía vital o el principio de la fuerza de la vida de todos los procesos naturales del Universo. La palabra raíz prana significa "llenar con", en esta situación, llenar con el principio de la vida en acción. La presencia de prana en el cuerpo humano es lo que distingue a un cuerpo físico que vive, de uno muerto. Al morir un cuerpo físico viviente, el prana o la fuerza vital, abandona el cuerpo a través de uno de varios orificios. Prana se encuentra en los alimentos que comemos, en el agua que bebemos, en la Tierra, la luz del Sol y en el aire que respiramos. Prana es una forma sutil de energía, una fuerza vital que al parecer se origina en el Gran Sol Central, Alcyone, en la Galaxia de la Vía Láctea. Evidencia astronómica ha revelado que muchos sistemas solares y estelares giran alrededor de este Gran Sol Central. El Gran Sol Central, Alcyone, situado en el centro del sistema estelar de las Pléyades, es una fuente importante de energía pránica para nuestro sistema solar.

Prana es una forma de energía sutil, responsable del mantenimiento de todos los sistemas vivientes.

Prana es la energía detrás de todo el movimiento en el Universo. Prana proporciona la energía para el flujo de los ríos, las corrientes de pensamiento y la fuerza energética que activa su "Cuerpo de Luz". A través de una comprensión del prana y de la respiración pránica, usted puede limpiar y rejuvenecerse y así crear sus órganos nuevos. Como resultado de esto, usted puede aumentar drásticamente su vida útil con el número de años que usted desea. La Respiración Pránica, en combinación con la ingestión de los fotones, se convertirá en las fuentes de energía para sus cuerpos energéticos de cuarta y quinta dimensión en la Nueva Tierra.

En el futuro, en la Nueva Tierra, la obtención de oxígeno para el cuerpo físico será para con fines muy específicos. La ingestión de Prana y de fotones será su principal fuente de energía para la mayoría de los propósitos. Por lo tanto, la necesidad de alimentos comestibles en la Nueva Tierra se reducirá dramáticamente.

Durante encarnaciones en el continente de Lemuria y durante otras Edades Doradas en el Universo, era natural respirar prana. Por ello, está presente un area blandita en las cabezas de los bebés. Este es el área del cuerpo donde los seres humanos naturalmente deberían tomar la energía prana. Desafortunadamente la respiración pránica no es actualmente una práctica natural de los seres humanos en la Tierra. En la actualidad, la mayoría de los seres humanos obtienen sus prana de su alimentación y a través de las vías respiratorias normales. Al comer menos alimentos naturales, los seres humanos respiran aire contaminado, beben agua venenosa e ingieren menos energía de la fuerza vital pránica. La falta de prana se evidencia en los desequilibrios físicos, mentales, emocionales, psicológicos y espirituales (enfermedades) que son rampantes en el planeta Tierra. En la Nueva Tierra usted tendrá que respirar prana y absorber lo fotónico. El Espíritu sugiere que es "Ahora" el tiempo para comenzar a practicar la respiración pránica y absorber más fotones de luz. Pase un tiempo bajo el sol cada día para obtener los fotones adecuados.

Tradicionalmente, la escuela de pensamiento yogui indica que se debe inhalar el prana haciendo la respiración pránica a través de los pulmones. De hecho, si revisa ciertos sitios en el internet, descubrirá muchos de ellos que tratan con la ciencia del Pranayama. Fuentes Espirituales indican que la mayoría de los yoguis no se dan cuenta que *la apropiada respiración pránica, no se logra con el uso de los pulmones. La respiración pránica se hace tomando la prana a través de su tubo pránico.* Su tubo pránico es aproximadamente del tamaño de un tubo de luz fluorescente, y se extiende verticalmente directamente por el centro de su cuerpo. Pasa a través de las glándulas pineal, el timo y el perineo. No se dobla con su columna vertebral. La parte superior se conecta al chakra de la corona, y se extiende hacia el espacio, para aprovechar una fuente de prana. La parte inferior se extiende hacia abajo a través del chakra base (Root) y está conectado a una fuente de prana dentro de la Tierra.

La respiración pránica será *muy útil* principalmente cuando el cambio magnético de la Tierra tome lugar. Su cuerpo es esencialmente un imán bipolar. Alrededor de su cuerpo hay un tubo de torus, un campo magnético en forma de rosquilla. Abajo del centro de este campo magnético está su tubo pránico. Recordemos que la investigación científica indica que el campo magnético de la Tierra está disminuyendo a cero. Para poder mantener un cuerpo sano, conservar la memoria y las capacidades de la razón, usted debe considerar lo siguiente: Mantenga el tubo pránico centrado en la mitad de su cuerpo, y mantenga su Mer-Ka-Ba "Cuerpo de Luz" centrado y girando adecuadamente. Asegúrese que los patrones energéticos de su red externa estén equilibrados, sus chakras externas e internas estén funcionando, y de que todos los cables energéticos estén conectados a los meridianos y colaterales. A estos patrones de flujo se les requiere entregar energía a todos los cuerpos funcionales y a todas las partes del cuerpo. Para poder enviar esa energía de manera eficiente, todos estos patrones de flujo energético deberían estar debidamente equilibrados y armonizados frecuentemente. También es necesario equilibrar todos los puntos de polaridad en el cuerpo y asegurarse de que el sistema eléctrico esté funcionando apropiadamente. Hay muchos Asistentes Espirituales disponibles para ayudarlo a mantener estos patrones de flujo energético funcionando apropiadamente.

Repito: en la actualidad la memoria y la conciencia están atadas y en su sitio, por los campos magnéticos de la Tierra. Si usted no puede mantener su Mer-Ka-Ba adecuadamente durante "El Cambio", cuando el campo magnético de la Tierra se reduzca a cero, usted perderá su memoria y la capacidad de razonar. Cuando esto ha sucedido en el pasado, el alma esencialmente regresa a la conciencia del hombre cavernícola. Cuando la memoria se pierde, la mejor decisión podria ser la de encarnar en otro planeta de tercera dimensión, y volver a empezar de nuevo con un contrato nuevo y un camino espiritual revisado.

Además de mantener su Mer-Ka-Ba en un buen estado de funcionamiento, también debe concentrarse en aprender a hacer la respiración pránica. Es muy importante llevar esta fuerza pránica de vida, desde el cosmos y desde la Tierra a su chakra del corazón. El flujo de prana debe ser continuo. A medida que entrene su cuerpo a utilizar la respiración pránica, un procedimiento que se ha olvidado en como llevarse a cabo, usted tendrá que practicar entrenando su cuerpo para establecer un patrón de respiración pránica. El objetivo de esto es para que el proceso de la respiración pránica se vuelva automática todo el tiempo. A medida que el prana fluye hacia el corazón, se crea una esfera de prana. Entonces, al atraer más prana, visualice esta esfera de prana expandiéndose para abarcar todo el cuerpo. Cuando esto sucede, el flujo energético de prana animará a su cuerpo, y también ayudará a activar y a mantener el Mer-Ka-Ba. Cuando el Mer-Ka-Ba se mantiene, él crea su propio campo magnético para reemplazar el campo magnético que dejará de tener la Tierra. Al mantener un Mer-Ka-Ba funcionando eficientemente, usted habrá ayudado a proteger su memoria, su conciencia y la capacidad de razonar.

Estas son decisiones y responsabilidades personales que usted tendrá que hacer para poder graduarse y Ascender a la Nueva Tierra. Nadie más puede tomar esas decisiones por usted, o tampoco reunir la disciplina necesaria para mantener su Mer-Ka-Ba y los otros sistemas energéticos. Usted tiene muchas decisiones que tomar. Al tomar estas decisiones, puede pedir ayuda a sus Asistentes Espirituales, intentar hacerlo todo por su propia cuenta, o ignorar todo el proceso complicado.

La creación de su tubo pránico, el proceso de la respiración pránica, el mantenimiento de su Mer-Ka-Ba, y el mantenimiento de los circuitos de flujo energético dentro del cuerpo, están diseñados para ayudarle a crear y mantener un cuerpo nuevo y sano. Ese nuevo cuerpo saludable le ayudará a cambiar su conciencia de la tercera dimensión, a los estados de conciencia de la cuarta y de la quinta dimensión. La creación del cuerpo de la energía pránica es crítica para incrementar su frecuencia a los estados superiores de conciencia. En otras palabras, para elevar su conciencia y mantener ese estado se requerirá de la energía pránica.

Hay muchos factores que pueden agotar su energía pránica. Todo lo que usted hace en la Tierra requiere energía. Toda actividad física y consciente requiere energía pránica. Para entender como estos factores construyen o disminuyen su prana, es algo que está más allá de la comprensión humana. Sin embargo, está bien establecido que la cantidad de prana en el cuerpo determina la calidad de la salud física, mental y emocional. Mantener un alto nivel de prana es sumamente importante. Se volverá más importante durante los tiempos turbulentos que se avecinan. La presencia de un cuerpo pránico fuerte y un Mer-Ka-Ba "Cuerpo de Luz" altamente funcional y equilibrado lo ayudará a protegerse de las energías indeseables, densas y destructivas, producidas por todos los seres conscientes en la Tierra, incluyendo la misma Tierra. Alguna protección está disponible llamando al Creador de Escudos. Solicite que le ajusten su Mer-Ka-Ba "Cuerpo de Luz", de manera apropiada, y haga que instalen un escudo piramidal y un escudo de capullo, alrededor de su cuerpo, casa, auto y propiedad. También pida que le añadan varias características a la superficie de los escudos: espejos, oro, luz blanca, y las gelatinas que restringen el flujo de las energías negativas que entren a su cuerpo.

El Procedimiento de la Respiración Pránica

Comience entrenando su cuerpo a cómo respirar pránicamente, primero poniéndose de pie, con los pies descalzos, sobre una superficie de tierra, o sobre el césped, siempre y cuando le sea posible. También usted puede sentarse comodamente en el suelo o en una silla visualizando su conección con la Tierra. El objetivo es el de comenzar a visualizar una conección con la Tierra. Ahora visualice su tubo de prana extendiéndose por el centro de su cuerpo sobre la parte superior de su cabeza lo más lejos que pueda y retroceder hacia abajo hasta dentro de la Tierra con una distancia apropiada.

Paso 1: Comience con una respiración física, inhalando para subir prana desde la Tierra, a través de su chakra base (Raíz), y a través del tubo de prana al chakra del corazón. Continúe visualizando un flujo continuo de prana en un solo sentido desde la Tierra al corazón. Tenga en cuenta que el flujo no entra y sale, sino que simplemente fluye hacia arriba desde la Tierra. Usted debe sentir una sensación de energía vital que fluye hacia arriba desde la Tierra.

Paso 2: Ahora inhale prana desde el reino cósmico, desde muy por encima de su cabeza hacia abajo, a través del chakra de la corona, a través de las glándulas pineal y timo y hacia abajo,al chakra del corazón.

Paso 3: Después visualice estos dos patrones de flujo ocurriendo simultaneamente. Atraiga el prana desde la Tierra y desde el Cosmos en un patrón de flujo continuo.

Paso 4: A medida que la respiración pránica sigue simultaneamente desde abajo y desde arriba, usted creará una esfera de prana en el centro del corazón.

Depués, pida que esta esfera aumente en tamaño hasta llenar su cuerpo entero. Siga practicando estos pasos sencillos hasta que sepa que el proceso se ha convertido en algo automático. Una vez que usted ha desarrollado una visualización fuerte de estos pasos, relájese y permita que su cabeza descanse sobre algo.

Paso 5: Luego, sin pensar en el procedimiento, dese cuenta que el prana está fluyendo a través de su cuerpo. Si su mente no se aquieta, simplemente siéntese y observela pensar hasta que se aburra y se detenga. Entonces, deje que todos los pensamientos brevemente vayan y vengan. Al relajarse deje que todo se vaya, que todas las partes del cuerpo reciban el prana, y recargue de energía todas las partes posibles de sus cuerpos diversos.

Incorporando el Balance entre el Corazón, El Cuerpo y la Mente

Se requirirá Equilibrar el corazón, el cuerpo, y la mente, para crear el equilibrio dentro del sistema de comunicación de su cuerpo mental. Todo el mundo en la Tierra ha estado en una batalla constante entre el corazón, el cuerpo y la mente durante muchas vidas. El corazón, el cuerpo, y la mente, necesitan que se les permita optimizar sus capacidades de comunicación individual y particular. El corazón tiene inteligencia y se comunica energéticamente con otros corazones en el planeta Tierra. Su corazón está literalmente hablando con otros corazones por toda la Tierra. Cada latido del corazón envía un pulso electromagnético que se extiende miles de kilómetros. Su corazón tiene un sistema de percepción que recibe información vibratoria mediante el conocimiento y el sentimiento. El cuerpo también tiene su propio sistema sensorial y recoge las vibraciones de la luz con la vista, los olores con el olfato, el escuchar, tocar, y paladear a través de otros sentidos. La mente, trabajando desde el cerebro, obtiene su información con el pensamiento y el procesamiento de vibraciones diferentes almacenadas dentro del cuerpo.

Balanceando el corazón, el cuerpo y la mente es tratar de dejar que cada uno de ellos haga el trabajo que le corresponde y nada más. La tarea de la mente es la de tomar el sentido del saber del corazón y el sentimiento, y aplicarlo de manera que permita que los pensamientos estén armonizados con el sistema sensorial del cuerpo. El intento de la mente y la demanda constante para asumir la tarea del corazón (sabiduría interior y su sentimiento) es un grave error. Esta es la mente del ego fuera de control, tratando de dar órdenes al corazón. Del mismo modo, el corazón no debe tratar de asumir las tareas de la mente, y tratar de aplicar su saber interior y sus sentimientos. La mente es el sistema energético que hace las aplicaciones. El sistema sensorial del cuerpo nunca debe de razonar que es capaz de conocer y sentir, ni intentar aplicar los conocimientos y los sentimientos del corazón.

Balanceando el corazón, el cuerpo, y la mente, es cuestión **de dejar que cada uno haga su trabajo ¿Cual es el trabajo de cada individuo?**

Recuerde que el corazón, el cuerpo, y la mente, cada uno tiene su propia manera de recibir y/o de trabajar con información vibratoria. Reduzca el ritmo de, o incluso, detenga esa mente charlatana. En la mayoría de los casos la mente piensa que todo lo sabe y lo siente. Esa es una creencia falsa ya que la mente carece de la capacidad de conocer y sentir lo que tiene a su alrededor. La mente, controlada por el ego, se ha convertido en algo completamente lleno de falsas creencias, miedos, juicios, y conceptos erróneos. Cuando todas estas formas de pensamiento se unen, literalmente arruinan su vida, y ya ha pasado con muchos seres humanos. La mayoría de los seres humanos en la Tierra han abandonado sus energías del corazón hace mucho tiempo, para darle prioridad a la mente. La mente no tiene la sabiduría del corazón y es incapaz de ofrecerle la sabiduría de la conciencia de Dios/Diosa.

La mente está limitada por la información almacenada dentro de la conciencia, mucha de la cual es una ilusión total y llena de falsas creencias. El conocer realmente proviene de Dios/Diosa, esa pequeña y apacible voz interior que conecta con Todo-Lo-Que-Es, y a lo largo de todos los otros corazones del Universo. La mente debe limitarse a su propósito: el procesamiento de la información desde el corazón y el cuerpo. Si realmente quiere mejorar su bienestar y su alegría, deje de escuchar a la mente centrada en el ego y empiece a escuchar al corazón. Hay inteligencia y energía en la memoria dentro del corazón que proviene del Todo-Lo-Que-Es. El corazón tiene la capacidad de elegir la acción correcta y de guiar su mente para ser selectiva. El corazón no analiza, ese el trabajo de la mente. Es su responsabilidad asegurarse de que la mente está haciendo *sólo su trabajo*. La importancia de estas directrices no tiene límites. El estado de su bienestar y de su graduación dependen de su habilidad para equilibrar las funciones del corazón, la mente y el cuerpo.

Cuando aprende a escuchar al corazón, se le proveerá con la información inteligente para aliviar el desequilibrio en el cuerpo. Al aprender a vivir desde el corazón usted elimina eliminar toda enfermedad. La eficacia del funcionamiento de su corazón mejorará a medida que hable desde el corazón y evite hablar desde la mente. Lea estos párrafos varias veces. Implantese estos pensamientos en su conciencia y luego haga las aplicaciones apropiadas dentro de sus actividades cotidianas.

Entienda que la mente ego-céntrica intenta satisfacerse a través de los medios materiales. El impulso mental y emocional inculcado por el ego hacia la gratificación, sólo aumenta la miseria del hombre. Descubrimientos espirituales han revelado que la mente impulsada por el ego no tiene reparos en destruir al cuerpo. Todos estamos conscientes de como la mente puede crear adicción y autocastigo a través de medios, tales como el uso del alcohol y las drogas. Estas adicciones también incluyen un ansia para comidas procesadas, bebidas, y alimentos adulterados. Evite prestar atención a los consejos de su mente sobre lo importante que es el sabor de cualquier alimento o bebida. Muy raras veces el sabor de una bebida o un alimento procesado por sí solo determina la calidad de lo que se está probando. El gusto está para experimentar la alegría de las diferencias. Beba agua y consuma los alimentos no procesados, frescos y naturales, para obtener un mayor valor nutritivo y para disfrutar el sabor de cada producto natural. Obviamente si algo está hechado a perder o venenoso, no se lo coma.

Dese cuenta que el hambre del alma por la alimentación espiritual nunca puede satisfacerse a través del deseo del cuerpo para complacer los sentidos, como una medida que tenga algún valor. Esto incluye entregándose a los antojos del cuerpo a través del sexo excesivo, sabores y olores, escuchando sonidos discordantes, y otras sensaciones que producen éxtasis a corto plazo. Estos impulsos proceden de la mente, no tienen su origen en el corazón. Siga los mensajes del corazón. Confíe en su corazón; pregúntele a su mente que analice lo que los sentidos detectan, con el fin de mantener su cuerpo a salvo de toda la basura comercializada en este juego de la vida sobre la Tierra.

Vaya más despacio. Vaya adentro de su lugar tranquilo y escuche al corazón. Desarrolle un estado continuo de meditación tranquila. El corazón **le** informará, a medida que escucha, que usted está hecho a la imagen de Dios/Diosa, entero y completo, sin las ilusiones creadas por el hombre en las drogas, y mucha falsas creencias acerca de cómo funciona el cuerpo sensorial y los sistemas metabólicos. Estas son ilusiones de la mente y los bloqueos que construyen el ego. La mente impulsada por el ego quiere que usted piense que ella sabe lo que es la verdad. Su verdad proviene del corazón, no de la mente centrada en el ego.

Su Verdad proviene del corazón, no de la mente centrada en el ego. La mente egocéntrica puede arruinar su vida, hasta puede matarlo.

A medida que pone en equilibrio el corazón, el cuerpo, y la mente, usted puede abarcar con mayor precisión, el camino de la inocuidad en todas las áreas de su vida. El corazón lo guiará a respetar y a honrar a todas las creaciones de Dios/Diosa. Estas habilidades requieren la activación y el uso del "Cuerpo de Amor". Usted estará entonces en condiciones de estar al servicio de otros, un artista centrado en el amor.

Todos los seres humanos en la Tierra, están siendo supervisados por la tecnología avanzada a bordo de los vehículos de la flotilla Extraterrestre Intergaláctica de la "Confederación de Planetas y el Comando Ashtar". Equipos a bordo de estas naves espaciales, detectan y registran el grado en que sus doce hebras de ADN se han activado, la eficiencia funcional del Mer-Ka-Ba diseñado en su interior, la medida en que su Cuerpo de Amor está alineado para activar su "Cuerpo de Luz", y el grado en que el corazón, el cuerpo y la mente se han equilibrado.

Un cierto porcentaje de la población humana en la Tierra está poniendo en equilibrio sus corazones, sus cuerpos, y sus mentes. También, al adoptar el amor y la compasión hacia todos los seres vivos, y todos los reinos físicos (por ejemplo, los minerales y el agua) se está preparando para la Ascensión. Estos cambios en la conciencia de los seres humanos Ascendentes deben tomar lugar antes de que los Extraterrestres y los habitantes del centro de la Tierra física vengan a ayudar y a educar a la humanidad acerca de cómo vivir en la Nueva Tierra.

Esta es una cita de Ahnahmar localizado en Telos, Mount Shasta, CA: *Telos Volumen I,* por Aurelia Jones, 2004.

Pero yo les digo que el corazón siempre es el Creador. En el fondo común de la sabiduría donde está el corazón, reside la verdadera inspiración para todo lo que lo rodea. El lenguaje del corazón es sutil, sin embargo, a menudo es tímido porque usted no le ha dado mucho apoyo a la frecuencia del corazón en esta dimensión. En verdad, la alta incidencia de enfermedades del corazón en su plano es un síntoma directo de esto, como es la mayoría de las otras enfermedades.

En su mundo, el liderazgo de la mente sobre el corazón ha dado lugar a conflictos tanto internos como externos; porque el liderazgo de la mente tiende a separar en lugar de unificar. Sin embargo, la mente es una herramienta necesaria en el proceso de la creación, pero entonces, ¿cómo puede uno reconciliar esto? Para regresar a la conciencia plena, como un ser divino, es imprescindible que usted comience a entregarle el liderazgo al corazón y permitir que el corazón sea el que rija y no la mente.

Para una mayor comprensión acerca de muchos de los aspectos de la Ascensión, refiérase a los libros por Aurelia Louise Jones, Telos, Volumenes I, II, y III. Visite la página del internet, www.lemurianconnection.com, para California.

Aclarando Su Alma y Todo Cuerpo de Imbalances

Su cuerpo Ascendente debe estar libre de auto-castigo, enfermedad, dolor y sufrimiento, para que cuando usted cambie a una frecuencia más alta, usted estará preparado para trabajar en las nuevas lecciones señaladas para su futuro, en el camino espiritual de la Nueva Tierra. No tiene sentido en tomar un cuerpo enfermo, que sufre de dolor y una serie de desequilibrios mentales y emocionales, hacia los estados superiores de la conciencia. ¿Usted puede imaginarse lo que sería llegar al Cielo en la Tierra dentro de cuerpos físicos decrépitos, mental, emocional, y espiritualmente débiles, con espíritus y almas ineficientes? Ese cuerpo tendría dificultad para funcionar dentro de la conciencia de tercera dimensión, estaría casi incapacitado dentro de un estado de la quinta dimensión de conciencia. Un buen lugar para empezar a preparar sus cuerpos para la Ascensión, está en asegurarse de que todas las 617 facetas del alma estén presentes, bien instaladas y armonizadas.

También, busque procedimientos para trabajar con su alma y sus facetas. Después de todo, una de las razones por las que vino a la Tierra fue para el progreso evolutivo de su alma hacia la perfección. Un alma fracturada y estropeada presenta un grave problema para su propietario y exige medidas inmediatas. Estudie y tome cursos acerca de cómo mantener su alma. Si no está familiarizado con la estructura de su alma, ésta debiera ser una de sus prioridades. Es muy importante el grado en que usted mantiene las facetas de su alma, presentes y funcionales. Busque la ayuda de sus Asistentes Espirituales cuando se detecte cualquier daño al alma.

Literalmente hay cientos de métodos para balancear sus cuerpos energéticos de desequilibrios. De hecho, hay muchos libros y sitios en el internet sobre los diferentes procedimientos de limpieza. Es su responsabilidad buscar los procedimientos adecuados para usted. El Espíritu indica que no hay valor en mantener todos los diversos desequilibrios que interfieren con su salud y bienestar. El no trabajar con diligencia para anivelar todos los desequilibrios perjudiciales, podría tener ramificaciones que puede demorar el progreso espiritual suyo por varios siglos.

Deshaciéndose de Sus Conecciones de Tercera Dimensión

Dejando nuestros aspectos de la tercera dimensión, morir y ser transformados, es un proceso continuo que se requiere para Ascender, convertirse en un maestro humano cósmico, y eventualmente llegar a ser un Maestro Ascendido. Su espíritu individual y su alma deben desprenderse de todo lo que pudiera, de algún modo, atarse a los viejos paradigmas de la tercera dimensión y las ilusiones de la dualidad. Este proceso se ha convertido en una tarea muy difícil para muchos seres humanos en la Tierra. Independiente de las consecuencias, muchos tienen la tendencia a aferrarse a patrones viejos y a estilos de vida anticuados, por la costumbre y el miedo al cambio sin importar las consecuencias. Esto significa que si usted está en serio en llevar a cabo la evolución espiritual, usted tiene que desprenderse de todo lo que le da una identidad Terrenal junto con un auto estima ilusorio. Sí, eso significa desprenderse de la familia, los amigos, las relaciones, el trabajo, las posesiones materiales, los planes, su casa, raza, género, preferencia sexual y cualquier otra cosa que le de una cierta forma de felicidad temporal o satisfacción efímera. También uno tiene que dejar a un lado todos los conceptos y las creencias de dualidad que lo unen al plano Terrestre. Deje ir todas las ilusiones y las falsas creencias que usted haya aprendido por parte de sus padres, programación religiosa, y la propaganda de grupos con intereses egoístas, difundidos a través de las clases educativas, los talleres, y los medios de comunicaciyón. *Deje ir todo en su vida que no tenga ningún fundamento espiritual o valor real y duradero.*

214

Deje ir todas sus conecciones con la tercera dimensión. Eso es un requisito primordial para la Ascensión.

Todas estas ilusiones, falsas creencias y conceptos limitantes, necesitan ser liberados para para dar cabida al entendimiento espiritual necesario dentro de las dimensiones superiores de la conciencia. El objetivo es el de soltar todo lo que lo separa a usted de su creencia acerca del Dios/Diosa interior. A los seres humanos se les pide y se les aconseja que todo lo que no sirva para algún propósito espiritual y útil dentro de los reinos superiores de realidad futuros, desaparezca.

Esto también significa renunciar a todo su dolor, sus heridas y todo lazo al sufrimiento y a la victimización, y cualquier otro concepto de conciencia de enemistad. No hay enemigos excepto los que usted ha creado como ilusión. El objetivo es el de darse cuenta de que usted no es una profesión o un título de trabajo, sino nada menos que un gran espíritu, esa esencia de Dios/Diosa que puede crear todas las cosas en el ámbito de la nueva realidad. Una vez que usted capta lo que es el reino de la quinta realidad dimensional, tal como se comenta en los tres libros *Telos*, TelosVolumen 1, Telos Volumen 2, Telos Volumen y en la página del internet www.lemurianconnection.com, usted puede entender mejor la necesidad de quitar todo impedimento que pudiera interferir con sus creaciones futuras.

Esclareciendo y dejando ir esos aspectos de sí mismo que lo han mantenido en la esclavitud, se abrirá un espacio energético para muchas de las energías nuevas que están llegando a la Tierra. A medida que usted se va alineando con las nuevas energías y maneja su autobús hacia atrás, puede examinar sus experiencias y determinar lo que funcionó para usted en el pasado y lo que no funcionará en el futuro. De hecho, al seguir aferrándose a los patrones viejos, las emociones autodestructivas y las relaciones poco saludables, usted creará graves hostilidades causando daño a todos sus cuerpos. Algunas hostilidades podrían ser tan intensas que interferirían con su graduación.

Las decisiones que usted tome "Ahora" deben estar centradas en la alegría y la felicidad que conocemos y sentimos todos los días. Es necesario enfocarse en la rectitud de cualquier situación en la que usted está involucrado siempre y cuando esté guiado por el corazón. En toda decisión o relación futura sería útil determinar: 1) cómo se siente acerca de las circunstancias bajo las que la decisión y/o la relación se creó, y 2) cómo se siente acerca de la forma en que la decisión y/o la relación se mantiene. Una vez que estos dos criterios han sido claramente resueltos dentro de su corazón y su mente, todas las demás consideraciones caerán en su lugar. A partir de ese fundamento sólido usted habrá establecido un patrón para el desarrollo de una comprensión clara, en todas sus decisiones y relaciones futuras. De este modo usted habrá abierto una oportunidad y un camino (línea temporal) para explorar y disfrutar de la vida como nunca antes lo había hecho. Todas las actividades y los planes futuros se originarán por los pensamientos recibidos de su Dios/Diosa interior y la guía de su corazón.

La Importancia de Adquirir Control Sobre Su Ego

Ganar el control sobre el ego es una prioridad para aquellos conscientes de que están controlados por su ego. La función original del ego ha sido alterada a través de los siglos, y puede llegar a ser muy destructiva cuando crea un complejo de superioridad. Empiece a practicar "Ahora" la forma de introducir sus propios pensamientos (no los del ego), dentro de su conciencia. Este proceso requiere que sepa la diferencia entre las directrices infundadas por el ego, y el análisis de la mente sobre la guía sensata del corazón del Todo-Lo-Que-Es. Altere las actividades del ego de modo que se conviertan en su amigo. Es decir, restaurar al ego para su propósito original: el de proporcionar el autoestima, la identidad personal y el mérito.

Si usted siente que está juzgando o luchando contra una persona, entonces no hay ninguna diferencia entre usted y el guerrero; usted está dormido y se ha desviado de su camino espiritual. Usted está atrapado en el mundo del ego, donde el juicio, el conflicto y la conciencia guerrera predominan.

Tenga mucho cuidado cuando escucha a la mente en lugar del corazón, ya que el ego, vinculado a la mente, con bastante frecuencia lo quiere destruir a usted a toda costa. En realidad, su ego es lo que limita su vida aquí en la Tierra de tercera dimensión. Cuando usted acepta que lo que necesita es poner su ego bajo control, usted puede alargar su vida para darle más utilidad.

El ego, en la mayoría de los seres humanos, no es un amigo. Determine si su ego es su amigo. La tarea de controlar su ego es un asunto serio y de gran importancia. Los egos de algunos individuos buscan destruir cualquier ser humano desprevenido cuando a éste no le salen las cosas a su manera. Muchas muertes humanas se desencadenan por un ego fuera de control. Cuando el ego está fuera de control, funciona como un sistema mental y/o emocional desequilibrado. Las características funcionales de su ego pueden ser identificadas preguntándole a sus Asistentes Espirituales. Su tarea consiste en hacer todo lo posible por conocer a su ego, y por lo tanto tomar el control de el.

**CUIDADO: El ego, que está ligado con la mente,
puede descontrolarse y como resultado destruirlo a usted.**

Hay un gran peligro espiritual cuando se trata del ego. El ego puede convertirse en algo tan reforzado, sobre todo después de usted haber obtenido un poder espiritual individual y cierto entendimiento, ese ego entonces va a tratar de aprovechar esa habilidad para buscar el poder personal y la ganancia material. O, el ego puede infundir miedo y una falsa creencia de que la fé en Dios/Diosa y el poder espiritual no es suficiente para sobrevivir en este mundo. De cualquier manera, el ego puede detener el crecimiento espiritual hasta tanto no se coloque bajo control. El viaje espiritual de muchas almas se ha desvirtuado o retrasado por el ego. Sin embargo, puesto que nadie está perdido para siempre, siempre hay otra oportunidad a través del tiempo, en esta vida o en una vida futura, para volverse a colocar sobre la pista. ¿Por qué esperar más para tomar el control de su ego, siendo este un paso tan importante? Actúe "Ahora".

El Espíritu recomienda que usted aprenda a vivir desde el corazón. En la mayoría de las situaciones cuando el corazón toma el control de su sistema de dirección, el ego se restaurará a su propósito original. Aprendiendo a vivir desde el corazón tomará dedicación y práctica. Mientras tanto, hasta que aprenda a vivir desde el corazón, deje de escuchar los miles de pensamientos que el ego charlatán trae a su mente. No habrá muerte para el ego alterado, solo transformación cuando usted tome el control.

Dentro del ser humano plenamente despierto habrá una fusión que se llama un Ego Equilibrado del Origen. Una vez que se haya despertado y haya logrado tener el ego bajo su control, y ha alcanzado un estado del Ego Equilibrado del Origen. Entonces su ego ya cambiado puede convertirse en su amigo. En vez de escuchar la voz loca inundándolo con pensamientos sin fin, opte por quedarse en su corazón y utilice su mente de manera constructiva, induciendo sus propios pensamientos. Manténgase fuera de cualquier lucha con el ego.

Cuando usted resiste una cosa dándole una atención excesiva, ésta puede llegar a intensificarse más. Evite ponerle atención al ego. Batallando con el ego puede causar consecuencias indeseables y le agotará su energía. Simplemente dígale a su ego que todos los pensamientos en su mente están en armonía con la conciencia sincera del corazón en su interior. *Entonces entienda el poder que hay cuando dirige su atención hacia la voz del corazón.*

He aquí algunos pensamientos meditativos para ayudarle a estabilizar sus cuerpos mentales y emocionales: "Voy a retirar el poder que yo le he dado a todo aquello que me pueda limitar. Yo dejo de juzgar. Yo suspendo todas mis creencias falsas. Más que nada, yo "Ahora" entiendo y acepto la realidad de que este mundo es uno de ilusiones. Este mundo no tiene leyes que mantienen o sostienen esas ilusiones, por lo tanto, yo cambio mis creaciones ilusorias y siento alegria en todo. Yo "Ahora" elijo vivir a través de las Leyes Universales".

La Afinación del Cuerpo de Amor: Preparando La Activación del "Cuerpo de Luz"

El fundamento de toda su creación tiene que ser guiado desde su Dios/Diosa interior en cooperación con el Consejo de Creadores, incluyendo el

Creador del Amor, y así traer todo lo que usted desea para que exista. Todas las formas de pensamiento creativo surgen del vacío y desde el concepto "Hágase La Luz", la piedra angular de toda la creación. Así pues, estas formas de pensamiento se comparan con las del Dios/Diosa interior dentro de su corazón, o como algunos creen, equivalente a la fuente de Todo-Lo-Que-Es.

Una parte importante del plan divino actual para la evolución espiritual es la de sanar y activar el Cuerpo de Amor (el cuerpo decimoquinto). Para aquellos que son receptivos para seguir el plan divino, es muy importante activar y equilibrar el Cuerpo de Amor. Originalmente, el Creador del Amor quizo que los atributos masculino y femenino divinos existieran mediante el poder y la energía del Amor Divino. Estos dos atributos se encontraban originalmente en total equilibrio, dentro de nuestro cuerpo energético decimoquinto, llamado Cuerpo de Amor. Cuando nuestras almas quisieron experimentar con el estado de separación durante "La Caída", las cualidades masculinas y femeninas, se dividieron en dos corrientes de energía independientes. Ese proceso de separación le causó daño al Cuerpo de Amor. Como resultado, la energía del Amor Divino se distorsionó, y la energía que pasa a través del "Cuerpo de Amor" al Cuerpo de Luz también se distorsionó.

El estado de separación en la dualidad, característica del estado de conciencia de la tercera dimensión, es una distorsión del estado energético de la Unidad. Por lo tanto, este estado de separación provoca una distorsión de las energías del Amor Divino en su Cuerpo de Amor. Estas distorsiones han permitido la entrada de las energías negativas, lo contrario del amor, llamadas energías de odio. Por ejemplo, formas de pensamiento negativo y falsas creencias (las energías de odio y las basadas en el miedo) se han incrustado dentro del Cuerpo de Amor. Estas distorsiones se asientan dentro de Cristales de Amor que componen el Cuerpo de Amor, y son llamadas recuerdos discordantes del alma. Estas memorias discordantes del alma también bloquean la energía dentro de todas las partes del "Cuerpo de Luz", incluyendo los Cristales de Amor, los chakras exteriores e interiores, las vías de agua y las Platos Diamantinos. Como resultado, su alma no puede anclar el cociente del Amor Divino, o la Luz Divina cuando estos bloqueos están presentes. La sanación del Cuerpo de Amor es una condición imprescindible para tomar el estado del "Cuerpo de Luz". También sanar los Cristales de Amor, los Platos Diamantinos y Las Líneas de Amor es esencial para la sanación del Cuerpo de Amor, y llevar al máximo su bienestar para la evolución espiritual.

El mensaje de la Madre Divina en la página del internet, www.star-knowledge.net, discute la importancia de sanar los Cristales de Amor. De hecho, la Madre Divina indica que la sanación de los Cristales de Amor es tan imprescindible, que podría hacer una diferencia en la supervivencia de la especie humana. Usted tiene una obligación para sí mismo y su familia, sus amigos y su prójimo, de comprender el por qué está en juego la supervivencia del ser humano debido a los daños a los Cristales de Amor. En primer lugar, dese cuenta que para Ascender se le requerirá obtener el estado de "Cuerpo de Luz". Un punto de partida se encuentra en la página del internet, www.light-elixirs.com, del Ascend Foundation, distribuido por la Dra. Lillian Corredor. El uso del péndulo en sintonía con la Conciencia Universal, indica que la información en estos sitios del internet es bastante precisa.

Las energías de Amor Divino y la Fuerza Vital que emanan de "Fuentes Espirituales (por ejemplo, El Gran Sol Central) son transferidas a través del cosmos mediante el *agua*, es decir, a través del agua Etérica dentro del reino Etérico, y a través del agua física en el reino físico. Por lo tanto, el plan divino para sanar al Cuerpo de Amor implica la sanación de las aguas de la Tierra. Este proyecto espiritual, fue iniciado por la Jerarquía Espiritual en el año 2000 AD, y debería haber sido terminado en el 2007 AD. Trabajadores de la Luz y muchos Asistentes Espirituales alrededor de toda la superficie de la Tierra y dentro de la Tierra Media, y de otros reinos internos de la realidad en la Tierra, han estado trabajando durante este período para sanar los océanos, lagos, ríos y las aguas subterráneas. El proceso de sanación consiste en trabajar con y la apertura de los Portales de Amor de la Tierra, y la sanación de los Portales de Amor en el Cuerpo de Amor de cada ser humano, para poder ser receptivo a las energías de Amor Divino que están llegando.

Todo el mundo debería comprobar la eficacia funcional de su Cuerpo de Amor con el uso de un péndulo preciso para asegurarse que su Cuerpo de Amor se haya limpiado y reparado, y para que pueda transferir energías de Amor Divino y las Fuerzas Vitales de Vida a su "Cuerpo de Luz". Sus responsabilidades consisten en usar el péndulo de precisión, y de pedirle ayuda a sus Asistentes Espirituales si el péndulo indica que hay una necesidad.

Estas actividades son tan esenciales, que el Espíritu le gustaría repetirlas. Adéntrese y pídale ayuda a su Dios/Diosa para encontrar ayuda espiritual y para borrar todos los recuerdos discordantes del alma. Entonces pida que los Asistentes Espirituales reparen todas las vías de flujo energético, incluyendo las chakras externas e internas, las vías de agua y el Cuerpo de Amor, los Cristales de Amor, las Líneas de Amor, y los Platos Diamantinos. También, pida que todos los canales de flujo de las energías divinas sean reparados para permitir el flujo óptimo del Amor Divino dentro y a través del Cuerpo de Amor, con el fin de activar el "Cuerpo de Luz".

La Activación del "Cuerpo de Luz"

Uno de los aspectos más interesantes e importantes de la Ascensión, es la activación de su "Cuerpo de Luz". Uno de los más eficaces y eficientes métodos de activación de su "Cuerpo de Luz" está en trabajar junto con un grupo espiritual. El grupo debe estar organizado específicamente para fines espirituales de crecimiento, SAO, el amor de todas las creaciones y la activación del "Cuerpo de Luz". El proceso consiste en elevar la frecuencia de su cuerpo físico (cambiando hacia una conciencia dimensional superior) y disminuir la frecuencia de su cuerpo espiritual para que puedan fundirse completamente. Estos procesos tendrán que ser programados y sincronizados con la cantidad del "Cociente de Luz" que usted está reteniendo dentro de sus células. Cuanto mayor sea el cociente de Luz, menos denso es el cuerpo físico. El objetivo de la activación del "Cuerpo de Luz" es el de integrar su cuerpo físico y su Ser Superior dentro de un sistema energético antes de que llegue "El Cambio", y asi estar preparado para que funcione durante la Ascensión.

Un aspecto interesante de la preparación para la Ascensión es la activación de su "Cuerpo de Luz".

Hay doce pasos para la activación del "Cuerpo de Luz", para los que tendrá que pedir ayuda para implementar su activación. Busque ayuda de sus Asistentes Espirituales, su Dios/Diosa interior, varios Creadores y/o Arcángeles, y cualquier otra ayuda Espiritual con la que trabaje. Pida que le ayuden a llevar a cabo los siguientes pasos hasta el fín.

Pasos uno al seis: Muchas de las personas que están leyendo este material han completado con éxito estos pasos iniciales (del uno al seis) hace muchos años. De hecho, la mayoría de sus Asistentes Espirituales también completaron estos pasos hace mucho tiempo. Si está comenzando su programa espiritual, pídale a sus Asistentes Espirituales que lo ayuden a llevar a cabo estos seis primeros pasos.

Pasos siete al diez: se centran en un área individual especializada, que requiera atención. En 1988 la Tierra completó el tercer paso en su tarea para asumir la activación de su "Cuerpo de Luz". Las siguientes fechas aproximadamadamente indican cuando la propia Tierra completó los otros pasos: el cuarto paso en 1989; el quinto paso en 1990; el sexto paso en 1991; el séptimo paso en 1992; el octavo paso en 1994; el noveno paso en 1997; el décimo paso en el 2001, y el onceavo paso en el 2005. La Tierra está "Ahora" completando el doceavo paso. Así que, la Tierra ha completado la mayor parte de estos pasos, y los seres humanos están "Ahora" en el proceso de alcanzar la Activación del "Cuerpo de Luz" de la Tierra.

La realización de la Tierra en completar los pasos cuatro al once ha creado un problema para los seres humanos que están trabajando en los pasos siete al once. Aquellos individuos que están trabajando en los pasos debajo del nueve, con bastante frecuencia experimentan algún dolor físico, porque carecen de armonía con las frecuencias espirituales más elevadas de la Tierra. Ellos pueden tener más dolores de cabeza, dolor de oídos, y dolores musculares y articulares. También pueden haber adquirido una mayor sensibilidad de los nervios, que se registra como un dolor a través de sus cuerpos.

Nota: Varias personas están trabajando en más de un área a la misma vez. Eso es muy apropiado debido al poco tiempo disponible y a una fecha desconocida para la Ascensión.

Paso Siete - *Cambios Espirituales*: El séptimo paso tendrá que ver con su primer descenso en la frecuencia de su cuerpo espiritual y un notable despertar espiritual. A la misma vez sería de gran utilidad solicitar que el estado dimensional de conciencia de su cuerpo físico se eleve para acercarse a la frecuencia de su cuerpo espiritual (que está descendiendo de frecuencia). El objetivo de estos cambios es el de facilitar una fusión de su cuerpo físico y los cuerpos espirituales dentro del mismo registro de frecuencias.

Paso Ocho - *Cambios en el Cuerpo Físico*: Los cambios asociados con el octavo paso requieren de una participación mayor y de muchos meses para completarse. Para lograr estos cambios, un código de luz sonora está siendo transmitido hacia su cuerpo. Se intuye como un zumbido que se escucha. El objetivo del código de luz audible es para activar el cuerpo físico con el fin de llamarle la atención. Sus Guías Espirituales aumentarán la intensidad del código de la luz audible a un nivel que no haga daño pero también lo suficientemente fuerte para que se pueda oír. A ellos les gustaría saber si usted oye o ha oído el zumbido. Si el zumbido se vuelve demasiado alto, pídale a sus Asistentes Espirituales que le bajen un poco a la intensidad.

Los que han pasado por el octavo paso experimentan con frecuencia cambios extremos corporales, tales como la reducción de la densidad del cuerpo físico. Por ejemplo, con la caída de la densidad del cuerpo físico, puede haber un aumento en el tamaño corporal, y/o un aumento de peso. El objetivo es el de proporcionarle más espacio para contener las energías espirituales que entran. Este aumento de peso puede ser reducido con frecuente ejercicio físico, tal como la natación, andar en bicicleta, correr, o levantar pesas. Usted puede ayudar a este proceso poniendo en práctica cualquier ejercicio que ayude a construir masa muscular; y dicho sea de paso hecho, este es el método preferido. El aumento de la masa muscular ayudará a proteger el sistema nervioso y el tejido adiposo de las energías incrementadas.

Nota: El tejido adiposo se utiliza para almacenar la grasa y no va a proteger el sistema nervioso de las energías espirituales nuevas, tal como lo haría la masa muscular. De hecho, los tejidos adiposos se diluyen si las energías que entran son demasiado intensas, causando daño a las células del receptor de insulina. Si en algún momento usted siente un flujo excesivo de energía, consúltele a sus Asistentes Espirituales para disminuir la velocidad de ello.

Paso Nueve - *Integrando los Cambios Espirituales y Físicos*: El noveno paso está diseñado para integrar los cambios espirituales del séptimo paso con los cambios físicos completados en el octavo paso. Estos procesos de integración han sido diseñados para mejorar diferentes aspectos de su vida cotidiana. Durante la integración en el noveno paso el enfoque principal consiste en mejorar las relaciones. El noveno paso, con frecuencia, comienza y termina con conflictos importantes alrededor suyo. Como resultado, usted se verá forzado a buscar nuevas relaciones con la orientación de su voz apacible y delicada en su interior. Lo que pasa es que cualquier relación anterior o actual basada sobre el control o la manipulación, por usted u otra persona, *se hace intolerable*. Cuando esto ocurre y estas relaciones llegan a su fín, vale la pena. Como resultado de los cambios en sus relaciones, usted puede encontrarse prácticamente solo. Realmente esta es una buena experiencia. Después de todo, la relación más importante que usted tiene es con usted mismo. Cuando llegue el momento adecuado, puede que se desarrollen nuevas relaciones.

Paso Diez - *Esclarecimiento Energético para Manifestar Dones Espirituales*: El décimo paso es muy importante debido a su capacidad para ayudarlo a ser energéticamente claro. A medida que sea energéticamente claro, su capacidad de utilizar sus talentos y dones espirituales empieza a manifestarse. Entonces estará en mejores condiciones de trazar su propia realidad que usted desea. Uno de los objetivos principales del décimo paso es el de cambiar la forma en que la energía disponible es almacenada dentro de sus cuerpos. En los estados inferiores de conciencia dimensional, la energía disponible se almacena en los cuerpos emocionales y mentales. En los estados superiores de conciencia dimensional, su sitio primario de almacenamiento de energía se se cambia al cuerpo espiritual. Una vez que se haya logrado este cambio, usted entonces puede transferir parte de esa energía almacenada en el cuerpo espiritual, a cualquier otro lugar apropiado para utilizarla luego. Esa energía almacenada espiritualmente estará disponible cuando usted la solicite.

Para mover su energía disponible a su cuerpo espiritual, pídale ayuda a su Dios/Diosa interior para que lo guíen a localizar los Asistentes Espirituales más adecuados para completar esta tarea. A medida que avance a través del décimo paso, usted se sentira tierno, como si fuera un recién creado. Comenzará a asumir los talentos de un *Maestro Espiritual*, para que los dones espirituales, acabados de desarrollarse, se puedan utilizar diariamente en sus actividades físicas. Como resultado, usted sentirá que no podra vivir de otra forma que no sea a través de sus dones espiritualdes. Por ejemplo, si usted es clarividente, ese talento, literalmente, se sobreimpondrá en su sistema sensorial.

También puede comenzar a tener muchas experiencias únicas. Puede que un dia mientras camine por una calle vea claramente que las aceras tienen tres bordillos. Al principio esto puede ser confuso. Lo que usted ve es la acera física, etérica y el bordillo de la cuarta dimensión. Si usted confía en su sentido clarividente y no su sentido físico, usted sabrá dónde pisar. Si usted utiliza su sentido físico de la vista, no pisara la acera y se caerá un par de veces. Durante estas actividades, se va liberando de formas de pensamiento que ya no necesita. Estas formas antiguas de pensamiento son características de las dimensiones inferiores, y se han almacenado dentro de los cuerpos mentales y emocionales. Su objetivo actual será el de practicar el traslado de energía de su cuerpo espiritual a las dimensiones superiores. Una vez que esto se haya logrado, esa energía va a estar disponible cada vez que la necesite.

Utilizando adecuadamente la energía almacenada en el cuerpo espiritual, usted puede crear lo que muchos llaman milagros. Los seres humanos comunes y corrientes, de baja frecuencia, tienen su energía encerrada y almacenada en los recuerdos, las falsas creencias y las emociones de los cuerpos emocionales y mentales por lo que no pueden disponer de ella.

El *Maestro Espiritual* ha esclarecido sus cuerpos emocionales y mentales, y cualquier otra energía disponible, y la ha almacenado en su cuerpo espiritual. La energía espiritualmente almacenada puede entonces fluir dentro de los cuerpos emocionales y mentales para activar o energetizar su propósito deseado. Después de que la emoción o el pensamiento se hayan llevado a cabo, cualquier exceso de energía fluye automáticamente de nuevo al cuerpo espiritual.

Hay otra ventaja significativa al hacer estos cambios en su patrón de almacenamiento de energía. Cuando usted guarda la energía en el cuerpo espiritual, ella permanece en su lugar hasta que se le pida para ser utilizada. Como resultado, esta energía almacenada no puede ser consumida por una mente charlatana, o por diversos tipos de inestabilidad emocional que pueden consumir grandes cantidades de energía. Completando el décimo paso hará que haya más energía disponible y le permitirá hacer milagros al manifestar sus pensamientos. Usted será capaz de manifestar sus pensamientos con gran rapidez, por lo que deberá de actuar con cautela acerca de lo que piense.

Paso Once - *Involucra la Continuación de la Manifestación de Sus Capacidades Espirituales*: El onceavo paso es una progresión natural del décimo paso; muchas veces la transición es muy fácil y casi ni nos damos cuenta. La capacidad espiritual de uno sigue desarrollándose y el cuerpo físico empieza a cambiar en apariencia. Durante el onceavo paso` su cuerpo físico puede convertirse progresivamente en uno luminoso. De hecho, el cuerpo podría brillar y lucir más bello. Sus amigos y familiares pueden hacer comentarios sobre lo joven que usted luce. Ellos pueden preguntarle qué es lo que está sucediendo, o que fue lo que hizo para llevar a cabo esos cambios. Usted puede encontrarse trayendo a colación algunos de sus miedos más profundos, con el fín de que estos se puedan resolver. Cuando estas formas de pensamiento surgen, tienen que ser liberadas rápidamente, de lo contrario, podrían manifestarse en su vida diaria. Usted no tiene nada que temer mas que al propio miedo cuando se trabaja a través y se va llegando al final del onceavo paso.

Paso Doce - La Finalización de la Activación del "Cuerpo de Luz": El doceavo paso es donde se completa la activación del "Cuerpo de Luz". Una vez que se haya completado usted tendrá un vehículo nuevo de Ascensión. Esta experiencia se caracteriza por el movimiento de su Mer-Ka-Ba en el centro del corazón de su cuerpo. Esta Mer-Ka-Ba, que a veces se denomina como una bola de luz dorada, es su vehículo de Ascensión. Esta experiencia es el comienzo de la Ascensión de su cuerpo físico al estado de la quinta dimensión de la conciencia. No hay tiempo ilusorio específico durante el cual este evento del movimiento del Mer-Ka-Ba, en el centro del corazón, se lleva a cabo.

Estos eventos de Ascensión son eventos personales y pueden tener lugar cuando usted está solo, dentro de un grupo, o como parte de una experiencia colectiva de muchas almas. Usted Ascenderá cuando esté listo. Ascensiones se están llevando a cabo en todo el planeta y seguirán produciendose a diario. Siendo que usted habrá desaparecido de la vista de las entidades en la tercera dimensión, usted podría convertirse en una persona clasificada como desaparecida. Muy pocos seres humanos en la Tierra estarán capacitados para comprender la situación de que usted ha desaparecido por haber Ascendido.

La Ascensión es realmente una cosa muy simple. Es un evento que ha tomado muchos años de preparación, pero que se produce en un instante. Pero acuérdese, usted sigue estando exactamente donde estaba antes de su Ascensión. El Sol todavía brillará, y las estrellas titilarán, tal como lo han hecho siempre. Usted habrá cambiado de frecuencia, y experimentará otros cambios casi milagrosos en su nueva realidad. Ellos son demasiados para ser numerados. Todo el proceso se parece un poco como cuando alguien muere y se traslada a la cuarta dimensión en forma de espíritu. A veces estas formas espirituales (los desencarnados) no pueden liberarse de la Tierra porque todavía no se han dado cuenta que están muertos. El pensar que todavía están vivos en un cuerpo físico, ellos continúan con sus actividades diarias.

Muchos trabajadores de la luz constantemente se encuentran con desencarnados que necesitan ayuda para regresar a sus líneas de tiempo elegidas. Ayudándolos a encontrar la luz, a moverse a través del túnel, y progresar para encontrarse con sus Asistentes Espirituales, puede ser una ayuda tremenda para estos desencarnados incapaces de entender los diversos aspectos del reino espiritual.

Una de las maneras más fáciles de saber que usted ha Ascendido, y que se mantiene dentro de un cuerpo físico es el de notar la alegría que tiene por dentro. Es en ese estado de conciencia donde que produce un sentimiento de unidad con Dios/Diosa. Es una sensación que indica que las energías espirituales pueden y están fluyendo desde Todo-Lo-Que-Es a través de usted. Otra señal que se produce poco después de la Ascensión es la manifestación rápida en respuesta a las fantasías que surgen en sus actividades. Estas, así llamadas fantasías, realmente se manifiestan muy pronto como un evento discernible o una creación física.

Cuando la mayoría de los seres humanos que piensan Ascender abandonan el Juego de la polaridad, y se mueven por elección hacia la *alegría* y la *unidad*, entonces la Ascensión se producirá en masa. Hasta que llegue ese momento, las Activaciones del "Cuerpo de Luz" continuarán. La Ascensión en masa ("El Cambio") se producirá cuando el Espíritu y el grupo colectivo de los Asistentes Espirituales decidan que el tiempo del gran acontecimiento ha llegado. Cuando la Ascensión masiva comience, todos en la Tierra sentirán que algo dramático está sucediendo. Cuando "El Cambio" esté en realidad en plena marcha será un evento que se ha anticipado desde hace siglos.

A medida que vaya trabajando con su conciencia, aplicando las cualificaciones que se indicaron anteriormente, usted puede crear y convertirse en una obra maestra de alegría. Evalúe su vida y esclarezca todo lo que no traiga alegría. Al centrarse en la alegría, usted establecerá una base sobre la que usted se convertirá en el Maestro Espiritual que siempre ha deseado ser. Sólo con su presencia muchos sentirán alegría. De hecho, sus energías espirituales irradiarán todo lo que está a su alrededor. Este camino de la alegría y la comprensión, que hace una diferencia en una persona, permite que el proceso de la Ascensión no sólo sea muy simple, pero trae mucho placer a todos. No hay ego o un sentimiento de superioridad con esta sensación de alegría, solo existe un sentimiento para el Servicio a los demás (SAO).

Al activar su "Cuerpo de Luz", actualmente usted impacta al planeta Tierra y los cambios del mismo. Algunos de estos cambios pudieran ser algo alarmante si usted no está consciente de su potencial. Puesto que usted está sobre su camino espiritual de la Ascensión, usted no tiene nada que temer; usted aceptará cualquier cosa que suceda. Usted "Ahora" sabrá un poco acerca de lo que se llevará a cabo durante el proceso de la Ascensión y estará listo para la experiencia de toda una vida. La alegría y el entusiasmo apenas han comenzado. Tenga fé, crea y sepa que está sobre su camino elegido (línea temporal).

* * * * *

21

Cambiando el Sistema Energético Humano
Para Crear Nuevos Cuerpos

Desatando Su Potencial Genético: La Activación del ADN

Dentro de cada célula del cuerpo humano hay un mapa genético de la vida llamada la hélice del ADN de cadena doble. Cuando el alma humana reencarna vida tras vida, los patrones de ADN presentes en sus cuerpos, gradualmente se van alterando para ajustarse a las nuevas energías que se encuentran dentro de cada nuevo entorno. Todos estos cambios en la Tierra y muchos más se pueden correlacionar con un cambio en la conciencia humana. Al mismo tiempo, a medida que cambia la Tierra a un estado superior de conciencia dimensional, la armonía del ADN en nuestras células físicas y otras formas de ADN están experimentando cambios. Los cambios que ocurren en el ADN en combinación con los cambios en la conciencia, son una parte muy importante de la graduación y el proceso de la Ascensión.

Científicamente y energéticamente se ha establecido que los códigos del ADN pueden y deben cambiar con frecuencia. Si usted cree en un código genético fijo, que es el enfoque habitual científico acerca de la comprensión, entonces usted tiene que mirar más allá de si mismo para la sanación. Usted debe de creer que algunas manipulaciones de carácter físico o científico se pueden llevar a cabo para modificar su ADN y proveerle salud. Si usted cree en un código del ADN variable, entonces usted es parte de una transformación espiritual y cultural. Mire dentro de sí mismo para la sanación. Usted tiene en su conciencia el poder de cambiar su ADN, y traer la sanación sin ninguna influencia o interferencia externa.

Cuando una crisis de sanación se desarrolla dentro de la sociedad, como pasa actualmente, la humanidad comienza a buscar más alternativas efectivas de control. Podemos buscar un punto débil en el sistema energético del cuerpo que podría explicar la causa de la muerte. A ello se le asocia frecuentemente con un daño al sistema de codificación del ADN. ¿Entonces cómo es que podemos reparar ese daño en el ADN?

Se cree que las mismas fundaciones de esas debilidades, están almacenadas en nuestro ADN. Se sabe que todas las perturbaciones por las que pasa el cuerpo físico humano durante su estadía dentro de las frecuencias vibracionales de una dimension inferior, alteran nuestro ADN. A veces, dicha alteración resulta en un daño metabólico a nuestros cuerpos. El daño metabólico es causado por la acción de las vibraciones de baja frecuencia que modifican la estructura helicoidal, y la disposición de los componentes moleculares del ADN. Cuando el ADN se daña, se desarrollan defectos dentro de la comunicación entre las células. Esto a su vez, altera el metabolismo normal. Se conoce que tales daños debilitan el sistema inmunológico, limfático y nervioso. Cada persona tiene que hacerse la pregunta: ¿Cuáles son las vibraciones de baja frecuencia que tienen el potencial de dañar mi ADN? Al pensar en las diferencias entre las vibraciones de alta y baja frecuencia (amor y odio), usted va a encontrar varias respuestas.

La evidencia experimental también está disponible para indicar que el ADN responde a formas de pensamiento. Por ejemplo, varios experimentos de laboratorio llevados a cabo en el Instituto de Matemáticas del Corazón, (Institute of Heart Math), en Boulder Creek, California, han indicado que el ADN puede cambiar su estructura al responder a un pensamiento emocional; vaya a la página del internet, www.heartmath.org. Se realizaron comparaciones entre las emociones del amor y el miedo. En preparación a un experimento, se extrajo el ADN de donantes individuales, y cada muestra fue colocada en varios tubos de ensayo. Luego otras personas aguantaron los tubos de ensayo y generaron el amor o el miedo, dirigiendo estas formas de pensamiento a los tubos de ensayo.

Los resultados del experimento revelaron que el ADN extraído en los tubos cambió su estructura de acuerdo a la formas de pensamiento mantenida en la conciencia. Cuando la energía del amor fue dirigida hacia los tubos, las moléculas del ADN se relajaron y desenvolvieron. Por el contrario, cuando el miedo fue dirigido hacia los tubos, las moléculas del ADN se enrollaron con más tensión. Además, los donantes del ADN experimentaron sentimientos de amor o de miedo similar a lo que fue dirigido hacia los tubos. Es decir, las emociones de los donantes fueron iguales que las emociones de aquellos aguantando los tubos de ADN. Al proyectar amor junto con las emociones basadas en el miedo al ADN extraído, hubo comunicación entre el ADN extraído y los donantes.

Un sistema en el cuerpo humano, donde se llevan a cabo cambios en el ADN, es dentro de la sangre humana. En tiempos antiguos, cuando los seres humanos obtenían los alimentos principalmente a través del consumo de animales muertos, sólo había un tipo de sangre. Todo el mundo tenía sangre tipo O. Hace unos quince mil años se detectó un tipo de sangre nuevo. Este cambio en la sangre se ha relacionado con el período en la historia de la Tierra, poco después de que un gran cometa cayera sobre la Tierra frente a las costas de la Atlántida. Después que chocó el cometa, la población humana abandonó un poco la caza de animales, y empezó a juntar y a crecer vegetales y granos como una fuente de alimento. Un cambio en la dieta, causó un cambio en el ADN. Este tipo de sangre llamado tipo A, se produjo debido a los cambios en el ADN. El nuevo ADN hizo se codificó para la producción de nuevas enzimas necesarias para digerir estos alimentos nuevos. Por ello, el tipo de sangre A llegó a existir como resultado del cambio al nuevo estilo de vida.

Con el paso del tiempo, se produjeron dos cambios más en la dieta junto con los cambios correspondientes en el ADN, y así se crearon los grupos sanguíneos B y AB. Los seres humanos "Ahora" tienen cuatro tipos de sangre principales. Sin embargo, otros cambios han sido detectados por varios laboratorios de investigación que indican que está comenzando a aparecer potencialmente un tipo de sangre nuevo.

A medida que aumenta la conciencia, cambios adicionales se han observado en muchos niños. Por ejemplo, el ADN de los recién nacidos en la China comenzó a cambiar en 1974. Los chinos tienen un programa de investigación dedicado a comprender las diferencias del ADN en estos nuevos niños. Un cambio en el ADN detectado en un niño chino se correlacionó con su capacidad de ver con sus oídos. En realidad tenía mejor vista con sus oídos que los niños normales tienen con sus ojos.

Estos cambios genéticos parecen estar relacionados con un cambio de conciencia. Los niños que nacen en todo el mundo tienen muchas características nuevas y diferentes. Algunos de estos niños son llamados Niños Índigo, y actualmente representan el 90 por ciento de los niños nacidos. En algunas partes del mundo estos nuevos niños tienen un hígado diferente, uno diseñado para permitir al organismo a consumir comida chatarra sin efectos secundarios adversos. Una vez más, vemos cómo la ingestión de alimentos desencadena un mecanismo biológico dentro del cuerpo, que altera el ADN para la supervivencia.

Los científicos han intentado comprender estos cambios inducidos por el medio ambiente, mediante el estudio de insectos y animales. Por ejemplo, bien se conoce que cuando las cucarachas se alimentan con insecticidas en un intento de erradicarlas, muchas al comienzo, se enferman y mueren. Sin embargo, en un pequeño porcentaje de las cucarachas, el ADN se muta de manera que se codifica para las enzimas que metabolizan el insecticida.

Un patrón similar se ha desarrollado en los niños expuestos al VIH y el SIDA; estos niños han sufrido cambios genéticos que parecen haberse desarrollado espontáneamente debido a la presencia del SIDA. Hay un patrón nuevo del ADN que crea una resistencia al VIH. Por ejemplo, un niño en California, a muy temprana edad, fue encontrado ser susceptible al VIH. Sin embargo, después de la exposición al VIH el organismo respondió con un cambio genético en el ADN del niño. Como resultado, el virus fue erradicado del cuerpo del niño.

En estudios más recientes los científicos han informado que un gran número de niños están desarrollando resistencia al VIH. Además, los niños han desarrollado otros cambios en el ADN que hacen que sus cuerpos sean resistentes a desarrollar el SIDA. Investigaciones recientes sugieren que estadísticamente en la actualidad hay sesenta millones de personas en la Tierra que han cambiado su ADN y que "Ahora" tienen inmunidad contra el VIH. Como los patrones de energía que nos rodean cambian, nosotros también cambiamos genéticamente.

Drúnvalo Melchizedec indica, que toda la humanidad está cambiando genéticamente a medida que avanzamos desde la tercera dimensión, al estado de conciencia de la cuarta dimensión y más allá. También es interesante que los científicos hayan descubierto que los cerebros de los Niños Índigo parecen estar algo relacionados con la tecnología informática. Los que han mantenido secretos profundos están preocupados por la capacidad de estos niños a conectarse cada vez más con sus secretos. A algunos se les ha calificado como piratas informáticos, debido a sus capacidades. Estos niños tienen mayor capacidad para involucrarse en los sistemas informáticos, y la capacidad mental para mejorar las características de sistemas de diseño y programación computadorizados. Las computadoras responden a las formas de su pensamiento. Estos Niños Índigo tienen una multitud de nuevas características que sus padres carecen. Se ha demostrado por el gobierno chino y otros grupos de investigación, que estos nuevos niños pueden mover la energía a través del pensamiento.

Por ejemplo, un joven demostró ante un público en la China cómo podía mover píldoras a través de una botella sellada. Al enfocarse el joven en la botella de píldoras, le dió una orden a las pastillas. Las píldoras entonces pasaron a través de la botella de vidrio (sin que esta se rompiera) a la mesa. En un experimento relacionado, una moneda se colocó afuera de una botella sobre una mesa, a través de la orden de un joven la moneda entró en la botella. Estos son algunos ejemplos sencillos de las capacidades de la conciencia de cuarta dimensión que estarán disponibles para aquellos que planean graduarse y Ascender.

La razón por la que se describen estos ejemplos, es para destacar que todos los involucrados en la Ascensión tendrán que tener su ADN reparado y cambiado para poder adaptarse a los nuevos estados elevados de conciencia dimensional.

Sin estos cambios, será imposible Ascender a la Nueva Tierra. ¿Entonces como podemos reparar y ajustar ese daño al ADN?

Es imprescindible que usted asuma responsabilidad personal para pedir el cambio de los códigos de su ADN para sus nuevos cambios en la conciencia dimensional. Esto significa que los cambios de código del ADN deben de registrarse en la mayoría de sus cuerpos energéticos.

Para que estos cambios queden asentados, será necesario transmutar las moléculas con base de carbono dentro de las características estructurales de su cuerpo, a moléculas de cristal, con base de sílice. La molécula de sílice es una característica principal de la tecnología informática. Obviamente, será muy útil que usted aumente su ingestión de sílice para ayudar este cambio molecular necesario. El objetivo es el de preparar las células del cuerpo y el ADN, para poder recibir la matriz cristalina de luz de alta frecuencia, que pasa a través de la red cristalina de la Tierra, y entra a las células.

Después de haber aumentado la sílice disponible, usted necesitará ayuda espiritual para llevar a cabo los cambios necesarios del ADN. Solicite que su Dios/Diosa interior, o el Consejo Espiritual de su Ser Superior, acudan a los Ingenieros Genéticos Espirituales (Técnicos de Codificaciónes), para ayudar a afinar los energizantes emocionales, también llamados "Cristales Matrices", en su cuerpo. Estos cristales se encuentran en la matriz celular subcutánea, dentro de las paredes de sus células físicas. Estos "Cristales Matrices", regulan la pulsación de cada hebra del ADN. A su vez, cada hebra dirige cambios a su cadena equivalente de ADN no física, o etérea, dentro de los cuerpos de mayor frecuencia. Con estas instrucciones, varias cadenas del ADN físico y etérico se alteran estructural y energéticamente, para funcionar a una frecuencia más alta. Esto forma parte de la preparación para "El Cambio", la graduación y la Ascensión. La evidencia indica que usted puede controlar conscientemente estos cambios del ADN para determinar su estado espiritual. Para ser más eficaz, será muy útil que usted estudie acerca del código genético (ADN y ARN), y su funcionamiento; también busque la orientación a través de la voz pequeña en su interior, para que usted pueda conformar la solicitud más adecuada. Después, pida que su Dios/Diosa interior encuentre los Asistentes Espirituales e Ingenieros Genéticos más calificados, y las mejores Técnicas de Codificación para hacer los cambios específicos a su ADN.

El ADN en el cuerpo humano, también se ha demostrado que codifica para algunos productos químicos introducidos en el cuerpo. Por ejemplo, en la década de los años 60, asistí a un taller médico sobre el LSD, en los que se informó que el LSD producía escenas retrospectivas que ocurrían varios meses después de que la persona fuera expuesta al LSD. El equipo de investigación descubrió que estos episodios fueron causados por la producción de LSD por parte del cuerpo mismo. El ADN en el cuerpo percibió la molécula del LSD (dietilamida del ácido lisérgico), por lo que había creado una codificación artificial para su producción. Del mismo modo, mi ADN codifica para la producción de ácido acetilsalicílico (aspirina), después de haber tomado aspirina para bebé durante tres semanas. Soy alérgico a la aspirina para adultos que causa una hinchazón en mis piernas y en los pies. Después de tres semanas tomando la aspirina para bebé, la concentración de aspirina en la sangre se incrementó hasta el punto que mis piernas comenzaron a hincharse. Para reducir la hinchazón, dejé de tomar la aspirina, y pedí que mis Asistentes Espirituales eliminaran el ácido acetilsalicílico de mi cuerpo. A medida que la concentración de aspirina bajó, la hinchazón comenzó a disminuir, pero al cabo de tres días, el ácido acetilsalicílico aumentó en la sangre, y la hinchazón comenzó de nuevo, sin tomar aspirina. El uso del péndulo indicó la presencia de Codificaciones Artificiales de ADN para la producción de la aspirina. Para mantener la concentración de la aspirina y la hinchazón bajo control, estas codificaciones de ADN artificial tuvieron que ser removidas. Cuando surja la necesidad, utilice el péndulo para monitorear los cambios en su ADN. Estas medidas le asegurarán si los cambios apropiados han tomado lugar.

Muchos seres humanos están en el proceso de cambiar su ADN para "El Cambio", al estado de la cuarta dimensión de conciencia. Muchas personas han pedido que los cambios apropiados del ADN tomen lugar en todos sus cuerpos, para facilitar sus nuevas capacidades multidimensionales. Estos cambios ayudarán a cambiar todos sus sistemas energéticos a los Estados de la cuarta, quinta, sexta, séptima y octava conciencia dimensional. Usted puede cambiar su vida a medida que cambia su ADN. Si desea más directrices útiles, lea y estudie el libro, *Change Your Encodements, Your DNA, Your Life* (*Cambie Sus Codificaciones, Su ADN, Su Vida*), por Cathy Chapman, canalizada de la Diosa, Amma. También estudie las canalizaciones (por Cathy Chapman), de Amma, publicadas en el *Sedona Journal of Emergence* cada mes.

Al hacer esfuerzos concertados para hacer los cambios necesarios en su ADN, usted llegará a ser más saludable. Puede que usted tenga que pedir constantemente que todos sus sistemas energéticos se eleven al mejor estado de conciencia dimensional, para ayudar a anclar los cambios solicitados. Estos cambios en la conciencia pueden proveer las base para la creación de nuevas partes para el cuerpo.

El proceso de la Ascensión será mucho más eficiente y menos estresante, cuando usted haya terminado de crear sus nuevos cuerpos físicos, mentales, y emocionales. Antes de que estas partes del cuerpo puedan ser creadas y mantenidas, los cambios apropiados en el ADN son obligatorios. Una vez que el ADN se actualice, usted necesita afinar y aclarar todos los patrones de fluir energético para abastecer las energías apropiadas, y así mantener las partes nuevas del cuerpo.

Fuera del ADN físico, hay diez - hebras de ADN etérica-espirituales que han estado inactivas desde el comienzo de la historia, hace aproximadamente cien mil años. Cuando los Pleyadianos vinieron a la Tierra instalaron equipos espirituales (ADN) dentro de uno de los veinte tipos de humanoides presentes en la Tierra. Este grupo de humanoides en particular ha evolucionado a un estado de mayor frecuencia, razón por la que estuvieron listos para recibir los cambios genéticos disponibles. Como resultado, este grupo humanoide tenía un ADN de mayor eficiencia funcional. Tan reciente como hace veinticinco mil años, el ADN humano estaba más adaptado a las frecuencias altas de lo que está en la actualidad. La caída en la conciencia, provocó daños al ADN humano. Los seres humanos "Ahora" tienen la oportunidad de reparar ese daño.

A lo largo de la historia, muchos cambios en el ADN humano se han producido mediante ingeniería genética, los desequilibrios emocionales y los cambios en el medio ambiente. El ADN humano es como un "chip" en su computadora; diferentes secciones pueden estar en la posición de encendido o apagado. Un patrón de ondas de torsión en el alma en realidad programa el ADN, al igual que el sistema operativo y la programación de su computadora le ordenan al "chip" que funcione. Cuando un alma reencarna vida tras vida, la firma energética de su onda de torsión girante trasladará el ADN heredado de los padres, para crear similitudes en la apariencia facial, la personalidad y muchas otras características del cuerpo. Una nueva percepción indica que la onda de torsión girante del ADN, irradia un campo energético. Un ejemplo de como esta onda radiada influencia el ADN de otra persona, es bien conocido. Cuando dos personas viven juntas desde hace muchos años, sus ondas de torsión se propagan entre sí y estas ondas pueden afectar el ADN del otro. Con el tiempo las ondas de torsión alteran los dos conjuntos de ADN y estas dos personas comienzan a lucir y actuar de igual manera.

Existen muchos otros ejemplos de como la molécula del ADN se relaciona con el estado evolutivo del hombre. La importancia de las características del ADN humano es bien conocida en todo el Universo. Las razas Extraterrestres que están trabajando para ayudar a la Tierra en el proceso de la Ascensión, han informado que tienen equipo para monitorear el ADN humano de todas las personas en la Tierra. Esa información sobre la estructura del ADN de una persona, es una buena medida del estado espiritual de un individuo.

Si usted ha elegido Ascender, ya es hora de empezar a crear su cuerpo nuevo, eterno. Ese nuevo cuerpo físico es necesario para pasar a través de los Portales Cósmicos. Si eso es lo que usted elige, préstele mucha atención a lo que sucede dentro del ADN localizado en su cuerpo físico, mental y emocional.

Para comprender mejor las características funcionales de sus cuerpos, sería conveniente escuchar a los guías de su espíritu. Por ejemplo, Joanna Cherry, (ver www.Ascensionmastery.com), habla de una experiencia durante uno de sus talleres sobre la Maestría de la Ascensión. Ramtha, una guía espiritual, le había revelado que la glándula pituitaria (la glándula maestra ubicada dos pulgadas debajo de la parte superior de la cabeza), produce una hormona denominada de la muerte, en respuesta a la creencia de la humanidad que el cuerpo debe envejecer y morir. Esta hormona causa varias anomalías para ayudar a llevar a cabo la muerte, a través de una serie de cambios metabólicos y físicos.

Al enterarse de esta información de Ramtha, Joanna le preguntó a su glándula pituitaria si esto era cierto. La respuesta fue: *"Sí, eso es cierto"*. Dándose cuenta que una persona puede hablar con cualquier parte del cuerpo, Joanna habló con su pituitaria de la siguiente manera:

"¡Mi amada glándula pituitaria! Te doy las gracias y reconocimiento por haber producido la hormona de la muerte en el pasado. Eso fue exactamente lo que te había mandado que hicieras, y ¡tú me has servido perfectamente! Quiero que sepas que me he acordado de quien Yo Soy. ¡Yo Soy un Dios/Diosa ilimitado

que tiene absoluta decisión para determinar todas las experiencias de mi vida! He elegido rejuvenecer este cuerpo amado. Por lo tanto, es el momento para que tú dejes de producir la hormona de la muerte, y comenzar a producir una hormona de vida. Te pido que lo hagas "Ahora"."

Joanna entonces, describió su experiencia. "¡Mi cabeza se sintió como si se hubiera tocado el botón para apagarla! Un torrente de Luz comenzó a entrar a través de la chakra de la corona. ¡Dentro de mi glándula pituitaria sentí éxtasis! Entonces oí este mensaje de mi pituitaria: ¡Gracias! ¡Gracias por liberarme de un trabajo que odiaba y dejarme hacer mi trabajo real que es el de ayudar a este cuerpo para tener más vida, más fuerza y más belleza, todos los días!"

Desde entonces, Joanna ha solicitado que su ARN – ADN, cambien de dos hélices por célula a doce, el número que teníamos cuando estábamos vibrando a un estado superior de conciencia dimensional. Joanna dice que es muy importante sintonizarse con cuerpo de uno y sentir lo que está sucediendo en cada parte del cuerpo. Al hablar con cada parte del cuerpo y conocer sus condiciones individuales, usted tendrá un conocimiento de que es lo que tiene que solicitar. Para pedir y recibir significa que usted necesita saber la pregunta y a que equipo espiritual preguntarle.

Las experiencias de Joanna empezaron en 1982. En 1998, escuchó el pensamiento desde adentro: "Su cuerpo ha llegado a un estado del no-muerte". Desde entonces, Joanna ha descubierto que su ego ha estado en contra de los esfuerzos de su rejuvenecimiento. De hecho, el ego saldría con experiencias que la castigaban si ella se pusiera en contra de sus sugerencias. Antiguos pensamientos de "envejecimiento" aún resurgían para obstaculizar su rejuvenecimiento. De la experiencia de Joanna, podemos obtener algunas ideas acerca de lo importante que es limpiar todos los viejos sistemas de creencias falsas y continuar pidiendo y recibiendo. Cualquier persona puede pedir que el estado de conciencia dimensional se le incremente hasta el nivel más adecuado, y que los doce filamentos de ADN se activen. Usted estará entonces en condiciones de pedir sus nuevas partes para su cuerpo, y su cuerpo de Ascensión nuevo. Si desea más sugerencias útiles, refiérase al libro, *New Cells, New Bodies, New Life* (*Nuevas Células, Nuevos Cuerpos, Nueva Vida*), por Virginia Essene, www.hilarion.com. Virginia ofrece una descripción más completa de como el rejuvenecimiento de la glándula pituitaria y otros órganos, y otras glándulas, puede ayudar a rejuvenecer su cuerpo físico desgastado.

La hormona de la muerte es el resultado de un cambio en el ADN y por lo tanto, otra ilusión creada por los seres humanos. La activación de la hormona de la muerte y la desactivación de la hormona del rejuvenecimiento, se produjeron al final del último ciclo de veinticinco mil años en "La Caída" de la Atlántida. Estos cambios, que resultaron en una reducción de la duración de la vida del cuerpo humano, fueron creados mediante la alteración de los códigos de ADN y las conecciones de luz a las glándulas endocrinas. Estos cambios en el ADN aumentaron la producción de la hormona de la muerte, y la disminución de la producción de la hormona del rejuvenecimiento. Las hormonas producidas por las glándulas endocrinas son secretadas por el cuerpo, para regular todo tipo de patrones metabólicos. Por lo tanto, es muy importante trabajar con sus Asistentes Espirituales para lograr repatronar, reestructurar y renovar todos los órganos y las glándulas para equilibrar sus patrones energéticos.

La investigación científica en los Institutos Nacionales de Salud de la Universidad George Washington, y otros centros de investigación, han descubierto muchos factores que se relacionan con el envejecimiento y la aparición de la enfermedad. Por ejemplo, factores como la disminución del consumo de oxígeno, baja timosina, y bajas concentraciones de DHEA (dehdrepiandrosterone), están todos asociados con el envejecimiento. El Dr. Norman Shealy discute varios factores (bioquímicos) relacionados con el envejecimiento en su libro, *Life Beyond 100: Secrets of the Fountain of Youth* (*La Vida Después de los 100: Secretos de la Fuente de la Juventud*). Con el fin de preparar su cuerpo para la Ascensión y el estado de "Cuerpo de Luz", su ADN debe ser re-modelado para traer todas las hormonas nuevamente dentro de un balance, y así detener y/o revertir el proceso del envejecimiento. Un método para el cambio de patrones, denominado "El Programa Melchizedek", se describe en varias páginas en el internet, (www.bethcoleman.net, www.lightelixirs.com, y www.unexplainable .net). Estudie toda la información disponible en el internet para ayudarlo a crear su cuerpo nuevo. Un objetivo debe ser el de alinear su "Cuerpo de Luz" a través del sistema de las chakras. Entonces, usted puede utilizar los códigos de poder y las mantras descritas por Kalina Raphael Rose. Estos procedimientos se pueden utilizar para desactivar las hormonas de la muerte y volver a activar las hormonas del rejuvenecimiento. Siga estas instrucciones al pie de la letra en el internet, ya que al estar llevando a cabo los cambios hormonales por parte de sus Asistentes Espirituales, varias emociones pueden ser liberadas. Usted necesita estar consciente de ello, y dispuesto a tratar con ellas. Es decir, usted tendrá que borrar rápidamente las emociones indeseables, con el fin de evitar la creación de otros desequilibrios emocionales.

Otro factor relacionado con el acortamiento de la vida humana, es el daño a los filamentos de luz que conectan las hebras del ADN a las glándulas endocrinas. Tenemos que reparar estos filamentos de conección de luz. El rendimiento óptimo de las glándulas endocrinas es muy importante para aumentar el porciento de vibración del cuerpo, y así incorporar la Unidad/

Conciencia Crística. Se ha establecido en la investigación científica, que después de la pubertad, a través de una orden programada, la glándula pituitaria empieza a producir una hormona de la muerte. Recuerde que esta orden y otras por el estilo, pueden revertirse ya que el cuerpo físico humano fue diseñado originalmente para vivir miles de años. La posibilidad de vivir durante miles de años todavía está vigente. Su reto está en aprender cómo recuperar el potencial otorgado por su Dios/Diosa y usarlo para cambiar su patrón de evolución.

Cambiando Patrones y Reestructurando el Cuerpo Físico

Tras la aplicación de los procedimientos descritos en el capítulo 20, y aquí en el capítulo 21, usted habrá comenzado los preparativos para reprogramar y reestructurar su cuerpo físico para la Ascensión. Nosotros, los seres humanos en la Tierra nos enfrentamos con un reto importante. Si vamos a llevar nuestros cuerpos con nosotros a la Nueva Tierra, no tenemos más remedio que preparar nuestros cuerpos físicos para aguantar los cambios venideros asociados con "El Cambio". El objetivo es el de preparar el cuerpo para las condiciones bajo las cuales debe funcionar durante "El Cambio" (la transición) y sobre la Nueva Tierra.

Para lograr este reto, se le requerirá hacer un llamamiento a varios Asistentes Espirituales que tienen las capacidades y las herramientas necesarias para responder a sus peticiones. El primer objetivo es el de decidir que usted quiere que su cuerpo físico esté en equilibrio total con el modelo holográfico, que estará en equilibrio con el patrón diseñado de su Dios/Diosa, almacenado en su interior. A través del deseo, la intención, la meditación, la oración, la fé y la creencia, usted llegará a comprender de que cada parte de su cuerpo físico actual es el producto de su modelo holográfico, y sus procesos de pensamiento. Es decir, usted ha ayudado a crear el cuerpo en el que su espíritu está "Ahora" montado. Si usted ha creado un cuerpo que no está equilibrado entonces todavía puede restablecer el equilibrio. Cada equilibrio y desequilibrio que usted ha creado tiene un propósito. Ambas experiencias dentro de la Escuela Creadora llamada la Tierra, han brindado la oportunidad de entender su potencial creativo, y de crecer espiritualmente.

Cuando su cuerpo está alineado totalmente con Dios/Diosa, está en perfecto equilibrio. Por el contrario, cuando hay una falta de equilibrio en alguna parte de su cuerpo algo está fuera de alineamiento. Para llegar a estar entera, alineada y saludable, la parte del cuerpo que está fuera equilibrio con el Dios/Diosa interior, debe ser reequilibrada.

El Espíritu indica que el modelo holográfico de su cuerpo perfecto, se encuentra potencialmente en la célula "Maestra" de Dios/Diosa. Cuando empezamos nuestras encarnaciones físicas en la Tierra, vinimos como una parte espiritual del Creador. "La célula original Maestra de Dios/Diosa" fue el resultado de la unión del espermatozoide y el óvulo durante la concepción. Esa célula representa nuestro comienzo como una creación física en la Tierra. Al dividirse y multiplicarse la célula Maestra de Dios/Diosa, el desarrollo del feto adquiere algunas de las características de los padres, además del de los aspectos de Dios/Diosa almacenados en la célula original Maestra. Cada célula dentro del cuerpo en desarrollo contiene una réplica de las características genéticas que dirige la reproducción celular, para crear una parte específica del cuerpo. Estas características genéticas de los códigos del ADN que se originaron de la célula holográfica Maestra, crean varios mensajes electroquímicos que controlan todos los sistemas bioquímicos en el cuerpo físico. Cada ser humano es, en realidad, una parte de Dios/Diosa, que en un principio se manifestó dentro del holograma de la Célula Maestra de Dios/Diosa.

Una vez que el alma del encarnado entra en el recién nacido (por lo general, cerca del momento del parto), este proporciona su propia información codificada sobre sus aspectos históricos. Es decir, trae a través de diversos patrones físicos, mentales, emocionales y espirituales, las características que se formaron junto con el alma en evolución a través de muchas vidas. Estos patrones energéticos se almacenan en la Célula Maestra de Dios/Diosa. Por lo tanto, es necesario aclarar algunas de las codificaciones de programación de vidas anteriores que se depositaron en la Célula Maestra de Dios/Diosa heredadas de sus antepasados, y de vidas pasadas. De lo contrario, las codificaciones de sus vidas pasadas pueden activarse y magnificarse en esta vida.

Para asegurarse que la Célula Maestra de Dios/Diosa contiene un holograma relativamente perfecto requerirá varios esclarecimientos. Para acercarse a este ideal, se requiere que los programas indeseables de una vida anterior llevados dentro del alma encarnada, se borren antes de poder crear nuevas partes de su cuerpo. Una vez desactivados, todas las otras células en el cuerpo pueden mirar hacia la Célula Maestra de Dios/Diosa, como la ideal. Entonces usted tiene la opción de solicitar la ayuda de sus Asistentes Espirituales para rejuvenecer, reprogramar, y reestructurar todas las partes de su cuerpo, y como consecuencia de esto, obtener un cuerpo nuevo. El cuerpo físico fue diseñado originalmente para permanecer en perfecto estado de salud durante miles de años. ¿Por qué es esto cierto? Es cierto, porque cada célula dentro del cuerpo físico contiene el modelo holográfico ideal del patrón maestro de Dios/Diosa. Nuestra célula original que se dividió para crear lo que somos físicamente, fue traída a la existencia por parte de Dios/Diosa durante el proceso de la concepción.

Esa parte de nuestra humanidad en la Tierra, ha sido llamada la "Luz Perfecta de Dios/Diosa", que brilla a través de nuestra Célula Maestra de Dios/Diosa. Muchos creen que esta parte representante de Dios/Diosa es un modelo del ser espiritual holográfico que está en constante evolución. Ese modelo, traído a la existencia por los Creadores del Universo, y guiado por el Creador de la Luz y el Creador del Amor, es una réplica perfecta del Dios/Diosa interior. Como Dios/Diosa evoluciona para ser más completo, debido a las actividades de la creación, el hombre de Dios/Diosa, la Célula Maestra, tiene el potencial para estar constantemente actualizada, claro está, cuando usted solicita la actualización.

Como resultado de La Caída, esa réplica perfecta del modelo holográfico almacenado con la Célula Maestra ha sido alterada por encarnar dentro de una escuela Creadora de tercera dimensión, de baja frecuencia, llamada la Tierra. Con su decisión de venir a la Tierra, usted tuvo que asumir la conciencia de la dualidad. Dentro de los aspectos de dualidad de la creación, el amor es la frecuencia más alta. El amor es lo que construye. La frecuencia más baja de la creación, se llama odio, es lo que destruye. Para repetir, el amor construye, mientras que el odio destruye.

Para restaurar la Célula Maestra de Dios/Diosa y construir un equilibrio en todo el cuerpo, tenemos que llamar al Creador del Amor para inculcar en nosotros, Amor total. Con amor podemos centrar todas nuestras actividades con pensamientos positivos y amorosos. Para que usted pueda crear su cuerpo nuevo físico equilibrado, se le pedirá que se esfuerze a convertirse en Amor, expresando sólo pensamientos positivos a lo largo de su paseo diario sobre la Tierra. Cuando haya hecho un cambiado de conciencia para alinearse con el Dios/Diosa interior, usted puede obtener la energía Prana (a través de la respiración) del Todo-Lo-Que-Es. Canalice esa energía a través de la Célula Maestra de su Dios/Diosa para dirigir el modelo holográfico en el cuerpo y llevar ese patrón potencialmente ideal al molde etérico ideal que ya existe dentro de todas las células de su cuerpo. Utilizando estos procedimientos, bajo la dirección de sus Asistentes Espirituales, ayudará a crear su cuerpo nuevo.

Usted entonces puede dirigir el prana conscientemente junto con pensamientos positivos, amorosos y sanadores a esa parte del cuerpo que necesita equilibrio. Una vez que el molde etérico perfecto se haya configurado de acuerdo al modelo holográfico ya mejorado, y se haya superimpuesto sobre las células desequilibradas, la energía pránica puede descargarse o cargarse, de manera que el patrón ideal se pueda manifestar en el reino físico. Como resultado de la manifestación, el desequilibrio previo que existía anteriormente, se equilibra de nuevo. Para ayudar a todas estas peticiones, Creadores adicionales han expresado su interés en participar. Por lo tanto, usted puede llamar al Creador del Amor, el Creador de la Luz, el Creador de las Nueva Partes del Cuerpo y el Creador de la Salud y sus asistentes, para responder a su solicitud. Mientras prepara su solicitud, tenga una comprensión muy clara acerca de sus deseos y una pregunta correctamente formulada, antes de llamar a estos Creadores para obtener su asistencia.

El Micoplasma Como Co-factor de las Enfermedades, y el Mantenimiento de la Salud

Los seres humanos en la Tierra que planean mantenerse saludable, graduarse, y Ascender a la Nueva Tierra, necesitan tomar conciencia de la amenaza que representan los organismos Micoplasmáticos a su salud y supervivencia. Usted puede que se pregunte, ¿cuáles son los micoplasmas? Los micoplasmas son los microorganismos más pequeños de vida independiente que se conoce sobre la Tierra. Ellos no tienen una pared celular rodeando su protoplasma, tal como las bacterias. Más bien tienen una membrana flexible, como un pequeño aguamala. Las células individuales adquieren muchas formas dependiendo de la especie y donde residen. A medida que crecen en masa crean una cadena micótica, parecida a una estructura fúngica, de ahí el nombre "Mico" que es la designación que se le da por sus características en forma de hongo. Su apariencia mucosa les da una característica de plasma, y de ahí, el nombre de Micoplasma.

Los micoplasmas se aislaron y se identificaron primero en animales en 1898, en el Instituto Pasteur de Francia. El primer patógeno humano, neumonía micoplasmática (un incidente de neumonía), fue identificada por primera vez en la década de 1950. Más de un centenar de especies de Mycoplasma han sido aisladas de plantas, animales y seres humanos. Son ocho las especies patógenas humanas: La neumonía micoplasmática, genitalum M., M. fermentans, M. hominis, incógnitas M., M. penetrans, M. pirum y el Ureaplasma urealyticum. Según el uso del péndulo, el 84 por ciento de la población humana en el mundo y el 97 por ciento de la población de los EE.UU., está infectada con Micoplasma. Debido a su potencial como patógenos humanos, importantes micoplasmas han sido alterados genéticamente como agentes para la guerra biológica. Se han utilizado experimentalmente en la Guerra del Golfo y han sido un ingrediente importante de fumigaciones aéreas categorizadas como "Chem-trails"(rastros químicos). Así que son fácilmente diseminadas en el aire.

¿Qué son Micoplasmas?
Los microorganismos más pequeños de vida independiente capaces de amenazar la supervivencia de todo sistema viviente.

El Micoplasma se puede diseminar fácilmente de persona a persona, a través de la tos, y en las superficies de los objetos. Una vez que entran en un huésped (i.e. humano) se adhieren a las paredes de las células. Contienen una plasma única y una capa de proteínas que puede imitar la pared celular de la célula huésped. Consecuentemente se les llama "Stealth" o sigilosas, ya que los patógenos no pueden diferenciarse de las células del propio cuerpo, como resultado, no se detectan ni con un microscopio electrónico. Los micoplasmas se consideran parásitos porque requieren de los nutrientes de las células del huésped para su fuente de energía. El micoplasma también puede parasitar las células del huésped sin matarlas, por lo tanto, hay una falta de reducción de los síntomas para revelar su presencia. Entran en una célula y toman el control de las células huésped de ARN y ADN, con la inserción de codificaciones artificiales. Ya una vez dentro de una célula, actúan como una espina viviente; una substancia persistente foránea que hace que los mecanismos inmunológicos de defensa del huésped hagan la guerra contra las células sanas. A medida que el agente patógeno crece dentro de las células, éste produce peróxido de hidrógeno y los radicales de superóxido, que se difunden a los tejidos circundantes causando estrés. Este tipo de estrés provoca síntomas en los tejidos haciéndolos aparecer inflamados y calientes, y con una inflamación dolorosa, típica de muchos trastornos autoinmunes. Pueden invadir y parasitar las células blancas de la sangre y los fagocitos (células asesinas naturales), que debilitan el sistema inmunológico. Una vez que las células sanguíneas se infectan, el Micoplasma puede extenderse a todas las partes del cuerpo humano a través del sistema circulatorio. Una vez que el sistema inmunológico se ve comprometido, el Micoplasma puede dañar el corazón, el hígado, la tiroides, el páncreas, las articulaciones, la piel, el sistema nervioso y cualquier otra parte del cuerpo. Una vez que entran en las células del cuerpo, se esconden como un espía que se ha infiltrado en el ejército defensor.

El uso del péndulo de precisión, ha revelado que con algunos seres humanos, un gran porcentaje de todas las partes del cuerpo contienen algunos Micoplasmas. Estos patógenos potencialmente pueden causar enfermedades específicas, pero en general, actúan como co-factores para la enfermedad, junto con muchos otros agentes que la incitan. La evidencia indica que el Micoplasma puede debilitar los tejidos del cuerpo, haciéndolos más susceptibles a otros agentes infecciosos, y en otros casos invaden los tejidos en los que se ha comprometido al sistema inmune por falta de una nutrición adecuada, y/o la presencia de toxinas y metales pesados tóxicos.

Algunos ejemplos de enfermedades humanas en las que el Micoplasma ha sido incriminado como parte importante del complejo de la enfermedad, son: la fibromialgia, el síndrome de fatiga crónica, el cáncer, la esclerosis múltiple, las enfermedades cardíacas y los problemas circulatorios, las enfermedades intestinales, el carditis, infecciones del tracto urinario, meningitis, encefalitis, la enfermedad de Crohn, esclerosis lateral amiotrófica, lupus, SIDA, el síndrome de la Guerra del Golfo, artritis reumatoide, anemia, diabetes, asma, leucemia, las aberraciones cromosómicas, las transformaciones malignas, taquicardia, trastornos del ojo y del oído, la infertilidad, la esclerodermia, los trastornos de las glándulas endocrinas, la gingivitis, las enfermedades periodontales (los dientes), trastornos del SNC, el síndrome de Gullian-Barr, la polyradiculitis, y el bajo peso en los recién nacidos.

Las opciones de tratamiento de los profesionales de la salud son muy limitadas. El uso de los antibióticos convencionales indica que, como el Mycoplasma carece de paredes celulares, estos son resistentes a muchos antibióticos. ¿Por qué? La mayoría de los antibióticos fueron diseñados para atacar las paredes celulares de las bacterias. Sin embargo, algunos médicos siguen tratando a pacientes con varios antibióticos fuertes. Con frecuencia, los efectos secundarios del tratamiento con antibióticos son más graves que la enfermedad que están tratando. Algunos profesionales de la salud están usando antibióticos naturales en un intento de reducir las infecciones Micoplasmáticas. Por ejemplo: los antibióticos de oliva (el extracto de la hoja de olivo) y la hoja de neem o extractos de semillas. Independientemente de si se usan antibióticos químicos o naturales, estos componentes químicos no diferencian entre ellos, y hasta pueden destruir los organismos benéficos gastrointestinales, útiles para la digestión y la eliminación.

Un enfoque alternativo es el de reducir la gravedad de la infección Micoplasmática asegurando la ayuda de varios Asistentes Espirituales. Hay muchos Asistentes Espirituales que tienen la capacidad de transmutar, deshacer, desplazar o remover estos organismos. También se debe considerar pedir el uso del rayo violeta, o escanear una secuencia de luces de colores sobre el cuerpo para desactivar estos microorganismos. Sin embargo, sólo con eliminarlos del cuerpo no resuelve el reto que estos organismos representan. Poco después de que se remuevan, uno puede volver a infectarse, menos que se hagan intentos para desarrollar resistencia a su invasión. Hemos hecho solicitudes a los Creadores de las Partes del Cuerpo Nuevo, de la Luz, del Amor y de la Salud, para llegar a un nuevo sistema inmunológico que pueda ser instalado dentro del cuerpo humano de los individuos de conciencia de tercera y cuarta dimensión. Esta solicitud está actualmente bajo revisión y posible implementación. Sin embargo, el espíritu indica que la solución más lógica al desafío del Micoplasma es el de cambiar todas las partes del cuerpo a un estado superior de conciencia. La evidencia experimental actual indica que esto representa un desafío. Una petición de nuestros Asistentes Espirituales puede resultar en el cambio de conciencia de una parte del cuerpo a una frecuencia más alta, digamos dentro del quinto al séptimo estado dimensional de la conciencia. El problema se encuentra en mantener esa parte del cuerpo dentro de la frecuencia más alta. Con el tiempo, a menos que se hagan ajustes para borrar todo desequilibrio creado y traído de vidas pasadas y ancestrales, este desequilibrio arrastrará de nuevo la parte del cuerpo a la frecuencia más baja. El desafío está en detectar estos patrones de retención de baja frecuencia, y hacer que se les remueva para que podamos estar libres de enfermedades.

Hasta que podamos esclarecer nuestros cuerpos de los programas discordantes y los patrones de retención, nuestra capacidad de crear un cuerpo nuevo, sano y de alta frecuencia, es limitada. Sin ese cuerpo nuevo el potencial para pasar por el Portal Cósmico a la Nueva Tierra es cuestionable. Un cuerpo enfermo, debilitado, conteniendo agentes que incitan enfermedad, de baja frecuencia, de la segunda a la cuarta dimensión, tal como los micoplasmas, es incompatible con la quinta a la séptima frecuencia dimensional de la Nueva Tierra. De ahí la necesidad que tienen los seres humanos de crear nuevas partes del cuerpo y cuerpos nuevos, que cumplan con os requisitos para la graduación y la Ascensión.

* * * * *

Sección V: Las Leyes Universales y los Cambios en la Conciencia

22

Entendiendo las Leyes Universales y los Cambios en la Conciencia

Las Leyes Universales son la base sobre la cual el Universo se rige. Todo sucede de acuerdo con la Ley Universal, si se reconoce esta realidad o no, no hace ninguna diferencia. Por ejemplo, Edgar Cayce dijo en una de sus lecturas, "Cada punto y coma de la Ley se cumplirá". Sólo cuando las personas aprendan a vivir y a entender estas Leyes Universales van a entrar en armonía y en un estado de Amor y Bienestar.

Con el fin de aumentar la precisión de sus sistemas de creencias, aumentar su frecuencia de vibración, mover su conciencia hacia la unidad y acelerar su ascensión a las dimensiones superiores, usted tendrá que aplicar las Leyes Universales a su vida. Todos los seres humanos necesitan comprender la importancia de aplicar las Leyes Universales a sus actividades diarias. Cada pensamiento que usted tiene atraerá pensamientos similares. Estos se almacenan en su mente subconsciente y en sus registros Akáshicos eternos. Siempre recuerde que cada pensamiento es una oración. Para avanzar en el camino de la Ascensión hay que tomar el control completo de la mente, o sea controlando todos los pensamientos. El uso de afirmaciones positivas, el pensamiento positivo y las visualizaciones del camino preferido (línea temporal) pueden ayudar a la mente con estas tareas. Rechace cualquier pensamiento que no está centrado en Dios/Diosa y alineado con el amor incondicional por uno mismo y los demás. Usted podría beneficiarse de forma enorme, con una comprensión de las Leyes Universales, a través del estudio del libro, *The Universal Laws of God* (*Las Leyes Universales de Dios*), por Joshua David Stone y Gloria Excelsias, 2002.

La Ley Universal de la Unidad

Como todo (Galaxia, piedra, vegetal, animal, persona, insecto, y microbio) es creado por Dios/Diosa, entonces todo es la Unicidad. Somos Uno con Todo-Lo-Que-Es. Somos Uno con Dios/Diosa: siempre lo hemos sido y siempre lo seremos. *A Course in Miracles* (*Un Curso en Milagros*), un libro diseñado para la iluminación espiritual, dice: "el único problema en la vida es la separación de Dios".

Este problema se originó por el hecho de que todo sentido de los seres humanos en la Tierra es una ilusión. De acuerdo a la mente, la creencia que prevalece es la de que lo que se percibe y se piensa, mientras que se está en la Tierra, es real. Los seres humanos tienen una tendencia a vivir desde la mente. La mente no puede entender que lo que ve y piensa es un mundo de separación, un mundo de ilusiones. Sin la mente todas estas ilusiones desaparecerían. La ilusión es un estado de hipnosis, sólo existe en nuestras mentes porque nuestros cinco sentidos pensaron que la obra de escuela, estando en la Tierra, era real. Con base en esta ilusión percibida, nuestra percepción del mundo resulta en un sistema de creencias inferior al 10 por ciento de precisión. El mundo real no es el mundo físico de detección que nuestra mente ha creado. El mundo real es un mundo espiritual vibrando a frecuencias más altas.

Con el fin de aplicar la Ley Universal de la Unidad, debemos "Despertar", y terminar con el sueño del mundo físico. A través de muchas vidas, hemos vivido esta pesadilla, esta ilusión diaria de que la realidad existe en las dimensiones físicas - las de segunda y tercera dimensión, en el que quisimos experimentar la dualidad y la separación, a fin de esforzarnos a regresar y Ascender a las dimensiones superiores. Es decir, prepararnos para volver al Origen de donde provenimos.

Tenemos la responsabilidad de vivir una vida de Unidad, y darnos cuenta que cada pensamiento que creamos, afecta a cada una de las partes de la creación. Somos un cuerpo creado, una parte del todo, Dios/Diosa. Cada uno de sus pensamientos afecta a todos los demás en la creación. Este hecho será muy importante a medida que Ascienda a los estados superiores de conciencia donde los pensamientos se manifiestan rápidamente. Por debajo de la quinta dimensión existe una pausa de tiempo, una zona de amortiguación entre un pensamiento y la manifestación de ese pensamiento en el reino físico. Esto no es así en las dimensiones superiores, donde la zona de amortiguación es muy pequeña. A medida que evolucionamos en el camino de la Ascensión, se acorta el tiempo de la manifestación. Por lo tanto, dentro de los estados superiores de la conciencia, estaremos obligados a aplicar la Ley de la Unidad para trabajar con la materia sin forma que está en caos.

Deberíamos estar aprendiendo a utilizar nuestras habilidades creativas de una forma que tomemos en consideración la responsabilidad a nosotros mismos y a los demás, y de esta manera reducir el caos y la confusión. Estos esfuerzos ayudarán a prepararnos para funcionar dentro del escenario de la Unidad/Conciencia Crística, característica de los estados superiores de conciencia. Uno de nuestros objetivos es el de llegar a ser completamente humildes, amables y pacientes, llevando las cargas los unos con los otros, y vivir con el amor incondicional hacia todas las partes de la creación. A través de la aplicación de los conceptos de la Unidad/Conciencia Crística estaremos en condiciones de ser co-Creadores para el mejoramiento de la creación entera.

La Ley Universal de la Manifestación

La Ley de la Manifestación implica el desarrollo evolutivo de las cuatro mentes mayores: el subconsciente, el consciente, el super-consciente, y el alma-consciente junto con la conciencia cósmica, de modo que puedan entrar en perfecto equilibrio y alineación la una con la otra. Todas las mentes y los cuerpos de energía deben estar alineados para que se manifieste rápidamente aquello para lo que hemos pedido ayuda para poder crear. Para que este proceso se produzca, nuestras mentes tienen que estar en sintonía con nuestra alma, nuestro Consejo Espiritual del Ser Superior y nuestro Dios/Diosa interior. Esta es la clave para trabajar con la Ley de la Manifestación. Al aplicar esta Ley, es importante darse cuenta de que la Ley de la Manifestación funciona estemos conscientes de ella o no. Lo que le decimos a la mente subconsciente, ella responde y actúa sobre esos pensamientos. Cuando usted alcanza un nivel específico de la Ascensión y se convierte en vigilante de cada pensamiento, entonces tendrá todo lo que desea o necesita. A través del uso de la meditación y la oración uno se puede adentrar y manifestar como un alma en vez de una personalidad individual. Si nosotros manifestamos desde la conciencia de la personalidad, nos veremos a nosotros mismos como algo separado de nuestros hermanos y hermanas, y separado de Dios/Diosa y de la Creación. Esta separación nos separará de la fuente de energía espiritual que fluye a través de nosotros. Manifestando creaciones desde el nivel de la Unidad/Conciencia Crística, nuestras manifestaciones estarán alineadas con Dios/Diosa, Todo-Lo-Que-Es, funcionando eficientemente, y creando armonía. Creaciones subatómicas funcionando ineficientemente,son todo lo contrario, crean discordia.

Un buen ejemplo del mal uso de su potencial creativo sería el de asumir y ampliar la conciencia guerrera. Usted puede observar frecuentemente este patrón destructivo a través del deseo de pelear de un individuo. Durante la elección presidencial del 2008, uno de los candidatos continuamente utilizó la palabra "luchar" en sus conversaciones. Esa filosofía y patrón de comportamiento son un buen ejemplo de la conciencia de dualidad de tercera dimensión, de baja frecuencia, a diferencia de una más avanzada espiritualmente de alta frecuencia, como el estado de la quinta dimensión de la Unidad/Conciencia Crística.

Sus pensamientos deben manifestar lo que es beneficioso para toda la humanidad y otros componentes de la creación. Cada vez que usted experimenta algo en su vida por debajo de la perfección, ore inmediatamente y busque ayuda de su Dios/Diosa interior y del Consejo Espiritual de su Ser Supremo, para neutralizar cualquier creación subatómica ineficiente. De hecho, siempre es aconsejable buscar la ayuda de sus Consejos Espirituales en todas sus manifestaciones. Con la asistencia de ellos, la posibilidad de crear una creación subatómica ineficiente se reduce.

Antes de pedir una manifestación, pídale permiso a la Conciencia Universal para asegurarse que la manifestación propuesta es en el mejor interés de todos los interesados. Una respuesta positiva asegura que el libre albedrío de cualquiera o de todas las demás personas en la creación, no se viola.

Otro aspecto muy importante de la manifestación es el de no llegar a apegarse al artículo exacto que usted está tratando de manifestar. El apego hace un cortocircuito al flujo de energía creativa. La rendición es la clave del éxito. Entregue su solicitud, o cuando el patrón de manifestación se haya creado, rindáselo a Dios/Diosa y/o a sus Asistentes Espirituales. Durante todo el proceso de manifestación, pida que la voluntad de Dios/Diosa se haga por el interés más alto y para el mejor beneficio de todos los interesados.

En toda oración y manifestación creativa, visualice los aspectos positivos. Recuerde que cada pensamiento es una oración. Orar con un pensamiento negativo es una oración negativa. Visualizando una enfermedad antes de orar para la sanación, y luego visualizando un perfecto estado de salud, son dos oraciones: una negativa, y la segunda positiva. Visualizando una enfermedad, agrega energía de la enfermedad al desequilibrio, aumentando su intensidad y su gravedad. Puesto que cada pensamiento es una oración, el secreto de los patrones de pensamiento más adecuados está en aprender a pensar y visualizar de manera positiva y orar siempre positivamente. Siempre tenga cuidado al aplicar la Ley de la Manifestación. Las fuerzas creativas son perfectamente felices manifestando lo negativo o lo positivo; no distinguen.

Las Leyes de la Manifestación operan desde nuestros pensamientos, estemos conscientes de esos pensamientos o no. Su mente subconsciente seguirá cualquier instrucción que se le dé. La mente subconsciente no tiene capacidad de razonamiento. Si constantemente tienen un pensamiento negativo durante cualquier periodo de tiempo, este se manifiesta en alguna parte. Siempre y cuando un pensamiento negativo entre a la mente, inmediatamente pida tres veces que sea cancelado. ¿Por qué tres veces? Porque nueve es un número de finalización, y tres grupos de tres es igual a nueve. Está completo, queda eliminado. Cuando a usted se le olvida cancelarlo, esté preparado para la manifestación de un patrón de pensamientos indeseables.

Cada momento de su vida, día y noche, las Leyes de la Manifestación están operando. Un pensamiento negativo en sus sueños, también se puede manifestar. Por lo tanto, usted debe aprender a controlar sus sueños. Es más fácil estar muy atento durante las horas en que estamos despiertos, y controlar cada pensamiento que entra en nuestra mente consciente. Recuerde, una gran parte de los sueños por la noche están revisando diversas actividades que pueden ser tan reales como los que pudiera tener durante el día. Para ayudar a evitar creaciones negativas durante el ciclo del sueño por la noche, permita sólo los pensamientos positivos de la perfección, el amor, la paciencia, la tolerancia, y la salud, durante el ciclo del día. La alternativa es la de permitir que los pensamientos negativos creen sueños de terror y pesadillas.

Con el fin de mantener la continuidad con la energía del Origen, continúe en comunión con Dios/Diosa durante el día. Será muy útil establecer un patrón diario deseable. Entrenando la mente para tener pensamientos positivos, nos ayudará a obtener todo los deseos de nuestro corazón, y mucho más. En este nivel de conciencia, nuestras cuatro mentes y nuestra mente cósmica, están en armonía, equilibradas, e integradas en la Unidad. Este proceso requiere autodisciplina. Tenemos que aprender a disciplinar nuestra mente, nuestras emociones, nuestros cuerpos y todos los niveles de nuestra conciencia. Estas actividades mantendrán la vibración apropiada para la entonación del alma. El objetivo será el de experimentar la Unidad para la siguiente fase de nuestro crecimiento del alma. Mediante el uso del potencial dado por su Dios/Diosa para la manifestación, su creatividad se maximizará. Siempre esfuérzese de trabajar con su sistema de guía interior como una forma para ayudarlo a traer la Unidad/Conciencia Crística a la Tierra.

Evite, a toda costa, doblegarse a la ilusión de su ego. El ego puede ser muy destructivo cuando está fuera de control. Un ego individual que ha establecido metas para el reconocimiento, el glamor, el dinero y el control, ha colocado una barrera en su camino para manifestar creaciones que beneficien a todos. La ilusión del ego dice: "Yo soy mejor que los otros. Soy educado, sé lo que es mejor para ellos". ¿Qué ha sucedido? El ego ha creado la ilusión de la separación. A veces el problema está en que hemos fallado en vivir las palabras de Jesucristo cuando dijo: "Ama a tu prójimo como a ti mismo". Si le falta el amor propio, usted se siente como si no lo mereciera. Si uno no lo merece o vive con la filosofía de la separación, el ego busca el reconocimiento. Para compensar, el ego tiende a dominar. El ego crea contradicciones en el sistema de creencias que pueden entrar en el proceso creativo para bloquear la manifestación solicitada. Cuando usted realmente aprende a dominar la Ley de la Manifestación, se dará cuenta que Dios/Diosa ya le ha dado todo lo que se necesita. El fracaso no es una posibilidad. Cuando su solicitud no es para el mayor bienestar de todos los interesados, entonces la solicitud puede parecer como si se le hubiera negado. En realidad, lo que percibió negativo fue parte del plan divino.

Es más probable que las manifestaciones se aceleren cuando usted está entusiasmado, todos sus cuerpos energéticos están sincronizados y alineados, y una intención fuerte se ha generado. La mente debe estar en armonía con su alma, su espíritu y su Dios/Diosa interior. Además, trabaje muy de cerca en colaboración con su Dios/Diosa interior y con el Consejo Espiritual de su Ser Supremo, de modo que el flujo de energía se maximice. Será útil para el cuerpo de sensación y el cuerpo del Amor, estar en sintonía con su alma.

Además, su cuerpo físico tiene que estar en sintonía con su cuerpo emocional. A continuación, la secuencia siguiente debe ocurrir: el cuerpo emocional está en sintonía con la mente, que está en sintonía con el alma, que está en sintonía con la Célula Maestra, que está en sintonía con el Consejo Espiritual de su Ser Supremo y/o su Dios/Diosa interior. Durante este proceso, mantenga la mente subconsciente bajo control. Si el subconsciente dice: *Yo no creo que esto va a funcionar*, entonces cancele ese pensamiento.

Todo el proceso de manifestación consiste en trabajar con la energía sutil, a través de un proceso de transmutación, o sea, de una forma de energía a otra. La Ley de la Manifestación trata con el concepto de que la energía, sigue al pensamiento. Lo que usted pide ya existe; está a la espera de su manifestación en la realidad física, ilusoria. El cambio de energía se mueve hacia abajo, de las frecuencias más altas a las frecuencias más bajas, a medida que avanza la manifestación.

Cuando se agrega la palabra hablada a su solicitud, se agrega el poder. El poder de la palabra hablada es aún mayor que el poder del pensamiento. Por lo tanto, siempre piense cuidadosamente antes de hablar. Elija cuidadosamente sus palabras. Por ejemplo, suponga que usted ha pedido ayudar a alguien con un dedo roto. En vez de decir, "Estamos sanando este dedo roto", reconozca en voz alta que el dedo está entero, saludable, y sano. Elimine cualquier grado de duda sobre el hecho de que la solicitud ya ha sido concedida antes de haberse pedido. Para acelerar el proceso es conveniente crear entusiasmo, como una medida a través de la cual se aumenta la fuerza vital que traerá la manifestación al reino físico.

Uno de los grandes beneficios de aprender como trabajar con la Ley de la Manifestación, es el cambio que trae al bienestar de un individuo. Como se dice en *Un Curso en Milagros*: hay un verdadero placer en servir a Dios. Cuando uno compromete los sentimientos, la mente subconsciente y el cuerpo emocional, el proceso electrifica espiritualmente todo el ser. Con la práctica, estos hechos hacen que la manifestación sea más rápida, más eficiente, más emocionante, y a largo plazo, más duradera. La meditación y la oración tienen su lugar dentro de todo el proceso de la manifestación. Sin embargo, la oración en exceso y la falta de la meditación es una señal de la falta de fé, en que Dios/Diosa ya ha puesto en marcha la respuesta a su oración original. Si la preocupación y la duda cunden, el rezo puede ayudar a superar estos efectos negativos y limitantes. Dese cuenta que cada pensamiento es una oración. Por lo tanto, controle cada pensamiento mientras ora para que usted pueda encontrar un equilibrio que se ajuste a su camino evolutivo.

Si durante "El Cambio", las condiciones climáticas del planeta resultan en la inhabilidad para producir alimentos, entonces una alternativa necesita considerarse. Si el suministro de alimentos comienza a agotarse, los seres humanos tienen su imaginación y sus capacidades creativas para manifestar alimento mental etérico. El Espíritu indica que el alimento mental etérico puede ayudar a sostener al cuerpo físico, siempre y cuando esto se convierte en una parte de su creencia. Recuerde, los pensamientos son energía etérica, y los precursores o los modelos para la formación de la materia física. Por lo tanto, con una buena imaginación un individuo podría crear pan etérico y frijoles etéricos, si así lo prefiere. Entonces usted podría consumir el alimento etérico o solicitar que la formas de pensamiento se materialicen, y después, consumir los alimentos que se materializaron. El Espíritu indica que este procedimiento podría ser suficiente para mantener el cuerpo humano vivo durante largo tiempo. Este procedimiento dependerá de su creencia, confianza, y habilidad para trabajar con la Ley de la Manifestación. Un buen ejemplo de la manifestación se registra en la Biblia. Recuerde la historia de cómo Jesús tomó el pan del almuerzo de un niño y lo multiplicó para alimentar a miles. Jesús realmente creó alimentos físicos del modelo holográfico en el almuerzo del niño. Jesús también dijo: "Cosas más grandes harás que yo".

Una palabra de precaución: hablando acerca de la manifestación que usted solicite, podría disipar el flujo de energía. Otro problema que surge al compartir su entusiasmo sobre su manifestación con otros, es que ellos pueden creer que se le corrió la teja, dudar de lo que cuenta o volverse celosos. Cuando esto sucede, pueden generar energía negativa que puede penetrar dentro de sus mentes conscientes y subconscientes, creando duda. Las consecuencias de estos eventos pueden ser destructivas a su conciencia.

Con frecuencia es mejor trabajar silenciosamente en voz baja para crear sus manifestaciones. Sin embargo, cuando se vea atrapado en la negatividad generada por otros, siempre limpie la negatividad tan pronto como le sea posible. Confíe en lo que usted sabe que es real para usted. Confíe en su poder personal, su mente subconsciente, el Consejo Espiritual de su Ser Superior y toda la potencia disponible de Dios/Diosa. Este equipo inigualable siempre está disponible para completar la tarea sin importar lo que piensen los demás.

Algunos preguntan sobre la conveniencia de trabajar con otros en el proceso de la manifestación. Cuando dos o más personas de mentalidades similares se reunen, la energía creadora es mucho más intensa. Cuatro mentes unificadas pueden mover montañas. Un procedimiento que ha trabajado para muchos es el de tener a un pequeño grupo individualmente escribiendo (a través de un proceso de acuerdo) una petición específica, junto con ciertos enfoques que deben utilizarse. Cada individuo tiene la oportunidad de indicar una solicitud específica. Otra posibilidad es la de hacer una conferencia telefónica, o empezar a un tiempo determinado, cuando cada persona está en su propio lugar separado para meditar. Entonces, antes de que alguien comience, se hace una revisión nuevamente, para asegurarse que todos los miembros del grupo están trabajando juntos y usando las mismas ideas. Todos los miembros del grupo entonces repiten la petición en voz alta tres veces. Tras la petición audible, cada persona al mismo tiempo, ordena a su mente subconsciente que tome la petición al Consejo Espiritual de su Ser Superior para asistir en la manifestación.

Después de que su manifestación se haya materializado, acepte el resultado y de las gracias. Si usted entiende la Ley de la Manifestación, usted se dará cuenta que ha cumplido la Ley. No sólo crea que la manifestación se ha producido, sino que sepa que lo ha hecho con cada célula, molécula, y átomo de su ser. Todo se ha cumplido; que así sea.

La Ley Universal del Balance entre lo Femenino y lo Masculino

Uno de los requisitos principales para lograr la Ascensión es el balance de los aspectos femeninos y masculinos de nosotros mismos. Este equilibrio implica un equilibrio de nuestro cerebro derecho intuitivo y nuestras funciones lógicas del lado izquierdo del cerebro. Un lado no es mejor que el otro. El lado izquierdo masculino proporciona el poder y el sistema de detección física que domina el mundo físico. El lado derecho femenino, proporciona la capacidad de escuchar a la guía intuitiva que viene de Dios/Diosa y el alma. El equilibrio es una parte importante de toda la creación. Hay una necesidad de equilibrar los elementos creativos de fuego, agua, aire y tierra. Por ejemplo, las cuatro estaciones del año otoño, invierno, primavera y verano crean un equilibrio específico que permite el crecimiento de ciertas plantas. Sin equilibrio, sólo hay un crecimiento limitado o no hay crecimiento alguno.

Cuando estamos desequilibrados, ya sea prepoderante el femenino o el masculino, tendemos a buscar el equilibrio fuera de nosotros mismos al querer estar muy cerca a una persona del sexo opuesto. Vemos este tipo de relación entre marido y mujer, padre e hija y madre e hijo.

Si una persona es muy femenina enérgicamente, desarrollará un punto débil en su lado masculino. La persona probablemente será mala para los negocios y las matemáticas, e infantil en las pautas de su comportamiento. Su cuerpo emocional puede tomar el control. Cuando el cuerpo emocional toma el control, las emociones y los sentimientos negativos y dirigidos por el ego pueden surgir. Cuando estos patrones se expresan abiertamente, esto indica que esa persona ha perdido su unión con Dios por un período de tiempo.

Si un individuo es demasiado masculino, tendrá puntos débiles en sus relaciones sociales y le faltará la capacidad de tener emociones sinceras hacia los demás. Una persona con la masculinidad excesiva, tendrá problemas para establecer sanas relaciones románticas. Esa persona tendrá una tendencia de criticar y hacer juicios sobre incidentes de menor importancia. La personalidad excesivamente masculina carece de capacidades intuitivas. Por lo tanto, debe confiar en sus sentidos físicos para tomar decisiones, un procedimiento muy inexacto. El sistema de detección del mundo físico por parte del cerebro izquierdo proporciona un diez por ciento de precisión sobre la información, en comparación con una tasa de precisión de la Conciencia Universal de Dios/Diosa, del 100 por ciento.

Un sistema de detección inexacto reduce la capacidad de las personas para relacionarse con otras partes de la creación, ya que pueden de comprender a los demás. Ellos carecen de las herramientas para intentarlo. Como resultado, tienen dificultades para resolver los retos diarios y se convierten en pobres líderes de sus familias o sus empresas. La personalidad masculina tiene un sistema de creencias muy imprecisa, que lo guía constantemente por un camino de desafíos extremos. Estos individuos rara vez entienden lo que realmente está sucediendo en el mundo que los rodea.

El lado derecho del cerebro, o el lado intuitivo, tiene el potencial para descubrir el restante 90 por ciento, que el lado dominante masculino está perdiendo la capacidad para detectar. Sin embargo, figuras excesivamente femeninas también pueden verse con graves desafíos. Con la ausencia de rasgos de la personalidad masculina, hay limitaciones sobre su capacidad para aplicar lo que saben intuitivamente, por parte de las capacidades del cerebro izquierdo.

Los rasgos masculinos y femeninos son dos áreas claramente diferentes de la conciencia, sin embargo ambos rasgos son necesarios para mantener el equilibrio. Todas las personas tienen la responsabilidad de desarrollar tanto sus rasgos femeninos como sus masculinos. El macho se encuentra en una tremenda desventaja cuando no se desarrolla su lado femenino. Se pierde el 90 por ciento de su potencial para comprender la realidad. Si los hombres fueran a abrir totalmente el acceso a su lado intuitivo, todas sus preguntas podrían ser contestadas de manera instantánea. Por consecuencia, teóricamente no habría ninguna razón para que estos hombres permanecieran en la Tierra. Tal vez ésta sea la razón por la que el hombre se mantiene aferrado a sus patrones repetitivos de dominancia del hemisferio izquierdo vida tras vida.

Para tener poder sin amor, es llegar a ser emocionalmente disfuncional. Lo contrario también es cierto. Para amar sin poder, es llegar a ser emocionalmente disfuncional. El tema del equilibrio entre lo femenino y lo masculino se refiere al equilibrar su cuerpo físico, emocional, mental, y espiritual. Además, se le requiere equilibrar sus tres mentes locales: consciente, subconsciente, y super-consciente. Una oración diaria es importante para pedir ayuda en el equilibrio de sus cuerpos y sus mentes. Pregúntele a su Dios/Diosa interior y al Consejo Espiritual de su Ser Supremo para que lo ayuden a equilibrar las naturalezas tanto femenina, como masculina. Esto es necesario para lograr el progreso espiritual para la graduación y la Ascensión.

Es de suma importancia para ambos sexos darse cuenta que fueron diseñados para convertirse en personalidades equilibradas. Por lo tanto, todos tenemos la responsabilidad de concentrarnos en comprender las diferencias entre las personalidades femeninas y masculinas. Una vez que entienda las diferencias, trate de llegar a un equilibrio con un nivel mínimo del 45 al 55 por ciento en ambos sentidos. Este cambio en la conciencia es un método muy útil para salirse de la conciencia de dualidad hacia la Unidad/Conciencia Crística. Una mujer sumisa o un "macho" varón, indica un desequilibrio extremo, y una inhabilidad para utilizar todos los aspectos del cerebro. El objetivo está en prepararse para equilibrar las funciones del cerebro, como un preludio a la utilización de un porcentaje más alto de las capacidades del cerebro. La eficiencia funcional actual de las personas fuera de balance es de un 10 por ciento. Esto es inaceptable para las futuras actividades dentro de la conciencia de la quinta dimensión. Un mínimo del 80 por ciento de eficiencia será de ayuda para la graduación, la Ascensión y la vida en la Nueva Tierra.

Uno de los métodos establecidos para equilibrar las personalidades masculinas y femeninas es la de cambiar su sexo de vez en cuando, a medida que reencarne varias veces en la Tierra. Este procedimiento es útil, pero por sí solo, es insuficiente para lograr el equilibrio. Cada persona debe aceptar e integrar las características deseables del sexo opuesto, cada vez que se encarne en la Tierra. Una vez equilibrado, el conflicto entre los sexos es mucho menor. Tanto las hembras, como los machos, pueden practicar asumiendo la personalidad del sexo opuesto con frecuencia. *El balance de los atributos masculinos y femeninos es muy importante.*

La Ley Universal de la Oración Integrada

El rezo es una de las prácticas espirituales más importantes conocidas por el hombre. La razón por la cual es tan importante el rezo, es porque a Dios/Diosa no se le permite ayudar a la humanidad, a menos que exista una solicitud específica. A los seres humanos encarnados en la Tierra, se les ha dado libre albedrío para resolver sus problemas sin interrupción. La oración más eficaz es la que está guiada por la creencia de que cuando usted hace una pregunta usted recibirá una respuesta. Algunos oran, y luego pasan por un período de dudas, que entonces sabotean la oración. La duda indica una falta de fé si la respuesta no llega pronto. Lo fundamental es que las oraciones ya han sido respondidas antes de haberlas pedido. Una actitud positiva en la vida, especialmente una vida de oración, es la clave del éxito de la oración. Para saber cuando la oración es contestada, es necesario utilizar todos los sistemas de detección: los cinco sentidos exteriores, el sistema de detección interior, la voz apacible y delicada en el interior, el recuerdo y la interpretación de los sueños.

La oración efectiva es una basada en la integración del cuerpo espiritual, el cuerpo mental, el cuerpo emocional, el "Cuerpo de Luz" y el cuerpo físico con sus sentidos. Todos ellos deben estar alineados con la creencia y el saber que la fuerza de Dios/Diosa vendrá a responder a la oración. Si usted va a orar, entonces ¿por qué no totalmente creer y saber que lo que usted está pidiendo en realidad, se va a cumplir? De lo contrario, ¿por qué perder el tiempo orando? Otros ingredientes importantes de una oración eficaz son la confianza y la paciencia. Esta prueba consiste en confiar en las Leyes de Dios/Diosa y en sus enseñanzas. Jesús dijo: "¡Pedid y se os dará! ¡Toque y la puerta se abrirá!" Pero hay que ser paciente en espera de la respuesta. La oración se realiza en el nivel de energía sutil, una frecuencia más alta que el nivel físico. De lo sutil a lo físico no hay un tiempo de descarga para la manifestación. Mientras espera, tenga paciencia. Aférrese a la fé de que la respuesta vendrá de alguna fuente. Siempre existe la posibilidad de perder la fé y la confianza debido a la falta de paciencia. Tener paciencia, fé y confianza van más allá para asistirlo en su viaje espiritual.

La verdadera oración es una co-creación entre Dios/Diosa y los hijos e hijas de Dios/Diosa. Toda la humanidad se puede clasificar como hijos e hijas de Dios/Diosa ya que todos fueron creados por Dios/Diosa. Algunos se refieren a Jesucristo como el Hijo único de Dios, esto es obviamente una creencia falsa. Que tan cerrado, egoísta, y prejuicioso es el pensar que Dios/Diosa tenía un solo hijo o hija única.

El secreto para escuchar las respuestas a una petición de oración, consiste en alinear todos los aspectos de su ser individual, para que participe en una co-creación con la energía de Dios/Diosa. Póngase en las manos de Dios/Diosa. Luego, a través de un proceso de meditación tranquilice al cuerpo y escuche la voz apacible y delicada para la respuesta. Este procedimiento se ha demostrado muy eficaz.

La Ley Universal de la Meditación Integrada

Mientras que la oración es hablar con Dios/Diosa, la meditación es escuchar al Dios/Diosa interior. Muchas personas dicen que oran con frecuencia. Pero cuando se les preguntó con qué frecuencia meditan y escuchan a Dios/Diosa, sus respuestas son menos definidas. De hecho, algunos dicen que nunca han meditado. La meditación es tan importante como la oración. ¿Por qué orar, cuando no hay tiempo para escuchar la respuesta? Algunos creen que la razón por la falta de meditación es que muchas mentes conscientes son inquietas y difíciles de controlar. La meditación requiere autocontrol, una disciplina digna del esfuerzo requerido. La posibilidad de quedarse quieto y en silencio parece ser un reto para los seres humanos, especialmente en nuestras sociedades del Cáucaso. El ego negativo en parte es responsable por la falta de disciplina, sin embargo, se puede controlar con la ayuda depor sus Asistentes Espirituales.

Hay muchos libros buenos sobre la meditación, y cientos de meditaciones disponibles de gran utilidad. Los diferentes tipos de meditación se han desarrollado para varios propósitos. El secreto para una buena meditación está en encontrar un lugar y una hora en que uno pueda calmar el cuerpo y la mente. La meditación puede ser activa o en silencio. Una meditación activa implicaría la repetición de una palabra o frase que acelera el proceso de activación. La canalización podría considerarse una forma de meditación en el que se establece contacto con un espíritu y la información fluye al receptor. Recuerde, usted puede canalizar a Dios/Diosa con la práctica. El viaje del Alma y la bilocación, son también técnicas de meditación capaces de ayudarlo a ponerse en contacto con el mundo espiritual.

El Auto-hipnosis también puede ser utilizado con el fin de prepararse uno mismo para la meditación y la comunicación con Dios/Diosa. Esto se considera una meditación en silencio donde se elimina todo parloteo de la mente y se escucha la voz de su interior. La presencia de Dios/Diosa reside en el corazón, y si podemos aprender a movernos en la zona nula entre los pensamientos en un lugar tranquilo, podemos experimentar una paz que sobrepasa todo entendimiento dentro de la zona nula, y podemos percibir pensamientos espirituales.

En realidad, cada momento de la vida puede y debe ser una meditación, ya que cada momento puede ser aprovechado para encontrar nuestro camino espiritual. Nuestro objetivo debiera ser el de hacer de la vida una bella meditación en donde vivimos en sincronía esperando la mano de Dios/Diosa y sus servidores para ayudarnos, a nosotros los espíritus humanos encarnados, a crear una serie de acontecimientos que hacen de la vida un gozo. Al vivir en el "Ahora" uno trae a su realidad todas sus vidas pasadas y futuras (y para algunos sus vidas paralelas). Todas las vidas están tomando lugar en el "Ahora". Por lo tanto, su pasado, su presente y su futuro están todos aquí "Ahora" con usted, en cada uno de sus momentos. Como resultado, usted no sólo puede controlar su actual "Ahora", pero también usted puede controlar su "Ahora" pasado y su "Ahora" futuro. Por lo tanto, usted está a cargo de su "Ahora" pasado y su "Ahora" futuro.

La Ley Universal de los Sueños

Nuestros sueños son en parte un reflejo de nuestras vidas, ya sean procedentes del subconsciente o de los niveles del super-consciente de la mente. Los sueños revelan nuestra forma de pensar y actuar durante nuestros períodos conscientes, despiertos. Los sueños nocturnos es como recibir un periódico cada noche ya que la mayoría de los seres humanos tienen entre siete y diez sueños por la noche. Los sueños se pueden ejecutar en piloto automático, o teniendo algún control sobre ellos. Su mecanismo de retroalimentación a través del sueño es una parte muy importante de la vida en la Tierra. Cuando se aprende a trabajar con el mecanismo que los sueños proporcionan la información le puede proveer una orientación diaria.

El acordarse de los sueños requiere cierto esfuerzo. En primer lugar, hay que solicitar poder para acordarse del sueño antes de entrar en un estado de sueño profundo. Luego, al final de cada sueño, cuando la mente está lista para despertar, la frecuencia del cerebro aumenta y movimientos rápidos oculares (MRO) se producen. Cuando esto sucede, "Despierte" lo suficiente para anotar algunos puntos claves del sueño en un cuaderno exclusivamente dedicado para los sueños. Esto lo ayudará a acordarse de otras partes del sueño. Después de despertar completamente, anote la información del sueño en su cuaderno. Después de una serie de sueños registrados, será útil revisarlos para detectar alguna clase de pauta. Durante un período de tiempo, usted puede estudiar el cuaderno de los sueños y detectar las tendencias que ayudan al soñador a entender el camino más eficiente a seguir. Basado en las interpretaciones del sueño, usted puede hacer ajustes en su actitud para alinear el subconsciente, consciente y el super-consciente, para que ellos se sincronicen y puedan trabajar en equipo.

Los sueños contienen un lenguaje universal de símbolos. Obtenga un buen libro de símbolos acerca de los sueños junto con su interpretación, y trabaje a través de los símbolos revelados en ellos. Evite algunos libros de sueños que tengan una interpretación limitada en cuanto a sus significados simbólicos. Durante sus interpretaciones siempre trabaje con su interior y pregúntese que es lo que le significa para usted cada símbolo, para tener una comprensión más exacta. Al trabajar a través de este proceso uno se profundiza en entender los patrones de pensamiento que a diario se manifiestan en sus sueños.

Cada grupo de símbolos da una idea de las lecciones actualmente en progreso llevando a cabo. Es decir, cada símbolo representa un aspecto de uno mismo. Frecuentemente, el símbolo indica algo muy específico del soñador. Por lo tanto, la interpretación del soñador es generalmente más exacta que la interpretación universal del símbolo. Tenga cuidado, de que el ego negativo no haga interpretaciones inexactas con respecto a sus sueños. El Ego puede interpretar un sueño de tal manera que puede reforzar un sistema de creencias falsas, una forma a través de la cual se mantienen las cosas tal como han estado. Interpretaciones falsas pueden dar lugar a una orientación inapropiada y paralizar el proceso de la Ascensión. A medida que avance sobre el camino espiritual, la naturaleza de algunos sueños será de tipo espiritual. Estos sueños pueden ser encuentros espirituales del plano interior, en que el individuo recuerda haber asistido a clases espirituales. Algunos sueños pueden ser premoniciones; eventos futuros que se reproducen en el presente "Ahora". Estos sueños preparan a uno para los próximos eventos importantes, y le dará a usted varias ideas sobre cómo manejar mejor los detalles. Algunos sueños pueden ser encuentros reales dentro de los reinos espirituales, tal como con los Maestros Ascendidos, los miembros de nuestros Consejos Espirituales o uno de los Arcángeles. Algunos sueños ni valen la pena trabajar con ellos, por las dificultades que representarían para poder aclarar sus interpretaciones.

No deje que los sueños controlen su vida. Si no le gusta la forma en que un sueño se llevó a cabo, solicite cambios. A la noche siguiente, justo antes de acostarse, reprograme el sueño que desee. Si se despierta antes de que se haya completado el sueño, a la noche siguiente antes de irse a dormir, pida continuar ese sueño para que usted pueda entender mejor su significado. Tenga en cuenta que muchos sueños se originan en el subconsciente, donde no se tiene el poder del razonamiento. Lo que su mente subconsciente está haciendo es reflexionar sobre los pensamientos, los sentimientos y los patrones de comportamiento que han tenido lugar durante el día. Los sueños no le están diciendo qué hacer. Le están mostrando lo que está haciendo y le ofrecen posibles alternativas para poderlo cambiar. Al registrar sus sueños y trabajar con las interpretaciones usted puede ajustar sus actividades conscientes, como una forma de ayudar al alma a lo largo de su camino espiritual.

La Ley Universal de la Tentación

La tentación es el resultado final del ego negativo tratando de guiarnos fuera de la vía recta y estrecha de la Ascensión. El ego negativo tiene una tendencia tanto de malinterpretar la realidad como de dirigirnos a disfrutar en la búsqueda del placer y la indulgencia. En general, la tentación lo lleva abajo que es lo que se denomina su ser carnal. Este proceso inicialmente toma la forma de un deseo de disfrutar de una actividad que realiza algún tipo de placer temporal como una forma de escape de la realidad. Por ejemplo, el deseo de ver la televisión, cuando hay muchas más actividades importantes que requieren su atención, puede ser una gran tentación. Los adictos al Video y a la televisión escapan hacia un mundo de fantasía como una realidad alterna a la auto-disciplina y el control de su ego. Este escape permite a una persona evitar todo tipo de responsabilidad.

Un gran interés del ego negativo es el placer que recibe al tomar el control. El ego negativo utiliza los malos hábitos para llevar esa energía al pensamiento, y así contaminar varios de los trece cuerpos con formas de pensamiento de los reinos inferiores. Estos reinos inferiores son lo contrario del amor de Dios/Diosa. Son parte de la polaridad negativa dentro de la tercera dimensión, que es utilizada por la humanidad para conocer la diferencia entre la ilusión del bien y del mal. Todos han pasado por estas lecciones. Por lo tanto, tenemos que ser pacientes con nosotros mismos y con nuestros hermanos y hermanas a medida que aprendemos la importancia de la comunión con Dios/Diosa, y el entendimiento del amor incondicional. El amor sexual tiene su lugar cuando se realiza con una actitud adecuada. Cuando se usa para el placer egoísta es destructiva. Muchos matrimonios y muchas relaciones han sido dañadas por esta forma de actividad ego negativa. En el cristianismo, estos pensamientos de tentación se referían como un producto originado del diablo o Satanás. El pretexto es: "El diablo me obligó a hacerlo". ¡Tonterías! El ego buscó el placer en los tipos de conducta baja, por debajo de lo que el mundo animal jamás consideraría. En realidad, los términos "diablo" y "Satanás" no son más que símbolos del hombre para las ilusiones del ego negativo que está fuera de control. En el hinduismo el ego negativo es denominado "ilusión". A pesar de que son ilusiones, aún existen, así como todas las otras ilusiones existen en las dimensiones inferiores. Estas ilusiones existen como creaciones de los seres humanos. Los seres humanos crean ilusiones como un mecanismo de retroalimentación, para las lecciones de la tercera dimensión y las dificultades asociadas con ellas.

Por ello, a las ilusiones se les relaciona desde la perspectiva de su valor, en cuanto se refiere al aprendizaje de como crear y deshacer, dentro del salón de la escuela llamada la Tierra.

La tentación está diseñada para desviarlo en forma contraria de la senda de la Ascensión. Una manera importante de cómo evitar tal acción, es la de hacer un esfuerzo concertado para volver hacia el camino de la Ascensión. Dios/Diosa puede ayudarlo a permanecer en, o regresar a la ruta de la Ascensión, sólo con que usted se lo pida. Sin embargo, el Dios/Diosa interior espera que usted controle sus reacciones ante la tentación. Todos los seres humanos tienen libre albedrío para destruirse a sí mismos. Dios/Diosa no tiene la responsabilidad completa para controlar sus reacciones a las tentaciones.

Hay varios métodos que pueden ayudar a controlar las tentaciones. Uno de ellos es orar a Dios/Diosa. Pida la fuerza y la inteligencia para saber lo perjudicial que es la tentación en el sistema energético global. También usted necesitará pedirle a sus ángeles guardianes y guías espirituales para ayudarlo a mantener el ego negativo bajo control. Es muy útil el uso de afirmaciones positivas, tales como la repetición de ciertos mantras (por ejemplo, "Aum"). Muchos otros procedimientos están disponibles y discutidos en los libros de autoayuda.

Cuando usted está ocupado sirviendo a otros, usted tiene menos tiempo para caer en el abismo de la tentación. Por lo tanto, servir a otros es un medio a través del cual se puede vencer la tentación. Usted no piensa en usted cuando sirve a otros dándose cuenta de que todos estamos conectados como hermanos y hermanas para ayudarnos los unos a los otros. Una mente ociosa es tierra fértil para caer en un ego negativo, el taller ilusorio de la fuerza oscura y un lugar sucio, oscuro. La Luz de Dios/Diosa puede limpiar un lugar de ilusiones. No hay pecado fuera del egocentrismo. Al convertirse en egocéntrico, controlado por el ego, ya falló el tiro al blanco. Usted ha pecado contra usted mismo. Todos los llamados "pecados" son una debilidad egoísta asociada con la creencia de que usted está separado, centrado en sí mismo. Cuando usted cree que está separado, su enfoque principal está en usted mismo. Lo que se llama "pecado" se origina al caer en la tentación ya sea mental o físicamente. La Energía Mental se convierte en la actividad física. De la forma en que un hombre piensa desde su corazón, así es él. Usted puede fallar en su tiro al blanco a través de sus pensamientos y sus acciones.

La clave está en tomar conciencia si empieza a caer en el pensamiento del ego negativo. Dirija su atención hacia una respuesta positiva ante la tentación. A este punto, simplemente frene sin juzgar y pida perdón para ayudar a cancelar todo pensamiento del ego negativo. *La perfección está en evitar que se cometan errores.* Dios/Diosa no espera la perfección en cualquier nivel de conciencia. Incluso si nos rendimos al ego negativo, o a la tentación, no es el fin del mundo. Es sólo un error y cometiendo errores es como podemos aprender. La rectitud, ante los ojos de Dios/Diosa, se encuentra en tratar de hacerlo mejor. Uno de los secretos principales para vencer la tentación está en tomar el control de su poder personal. Cuando aprendemos a recuperar nuestro poder personal, entonces estaremos avanzando hacia la Ascensión.

Algunas personas, conscientes de que se están entregando a la tentación, cometen el error de escuchar al ego negativo cuando él quiere. *Usted ya lo ha arruinado totalmente, así que a estas alturas quizás usted quiera seguir.* ¡Caramba! Manténgase alerta, *no* agrave un pequeño error haciéndolo más grande. Convirtiéndose en una víctima *a sabiendas* hace que sea aún peor. La clave está en perdonarse a sí mismo por las oportunidades perdidas. Una vez que se haya perdonado, usted habrá traspasado esa lección específica para ir a la siguiente. En este punto de la secuencia, usted puede elegir el amor incondicional por sí mismo y aprender de sus errores. Una teoría es la de que los seres humanos encarnados cometen errores con el fin de establecer nuevos retos de los cuales aprender. Sin embargo, seguir cometiendo el mismo error una y otra vez, es ridículo. *Algunos definen estos patrones de conducta repetitivos como una forma de locura, esperando un resultado diferente cuando seguimos haciendo la misma cosa una y otra vez.* Sin embargo, siempre recuerde que Dios/Diosa es fiel y no permitirá que sea tentado más de lo que usted pueda resistir. Dios/Diosa proporcionará una salida. Una vez fuera de la trampa, usted puede regresar sobre el camino de la graduación y la Ascensión.

La Ley Universal del Servicio

La mejor manera de encontrarse a sí mismo, es la perderse en el servicio a los demás (SAO). Esta declaración tiene un potencial ilimitado para entender la razón por la que estamos aquí. Al examinar la Ley de Servicio, este antiguo proverbio tiene mérito: "El que es puro de corazón tiene la fuerza de diez".

Del mismo modo, en *Un Curso en Milagros*, Jesús hizo la pregunta del hombre, "¿Habrá algo más excitante que servir a Aquel que creó y abarca toda la Creación?, ¿No es sirviendo a Dios la cosa más gloriosa en el Universo?" Jesús dijo en otro momento, "¡Si alguno quiere ser el primero, él mismo será el último de todos y siervo de todos!"

Independientemente de lo que uno hace en la vida, lo más importante, es la actitud y la perspectiva que se tiene de la responsabilidad hacia su trabajo.

Recuerdo que cuando vivía en Wichita, Kansas, hace unos años, nuestro recolector de basura, dijo: "Mi mayor alegría en la vida es la de utilizar todo lo que yo sé para hacer un mejor trabajo cuando recojo la basura en mis rutas diarias.

Ese comentario se ha grabado en mi mente desde hace más de cuarenta y cinco años. Él era el mejor recolector de basura que he conocido en mis ochenta años en la Tierra. La Madre Teresa dijo una vez: "El amor no puede permanecer por sí solo, no tiene ningún sentido. El amor tiene que ponerse en acción, y esa acción en servicio. Otro ha dicho, mire en cada cliente al Dios/Diosa, que es lo que son, y trátelos como tal". ¡Mírese a usted mismo como Dios/Diosa! Vea sus interacciones con otros seres humanos, como por ejemplo, las relaciones dentro de una familia, donde cada uno es un hijo o una hija de Dios/Diosa, sirviendo a otros hijos e hijas de Dios/Diosa.

Algunas personas están tratando de servir desde un lugar en donde no estan bien consigo mismos, sin embargo, tratan de estar bien con Dios/Diosa. Es algo noble querer estar al servicio, pero el servicio comienza con uno mismo. En primer lugar usted debe estar centrado, entero y completo por dentro, entonces, estará listo para el servicio hacia los demás. Cada persona debe amarse a sí mismo primero. Tomando la actitud del amor a sí mismo dentro del servicio a los demás, hace del trabajo un placer y una alegría. Sirviendo a uno mismo y a los demás, se convierte en una práctica espiritual que es la alegría de servir a Dios/Diosa. Cuando servimos al Dios/Diosa para nosotros mismos y para nuestros hermanos y hermanas, entonces podemos entender los conceptos de la Unidad.

A medida que usted presta servicio desde un corazón puro y con una motivación pura, éste trae el amor de Dios/Diosa a la Tierra, y ayuda a hacer del mundo un mejor lugar. Algunas personas aprovechan la oportunidad de servir a los demás pero con el fin de conservar su poder individual, la fama, el amor propio, la valoración de sí mismo, la aprobación o la alabanza. Usted puede servir a los demás al darse cuenta que hay un verdadero placer y alegría en el servicio. Josué 24:2, dice: "En cuanto a mí y mi casa, nosotros serviremos al Señor".

La Ley Universal del Amor Incondicional

Cuando la vida y el bienestar de otra persona, significa más para usted que la suya, se puede decir que usted tiene amor. Todo lo que no sea voluntad de servir a los demás con amor, es lo mismo de siempre, el mundo del toma y dame. Los científicos que investigan la influencia del amor en el cuerpo humano han descubierto que el amor sana. El amor puede mejorar el metabolismo de una person, y cambiar el ADN en la genética de una persona. El poder del amor es el poder más grande sobre la faz de la Tierra. Sólo hay una condición para el amor: amar sin condiciones.

La base de tal sistema de creencias, se encuentra en que cuando uno ama incondicionalmente no hay juicios ni condiciones, es una sin apegos, sin fronteras, sin restricciones, y sin ninguna actitud que interfiere con el reconocimiento del Dios/Diosa dentro de otros. Jesús dijo en Juan 13:35: "En esto se conocerán todos lo que sois mis discípulos, si tenéis amor los unos para con los otros". Él también dijo, " Toda la ley se puede resumir en: Amarás al Señor tu Dios con todo tu corazón, y el alma, y la mente, y ama a tu prójimo como a ti mismo". Sí, los traductores masculinos de la Biblia dejaron fuera deliberadamente el aspecto de la Diosa, de Dios/Diosa con el fin de establecer una sociedad dominada por los hombres.

En realidad, cada persona en la Tierra es una expresión de Un mismo Espíritu, Dios/Diosa, y sus pensamientos, sentimientos, acciones, y patrones de comportamiento, deben demostrarlo. Lo que nosotros damos nosotros lo recibimos. Si una persona desea tener amor tiene que dar amor. La Tierra es una escuela donde estamos aprendiendo a amar incondicionalmente. En nuestro caminar diario de amarnos a nosotros mismos y a los demás, demostramos con nuestras acciones lo que realmente el amor incondicional debe ser. El proceso de amar requiere paciencia y práctica. Nos han lavado el cerebro para creer en el amor condicional lo que significa que otra persona debe cumplir con algún requisito para merecer nuestro amor. Cuando estamos demostrando amor condicional estamos inconscientemente atacando. Alguien que es sensible o consciente puede darse cuenta que hay un ataque tomando lugar en ese momento. Toda la humanidad está conectada a nivel del pensamiento, y por consecuencia, todos los seres humanos son sensibles y pueden llegar a darse cuenta de esos ataques que una persona egocéntrica envía.

Tan pronto como usted piensa en alguien, usted tiene establecida una conección con el campo energético de esa persona. Si usted ataca, entonces estará a la defensiva, esperando que el otro lo ataque a usted. El amor condicional es guiado por el ego. Para verdaderamente amar, usted tendrá que trabajar con su ego y controlar su ego primero.

El amor incondicional es guiado por Dios/Diosa. Repito: el amor incondicional significa amar a los demás de manera incondicional, con el entendimiento de que todos los componentes de la creación (animales, plantas, piedras, aves, árboles y humanos) son una parte de Dios/Diosa y de la Conciencia Universal. El amor incondicional se extiende para incluir a todas las partes de la creación. En un verdadero sentido del significado, el amor de la humanidad ocurre porque nosotros *somos* amor. Fuimos creados en el amor con la orientación del Creador del Amor.

Una práctica útil que todos pueden usar en sus relaciones es la de permitir que cualquier persona que entra en contacto con usted se vaya más feliz y agradecida de haber hecho ese contacto. Vierta un poco (o una cantidad) de bondad a todos aquellos a su alrededor durante sus actividades diarias. Comparta bondad en su sonrisa, bondad con sus ojos, bondad en su cara y bondad en su cálido saludo al caminar por la calle en persona, por el teléfono, o en el internet. El amor tiene muchas cualidades deseables. Primera de Corintios 13:4, dice, "El amor es amable, el amor es paciente, el amor no es presumido, el amor no es grosero, el amor no es egoísta, el amor siempre protege, confía, funde esperanza e interés".

Uno de los aspectos más importantes del amor incondicional es el amor por uno mismo. Para amarnos a nosotros mismos en forma condicional, tenemos que cumplir con ciertas condiciones. El amor incondicional se basa en una comprensión de que somos dignos de ser amados por Dios/Diosa, que nos creó como seres amorosos. Dios/Diosa crea aquello que vale algo, y ese algo es muy especial. Por lo que usted es un hijo de Dios/Diosa, usted no tiene necesidad de basar su vida en lo que usted ha hecho, o en lo que vaya hacer. Enfóquese en todas las cosas maravillosas que ha hecho, enfatizando en lo positivo, en lugar de lo negativo. A medida que se enfoca en sus victorias, las derrotas desvanecen. Usted no tiene necesidad de juzgar, hacer comparaciones con otros o comparar aquellos que lo rodean con nadie más. Ninguno de nosotros tiene que llegar a un estándar que nos califica como un niño de Dios/Diosa. Mateo 7:1, dice: "No juzguéis para que no seáis juzgados". Del mismo modo, ninguno de nosotros dispone de sistemas específicos de creencia que nos va a calificar para ser los elegidos. Todos calificamos para estar sobre un camino evolucionario directo para regresar a Dios/Diosa. Nosotros calificamos, no por nuestras creencias o forma de juzgar, sino basado en el amor, porque Dios/Dios nos ha creado en el amor. Usted es amor, así que usted califica para estar sobre su camino espiritual, porque "Usted es amor".

Al aprender a conectarse y aceptar el amor de Dios/Diosa, usted tiene una mayor capacidad de amarse a sí mismo. Todos los seres humanos necesitamos amor, es un requisito de la supervivencia. Un niño que crece sin amor es incompleto mental y emocionalmente. Usted puede recibir el amor de Dios/Diosa, y canalizar el amor a los que carecen de él, y ellos a su vez pueden canalizar ese amor de vuelta. Cuando los seres humanos rompemos la conección de amor con Dios/Diosa, tendemos a buscar a otros que nos proporcionen el amor. Mediante la búsqueda de aceptación, hemos entregado nuestro poder a otros. Después, dependemos de ellos quienes se convierten en nuestros programadores entonces, teniendo una repercusión indeseable sobre nuestra realidad. Habremos perdido nuestra libertad, nuestro poder y le habremos dado el control de nuestra vida a otra persona. Un desafío que todos enfrentamos es que la mayoría de nuestros sistemas de creencias se basan en las creencias de la sociedad, en lugar de ser edificadas sobre el fundamento de las creencias de amor de Dios/Diosa.

Para lograr el amor incondicional por nosotros mismos, tenemos que poseer el 100 por ciento de nuestro poder personal. Al recobrar nuestro poder personal con la idea de que Dios/Diosa nos ha dado toda la sabiduría que necesitamos, entonces nuestra autoestima puede aumentar gradualmente a un nivel superior. Para realizar esta tarea, es de gran utilidad demostrar que el amor de Dios/Diosa fluye a través de usted para servir a los demás. Usted puede lograr lo mejor para canalizar el amor de Dios/Diosa, cuando usted deja de darse importancia a sí mismo (eliminando la actitud del "ay-de-mí") y se enfoca en ayudar a aquellos que necesitan su amor. Incluso, si usted comete errores eso está bien con Dios/Diosa siempre y cuando usted esté tratando de practicar la presencia del amor de Dios/Diosa que fluye a través de usted. Dios/Diosa está totalmente complacido con el progreso de su alma aquí en la Tierra. Todo por lo que usted pasa es parte de sus lecciones. Al ver la Ley Universal de la protección alrededor de nosotros y buscar la asistencia de Dios/Diosa podemos desarrollar en un 100 por ciento el amor hacia nosotros mismos y el autoestima. Entonces podemos amar a nuestro prójimo como a nosotros mismos - sin condiciones.

La Ley Universal de la Integridad

La Ley Universal de la Integridad comienza con hacer lo que usted dijo que haría. Un desafío se presenta cuando hay una falta de integridad y armonía entre su Ser Superior, la mente consciente, la mente subconsciente, el cuerpo emocional y el cuerpo físico. Lo que a veces sucede es que la mente consciente ve la situación de una manera y el subconsciente lo ve de otra. A veces la mente consciente quiere hacer algo y el cuerpo físico hace algo diferente. Su tarea es la de disciplinar la mente consciente y subconsciente, y cuando hable hable la verdad. Sea alguien en quien se pueda confiar y que tiene integridad. Incluso, si no tiene bienes materiales busque la integridad. Jesucristo dijo: "El cielo y la Tierra pasarán, pero mis palabras no pasarán". Aquellos que no hacen lo que han prometido han puesto una enorme carga sobre sus hombros. En lo profundo de sí mismos, recuerdan sus falsas palabras (que no han pasado) y limitan su capacidad de tener fé en ellos mismos. Algunos pueden preguntarse si son capaces de tener integridad. Para fomentar la integridad, permita que lo que hable fluya de Dios/Diosa a través del Espíritu por medio de su voz consciente. Evite el uso de pensamientos y de hablar palabras enseñadas por sus padres, sus maestros y sus amigos, que carezcan de integridad espiritual. Escuche los pensamientos del Dios/Diosa interior, de la pequeña y apacible voz, de cuyos pensamientos usted puede hablar con integridad desde su corazón.

Tenga cuidado con las excusas como: "Yo sólo soy humano" o, "No puedo evitarlo esa es la manera en que yo soy". Este es un patrón de creencia falsa promovido por el ego negativo. No hay necesidad de tratar de encubrir su falta de integridad. El salir con excusas es una idea equivocada de lo que significa ser humano. Las almas humanas son la creación máxima de Dios/Diosa. Al identificarse como un Espíritu que habita en un cuerpo físico, usted puede reconocer que todo es una creación traída a la existencia por el Creador y Dios/Diosa. Entonces se da cuenta que no hay justificación para las excusas. Para posponer las cosas, ceder a la fatiga, o dar excusas para su falta de integridad, esto es pereza. La pereza es la ruta de menor resistencia. Su palabra es y debe ser Ley. Su palabra crea su realidad. Así pues, al alinearnos con Dios/Diosa, que es lo que permite el flujo de la Palabra a través de usted, todo lo bueno se derivará de sus pensamientos y su voz. La clave para caminar sobre la Tierra es caminar en una posición erguida con integridad. Evite el caminar jorobado, tratando de ocultarse. Sea consistente en todo momento con sus pensamientos, palabras y acciones. La integridad es una parte del camino hacia la Ascensión. Un Maestro Ascendido es "Uno" que vivió la Ley Universal de la Integridad antes de graduarse de la escuela de la Tierra.

La Ley Universal de la Compasión

A medida que siga a lo largo de su camino espiritual, la compasión es una de las cualidades más importantes para desarrollar en el plano de la Tierra. La Ley Universal de la Compasión reconoce que todos estamos conectados los unos con los otros. El dolor de otro es nuestro dolor. El sufrimiento de otro en cualquier lugar del mundo, es nuestro sufrimiento. Sin embargo, estamos obligados a caminar una línea fina y tenemos que tener cuidado de no hacerse cargo de las lecciones o del dolor de otra persona. Es posible permitir que las energías de otra persona entren a su sistema energético, y se desarrollen dentro de usted. Estas manifestaciones podrían desarrollarse física, mental o psicológicamente. Esa línea delgada en saber la diferencia entre la compasión (desapego) y el apego es muy importante. Sabiendo que usted realmente se ha atado a otra persona, haciéndose cargo de sus lecciones o una parte de su alma, es algo muy crítico. Asumiendo el sufrimiento de los demás es muy debilitante y puede desequilibrar todos sus cuerpos. Usted puede sentir brevemente lo que otros están experimentando. Luego, una vez que lo entienda, aléjese y pida orientación sobre como puede servir de ayuda. Cualquier persona puede tener la compasión extrema para el sufrimiento de los demás sin echarse sus lecciones encima. Su compasión se demuestra al ayudarle a aliviar su sufrimiento, prestándoles servicio, es decir, después de que a usted se le haya pedido ayuda o cuando el Ser Supremo de ellos y el suyo percibe una necesidad. Entonces el Espíritu puede guiarlo para ayudarles a resolver sus propias lecciones. Acuérdese, usted no puede vivir las lecciones de otra persona. Buda, uno de los grandes líderes religiosos del mundo, en http://www.buddha.com, dijo: "Todos los seres añoran la felicidad, por lo tanto, extienda su compasión a todos". Estas son palabras de sabiduría.

La Ley Universal de los Doce Signos del Zodíaco

Los doce signos del Zodíaco se relacionan con las estrellas y sus posiciones en el cosmos. Las posiciones de las creaciones celestes tienen una influencia en todas las formas de vida en el plano de la Tierra. Si usted es una víctima en la vida, porque ha entregado su poder personal, las estrellas influirán en el tipo de decisiones que tome. Inclusive, cuando se tiene un gran número de aspectos negativos en su horóscopo, usted todavía puede estar en control. Dios/Diosa crearon las estrellas, las estrellas no crearon a Dios/Diosa. Por lo tanto usted, siendo una parte de Dios/Diosa, tiene el control final. No hay fuerza en el Universo más poderosa que su voluntad. Usted es el dueño total de todos los patrones astrológicos una vez que esté conectado al Origen, y haya desarrollado los aspectos superiores de sí mismo.

Las claves residen dentro de los aspectos superiores de cada Signo del Zodíaco. El hecho de que en esta vida nosotros hemos nacido bajo un determinado signo, crea un patrón de energía que puede tener una influencia preponderante en nuestras vidas. Sin embargo, en nuestra evolución se nos obliga a integrar y a dominar todos los doce signos del Zodíaco. Pasamos muchas vidas encarnando en la Tierra en cada uno de los signos, hasta que amaestramos las lecciones de cada signo. Vivir bajo cada signo nos da una perspectiva específica sobre cada etapa de nuestro patrón evolutivo.

¿Es la Astrología una ciencia? ¡Sí! ¡Definitivamente es una ciencia! Los estudios científicos indican que la posición de las estrellas y la luna tienen una gran influencia sobre todas las actividades en el plano de la Tierra. *The Old Farmer's Almanac* (*El Almanaque del Granjero Viejo*), publicado durante muchos años, ha sido una guía para vivir vidas productivas, sembrar cultivos en el momento oportuno y vivir con el Zodíaco. Una comprensión de la Astrología está emergiendo a través del estudio de las energías sutiles por parte de los científicos. La Astrología es una de las ciencias más antiguas en la Tierra. Su historia se remonta más allá de las culturas griegas, egipcias y chinas. Hiparco, uno de los más grandes historiadores del mundo y muchos otros destacados historiadores, han apoyado la ciencia Astrológica. La Astrología fue dañada por los sistemas limitantes de creencia, introducidas por la aceptación de la ciencia de Copérnico, con base en los conceptos físicos de la astronomía.

La ciencia tradicional basada en lo que los sentidos pueden observar, eliminó a propósito los conceptos espirituales de su visión de la realidad. Estudios Astrológicos van más allá de la ciencia tradicional hacia los reinos de la energía sutil, un área que la mayoría de los científicos ignoran o no tienen manera de estudiar. Su método científico se basa actualmente en el desarrollo de una hipótesis, la creación de un experimento y el uso de los cinco sentidos para probar o refutar la hipótesis. La mayoría de los científicos sin saberlo, no se dan cuenta que la energía de sus pensamientos tiene un efecto directo sobre sus observaciones experimentales. Un sistema de creencias que dice que *la verdad viene a través de la demostración de algo científicamente*, es muy limitante. Separa a la humanidad de la realidad y convierte a la ciencia en un Dios. Este sistema científico del desarrollo de teorías para probar o refutar algo está trágicamente utilizando una serie de creencias limitantes falsas.

Como resultado, la ciencia ha limitado el desarrollo evolutivo y espiritual de la humanidad. Al evolucionar el hombre para ser más espiritual, la Astrología volverá a ocupar el lugar que le corresponde. La senda espiritual implica la creación de un nuevo "Cuerpo de Luz" y los cambios en la conciencia. Entonces, creencias falsas, viejas, desaparecen; creencias más precisas, nuevas, se infunden, y la conciencia se eleva a un nivel superior de la realidad. La investigación Astrológica puede ayudar mediante el descubrimiento de nuevos conceptos acerca de la realidad, trayendo a colación una nueva comprensión. Estas nuevas interpretaciones astrológicas ayudarán a la humanidad a sincronizarse con los paradigmas recientemente desarrollados dentro de las dimensiones espirituales, y muchas otras realidades paralelas.

La Ley Universal de la Canalizacion

La canalización es considerada como un método a través del cual la humanidad puede ponerse en contacto con el reino espiritual. Sin embargo, una serie de factores influyen en la habilidad de hacer el contacto con precisión, ser un "médium" claro. Debido a la naturaleza de la canalización, esta es influenciada por los sistemas de creencia de un individuo, su personalidad, su filosofía y las agendas personales tanto de la fuente como las del canal por donde fluye la información.

El uso de técnicas precisas del péndulo revela que la precisión en las canalizaciones varía de un 20 por ciento al 100 por ciento. Por lo tanto, es conveniente verificar la exactitud de cualquier material canalizado antes de integrarlo a su conciencia. Mucha gente piensa que si el material es canalizado es cierto. Nada podía estar más lejos de la realidad. Algunas canalizaciones procedentes del plano Mental y Astral son muy imprecisas. Canalizaciones procedentes de los Maestros Ascendidos, los Extraterrestres y los Arcángeles (los reinos espirituales) son generalmente más exactos. Una vez más, utilice siempre el discernimiento y el péndulo preciso para determinar la exactitud de cualquier material; incluso partes de la Biblia y otros libros sagrados se han alterado deliberadamente y por lo tanto, son inexactos.

La exactitud de la canalización está directamente relacionada con el desarrollo de la conciencia de una persona. Si los sistemas de creencias junto con la conciencia de una persona no se han desarrollado y equilibrado lo suficiente, las canalizaciones o las lecturas psíquicas procedentes de esa persona, reflejarán sistemas de creencias limitadas, y el ego negativo del canalizador se convierte en una parte de la información suministrada. Aquellos que aceptan la información de un canal comprometido, se terminan contaminando.

Esta es la realidad sobre el canalizar y no una crítica para todos los "mediums". Algunos "mediums" dan lecturas psíquicas precisas, o desde los reinos espirituales. Tenga a alguien que con el uso del péndulo, mida la exactitud de los canales, o del material recibido, antes de aceptar cualquier información. Esto es cierto de toda información escrita y expresada. Con tantas falsas creencias dando vueltas por ahí, hay que tener mucho cuidado que uno sea llevado por mal camino. Incluso, uno puede ser descarriado por procedimientos incorrectos de los que utilizan el péndulo.

La canalización debe ser realizada con amor, y desde una perspectiva centrada en asegurar la sabiduría espiritual, más allá del reino físico de los cinco sentidos. La realidad de la canalización, está influenciada por la forma en que usted piensa, porque eso se convierte en su realidad. Lo que se piensa, se manifiesta en su ADN, y el sistema de sus chakras. Es decir, nuestro pensamiento determina las características funcionales de nuestros códigos genéticos, y la función de nuestros chakras, y las glándulas asociadas con ellas. La sobreestimulación, o falta de estimulación de cualquier chakra, influirá en el proceso de la canalización y su exactitud.

Todo pensamiento que energetizamos, y que llevamos a la conciencia, tiene una influencia directa sobre la función de nuestros chakras y nuestras glándulas. Para aquellos interesados en la canalización, es muy importante llegar a ser lo más integrado y balanceado que sea posible. Los interesados en canalizar, deben de asegurarse que sus chakras han pasado por un repatronamiento energético, un proceso que usted y sus Asistentes Espirituales, pueden trabajar. Cada pensamiento del ego negativo, causará perjuicio a ciertos chakras específicos. Del mismo modo, todos los pensamientos positivos de amor, paciencia, y comprensión de uno mismo, ayudarán a equilibrar los chakras, y a mejorar la salud de los órganos del cuerpo. Los chakras perfectamente equilibrados, son el subproducto de la integración con la Unidad/Conciencia Crística. Las cualidades de los que son de mente abierta y receptiva a la mejora de sus sistemas de creencias, se están moviendo en el camino de la Ascensión, a las dimensiones superiores. El repatronamiento energético, ayudará a equilibrar la red externa y de superposición, los chakras principales, los meridianos, los portales energéticos, la estrella central, los colaterales, el aura, etc. Esto a su vez, ayuda a mejorar la exactitud del material canalizado. La clave se encuentra en estar abierto al orden divino en nuestras vidas. Cada canal tendrá su propio regalo único, no hay dos canales de transmisión que utilicen patrones similares de canalización, y esa es la forma en que debiera ser.

Una palabra de precaución está en orden, al uno tomar las muchas canalizaciones que se publican en libros y revistas, y en el internet. A muchos trabajadores de la luz, se les está pidiendo mediante la Jerarquía Espiritual, entidades cósmicas y planetarias, que sean canales. Uno debe ser muy cauteloso, y usar un discernimiento considerable al responder a cualquier solicitud de un canal, hasta que se demuestre más allá de cualquier clase de duda, que la entidad es realmente quien dice que es. En realidad, no hay tal cosa como la canalización. Lo que realmente sucede, es que la gente recibe mensajes, ideas, o visiones, que están pasando a través de sus sistemas de creencias conscientes, a través de sus propios filtros, lentes, y programas subconscientes. Consecuentemente, las distorsiones pueden tener lugar a medida que pasan a través del receptor. Tome todas las canalizaciones externas, con cierto escepticismo, y confíe en su orientación interior, escuchando la voz apacible y delicada. Cuando esa voz proviene de fuentes espirituales, con sistemas de creencias de gran precisión, será una con una relación más ligada a Dios/Diosa. Para directrices útiles acerca de la canalización, vea, www.God/Goddess.com. Use el péndulo para comprobar todas las solicitudes de canalización que haga, con el fin de evitar entregar su poder.

La Ley Universal del Dar

Uno de sus más altos llamamientos, consiste en dar a los demás de una manera alegre, con una sonrisa, y un sincero deseo de amar a Dios/Diosa, y a sus hermanos y hermanas. Aquello que le impide dar a sus hermanos y hermanas en todo el mundo es, en verdad, una retención en darse a sí mismo. Todos los seres humanos son encarnaciones de Dios/Diosa como espíritus, y todos estamos conectados, los unos con los otros. Todos venimos de la misma fuente. Cuando usted dá, usted no está dando a un cuerpo físico; le está dando a un espíritu, que es parte de Dios/Diosa, y una parte de sí mismo. Somos todos componentes interconectados de la creación que vino por parte de Dios/Diosa. Todos los seres humanos son sus hermanos y hermanas; cada uno es literalmente una parte de uno mismo. Así que cuando uno obstaculiza el dar a otros por temor, competencia, comparación, celos, envidia, egoísmo, o por cualquier otra dualidad negativa basada en el ego, nos estamos haciendo daño a nosotros mismos.

Cuando usted no quiere dar, usted piensa que usted se cree que se está haciendo un favor. El ego negativo le dirá que cuando uno dá, uno está perdiendo. Este concepto, también es cierto en relación al robo. Si uno le roba a uno de sus hermanos, o si usted está robandose a sí mismo. Pero también, le está robando a Dios/Diosa, ya que Dios/Diosa está en todos. El dar, y el respeto a las posesiones de los demás, es una situación en la que todos ganan. *El segundo que deja de dar, usted no ha perdido a Dios/Diosa, sin embargo, usted ha perdido su realización con la santa presencia de Dios/Diosa en todos.*

Esto no quiere decir que no debiera cuidarse a sí mismo, y establecer límites adecuados en sus actividades al dar. Las opciones pueden convertirse en un delicado equilibrio. Se puede requerir el asesoramiento del Consejo Espiritual de su Ser Superior. El arte de dar, es una lección esencial para dominar, en su viaje espiritual. Todos tenemos que evitar constantemente las trampas del egoísmo, la codicia, el narcisismo, el egocentrismo, la competencia, los celos, la envidia, y en hacer comparaciones.

Recuérdese de no juzgar, para que no seáis juzgados. Dios/Diosa, o su Ser Superior, lo juzgará en el momento oportuno, pero este juicio, puede que no sea lo que a usted se le ha dado a creer. El tiempo debido de Dios/Diosa está más allá de la comprensión de cualquier ser humano, y se ha dicho que se oculta en los corazones del hombre. Durante el tiempo del juicio, seremos reconocidos por el Ser Superior, y por Dios/Diosa, de la medida en que nosotros hemos prestado ayuda a nuestros hermanos y hermanas. Se necesita un corazón puro, y discernimiento espiritual, para saber cómo y cuándo dar. La Ley Universal del Dar, está basada en el concepto de que lo que usted envía, usted recibe multiplicado por diez. Eso es buena paga en el libro de contabilidad de cualquiera.

La Ley Universal de la Disciplina

Es hora de dejar de escuchar a la mente negativa, guiada por el ego y todas sus excusas (no puedo, estoy demasiado ocupado con mi trabajo, estoy muy cansado, encuentre a otra persona, yo lo haré mañana, solo lo haré esta vez, ¿de qué sirve?, ¡me doy por vencido!).

La vida en la Tierra es un aula escolar que está siempre en sesión, donde uno está constantemente en clase, y trabajando en la siguiente lección. Es un maratón que seguimos corriendo, vida tras vida, hasta que lo hagamos bien. Es hora de estar en buen estado físico, emocional, espiritual, y de disfrutar los entrenamientos en sus respectivos gimnasios. Póngase en forma y con el programa. Complete cada lección y siga adelante. La alternativa es la de seguir usando los patrones viejos, desgastados, que siempre ha utilizado, hasta que la frustración se implante. Entonces, tal vez usted finalmente decida que la autodisciplina, es más fácil a la larga.

¿Por qué tomar las mismas clases una y otra vez, vida tras vida, y no hacer un intento para graduarse algún día? Sin ningún juicio hacia los demás, la pregunta es, "¿Donde estoy en mi camino de la Ascensión, en términos de autodisciplina? ¿La autodisciplina puede acelerar mi proceso evolutivo? Si es así, ¿Como puedo desarrollar las cualidades de la autodisciplina?

Otras preguntas importantes son, "¿Quiero que mi programa de vida esté alineado con el plan final de Dios/Diosa para mí? ¿Puedo desarrollar orden en mi vida, y puedo dedicarme a la tarea en cada momento del día, a pesar de los desvíos y los bloqueos que existan en el camino? "El Ser Superior puede revelarnos, cuando nosotros le preguntamos, la fuerza por parte del Creador del Amor, la fuerza que necesitamos para desarrollar la autodisciplina. El Creador del Amor, el "Uno" que cuida de nosotros, en verdad quisiera que usted se pudiera graduar de la escuela de baja frecuencia de la Tierra, tan pronto como fuera posible. Usted está aquí en la Tierra para aprender a convertirse en un Creador. Una parte importante de las clases de su escuela, es el aprendizaje de la autodisciplina.

Mediante la aplicación de la Ley Universal de la disciplina para su vida, usted puede hacer un progreso significativo para pasar las clases. Usted se puede graduar de la escuela de la Tierra y pasar a las clases de la Nueva Tierra.

* * * * * *

23

Mi Misión Espiritual sobre la Tierra en Relación Con las Leyes Universales

Toda la humanidad se enfrenta a la siguiente pregunta: "¿Cuál es mi misión en la Tierra, y se relaciona esa misión de alguna forma, con la aplicación de las Leyes Universales?" El deseo permanente de todas las almas encarnadas en cualquier parte del Universo es el de aprender a servir a otros. Para cumplir con ese deseo es fundamental ver todo y a todas las personas como uno mismo, o como una parte de uno mismo. Esto requerirá un corazón abierto con la capacidad de amar incondicionalmente. El objetivo general está en ayudarse, ayudar a otros, ayudar al planeta y ayudar a todas las creaciones para lograr su misión. Este objetivo, por necesidad, requerirá que usted se cambie a los estados superiores de conciencia dimensional. Usted debe aumentar la cantidad de luz que tiene disponible y así tener la fuerza de voluntad para cumplir con todas las Leyes Universales. Al convertirse en una luz para el mundo, permitiendo que la energía del Origen fluya a través de usted a toda la creación, usted ha dominado una lección importante en lo que es el de crear.

A medida que aumenta su luz, usted estará disponible para aumentar la luz del planeta. Como resultado, ya habrá ayudado a crear la Nueva Tierra y trasladado su conciencia al estado de la quinta dimensión o superior - en la Unidad/Conciencia Crística. Esos logros serán el resultado directo del conocer y vivir a través de las Leyes Universales.

La aceptación de los acontecimientos en la Tierra implica un entendimiento de que no hay nada absoluto en este reino de realidad llamado el planeta Tierra. Todo es una ilusión. Así que no pretendo que nada en este libro, o en cualquier otra fuente que he señalado sea absolutamente exacto. La realidad está llena de contradicciones y la vida en la Tierra es un paradigma. Las realidades y las percepciones cambiarán constantemente al evolucionar espiritualmente la creación. En muchos aspectos es imposible ser totalmente exacto. Aplique su visión espiritual y su dominio del tema, y permita que la divinidad de Dios/Diosa en el centro de su corazón lo guíe con su saber y con sus sentimientoss. Esta es la fuente más confiable de conocimiento, conciencia y de realización en la creación. Si usted quiere saber si algo vale la pena, es la verdad, o es exacto, incluyendo las enseñanzas espirituales y las predicciones, el Espíritu recomienda averiguarlo por sí mismo. Utilice su propio discernimiento, su propia intuición y el conocimiento interno de su Dios/Diosa interior. Sí, el uso del péndulo, cuando se conecta con la Conciencia Universal para las respuestas, es un camino espiritual digno de considerar. Sin embargo, esta práctica requiere de habilidad, un cuerpo sano, una creencia en el sistema y la eliminación de una multitud de interferencias que pueden influir con los resultados. Para usar el péndulo es mejor trabajar con otros que estén calificados en su uso. Asegúrese de que cada persona involucrada en el proceso esté en el mismo tiempo en que se basa la pregunta, se formula y se dirige. Dos individuos usando el péndulo en tiempos distintos pueden recibir respuestas precisas, pero las respuestas pueden ser diferentes. La Sociedad Americana para el uso del Péndulo (The American Dowsing Society) tiene muchos libros, talleres, y cursos disponibles para aprender a utilizar el péndulo. Es obvio que el uso del péndulo requiere de mucha fe, práctica y trabajo duro.

La aceptación de eventos en la Tierra requiere un entendimiento de que todo es una ilusión creada por el ser humano.

Una vez que haya elegido prepararse para su graduación y la Ascensión, usted puede que observe aquellos que han optado por continuar sus lecciones de tercera dimensión en la Tierra, o en otro planeta de tercera dimensión, ya que ellos tienen dificultad para entender lo que está pasando. Usted se dará cuenta de que estas personas no se les hace aácil aceptar lo nuevo, las energías de alta frecuencia que llegan a la Tierra. A sus cuerpos de baja frecuencia se les hace difícil adaptarse a estas altas frecuencias y por ende tienen todo tipo de desequilibrios. Ellos han sido programados con los programas de la dualidad de baja frecuencia, muchos de los cuales se basan en falsas creencias e ilusiones limitantes. Los vinculados a la dualidad de la tercera dimensión seguirán funcionando como de costumbre, con autoprotección y de supervivencia. Ellos cargan con muchos retos diferentes y tienen dificultad para lidiar con las emociones negativas.

Algunos individuos que han optado por continuar sus lecciones de tercera dimensión, realmente temen que su supervivencia esté en peligro si tratan de aceptar su vía espiritual, y con razón. A menudo, ellos están atrapados en un estado de conciencia que hace hincapié en el SAS, una característica de la dualidad de la conciencia de tercera dimensión. La evolución espiritual al estado de la quinta dimensión de conciencia, hace hincapié en el SAO y la Unidad/Conciencia Crística. Las personas atrapadas dentro del estado de la tercera dimensión de conciencia tendrán dificultades para comprender la importancia de las Leyes Universales, y por consecuencia, pueden optar por no hacerles caso. Su incapacidad para mantener una actitud de amor incondicional, cuando se enfrentan con una amenaza percibida a su forma de vida, establecida en la dualidad, a menudo crea confusión en sus pensamientos. Incluso, pueden discutir con usted y mostrar tendencias guerreras. Haga lo posible, por alejarse de esos patrones de comportamiento para que no lo arrastren a usted a una frecuencia más baja.

Poco a poco, los que se aferran a la conciencia de dualidad, están experimentando desajustes en las vibraciones que se relacionan con el tiempo-espacio, en comparación con el espacio-tiempo. Dentro del estado de la tercera dimensión de conciencia, en el "tiempo-espacio", al tiempo se le ha fijado períodos secuenciales de reloj, y el espacio es continuo hasta el infinito. En el cuarto estado dimensional de la conciencia, en el espacio-tiempo, el espacio no tiene limitaciones. El movimiento del punto A al punto B es instantáneo, porque no hay espacio en un sentido espiritual. También en el espacio-tiempo, el tiempo se fija en el punto cero (no hay tiempo).

A medida que la Tierra y una gran parte de la humanidad cambian hacia el continuo del espacio-tiempo, la actividad de tomar una decisión dentro del cerebro, aumenta. Como resultado, es cada vez más difícil sentirse cómodo con el incremento de la actividad dentro del cerebro. Esta experiencia de incomodidad, se incrementa al tomar decisiones imprudentes, como la de continuar comprando aparatos para satisfacerse a uno mismo. La incomodidad también se incrementa al continuar escuchando y creyendo en los pensamientos difundidos por los medios de comunicación, y por la prisa para cumplir plazos creados artificialmente en la tercera dimensión. Cuando uno no puede dejar a un lado estos patrones de conducta destructiva tal como el estrés, la inquietud, o incluso la depresión, estos pueden infundirse, agravando aún más la situación Las personas interesadas en seguir el camino de graduación y de la Ascensión tienen una opción para evitar todas estas incomodidades. Esta opción es la de separarse a sí mismo del tiempo-espacio, mover su conciencia al espacio-tiempo, y asegurarse que todas sus decisiones son sabias y guiadas por el Dios/Diosa interior. Abandone los modos de vida que hacen hincapié en se la conciencia de la dualidad, y cambiése a los modos de vida que hacen hincapié en la Unidad/Conciencia Crística.

Por lo tanto, cuando usted está considerando su misión espiritual dese cuenta que el desajuste descrito anteriormente tiene un efecto totalmente diferente en cada alma. Aquellos que anhelan la oportunidad de graduarse y elevarse del tercer estado dimensional de la conciencia, crean el deseo de mantener ese amor infinito fluyendo a través de sus cuerpos energéticos. Esta energía espiritual tiene un tremendo impacto sobre el continuo espacio-tiempo espiritual, en lugar del continuo tiempo-espacio de la tercera dimensión, de separación y de la conciencia de dualidad.

Al tratar de seguir las Leyes Universales uno se está preparando para graduarse y para la transición al estado de la cuarta dimensión de conciencia. El objetivo no es la perfección, sino el regreso a y el recuerdo del amor incondicional. Usted vivirá en un reino de una realidad libre de peligro, donde todos los deseos son concedidos. El proceso de pasar del tercer estado de conciencia dimensional al de la cuarta y la quinta dimensión, se basa en parte, en la aceptación de la creencia de que la Unidad es espiritualmente más real que las creencias asociadas con las ilusiones de la dualidad.

Además, a medida que uno se esfuerza por comprender su misión en la Tierra en relación con las Leyes Universales, uno se da cuenta que no se está en esta encarnación simplemente para escapar de la muerte física, ni para salvarse a sí mismo. Usted vino a extenderles una mano a otros para que cuando cada mano se extiende, las manos comiencen a conectarse las unas con las otras. Después, otros comienzan a tener esperanza y a convertirse en una parte del ritmo y el fluir hacia la graduación y la Nueva Tierra.

La cosecha de almas puede ser mayor en este momento ya que muchas almas están muy cerca del "Despertar". Muchas almas saben que algo está pasando, pero ellas esperan su ayuda para entender el efecto que los cambios terrestres y los próximos cambios dimensionales, tendrán en ellos, y en todas las partes de su mundo con el que se han vuelto tan familiar.

La acumulación de pruebas indica que hay "Ahora" una Tierra Crística alrededor del planeta. Los científicos han descubierto ahora una nueva red y se encuentran en el proceso de tratar de entender los portales y los puntos de la red que están asociadas con sus características estructurales. Así, la vía de servicio que usted puede adoptar es la de fortalecer y afinar la Tierra Crística, que se encuentra dentro del estado de la cuarta dimensión de la conciencia. Mediante la visualización de la Luz Violeta usted puede tener esa luz infundiendo y purificando a la nueva red de la Tierra Crística. Aquellos de ustedes planeando Ascender, pueden esperar a pasar a través de los Portales Cósmicos (Star Gates) en la red de la Tierra Crística, hacia la Nueva Tierra.

El Espíritu ha indicado que desde hace mucho tiempo, la evolución espiritual tiene que ver con el cambio en la conciencia. Cambiar por naturaleza, es una condición que prejuicia y altera la conciencia hacia un estado de incomodidad. Evite las molestias mientras viaje por el camino a seguir siendo amable consigo mismo. Evite cualquier forma de autocastigo, y haga hincapié en el amor en lo que se proponga. Entonces acuérdese y recuerde a otros que para poder servir a los demás primero tiene que existir el amor por uno mismo. El amarse a uno mismo, requiere de un esfuerzo considerable junto con el perdón. Busque la ayuda del Consejo Espiritual de su Ser Superior y de su Dios/Diosa interior, y mantenga sus expectativas alineadas con el corazón. Limpie la mente de formas de pensamiento indeseables, y esté abierto a recibir orientación desde adentro. Haga uso regular de la meditación, ya sea solo o en grupo. Las meditaciones en grupo tienen la ventaja de ser más seguras, y se puede meditar durante largos períodos de tiempo sin llegar a desbalancearse. Las meditaciones en grupo son también más poderosas energéticamente.

* * * * * *

24

Integrando los Patrones Energéticos Requeridos
Para Crear Balance

Para la integración completa de su sistema energético de tercera dimensión, se va necesitar que usted ponga su atención consciente a las diferentes vías, centros o circuitos energéticos y estar a tono con ellos. Usted no tiene que entender las características de cada una de estas modalidades de consumo energético para pedir su armonización y su equilibrio. Sólo pídale a sus Asistentes Espirituales, el Consejo Espiritual de su Ser Superior, y a su Dios/ Diosa interior para satisfacer su petición. Algunos de estos sistemas de energía son: la red que rodea al cuerpo, el modelo holográfico actualizado, la vasija de la realidad, la red búdica, la estrella central, el tubo pránico, las chakras, los cordones de los chakras, los meridianos y puntos de acupuntura, los colaterales, las cadenas de deslizamiento, las cuerdas cerebrales, y las líneas axiatonales, el cordón de plata, los implantes, los cables de los implantes, las impresiones, las superposiciones, y los lugares de almacenamiento emocional y espiritual, los túneles y las agrupaciones, el cerebro, y las sinapsis de la función nerviosa. Otros conceptos de energía muy importantes, incluyen: el cociente de flujo luminoso, la conección al Origen, el complejo energético disponible, y la intensidad del flujo de amor, el grado de equilibrio del punto de la polaridad, la eficiencia del flujo eléctrico, el almacenamiento y la transferencia de códigos energéticos del ADN y su esencia, el flujo de prana y las energías fotónicas.

Usted puede comenzar sus actividades de integración, integrando internamente los doce renglones que figuran a continuación. Después de que cada elemento se integre por separado, intégrelo con el punto anterior. Una vez que todos los artículos estén integrados, usted puede solicitar una integración total de estos patrones energéticos. La secuencia de la integración evoluciona a estos grupos energéticos: 1) Todos los componentes del cuerpo físico; 2) Todos los cuerpos espirituales; 3) Todos los circuitos energéticos de los nervios y del cerebro; 4) Todos los cuerpos mentales y emocionales; 5) Los patrones energéticos de la estrella central y el tubo pránico; 6) La red energética búdica; 7) Los patrones energéticos del ADN en todos los cuerpos; 8) Toda red, chakra, meridiano, y circuito energético; 9) Los patrones energéticos de la vasija de la realidad; 10) Conecte todos los circuitos energéticos con la vasija de la realidad; 11) El holograma actualizado de todas las partes del cuerpo físico; y 12) La composición química ideal de todos los sistemas catabólicos y metabólicos. Utilice el péndulo de precisión conectado con la Conciencia Universal, para medir el grado en que cada proceso de integración se haya completado.

El objetivo de esta secuencia de integración es la de reunir todos estos patrones de energía humana en un sistema unificado y funcional. Comience por la integración de cada elemento en secuencia hasta que esté por lo menos un 50 por ciento integrado, y por menos que el 50 por ciento se haya integrado con el punto anterior. Entonces, siga con el siguiente paso. Continúe trabajando por la lista, hasta que cada elemento esté interiormente integrado y con un registro de cerca del 100 por ciento de su potencial. A medida que usted continúa este proceso, obtenga un alto porcentaje en la integración de todos los elementos anteriores tomados en secuencia. El objetivo es el de integrar finalmente todos los elementos para llegar al 100 por ciento de compatibilidad. Todo el proceso requerirá un tiempo del reloj considerable, sin embargo, esto puede rendir grandes dividendos en la eficiencia funcional de su composición energética. Hay muchas señales disponibles que pueden ayudarlo a reconocer que ya usted ha integrado sus sistemas energéticos y que ha obtenido un grado de despertar espiritual.

A medida que cambie su conciencia de la tercera dimensión a la cuarta, y de la cuarta al estado de conciencia de la quinta dimensión, un nuevo grupo de sistemas energéticos se crearán y estarán disponibles para la creación de su nueva realidad.

* * * * * *

25

El Poder de la Aceptación y Haciendo Ajustes Espirituales

En los "Mensajes de Los Anfitriones del Cielo" ("Messages from The Hosts of Heaven"), publicado en la página del internet, www.operationterra.com , se señala que todas las personas en la Tierra simplemente están tratando de seguir el camino evolutivo de su vida. Cada alma individual eligió ese camino antes de haber encarnado en la Tierra. Citando sus mensajes:

Todo lo que usted es, todo lo que usted a hecho, está todo dentro del plan diseñado para su vida. De lo único que usted responde a las situaciones. Sus respuestas es el proceso que utiliza para detetrminar quien es usted, por qué está usted aquí y a dónde se dirige? Usted es un aspecto del Creador, aportando al Creador una experiencia particular, a través del enfoque de su percepción, como un aspecto individualizado del Creador. Si tiene que culpar a alguien, debe culpar al Creador. Si tiene que estar enojado, usted debe estar enojado con el Creador. Cuando usted mira, todo lo que observa es el Creador-en-expresión. La gente que muere es el Creador. La gente que las asesina, es el Creador. Si esto fuera todo lo que usted pueda comprender, entonces tendrá paz, usted transcenderá la realidad fenoménica, y se encontrará mucho más cerca a hogar.

Un cierto nivel de entendimiento se necesita cuando uno contempla el camino evolutivo del alma dentro de este Universo y todos sus aspectos multidimensionales. La parte encarnada de su realidad tiene una comprensión muy limitada, debido a los muchos velos y la pérdida de la memoria. Su alma no ha evolucionado a un nivel lo suficientemente alto en vibración de conciencia, para poder guiar su conciencia realmente a lo largo del camino espiritual de regreso al hogar. Por lo tanto, usted necesita de una ayuda considerable espiritual para seguir el camino más apropiado (línea temporal). Obviamente, la conección con el Dios/Diosa interior es muy importante espiritualmente. Más allá de esa conección hay muchas más oportunidades.

En el pasado, cuando un alma individual permitió que su cuerpo físico muriera, la forma del espíritu pasaba a los tonos más bajos del estado de la cuarta dimensión de conciencia. Aquí a cada alma se le daba la oportunidad de reevaluar su última encarnación y decidir qué nuevas experiencias les servirán mejor para sus futuras experiencias hacia el crecimiento espiritual y del alma. Sin embargo, esta nueva evaluación es inconsciente a su personalidad debido al bajo estado dimensional de la conciencia del alma. Si una gran cantidad de información estuviera disponible para su conciencia, ésta podría abrumar la reducida capacidad de los cuerpos mentales y emocionales. Por ello los velos de la protección se crearon para que uno no se acordara de todas sus otras experiencias.

Bardo, el estado entre las vidas físicas, es donde su alma revisa sus vidas pasadas y crea un contrato nuevo para la próxima vida.

Tenga en cuenta, que a lo largo de todas sus experiencias evolutivas, nunca hubo ningún juicio acerca de sus actividades. El juicio es un concepto humano, una ilusión de las dimensiones inferiores, y no existe en los reinos espirituales superiores de la realidad.

Bardo, el estado entre las vidas físicas (donde la revisión se lleva a cabo), fue diseñado para determinar el estado de evolución del alma en relación con el camino que había elegido. Eso es todo, sólo el estado actual de su alma, en el momento en que se revisa. Cuando usted piensa de su última reevaluación, mientras está en el Bardo, usted se da cuenta que casi no tiene memoria alguna del proceso, ni tan siquiera, recuerda que sus otras vidas fueron evaluadas. Cada vez que usted pasa a través del Bardo (durante su evaluación de cuarta dimensión) se borra todo lo que estaba en la pizarra. Entonces, tan pronto la memoria se borra, un velo se instala para bloquear la memoria de vidas pasadas, futuras y de vidas paralelas, de modo que usted pueda comenzar la próxima encarnación como una nueva. Uno de los aspectos de completar la revisión y de crear un nuevo contrato es que desafortunadamente muy pocos seres humanos se acuerdan del contrato que quedaron de llevar a cabo. Ese contrato de la próxima encarnación fue diseñado para acelerar la evolución del alma espiritual. Sin embargo, si el alma es incapaz de acordarse del acuerdo que quedó en cumplir, ¿cuánto se puede avanzar durante la próxima encarnación? Por lo tanto, los seres humanos pasan por apuros y se enfrentan constantemente pidiéndole al Consejo Espiritual de su Ser Superior y al Dios/Diosa interior para obtener una idea acerca de lo que consistían sus contratos.

Todo el mundo está interesado en elegir la actividad más adecuada para impulsarse hacia adelante en su camino espiritual. La pregunta es: ¿cuáles son las opciones más adecuadas para tomar cada día? y ¿qué decisión consciente se requiere para elegir adecuadamente? La solución está en asegurarse de estar en contacto con sus Asistentes Espirituales y con su Dios/Diosa interior. Cuando una persona pierde el contacto con su equipo de guía espiritual, tiende a ir a la deriva a través de la vida. Luego, ellos reencarnan de nuevo con el mismo disco rayado. Por lo tanto, es de gran valor el mantener el contacto con su Dios/Diosa interior, para que pueda saber cómo seguir avanzando hacia adelante espiritualmente.

El ritmo del progreso espiritual de cada alma encarnada en la Tierra ha sido muy lento en los últimos veintiséis mil años. La humanidad dentro del, tercer estado dimensional inferior de la conciencia, ha sido capturada en un patrón repetitivo de regresar a un planeta de tercera dimensión, vida tras vida. Este patrón repetitivo continúa hasta que el espíritu "Despierta" y finalmente se da cuenta del absurdo cósmico que es esta trampa en la Tierra de tercera dimensión. Lo absurdo era que creíamos que estábamos separados de Dios/ Diosa y otras partes de la creación. No existe la separación en el Universo y la vida en la Tierra es sólo un gran juego de ilusiones. Algunos le llaman a estas ilusiones una obra de teatro y nosotros somos los actores.

Cuando nos ofrecimos a venir a la Tierra, nosotros los seres humanos, creamos la ilusión de la separación y la ilusión, aunque en un sentido real, de un cuerpo físico, las formas de dolor y el sufrimiento. Nosotros elegimos este patrón para poder resolver estos desafíos con el fín de acelerar nuestra evolución espiritual. Con frecuencia, cuando las almas permiten que sus cuerpos físicos mueran en la Tierra y esas almas llegan dentro de los matices más bajos de la cuarta dimensión, es posible que "Despierten" y que respondan ante su situación actual.

Cuando el "Despertar" del alma se realiza, esa alma se dará cuenta que una encarnación adicional dentro de una realidad de tercera dimensión no tendrá ningún valor kármico. Ni tal encarnación ofrecerá una experiencia nueva o útil para el crecimiento del alma.

Por lo tanto, estas almas pueden optar por solicitar un patrón de espera en la cuarta dimensión. De hecho, se ha comprobado que algunos de los que están cansados de la Tierra y de las lecciones asociadas con ella, elijen descansar por un período entre encarnaciones. Tras el descanso y unas consultas adicionales, ellos podrán entonces optar por tomar una selección alterna de cómo y hacia donde proceder. Otros pueden permanecer dentro de los niveles espirituales de la cuarta dimensión indefinidamente por varias razones. Algunas almas evidentemente se dieron cuenta de que en un momento apropiado, ellas pueden optar por resucitar su espíritu para obtener la condición de Cuerpo de Luz. Desde ese punto de vista nuevo, se abren otras opciones para que estén disponibles para la evolución espiritual.

Este procedimiento anterior se describe en la Biblia como: *Los muertos resucitarán.* Esas almas clasificadas como los muertos en realidad están viviendo dentro de sus cuerpos espirituales dentro de la cuarta dimensión. Cuando las almas dentro de la cuarta dimensión toman la decisión para Ascender y han cumplido con los requisitos para ello, entonces en cierto sentido han decidido crear un cuerpo nuevo y Ascender a la Nueva Tierra. Así, en cierta forma, serán resucitados de la cuarta dimensión o de la de los muertos. Esta opción en la secuencia de la evolución espiritual se relaciona con la conciencia dimensional del planeta, en este caso la Tierra. Cuando el planeta Tierra Ascienda al estado de la quinta dimensión de conciencia, no habrá más actividades de tercera dimensión en esa frecuencia, hasta que el planeta se limpie y se renueve, un proceso bastante largo. Esa alma que no esté preparada para graduarse, no podrá encarnarse en la Tierra de tercera dimensión. Así pues, el alma en la cuarta dimensión del Bardo se enfrenta con una posibilidad de opciones.

Como se ha mencionado, una opción es la de que un alma Ascienda desde el plano astral (la cuarta dimensión) a la quinta dimensión de la Nueva Tierra. Otra opción para algunas almas es la de transferirse a otro planeta con el estado dimensional de conciencia que sea compatible con su estado de evolución. Obviamente, hay otras opciones o alternativas.

Independiente de cuál es la opción que elijamos, nos quedan muy pocos años antes de que toda creación ilusoria hecha por el hombre, característica de la Tierra de tercera dimensión, sea borrada de la faz de la Tierra. Cuando hayamos tomado la decisión de Ascender con un nuevo cuerpo en esta encarnación, todas nuestras experiencias personales a través de muchas vidas, seguirán siendo revisadas y limpiadas. Estas experiencias vendrán estrepitosamente de vuelta desde todo "tiempo en el Ahora" a nuestra actual encarnación para ser removidas, y asi nos podamos mudar a la Nueva Tierra con borrón y cuenta nueva. El Espíritu indica que todos en la Tierra experimentarán estas experiencias de limpieza. La Madre Tierra se ha echado encima muchas de estas experiencias adversas y "Ahora" se las está devolviendo a aquellos que las crearon. En cuanto estas se vayan manifestando o revisando busque a sus Asistentes Espirituales para que lo ayuden a facilitarle estos esclarecimientos.

Entonces, ¿qué haría usted si usted sintiera por parte de su Dios/Diosa interior que tenía treinta y dos meses más de vida sobre la Tierra? ¿Qué tan importante sería el planear cualquier cosa? ¿Qué haría usted en los últimos meses restantes? ¿Hay algunos asuntos pendientes en su vida? ¿Hay alguna gente con la que necesita hablar? ¿Está su casa en orden o eso importa? El Espíritu me ha revelado que todo el mundo tiene que empezar a pensar en estos términos. Comenzar a analizar y clasificar las actividades contempladas en su vida para saber dónde uno está y hacia dónde se dirige. Su objetivo debe ser el de desprenderse de todos los eventos caóticos que lo rodean. Libérese de todos sus bienes materiales y los llamados tesoros restantes. Ellos no tiendrán ningún significado real en la Nueva Tierra futura.

Sin embargo, esté preparado y dispuesto a aceptar todo tipo de cambios durante sus treinta y dos meses restantes. Todo parece indicar que antes de "El Cambio", habrá una reducción progresiva del suministro de alimentos, habrá tiempos económicos difíciles, las condiciones meteorológicas serán extremas, habrá agitación política, un posible cambio en los polos, cambios en la Tierra y otros eventos que serían muchísimos para enumerar.

Mire a su alrededor. Pase más tiempo con su familia y sus amigos. Disfrute de la belleza de la naturaleza y sienta su conección con la puesta del sol, los pájaros, las estrellas y la Tierra. Disfrute de las cosas buenas disponibles, encuentre el equilibrio en todas sus actividades, sea bueno consigo mismo, dele un abrazo a los árboles, envíe amor a todos los animales, y tome tiempo para apreciar realmente la tercera dimensión mundial que usted ha disfrutado a través de muchas vidas. Dele reconocimiento a todos los que lo rodean, que han ayudado a hacer de su vida algo significante. Suavice su caminar, suavice su charla y aprecie un momento de meditación silenciosa.

Entonces mire a su alrededor, a todo lo que usted ha llegado a aceptar como real. Con frecuencia, se ha oído hablar del concepto de un regreso a casa. Sin embargo, también existe un "partir de casa" en su futuro próximo. Todos los seres humanos en la tercera dimensión de la Tierra, se trasladarán a otro lugar. Entonces al mirar a su alrededor, sepa que pronto se estará llendo de todas las actividades y de los lugares familiares. "Pronto" es relativo, ya que nadie sabe la fecha exacta de "El Cambio" y todos los acontecimientos que conducirán a ello. Sin embargo, "pronto" podría venir en cualquier momento, y está lo suficientemente cercano que sería sabio continuar con su preparación. Como todas las cosas pasarán a su debido tiempo, así será también que usted eventualmente, pase a lo largo de su camino espiritual - a través de una multitud de experiencias dentro de este y otros Universos.

Después de que el mundo que ha conocido se desvanece, dese cuenta que todos somos una creación eterna. Todos reanudarán sus oportunidades a medida que descienden por sus trayectorias del tiempo y las líneas temporales, hacia los destinos que han elegido. Entonces, ¿por qué no empezar "Ahora" a secarse las lágrimas que pueda derramar con respecto a la partida? Relájese al utilizar la paz y el amor para ayudarlo a crear su nuevo reino de realidad.

El Espíritu me ha llevado al siguiente mensaje, mientras yo estaba sentado en la computadora, como un medio de abordar el cierre de este libro. Este es un aviso del Espíritu acerca de las elecciones que ha tenido disponibles, y las oportunidades que tiene "Ahora". Al aceptar su camino elegido (línea temporal), y las oportunidades que se avecinan, usted estará de regreso a su verdadero hogar-real. La precisión del siguiente mensaje es para su propio discernimiento, ya que la exactitud o la realidad de cualquier cosa se producen dentro de la percepción y la conciencia de cada individuo.

Desde una perspectiva espiritual no hay diferencia entre el vivir y el morir, ya que ambas experiencias son ilusiones. Ya que el vivir y el morir son ilusiones, ellas pueden ser creadas y deshechas. Por lo tanto, un cambio interior útil que facilitará el proceso de la Ascensión es el de soltar todos los programas de ilusiones y de creencias falsas. Por ejemplo: la falsa creencia de que la muerte física es algo natural, inevitabl, y real. La muerte física ha sido y es, una ilusión creada por los seres humanos porque creían que no eran dignos de la vida eterna. Para facilitar esta falsa creencia acerca de la muerte, los seres humanos en la Tierra crearon una hormona llamada la hormona de la muerte, que ayuda al cuerpo a envejecerse y provocar la muerte. A medida que estos seres humanos crearon la hormona de la muerte, al mismo tiempo deshicieron la hormona del rejuvenecimient, para acortar su vida. Con el fin de extender la duración de su vida, usted debe desactivar la hormona de la muerte y reactivar la hormona del rejuvenecimiento, para crear un nuevo cuerpo físico.

La última oportunidad para que un alma encarne en la Tierra de tercera dimensión en este ciclo Galáctico está llegando a su fin, en un futuro no muy lejano. Cualquiera que no se acuerde de lo que es, para ese entonces, tendrá la opción de morir e ir a la sala de espera espiritual en la cuarta dimensión. Ahí pueden sentarse y mirar viejas revistas hasta que se enfrenten con el tiempo para decidir. Si usted no recuerda quién es usted y desea seguir jugando los juegos de la separación, el control, la manipulación, el poder, etc., entonces usted puede ir a jugar en otra escuela planetaria, que aún se está densificando dentro de la tercera dimensión. Ahí puede continuar sus lecciones de tercera dimensión todo el tiempo que quiera en vez de Ascender a la quinta dimensión.

En algún momento después de "El Cambio", en el período comprendido entre el 2010 y el 2014, el planeta Tierra será habitado por aquellas almas que adopten la Unidad/Conciencia Crística dentro de la quinta dimensión. Esas almas que han encarnado en la Nueva Tierra habrán aceptado la oportunidad de Ascender. Ellos se darán cuenta que no pueden morir porque su cuerpo nuevo de la quinta dimensión es una creación eterna. Por el contrario, el cuerpo físico humano en la tercera dimensión de la Tierra es una ilusión mortal porque puede ser deshecho. Cualquier cosa que pueda deshacerse es una ilusión característica de los estados inferiores dimensionales de la conciencia.

Recientes eventos sociales, políticos y económicos en la Tierra, en la primera parte del 2009, estarán bajo revisión por los Anfitriones del Cielo, con respecto a la posibilidad de cambios dramáticos sobre la Tierra.

Siempre y cuando un estado de emergencia se detecte, los Creadores del Universo han solicitado a todos los interesados a estar preparados para un cambio de planes. Estos posibles cambios en los planes podrían crear una sensación de nerviosismo y de mariposas en el estómago, y una asociada mezcla de ansiedad y de anticipación para aquellos que planean graduarse. A medida que vaya presintiendo las posibilidades de una aceleración o desaceleración en los planes, mantenga su atención sobre su Dios/Diosa interior. Cálmese, aumentando su respiración, cerrando los ojos, y confiando en aquellos que están orquestando el evento completo de la transición. Estos procedimientos disminuirán la incomodidad. Sepárese del drama a su alrededor, eliminando o reduciendo drásticamente, su consumo de comunicación. Siempre y cuando los Extraterrestres tomen control de los sistemas de comunicación, entonces escuche sus instrucciones. Sí, ellos tienen la tecnología para hacerse cargo de todos los sistemas de comunicación en todo el mundo.

En la actualidad, su objetivo es el de evitar todo miedo y toda ansiedad, y ejercitar plena confianza. Nadie, ni siquiera los Anfitriones Celestiales, saben a ciencia cierta lo que sucederá en un futuro próximo. Por ello, prepárese para cualquier cosa imaginable y liberérese de toda preocupación, dejándole todo a su Dios/Diosa interior.

Los Anfitriones Celestiales y los Extraterrestres benevolentes, estarán observando de cerca a cada uno de ustedes en los próximos días. Una posibilidad que existe es de que puedan surgir conflictos adicionales en la región del Golfo Pérsico. Si es así, estos conflictos podrían extenderse a otras partes de la Tierra. Como resultado, podría haber una desplomada financiera y el caos.

Con el fin de garantizar que aquellos que planean Ascender dentro de sus cuerpos físicos estén a salvo de estos posibles eventos, se están revisando los planes para que posiblemente sean desplazados a una de las naves nodrizas, antes de que las condiciones en la Tierra sean insoportables. Mantenga su radio interior sintonizado con el Dios/Diosa interior, para obtener instrucciones específicas. Entonces, préstele atención a esas instrucciones sin importar lo que otros digan. La espiritualidad trata con poder expresar plenamente sus necesidades sin limitaciones impuestas por nadie ni tener que pedirle permiso a nadie para seguir su sistema de orientación interior, siempre usando su discernimiento.

Siempre habrá aquellos que tratan de frenar su entusiasmo por el progreso espiritual. Ya es hora de crear sus fundamentos espirituales, basados en el entusiasmo espiritual que está edificándose alrededor de todo el planeta. El viaje de su alma proviene y fluye a través del corazón. El corazón recibe una orientación para ayudarlo a tomar las decisiones más apropiadas. Sin embargo, es importante procesar el mensaje del corazón con una mente clara. Al escuchar primero al corazón, usted puede comenzar a utilizar su mente de una forma más constructiva. El corazón es el lado femenino, la parte de la vida que siente, que necesita estar en equilibrio con el lado intelectual masculino. Esto significa equilibrar su ego y vivir desde el corazón como se discutió anteriormente.

Su conciencia se ha energetizado para "Despertar" a quién usted realmente es, para que pueda recordarse de su naturaleza divina. Ya no hay necesidad de caminar por las vías extremas del desafío. En vidas pasadas usted se ha sacrificado para ser el ladrón, asesino, borracho, sacerdote, chamán, monje o lama. Usted ha experimentado todos los desafíos de la enfermedad, la guerra, el crimen y la pobreza. "Ahora" es el momento de "Despertar" plenamente y dejar que su vida sea espiritual en todos los aspectos de la vida. Volviéndose espiritual no se trata de ir a un seminario, siguiendo un líder espiritual, leyendo un determinado libro o asistiendo a la iglesia. Se trata de reconocer la necesidad de cambiar su conciencia para que todo en su vida este sobre un camino espiritual. Usted tendrá que cambiar su perspectiva, cambiar su actitud, liberarse de todas las emociones negativas y monitorear todos sus patrones de pensamiento. Lo que es correcto para usted, no necesesariamente es correcto para la otra persona. Haga un cambio de conciencia dirigiendo su atención hacia su corazón y el Maestro Cristo en su interior. Nunca ha habido un Maestro que haya Ascendido sin haber recurrido al Maestro Cristo interior para asistirlo. Es su responsabilidad de abrir la puerta de su corazón, pedir asistencia y hacer nacer su Maestro Ascendid que esperando en su interior. Para aquellos que planean Ascender, ustedes vinieron a la Tierra en este momento, para inmortalizar un cuerpo físico para usted, y para llevarlo consigo a la Nueva Tierra. Su camino de la salvación, está en alinearse con el Dios/Diosa interior. El "YO-SOY-Que-YO-SOY", es el ser divino de la quinta dimensión y más allá. El Ser Supremo de toda persona en la Tierra, se llama "YO-SOY-Que-YO-SOY". La alineación con su ser divino, es de lo que la Ascensión se trata. El Dios/Diosa interior, lo ayudará a entender y aplicar lo que será la línea temporal y la ruta más útil, para su viaje espiritual.

Habra la puerta de su corazón. Cambie su perspectiva. Libérese de toda emoción negativa. Esté alineado con su Ser Divino.

El Espíritu propor cionó la oración de cierre:

Que mi viaje a la Nueva Tierra sea lleno de amor, alegría, diversión y emoción, a medida que viajo por el camino que he elegido y mi línea temporal. Que el Amor del Origen Creador (Dios/Diosa) me guíe desde el interior en todo momento, mientras paso por las transformaciones hermosas y este cambio dramático en la conciencia. Ayúdame a reservar momentos callados, para disfrutar mi transformación, mientras que la voz apacible y delicada en mi interior me oriente a aceptar mi naturaleza multidimensional con un sentido de maravilla y asombro sobre toda su magnificencia.

* * * * *

Epílogo

Muchos seres humanos sienten los cambios que vienen a la Tierra ("El Cambio" y se dan cuenta que pronto tendrán que tomar decisiones muy importantes. La opción de permanecer en la Tierra de tercera dimensión no es una opción ya que no soportará la vida humana poco después del 2012. Aquellos que prefieren evitar "El Cambio" tienen varias opciones. Por ejemplo, pueden físicamente morir y volver a su planeta de origen, optar por ir a otro planeta de tercera dimensión, o regresar al Creador. Aquellos que califican para Ascender pueden morir físicamente ahora para que puedan ser de ayuda en la Nueva Tierra después de "El Cambio". Otros que califican para Ascender, físicamente pueden permanecer en la Tierra, conscientemente dejar sus cuerpos en la noche, ayudar a preparar a la Nueva Tierra para ser habitada y regresar cada mañana. Estas almas se están preparando para la experiencia de "El Cambio" e ir a la Nueva Tierra.

Una descripción más completa de estas opciones y de estos eventos, ha sido comunicada por parte del Guía Maestro Kirael, a través de Kahu Fred Sterling. Esta descripción está disponible en www.kirael.com, en los libros de Kirael sobre "El Cambio", y dentro de los artículos en el *Sedona Journal of Emergence*. Mientras usted se prepara para ir a través de "El Cambio", mantenga su campo magnético del Mer-Ka-Ba para que pueda conservar su memoria; por ejemplo, acordándose de quién es. Lo que sigue es un breve resumen de los mensajes del Guía Maestro Kirael sobre "El Cambio" y sobre los tres días de oscuridad correspondientes.

Todos los seres humanos que físicamente estarán en la Tierra hasta "El Cambio" pasarán por los tres días de oscuridad y entrarán en un sueño profundo como el de la hibernación. Durante la hibernación el pulso se desacelerará, a un latido por cada dos a tres horas. También, para aquellos que planean Ascender, muchos cambios moleculares internos se llevarán a cabo. Por ejemplo, su diseño molecular basado en el carbono y de baja frecuencia será reemplazado con un diseño molecular de mayor frecuencia basado en el silicio cristalino.

Inmediatamente después de despertar de los tres días de oscuridad, usted puede que se pregunte, ¿Qué fue lo que acaba de suceder? El paisaje de tercera dimensión será similar a lo que usted ha visto después de algunos huracanes o tifones, donde muchas estructuras físicas fueron arrasadas por completo. Los seres humanos necesitan entender que todo lo creado físicamente por el hombre depende de la conciencia humana para mantener sus características estructurales. Así que, sin la energía de la conciencia humana durante los tres días de oscuridad, estas creaciones artificiales comenzarán a desaparecer. Además de la pérdida de sus posesiones materiales hechas por el hombre y la devastación asociada con este evento, usted observará portales (puertas dimensionales), por las que usted deberá de atravesar para entrar a la cuarta dimensión.

Como resultado de estos cambios, algunos individuos estarán confundidos y asustados. Lo más probable es que estén inconscientes de que las modificaciones previstas se están llevando acabo. Por eso sería prudente considerar las necesidades de ellos. Si reúne los requisitos y tiene planeado Ascender a través de los portales, sea paciente, y espere su turno. Aquellos que han optado por no Ascender tienen la opción de pasar por el primer portal. En cuanto estas personas entren al portal, su energía física se disipará, y ellos regresarán a la Luz del Creador.

Nota: *Alrededor de dos terceras partes de la población, o cuatro mil millones de almas, en la actualidad han optado por no graduarse y Ascender a la Nueva Tierra. Ellos dejarán la Tierra de tercera dimensión mediante la disipación de su cuerpo físico, a través de la muerte física, o por medio de otras opciones.*

Los otros dos mil millones de seres humanos estarán en condiciones de Ascender y pasar a través de los portales hacia la Nueva Tierra. Aquellos que califican, recibirán orientación por parte de los "Enviadores de Luz". Esa información ayudará a guiarlos a través de los portales de la "Nueva Tierra", y los asistirá durante los días difíciles estando ya al otro lado del portal. Los "Enviadores de Luz" también servirán de guía a los trabajadores del portal. Los trabajadores del portal a este lado ayudarán a las personas que no están familiarizadas con el paso a través del portal. Los trabajadores del portal en la 4ª dimensión conocerán la verdad y darán clases. Estas clases ayudarán a los Ascendentes a adaptarse a la Nueva Tierra. Estos trabajadores también podrán detectar aquellos seres, que apenas se deslizaron a través del portal sin cualificaciónes suficientes y harán que ellos regresen. Para mantenerse dentro de la cuarta dimensión, la conciencia de ese individuo debe vibrar dentro de las frecuencias del amor incondicional y la conciencia de la unidad (Crística).

Ascendentes, tengan en cuenta, de que no hay nada que temer con respecto a "El Cambio". Relájese y sepa que todo está en orden divino. Entonces, prométase a sí mismo que escuchará los mensajes de los "Enviadores de Luz" para saber que hacer. Su capacidad mental será mucho más incrementada y su cuerpo físico estará limpio de la mayoría de los desequilibrios. Usted se dará cuenta que las características físicas habrán cambiado. Su cerebro puede aumentar de tamaño y sus oídos se agrandarán, lo que le permitirá que usted pueda escuchar sonidos distantes. Su ritmo cardíaco será más lento, y su capacidad pulmonar se reducirá debido a los cambios en la respiración. Si usted dice una mentira, sus ojos emitirán un destello de luz. Usted podrá existir sin comida ni agua durante varios meses ya que puede sobrevivir con la energía pránica (fotónica), recibida a través de las técnicas de respiración pránica. Hacer el amor será mejor de lo que jamás se haya podido imaginar consistiendo simplemente en juntar sus manos. No habrá necesidad de tener dinero consigo porque no servirá para comprar nada en la 4ª Dimensión. Su nueva casa será sencilla y hecha de hermosos productos naturales del lugar donde se encuentre.

Si usted es un Trabajador de la Luz usted actualmente tiene la obligación de correr la voz sobre "El Cambio". Mucha gente no querrá escucharlo la primera vez que intente explicarles acerca de "El Cambio", pero eso no importa, porque ellos se acordarán de sus palabras cuando llegue el momento. Por lo tanto, sería conveniente informar a sus familiares y amigos acerca de la graduación prevista y sobre "El Cambio". Usted no tiene que hablarles de los tres días de oscuridad a menos que se lo pregunten. Usted puede ayudarlos, estimulando su interés en permanecer en la Tierra hasta el momento de la graduación. Muchos de sus socios harán la transición, por lo menos a los niveles inferiores de la conciencia, dentro de la cuarta dimensión. Limite su preocupación por los demás, porque cuando llegue el momento de "El Cambio", muchos de los que están leyendo esto dejarán de preocuparse por quien logrará pasar o no. ¿Por qué? Porque todo está en la perfección absoluta y cada individuo tiene libre albedrío para tomar decisiones. Así, cada Alma tomará la decisión más adecuada para su evolución espiritual.

Después del Cambio y el paso a través del portal hacia la cuarta dimensión, usted puede descubrir que hay siete niveles de conciencia. Dentro de cada nivel hay siete niveles más, haciendo un total de cuarenta y nueve niveles o reinos posibles de realidad. Sería mejor evitar ir a cualquier nivel de un reino por varias razones descritas en la página del internet. El mejor nivel para empezar es el cuarto, ya que ahí usted está completamente iluminado, tiene una conciencia espiritual y todavía tiene una presencia consciente, algo parecida a la que tuvo en la Tierra. El quinto nivel de la cuarta dimensión es similar al estado de conciencia de la quinta dimensión. Es como vivir en un hotel de lujo, en el que se le atiende y donde puede recibir todo cuanto desea. Este nivel, "parecido al cielo", puede ser definido como aquel que está dentro de la Luz del Creador. Aquí usted tendrá varias oportunidades de viajar a otros planetas a bordo de varias naves espaciales, y hacer nuevas amistades. El séptimo nivel es donde usted pasará muy poco tiempo involucrado en actividades como las que tuvo en la Tierra, y puede trascender a hacer lo que desee. Usted tendrá una coordinación perfecta y por lo tanto, va a decidir que éste es un lugar donde le gustaría quedarse por un tiempo.

Si usted tiene un deseo sincero para graduarse y Ascender, las respuestas a la pregunta siguiente podrían ser útiles. Alguien le preguntó al Guía Maestro Kirael: "En la preparación para "El Cambio", ¿hay algo que podemos hacer además de practicar la respiración pránica?" Su respuesta fue:

El primer paso es el de mantener el cuerpo tan sano como usted pueda ahora, para que pase menos tiempo enderezándose, una vez que llegue allí. Aprenda sus lecciones. Haga lo que usted sabe que se requiere hacer, porque cada lección aprendida le asegura una vibración más alta durante "El Cambio". Si está en una silla de ruedas y termina en el cuarto nivel, usted podrá correr en círculos, pero si usted termina en el segundo nivel, tendrá que trabajar para sobreponerse de esa situación.

Concéntrese en el Ahora y no tendrá necesidad de considerar el pasado o el futuro, para resolver las cosas. Lo que usted haga ahora afectará lo que hará más adelante. Pregúntese: "¿Qué puedo hacer hoy para que mañana sea mejor?" Quédese en el momento presente.

* * * * *

Section VI: Referencias Utilizadas y Lecturas Sugeridas

Referencias Utilizadas en el Texto
y Lecturas Sugeridas

Achterberg, Jeanne, Barbara Dossey and Leslie Kolkmeier. Rituals of Healing. Bantam Books, 1994.

A Course in Miracles. Foundationfor Inner Peace Pub., 1975.

Akasha and Asun. The Greatest Power in the Universe. Angelic Encounters Pub., 2006. Visite: www.akashonline.com .

Alien Shift Disclosure Project. Reports about 2012, UFOs, Aliens, HARRP, Earthquakes, Area 51, and related subjects. Para Detalles Visite: www.alienshift.com .

Amen, Daniel G. Change Your Brain, Change Your Life. Random House, 1998.

Arcturian Connection (información sobre la consciencia de la quinta dimensión): Del Comandante Adama (Sacerdote Supremo de Telos dentro de Mt. Shasta). Visite: www.tribes.net .

Ascension Research Center. Teachings of Ascended Masters; Teachings, Messages and Activities. www.Ascension-research.org .

Ashtar Command. (Información Actual de la Flotilla Intergalactica Extraterrestre). www.ashtarcommand.hylava .

Azevedo, Jose Lacerda de. Spirit & Matter. Reno, NV: New Falcon Publications, 1979.

Bacon, Summer. "This school Called Planet Earth Channeling Dr. Pebbles" www.summerbacon.com .

Bartlett, Richard, D.C., N.D. Matrix Energetics: A Hands-on Guide to Subtle Energy and Radical Change. Hillsboro, OR: Beyond Words Publishing, 2007.

Baumgartner, Bonnie. Expanding Into Other Dimensions: The Ascension Process. Book Surge Publishing, 2007.

Becker, Robert O, MD. Cross Currents: Perils of Electropollution. New York, NY: Jeremy P. Tarcher, Inc., 1990.

Blue Star Web Sites. The Pleaiadian Speaks. 1997-2008. (Transmisiones a través de Celest y David para ayudar la evolución espiritual): www.God/Goddessmentary.com , www.awakenedhearts.com , www.bluestarspeaks.com .

Braden, Greg. The Divine Matrix: Bridging Time, Space, and Belief. Carlsbad, CA: Hay House, 2008.

Braden, Greg. Walking Between the Worlds: the Science of Compassion. Bellevue, WA: Worlds Radio Books Tore Press, 1997.

Braden, Greg. Awakening to Zero Point: The Collective Initiation. Ann
    Arbor, MI: Braun-Brumfield, Inc., 1993.
Braden, Greg, Peter Russell, Daniel Pinch and Geoff Stray. Mystery of 2012:
    Predictions and Possibilities. Louisville, CO: Sounds True, Inc., 2007.
Brennan, Barbara Ann. Light Emerging: The Journey of Personal Healing.
    Bantam Books, 1993.
Bryce, Sheradon. Joy Riding the Universe; Snapshots of the Journey. Rio
    Sabe Loco Publishing, 1993.
Cannon, Dolores. The Convoluted Universe - Book Three. Huntsville, AR:
    Ozark Mountain Publishers, 2008.
Cannon, Dolores. The Convoluted Universe - Book Two. Huntsville, AR:
    Ozark Mountain Publishers, 2005.
Cannon, Dolores. Between Death and Life. Huntsville, AR: Ozark
    Mountain Publishers, 1993.
Carrol, Lee. (Canalizando a Kryon en once libros). Published by Kryon
    Writings and Hay House. www.kryon.com, and www.amazon.com .
Cayce, Edgar Evans. Edgar Cayce on Atlantis. Grand Central Publishing,
    Hachett Book Group USA, 1998.
Chapman, Cathy. Change Your Encodements, Your DNA, Your Life, Light
    Technology Publishing, 2005.
Cheery, Joanna. Ascension Mastery International. Mount Shasta, CA: 2002-
    2008. Ver la Página del Internet para detalles:
    www.Ascensionmastery.com .
Chopra, Deepak. The Book of Secrets: Unlocking the Hidden Dimensions
    of Your Life. New York: Three Rivers Press, Random House, 2005.
Clow, Barbara Hand. The Pleiadian Agenda: A New Cosmology for the Age
    of Light. Santa Fe, NM: Bear & Company, 1996.
Cotterell, Maurice. The Supergods: They Came on a Mission to Save
    Mankind. Thorsons New Ed., 1998.
Cotterell, Maurice. The Mayan Prophecies: Unlocking the Secrets of a Lost
    Civilization. Auburn, MA: Element Books Ltd, 1996.
Detzler, Robert. Soul Recreation: Developing Your Cosmic Potential. SRC
    Publishing, 1999.
Dyer, Wayne. The Power of Intention. Carlsbad, CA: Hay House, 2005.
Eloff, Michelle. The Ascension Process. (Channeling Kuthumi and the
    Ascended Masters): Ver las Páginas del Internet:
    www.thelightweaver.com.za , www.lightweaverlorg .
Erb, John E. and T. Michelle Erb. The Slow Poisoning of America. Boulder,
    CO: Paladins Press, 2003.
Essene, Virginia and Sheldon Nidle. You Are Becoming A Galactic Human.
    Oxford, GA: Spiritual Education Endeavors Pub. Co., 1994.

Essene, Virginia. New Cells, New Bodies, New Life: You're becoming a Fountain of Youth. S.E.E. Pub. Co., 1991.

Free, Wynn and David Wilcock. The Reincarnation of Edgar Cayce? Interdimensional Communication and Transformation. Frog Book Pub., 2004.

Gerber, Richard, MD. Vibrational Medicine: New Choices for Healing Ourselves. Bear & Company, 2001.

Gibson, Mitchell. Your Immortal Body of Light. Reality Press, 2006.

Gibson, Mitchell. Living Soul Seminars and Spiritual World Insights. www.tybro.com .

Gilbert, Maurice M. The Mayan Prophecies: Unlocking the Secrets of a Lost Civilization. Element Books Limited, 1995.

Gilbert, Adrian. 2012: Mayan Year of Destiny: Appointment With Destiny & Global Change. Virginia Beach, VA: A.R.E. Press, 2006.

Goldberg, Bruce. Protected By The Light. Llewellyn Publications, 1998.

Goldberg, Bruce. Complete Book of Psychic Self-Defense, 1998.

Goldberg, Bruce. Time Travelers from Our Future: An Explanation of Alien Abductions. St. Paul, MN: Llewellyn Publications, 1998.

Goldsmith, Joel S. Beyond Words & Thoughts. Fort Worth, TX: Citadel Press, 1974.

Green, Glenda. Love Without End: Jesus Speaks. Crozet, VA: Heartwings Publishing, 1999.

Greer, Steven M., MD. Hidden Truth: Forbidden Knowledge. Quality Books, Inc., 2006.

Hawkins, David R., MD, PhD. The Eye of the I. Veritas Pub., 2001.

Hawkins, David R., MD, PhD. Power vs. Force. Carlsbad, CA: Hay House, 1995.

Hopkins, Budd. Intruders. Ballantine Books, 1987.

Hornecker, John. Cosmic InsightsiInto Human Consciousness, 1996. El libro está en la Página del Internet: www.earthscape.net .

Hurtak, J.J. The Book of Knowledge: The Keys of Enoch. The Academy for Future Science, 1977.

Icke, David. Tales from the Time Loop. Wildwood, MO: Bridge of Love Publications, 2003.

Inove, Alice Channeled. Lemuria: What Was It? And Where Was It? www.peleoflemuria.com .

Jones, Aurelia Louise. Telos Volume 3: Protocols of the Fifth Dimension. Mount Shasta, CA: Light Pub., 2006.

Jones, Aurelia Louise. Telos Volume 1: Revelations of the New Lemuria. Mount Shasta, CA: Light Pub., 2004. Visite: www.onelight.com/telos.

Jones, Aurelia Louise. Telos Volume 2: Messages for Enlightenment of a Humanity in Transition. Mount Shasta, CA: Light Pub., 2004. Visite: www.lemureianconnection.com .

Karagulla, Shafica, MD and Dora Van Gelder Kunz. Th e Chakras: Human Energy Field. India: New Age Books, 2002.

Kenyon, Tom and Virginia Essene. The Hathor Material. Santa Clara, CA: Spiritual Education Endeavors, 1996.

Khul, Master Djwhal. From the Spiritual Plane to the Earth Plane. www.masterdk.com .

King, Soluntar. (Comunicaciones desde la alta consciencia interior; conecciones con los Consejos de Luz y la Federación Galáctica): www.evenstarcreations.com .

Kingdom, Kathlyn. The Matter of Mind: An Explorer's Guide to the Labyrinth of The Mind. (Canalizado del Maestro Tibetano Djwhal Khul): The Tibetan. Visite: www.masterdk.com .

Kroger, Hanna. God Helps Those Who Help Themselves. Hanna Kroger Publications, 2004.

Levine, Barbara Hoberman. Your Body Believes Every Word You Say. Work Press, 2000.

Lewis, Pepper. Wisdom for An Awakening Humanity. (Canalizado de la Madre Tierra): www.thepeacefulplanet.com .

Lightworkers' Spiritual Network. http://www.lightworkers.org . Spiritual channelings from the masters.

Marciniak, Barbara. Path of Empowerment. Inner Ocean Publishing, 2004.

Marciniak, Barbara. Family of Light: Pleaiadian Tales and Lessons in Living. Santa Fe, NM: Bear & Company, 1999.

Marciniak, Barbara. Pleiadian Keys to the Living Library. Santa Fe, NM: Bear & Company, 1995. Visite: www.pleiadians.com .

Mc Moneagle, Joseph. Remote Viewing Secrets. London, England: Hampton Roads Publisher, 2000.

Mc Taggart, Lynn. The Field. New York: Harper Collins, 2001. Ver también: www.harperperennial.com .

Mc Taggart, Lynn. The Intention Experiment: Using Your Thoughts to Change Your Life and the World. New York: Simon & Schuster, 2007.

Megre, Vladimir. Anastasia, The Ringing Cedar Series-Books 1-8. Original en Ruso: Traducción al Inglés. Paia, Hawaii: Ringing Cedar Press, 2008. Libros Importantes – Visite www.RingingCedars.com , más de diez millones de copias vendidas en el mundo en 20 idiomas.

Melchizedek, Drunvalo. Serpent of Light: Beyond 2012. Weiser Books, 2008.

Melchizedek, Drunvalo. Living In The Heart. Light Technology Publishing, 2003.

Melchizedek, Drunvalo. The Ancient Secret of the Flower of Life, Volume 1. Sedona, AZ: Light Technology Publishing, 1990.

Melchizedek, Drunvalo. The Ancient Secret of the Flower of Life, Volume 2. Flagstaff, AZ: Light Technology Publishing, 2000. Ver también: La Página del Internet de Drúnvalo: www.floweroflife.org .

Milanovich, Norma. The Light Shall Set You Free. Athena Publishing, 1996.

Milanovich, Norma. We Are the Arcturians. Athena Publishing, 1990.

Miller, David. Connecting With the Arcturians. Planetary Heart Publications, 1998.

Miller, David. Teachings From The Sacred Triangle: Tools For The Ascension, Volumes 1 and 2. Mount Shasta, CA: Heaven on Earth Project, 2004.

Modi, Shakuntala, MD. Remarkable Healings: A Psychiatrist Discovers Unsuspected Roots of Mental and Physical Illness. Charlottesville, VA: Hampton Books, 1997.

Morgan, Marlo. Mutant Message from Forever. Thorsons Pub., 2000.

Mulford, Prentice. Thoughts Are Things. 1889. Republished by Barns & Noble, Inc., 2007.

Newton, Michael, PhD. Destiny of Souls: New Case Studies of Life Between Lives. St. Paul, MN: Llewellyn Pub., 2002.

Newton, Michael, PhD. Journey of Souls: Case Studies of Life Between Lives. St Paul, MN: Llewellyn Pub., 1994.

Nichols, Preston B, and Peter Moon. The Montauk Project: Experiments in Time. Sky Books, 1992.

Pearl, Eric. The Reconnection: Heal Others, Heal Yourself. Carlsbad, CA: Hay House, 2001.

Perala, Robert and Tony Stubbs. The Divine Blueprint: Roadmap for the New Millennium. Campbell, CA: United Light Publishing, 1998.

Peterson, Scott. Native American Prophecies (No discute Profecías Nativa Americanas). Continuum Publishing Group, 1999.

Quan Yin, Amorah. The Pleiadian Workbook: Awakening Your Divine Ka. Santa Fe, NM: Bear & Company, 1996.

Ra, A Composite Soul. Channeled the Law of One, Books I, II, III, IV. Visite: www.llresearch.org .

Raphaell, Katrina. The Crystalline Transmission: A Synthesis of Light. Santa Fe, NM: Aurora Press, 1990.

Renard, Gary R. The Disappearance of the Universe. Fearless Books, 2002.

Renard, Gary R. Your Immortal Reality: How to Break the Cycle of Birth and Death. Carlsbad, CA: Hay House, 2007.

Revelatorium 2008. (El plan cósmico del Creador). El libro electrónico está en la Página del Internet: www.revelatorium.com .

Rhodes, Michael J. Journey into Oneness: A Spiritual Odyssey. J. H.
    Kramer Inc., 1994.
Robbins, Dianne. Messages from the Hollow Earth. Trafford Publishing
    Co., 2006. Visite: www.diannerobbins.com .
Rogers, Sherry A., M.D. The High Pressure Blood Pressure Hoax. Sand Key
    Co., 2005.
Rogers, Sherry A. M.D, Detoxify Or Die. Sand Key Co., 2002.
Rose, Kalina Raphael. The Melchizedek program and related procedures.
    Visite: www.roseofraphael.com , www.bethcoleman.net .
Rosek, Cathy and William Rosek. Who Am I and Why Am I Here?
    Monument, CO: Universal View Pub., 2001.
Rother, Steve. Welcome Home: The New Planet. Poway, CA: Light-worker
    Pub., 2002. Ver también: www.lightrworeker.com .
Royal, Lyssa and Keith Priest. Visitors from Within: Extraterrestrial
    Encounters & Species Evolution. Wildflower Press, 1999.
Russel, Craig. Journey to Self Realization. Angelic Encounters, 2005.
Scallion, Gordon Michael. Notes from the Cosmos. Matrix Institute, 1997.
    Visite: www.matrixinstitute.com .
Schorn, M. Don. Elder Gods of Antiquity. Ozark Mountain Publishing,
    2008. Visite: www.ozarkmt.com .
Sedona Journal of Emergence (Reportes de canalizaciones mensuales).
Sedona, AZ: Light Technology Pub. Visite la Página del Internet: www.
    sedonajournal.com , para más información.
Shapiro, Robert. Explorer Race. Light Technology Publishing, 1997. Visite:
    www.lighttechlology.com , www.thepeacefulplanet.com.
Shealy Norman C., MD. Life Beyond 100: Secrets of the Fountain of
    Youth. Jeremy P. Tarcher/Penguin, 2006.
Smith, Jerry A. HAARP. High-frequency Active Auroral Research Program.
    The Ultimate Weapon of the Conspiracy. Kempton, IL: Adventures
    Unlimited Press, 1998.
Steiner, Rudolf. Cosmic Memory. San Francisco: Harper & Row, 1959.
Sterling, Fred. Kirael: Volume II - The Genesis Matrix. Honolulu, Hawaii:
    Lightways Pub., 2001.
Sterling, Fred. The Great Shift. Honolulu, Hawaii: Lightways Pub., 2001.
    Visite: www.kirael.com .
Stone, Joshua David and Gloria Excelsias. The Universal Laws of God, Vol.
    1. Writers Club Press, 2002.
Stone, Joshua David. Hidden Mysteries. Ascension. Light Technology Pub.,
    1995.
Stone, Joshua David. Beyond Ascension: How to Complete the Seven
    Levels of Initiation. Light Technology Pub., 1995.

Stone, Joshua David. The Complete Ascension Manual: How to Achieve Ascension in This Lifetime. Light Technology Publishing, 1994.

Stubbs, Tony. An Ascension Handbook. New Leaf Distributing Co., 1999.

Talbert, Michael. The Holographic Universe. New York: Harpers Collins, 1991.

Tiller, William A., PhD. Science and Human Transformation: Subtle Energies, Intentionality and Consciousness. Pavior Publishing, 1997.

Tobias Materials A series of useful channelings: http://www.crimsoncircle.com/channel .

Tolle, Eckhart. A New Earth: Awakening to Your Life's Purpose. New York, NY: Penguin Group, Inc., 2005.

Tolle, Eckhart. The Power of "Now". Novato, CA: New World Library, 1999.

Truman, Karol K. Feelings Buried Alive Never Die. Las Vegas, NV: Olympus Distributing, 1996.

Von Ward, Paul. God, Genes, and Consciousness: Nonhuman Intervention in Human History. Hampton Roads Publishing Company, 2004.

Vrenios, Rick. Extraordinary Living through Chakra Wisdom. Reiki Council Publishing, 2004. Visite: www.reikicouncil.com .

Walsch, Neal Donald. Tomorrow's God: Our Greatest Spiritual Challenge. New York: Atria Books, 2004.

Walsch, Neal Donald. Conservations with God: An Uncommon Dialogue, Book 1. Putnam Publishing Group, 1999.

Walsch, Neal Donald. Friendship with God. G. P. Putnam's Sons, 1999.

Ward, Suzanne. Voices of the Universe. Matthew Books, 2004. Visite: www.matthewbooks.com .

Ward, Suzanne. Illuminations for a New Era. Matthew Books, 2003.

Ward, Suzanne. Revelations for a New Era: Keys to Restoring Paradise on Earth. Matthew Books, 2001.

Waters, Owen. "The Shift": The Revolution in Human Consciousness. Infinite Being Publishing, 2006.

Weaver, Donald A. Survival of Civilization: Problems threatening our existence on Earth. Hamaker-Weaver Publishers, 1982.

Weirauch, Wolfgang. Nature Spirits and What They Say: Interviews with Verena Stael Holstein. Floris Books, 2005.

Wilcock, David. Divine Cosmos - Convergence, Vol. 3. Information on Soul Growth, Ascension, and Consciousness, 2006. Visite: www.divinecosmos.com .

Wilson, James L.N.D., D.C., PhD. Adrenal Fatigue: The 21st Century Stress Syndrome. 2001. Visite: www.smart-publications.com .

Windrider, Kara. Doorway to Eternity: A Guide to Planetary Ascension. Heaven on Earth Project, 2003.

Robert Pettit

Winters, Owen. "The Shift": The Revolution in Human Consciousness.
    Infinite Being Pub. LLC, 2005.
Winters, Randolph. The Pleiadian Mission: A Time of Awareness. Arkansas
    City, Kansas: Gilliland Printing, 1994.
Za Kai Rans. Ascension Master's Toolkit: Pictures of Ascended Masters.
    www.zakairan.com .
Zukav, Gary. The Seat of the Soul. New York: Simon and Schuster, 1999.